勁草テキスト・セレクション
Keiso Text Selection

国際関係理論

Perspectives on
International Relations

第2版

吉川直人　［編］
野口和彦

勁草書房

第 2 版まえがき

　『国際関係理論』の初版において，私たちは国際関係に対する理論的アプローチの重要性を説いた．それから10年が経過した．どのようなテキストもそうであるように，『国際関係理論』も時代の変化とともに改善することが求められよう．『国際関係理論』第 2 版は，旧版のテキストとしての問題を克服し，変貌する現代世界の理解にも役立つ内容にするべく改訂された．

　国際関係理論は，グローバリゼーションの挑戦を受けているかのようである．近年，これまでとは別次元の過激なテロ組織，世界的ネットワークを持つ市民団体，グローバル企業などといった非国家主体が国際関係の「アクター」として参入し，さらに，文化摩擦，インターネットの普及，リアルタイムでの報道技術革新（CNN化），サイバー攻撃といった様々な要因が国際関係をこれまで以上に複雑にした．このような現状のなかで，国際関係理論の有用性が問われている．混沌とした世界を理解するために，また，為政者たちが政策決定をする際の指針として，国際関係の理論は役に立つのであろうか．

　この疑問に対して，日本の大多数の人たちは「今の国際関係論では，現在の複雑な世界を理解するのは無理」と答えるだろう．実際，書店の国際問題や世界情勢の書棚を見ると，世界の動きを理論的に説明した図書はさほど目につかず，特定の国際事象を記述的に解説したものが多く見受けられる．記述的分析も理論的分析もそれぞれ有用なのはいうまでもないが，国際関係理論は，グローバル社会の理解や問題解決にもっと用いられてよいであろう．複雑な世界を単純に説明することが社会科学の真骨頂であるならば，数少ない要因で多くの出来事を普遍的に説明できる国際関係理論は，現代世界を分析するのに不可欠である．私たちは，目の前の混沌とした世界の事象だけにとらわれ，国際関係の普遍的な本質を見失わないために，また，情報過多の現在の社会のなかで，その根底にある重要な要因を見落とさないためにも，国際関係理論は以前にもまして大切であると考えている．

　国際関係理論の重要性を理解していただくためには，この第 2 版の「まえがき」に続く，ミアシャイマー教授の「第 1 版まえがき」を是非，注意深く読ん

でいただきたい．ミアシャイマー教授の「第1版まえがき」は本書の初版が上梓された2006年に書いていただいたものである．そのなかで「自分の頭のなかで思い描く理論なくしては，私たちが暮らす世界を意味づけることや理性的な判断を下すことは，誰にもできないだろう……われわれ〔は〕政治的現実よりも理論を優先しなければならない」と述べている．世界は流動的だからこそ，その動向を説明できる理論が必要だということである．ミアシャイマー教授が書かれたこの「第1版まえがき」は，10年たった今でも決して色あせていないことに，読者の皆さまは気づかれることだろう．

　おかげさまで，『国際関係理論』の初版は，多くの読者を得ることができた．同時に，同書は国際関係論のテキストとして問題も抱えていた．その最大の問題の1つを克服するために，この新版においては，「定量的研究方法への道案内」という章を新たに加えた．また，多くの読者の方からいただいた批判，批評，コメントを真摯に受け取り，できるだけ新版に反映させるように努めた．この10年間の国際関係理論の展開を紹介するとともに，データもできるだけ新しいものを使うことを試みた．

　この『国際関係理論』第2版が，現在の混沌とした世界に理論からアプローチすることの手助けになることを切に願う次第である．

2015年8月　執筆者を代表して

吉川直人・野口和彦

第1版まえがき

ジョン・ミアシャイマー

　『国際関係理論』は重要な新刊書であり，日本の学部・大学院生のみならず研究者たちからも，高い関心を集めることになるだろう．本書の刊行は実に喜ばしい出来事であり，大学に籍をおいていないジャーナリストや日本の政策決定者，また，その他の有識者にも，注目していただきたい1冊である．

　では，なぜ本書はそれほど重要なのだろうか．日本やアメリカのような先進工業国では，理論と政策の間に明確な境界線を引く傾向が顕著である．東京やワシントンで政策にたずさわる為政者（いせいしゃ）たちは一般的に，学者は理論を研究し，実務家は政策を立案・遂行するものだと考えている．こうした議論を推し進めれば，社会科学の理論は「実世界」とは関係なくなってしまう．また，この見方では，理論は学問だけの範疇（はんちゅう）で完結してしまうことになり，他方，政策決定者は，常識や直感，実務経験に頼って政策決定を行うということになる．多くの学者たちは，この徹底した分業体制を受け入れ，時には熱烈に歓迎さえしているのである．

　私には，こうした考えは，学者や政策決定者が状況判断を行う際の思考様式として間違っているように思われる．自分の頭のなかで思い描く理論なくしては，私たちが暮らす世界を意味づけることや理性的な判断を下すことは，誰にもできないだろう．さらに，私たちは自分のまわりで起こっていることを常に観察しながら，理論を組み立てたり，それを精緻（せい）化したりしている．このような方法は，学者と政策決定者の両方が実際に使っている．ここ10年間のアメリカにおける著名な政策決定者，オルブライト（Madeleine Albright）国務長官とラムズフェルド（Donald Rumsfeld）国防長官のことを考えてみよう．両者はそれぞれアメリカの対外政策を特定の理論から考えており，両者が用いる理論は概して，学者が政策問題を考える際に用いるものと同じである．

　たとえば，オルブライトは国際政治を3つのリベラル理論の観点から語ることがよくあるが，これらはみな学問の中心的議論である．すなわち，①豊かで

経済的相互依存関係にある独立国同士は，互いに戦争をしない傾向にあるという主張，②民主国同士は戦争をしないという主張，③国際機構（制度）があることにより，国家は戦争を回避できるようになり，その代わりに協調的関係を築くことに集中するという主張である．これとは対照的に，ラムズフェルドが物事を語る際，彼の口調はしばしば筋金入りのリアリストのようになり，軍事力の重要性と国際機構の限界を強調する．これらの例が示唆することは，日本の政策決定者も自国の対外政策の目標設定ならびに目的達成のために選択する手段を決める際，自分たちが用いる理論を意識することには意味があるということである．また，政策決定者は自らが好む理論の限界と利点にも，気をつけるべきである．

　さらに，学問の本分である有用な理論の構築に少なからず興味をもっている学者であれば，政策の世界で起こる出来事に関心を払わざるをえないだろう．最良の学問的業績は結局，実世界に関連づけられる．要するに，私は，学者の立場であれ政策決定者の立場であれ，理論と政策は切り離せないものだと考えている．

　政策決定者にとっての理論の重要性を説明する良い方法は，多くの人々の関心をひく最近の政策課題について考えてみることである．中国は平和的に台頭できるのだろうか．換言すれば，もし中国が向こう数十年間にわたり，今日のような目覚しい経済成長を続けた場合，戦争の可能性を含め，中国と隣国さらにはアメリカとの安全保障上の（軍備拡張）競争が激化する可能性はないのだろうか．

　アジアの将来を予想するためには，中国のような興隆国はどのように行動し，国際システムにおいて他国がどのように反応するかを説明する国際政治理論が必要である．ここで用いる理論は論理的に正しくなくてはならず，過去の興隆国の行動を説明できるものでなければならない．ここで，われわれが政治的現実よりも理論を優先しなければならない理由は，2025年の中国について考えるならば，その時の政治的現実がどうなっているか分からないからである．

　しかし，東京やワシントンの専門家から聞かれる決まり文句は，最近の北京の政策決定者や安全保障専門家との会話から推測すると，中国が平和的に台頭するであろうとか，その可能性があるという自信に満ちた見解である．また，多くの専門家は今日の中国の指導者は台湾に対して慎重な姿勢を崩しておらず，

論争の的となっている土地をめぐって戦争を始めることなど，ありそうにないとも言っている．この判断は正しいかもしれないが，ほとんどがお門違いの論議である．問題の核心は，2025年の中国の指導者が台湾をどう考えるのか，ということである．われわれはこの問題に対する解答を現在の中国指導者の発言から得ることはできない．なぜならば，20年後には性格の異なる別の指導者が権力を握り，今とは違う国際環境で行動することになるからである．したがって，今日の政治的現実は未来の方程式として成立しない．中国の台頭を理解するのに本当に必要なのは，将来を予測するために用いられる理論である．

　国際関係理論は過去60年にわたり，日本ではあまり注目されなかった．学界においてさえ，そうである．その理由はいくつかある．冷戦期，アメリカは日本に安全保障を提供してきたし，冷戦後もしばらくそうしてきた．このため，日本の学者や政策決定者は日本周辺の脅威について，長期的視野に立って真剣に考える必要がなかった．のみならず，脅威への対抗手段を多面的に考えることもなかった．多かれ少なかれ，東京はワシントンからの合図に従ってきたのである．この傾向は，冷戦後半の30年間，北東アジア地域が安定していた事実により強まっていった．また，1931年から1945年にかけて日本がとった攻撃的行動の帰結からすれば，軍事力の追求を説き，国際政治の悲観的見解に彩られたリアリズムのような理論を口にすることは，日本のエリートにとって愚かなことだったのだろう．バランス・オブ・パワーの重要性を公言するよりも，黙して語らない方が無難だったのである．こうした状況からすれば，これまで日本には，国際関係理論を発展させずにはいられない理由がなかったということである．

　しかし，時代は刻々と変わっている．第1に，北東アジアは日本にとって，急速に潜在的危険地帯になりつつある．北朝鮮の核保有は，アメリカや隣国との嵐のような関係と相まって，大きな懸念となっている．もっと心配されることは中国の台頭であり，その経済力や軍事力がいつの日か，北東アジア全域の支配へ向けられるかもしれない．数十年後，日本が海上交通路を防衛するために，相当な知的・物的資源を投入するのは，ほぼ確実である．日本の周辺海域を中国が統制することに懸念を抱く東京の指導者は，引き続き台湾を独立した状態にしておくことを支持し，中国の怒りを買うことになろう．つまり，この数十年において，北東アジアで紛争が発生する現実味のあるシナリオは，いく

つも描くことができるのである．

　第2に，日本は冷戦期のように，いつまでも安全保障をアメリカに依存することはできないだろう．イラクで続いている戦闘でもわかるように，アメリカはテロリズムに対する戦争に従事しており，全勢力を中近東へつぎ込んでいる．ワシントンにとってはイラク戦争も対テロ戦争もうまく行っておらず，長期戦になる気配が十分にある．アメリカが近い将来，中近東から軍を引き上げる様子も見られない．だからといって，アメリカの政策決定者が北東アジアを無視することはないであろう．ありえないことである．しかし，日本の政策決定者はおそらく，ワシントンが日本の懸念に十分配慮していないと思うであろう．

　日本が過去60年とは違って，アメリカから独立して行動する理由は他にもある．9・11同時テロ後，ブッシュ政権は物議をかもしている戦略的判断に添った形で行動してきた．このことはイラク戦争へと邁進（まいしん）したことに如実に表れており，これが大失敗に終わったのも別に驚くことではない．さらに，これは北朝鮮の核兵器をめぐる交渉にも当てはまる．簡単に言えば，アメリカの政策は事態をより悪化させているのである．しかし，たとえ次期政権が刷新され，アメリカが対テロ戦争に勝利を収め，再び賢明な行動に戻ったとしても，おそらく日本はどのみちもっと独力で物事に対処することになるだろう．なぜならば，東京とワシントンが常に国益を共有できるとは限らないし，いざとなれば，日本は自らの国益を確実に守るため必要な手段を講じようとするからである．

　要するに，日本を取り巻く国際環境はますます流動的で危険になっているため，日本が脅威となりうる隣国とうまく付き合っていくために，誰にも頼ることなく賢く立ち回るようになると考えるのは，もっともなことなのである．このような環境において，国際関係理論は価値のある道具であり，アンクルサム（アメリカ）が超大国になった1940年代半ば以降，アメリカで国際関係理論が開花したのは，もちろん，そういう理由からなのである．孤立主義のアメリカには，それほど国際関係理論は必要なかった．アメリカに依存していた日本もそうである．しかし，独り立ちした日本はそうではない．国際関係理論が必要になるであろう．

　本書『国際関係理論』の1つの優れた点は，編者が特定の理論を特別扱いすることなく，それぞれの理論のために相応の分量を確保しようとしていることである．編者は才能溢れる若手研究者を登用し，各章の担当者は主要な国際関

係理論を分かりやすく，それでいて丹念に論じている．賢明なことに，本書は世界に対する多種多様な思考様式を読者に紹介することを目的にしており，どの理論が最良であるかの選択は読者に任せている．

　本書における理論分類の基本は，リアリズムとリベラリズムである．これらは長い間，国際関係理論の2大潮流であった．リベラリズムの起源は啓蒙主義までさかのぼる．1700年代には，賢者が理性を駆使すれば，素晴らしい世界の建設方法を見つけられると広く信じられていた．国際政治を向上させる鍵は力強い知力であり，力強い軍事力ではないと考えられていた．したがって，（現在の）リベラリストも理論について，戦争を減らし，地球規模の福利厚生を増進させるのに役立つものであると考える傾向にある．この楽観主義のためにリベラリズムは時々「ユートピア主義」とか「理想主義」と呼ばれているのである．

　他方，リアリストは国際政治について，より悲観的な見解を示す傾向にある．彼らにしてみれば，国家はパワーの追求に主な関心をもつものであり，このことは通常，国家を安全保障上の競争へ引きずり込み，それが時には戦争にまで発展するということである．リアリストに従えば，平和な世界を創造できる望みは薄い．国際政治はこれまで常にそうであったように，やっかいで野蛮な仕事なのである．

　しかしながら，リアリズム理論においては，様々な違いのある理論が出てきている．リベラリズム理論もそうである．編者が，両学派における全ての主要理論を本書でもれなく紹介したことは，優れた業績である．さらに編者は，リベラリズムにもリアリズムにもあてはまらない，いくつかの著名な理論にも紙幅を割き紹介している．それらはたとえば，コンストラクティビズムや批判理論，従属論などである．聡明な読者は，世界各地の学者たちが何世紀も費やして発展させた国際関係理論のメニューを十分に理解した上で，本書を閉じるに違いない．

　これまで私が強調したように，国際関係理論はこれからの数十年で日本の成長産業になりそうである．ここで私は特に，中国でも大学内外を問わず，すでに同じような動きがあることに言及しておきたい．中国における国際関係理論への関心は，1990年代初め頃から高まり始めた．それが衰える兆しはない．こうした関心の一部は，インターネットによる知識のグローバル化によりもたら

されたのは確実である．しかしながら，これほど多くの中国人の学生や学者，ジャーナリストそして政策決定者が国際関係理論に魅了された大きな理由は，ソ連なき現代世界における中国の立場の意味合いを理解するには，いかに国際関係理論が重要であるかを認識しているからである．そして，中国が世界の次期超大国の地位にあるのが明らかだからである．もちろん，日本も中国の台頭の意味を理解し，北朝鮮のような深刻な脅威に対する賢明な対処法を見つけようとしている．このような目的を達成するには，『国際関係理論』を読むことがその一助になるはずである．

（John J. Mearsheimer，シカゴ大学政治学部教授）

著者紹介

吉川　直人（よしかわ　なおと）〔編著．序章，第1章訳，第7章担当〕
ハワイ大学大学院政治学博士課程修了（Ph.D.）．
現在：東海大学教養学部教授．
主　著："Japan's ODA and National Security," in *The Impact of Globalization on Japan's Public Policy: How the Government is Reshaping Japan's Role in The World* (Lampeter UK: Edwin Mellen Press, 2008).『アジア開発経済論——持続的成長，貧困削減，危機克服の経験』（文眞堂，2013年，共訳）など．

野口　和彦（のぐち　かずひこ）〔編著．第1版まえがき訳，序章，第2章訳，第5章担当〕
早稲田大学大学院アジア太平洋研究科博士課程修了（学術博士）．
現在：群馬県立女子大学国際コミュニケーション学部教授．
主著：『パワー・シフトと戦争——東アジアの安全保障』（東海大学出版会，2010年）．『政治学のリサーチ・メソッド』（勁草書房，2009年，共訳）など．

レジーナ・タイトゥーニック（Regina Titunik）〔第1章担当〕
シカゴ大学大学院政治学博士課程修了（Ph.D.）．
元・ハワイ大学ヒロ校人文科学部教授．2009年逝去．
主著："Democracy, Domination and Legitimacy in Max Weber's Political Thought" in *Max Weber's Economy and Society: A Critical Companion* (Stanford: Stanford University Press, 2005). "Are We All Torturers Now? A Reconsideration of Women's Violence at Abu Ghraib," *Cambridge Review of International Affairs*, Vol. 22, No. 2 (June 2009), pp. 257-277など．

ポール・ミッドフォード（Paul Midford）〔第2章担当〕
コロンビア大学大学院政治学博士課程修了（Ph.D.）．
現在：ノルウェー科学技術大学社会政治学部教授．
主著："The Logic of Reassurance and Japan's Grand Strategy," *Security Studies*, Vol. 11, No. 3 (Spring 2002), pp. 1-43. *Rethinking Japanese Public Opinion and Security: From Pacifism to Realism?* (Stanford: Stanford University Press, 2011) など．

芝井　清久（しばい　きよひさ）〔第3章担当〕
上智大学大学院グローバル・スタディーズ研究科博士課程修了（国際関係論博士）．
現在：統計数理研究所データ科学研究系特任助教．
主著：「欧州の核不拡散と東アジアの核拡散の因果関係——西ドイツをめぐる核不拡散交渉とその影響」『国際政治』第180号（2015年）．『国際政治の数理計量分析入門』（東京大学出版会，2012年，共著）など．

杉山　知子（すぎやま　ともこ）〔第4章，第6章担当〕
コロンビア大学大学院政治学博士課程修了（Ph.D.）．
現在：愛知学院大学総合政策学部教授．
主著：『移行期正義とラテンアメリカの教訓』（北樹出版，2011年）．『国家テロリズムと市民——冷戦期のアルゼンチンの汚い戦争』（北樹出版，2007年）など．

小林　良江（こばやし　よしえ）〔第 8 章担当〕
ハワイ大学大学院政治学博士課程修了（Ph.D.）．
現在：群馬県立女子大学国際コミュニケーション学部教授．
主著：*A Path Toward Gender Equality* (London: Routledge, 2004) など．

佐藤　敦子（さとう　あつこ）〔第 9 章担当〕
ハワイ大学大学院政治学博士課程修了（Ph.D.）．
現在：カリフォルニア州立大学ロスアンジェルス校政治学部講師．
主著："Knowledge in the Global Atmospheric Policy Process: the Case of Japan," in *Global Warming and East Asia: The domestic and international politics of climate change* (London, Routledge 2003) など．

中本　義彦（なかもと　よしひこ）〔第10章担当〕
ヴァージニア大学大学院政治学博士課程修了（Ph.D.）．
現在：静岡大学人文社会科学部教授．
主著："Ethical Studies in International Relations: From Raymond Aron to Stanley Hoffmann,"『法政研究』第 7 巻 1 号（2002年）．「現代世界の国際倫理（上）（下）」『国際問題』第521／522号（2003年）など．

重政　公一（しげまさ　きみかず）〔第11章担当〕
大阪大学大学院国際公共政策研究科博士課程修了（国際公共政策博士）．
現在：関西学院大学国際学部教授．
主著：「東南アジアにおけるトラック 2 とトラック 3 チャンネルとの競合的協調関係――人権規範促進に向けた水平対話モデルの考察」『国際政治』第169号（2012年）．「ASEAN 人権宣言をめぐる政治過程―― AICHR と市民社会アクターとの相克」『安全保障論 黒澤満先生古稀記念』（信山社，2015年，共著）など．

目　次

第2版まえがき　i／第1版まえがき　iii／著者紹介　ix

序　章　国際関係理論の構図 ──────────────── 1
　　　　　はじめに（2）
　1　なぜ国際関係理論が重要なのか　2
　2　国際関係理論とは何か　5
　　　理論的に考えるということ（6）　複雑な世界を単純化する（7）
　　　理論のよしあしを決める7つの基準（7）　理論の多様性と分類法（9）
　3　理論をめぐる方法論　10
　　　理論と思想（10）　説明と理解（12）　理論研究と歴史研究（13）
　　　理論研究と地域研究（14）
　4　国際関係理論の歴史　15
　　　リアリズムとリベラリズム（15）　国際政治経済論の台頭（18）
　　　リアリズムとリベラリズムの接近（19）　合理主義とリフレクティビズム（20）　国際関係理論の新たな課題（21）
　5　本書の構成　23
　6　おわりに　24
　　　国際関係理論の概要をもっと知るために　26

第Ⅰ部　国際関係理論のアプローチ

第1章　近代国際システムの興隆 ──────────────── 27
　　　　　はじめに（28）
　1　世界システムの種類　28
　2　国民国家の発展　30
　3　三十年戦争とウェストファリア条約　34
　4　民主主義とナショナリズム　37

5　ウェストファリア・システムの確立　38
　　6　第一次および第二次世界大戦　41
　　7　冷戦と分析レベル　45
　　8　ウェストファリア・システムの拡大　49
　　9　世界システムの未来　56
　　要点の確認／近代国際システムをもっと知るために　60

第2章　定性的研究方法への道案内 ── 63
　　はじめに（64）

　1　定性的方法論とは何か　65
　　　定性的方法論の台頭（65）　　定性的方法論（67）

　2　定性的方法論をめぐる論争　70
　　　『社会科学のリサーチ・デザイン』の反響（71）　　定量的方法論の定性的研究への転用（73）　　定量的パラダイムなき定性的研究は可能か（74）　　事例の選択（76）　　変数の観察可能性（79）

　3　定性的研究の進め方　80
　　　演繹法 対 帰納法（80）　　文献調査（82）　　研究課題と反証可能な仮説（85）　　仮説構築のための4つのステップ（87）　　平凡さの問題（88）　　競合仮説をたてる（91）　　議論を図式化する（92）

　4　情報と文書の使い方　94
　　　常識（94）　　言い換えるべきか，引用すべきか（94）　　引用（95）　　インタビューから得た情報（95）　　インターネット情報（96）

　要点の確認／定性的研究方法をもっと知るために　98

第3章　定量的研究方法への道案内 ── 101
　　はじめに（102）

　1　定量的研究とは　102
　　　定量的研究の考え方（102）　　国家と統計の歴史（103）　　定量的研究と定性的研究の関係（104）

　2　定量的研究の進め方　105
　　　事象を数字にする：概念の操作化（105）　　操作化の注意点（106）　　仮説の設定：帰無仮説と対立仮説（108）　　有意確率と有意水準（109）

　3　基本的な統計学的分析手法　110

　　　　データの整理：度数分布と基本統計量（110）　クロス集計表と χ^2 検定（114）　相関係数と散布図（117）　回帰分析（119）

　4　おわりに　124
　　　要点の確認／定量的研究方法をもっと知るために　124

第4章　分析レベルと分析アプローチ ─── 127
　　　はじめに（128）

　1　分析レベルの枠組み　129
　　　ウォルツの3つのイメージ（129）　3つの分析レベル（131）　分析レベルと事例①：ワシントン体制から太平洋戦争勃発までの日本の対外行動（137）　分析レベルと事例②：3つの分析レベルと戦間期の日本の対外行動（138）

　2　分析のアプローチ　141
　　　合理的選択アプローチ（142）　制度的アプローチ（143）　文化的アプローチ（144）　3つのアプローチと日本の対外行動の事例（145）

　3　分析レベル・分析アプローチが国際関係論に与える影響と今後の課題　148

　　　要点の確認／分析レベルと分析アプローチをもっと知るために　150

第Ⅱ部　戦争と平和の国際関係理論

第5章　リアリズム ─── 153
　　　はじめに（154）

　1　リアリズムとは何か　156
　　　無政府状態（157）　国家中心主義（157）　国家安全保障の重要性（158）　国家間の権力闘争（160）

　2　リアリズムの起源　163
　　　リアリズムの思想的原点（163）　現代政治学の萌芽とリアリズム（165）

　3　クラシカル・リアリズム　168
　　　国際関係論の誕生とリアリズム（168）　リアリズムの体系化（169）

　4　ネオリアリズムとその展開　171

ネオリアリズムの特徴（171）　防御的リアリズム（173）　攻撃的リアリズム（175）

 5 ポスト冷戦期とリアリズム 178

 要点の確認／リアリズムをもっと知るために 181

第6章　リベラリズム ——————————————— 183
 はじめに（184）

 1 リベラリズムの国際政治観 185
  争点領域の多様性（185）　アクターの多様性（185）　国際システムと国内政治（186）

 2 リベラリズムの思想的起源 187
  リベラリズムと国家と個人（187）　リベラリズムと経済（188）　リベラリズムと平和（189）

 3 戦間期における理想主義の興隆と没落 190
  ウィーン会議から国際連盟創設まで（191）　戦間期の理想主義（192）

 4 リベラリズムの国際関係理論の展開 194
  相互依存の国際関係理論（194）　レジームや制度による国際関係理論（197）　民主主義による平和の国際関係理論（201）

 5 ポスト冷戦期とリベラリズム 204
  ポスト冷戦期の国際政治（205）　ポスト冷戦期とリベラリズムの国際関係理論のゆくえ（207）

要点の確認／リベラリズムをもっと知るために 209

第III部　国際関係の政治経済理論

第7章　国際政治経済論 ——————————————— 211
 はじめに（212）

 1 国際政治経済論の起源 213

 2 政治力と経済力の関係 216
  経済力は補完的なのか（216）　国家の安全に必要な経済力（217）　国民の福祉に必要な経済力（218）　国際社会の安定に必要な経済力（218）

 3 国際市場の特質 219

政府介入の原因となる国境を越える民間活動（220）　政治により
コントロールせざるをえない見えない取引（220）　政府介入を受
けない企業活動（221）　政治的衝突にも発展する様々な思惑と利
害関係（222）　政治的課題をつくる富の不均等分配（222）　新
たな政治舞台となる地域市場の統合（223）

 4　現在の国際政治経済論　224

  国際政治経済論の理念と思想（225）　経済的ナショナリズムの考
え方（226）　覇権安定論（227）　リベラリズムの考え方（230）
相互依存論（232）　国際レジーム論（234）

 5　国際政治経済論の行方　236

 要点の確認／国際政治経済論をもっと知るために　237

第8章　従属論と世界システム論 ── 239

 はじめに（240）

 1　従属論の確立　242

  従属論のキーワード（242）　従属論誕生の背景（245）　従属関
係を明確にしたプレビッシュ（248）　プレビッシュ理論（249）
プレビッシュ理論の実践（252）

 2　従属論の発展　253

  非マルクス主義的従属論（254）　従属論からNIEOへ（260）

 3　世界システム論　261

  世界システム論の誕生（262）　世界システム論のキーワード（263）
中核─半周辺─周辺理論（264）　世界システム論の応用（266）

 4　従属論と世界システム論の意義　268

 要点の確認／従属論と世界システム論をもっと知るために　269

第Ⅳ部　多様化する国際関係理論

第9章　コンストラクティビズム ── 271

 はじめに（272）

 1　コンストラクティビズムとは何か　272

  コンストラクティビズムの出現（272）　コンストラクティビズム
の定義（273）　コンストラクティビズムにおける理念（273）
コンストラクティビズムにおけるアイデンティティ（274）　コン
ストラクティビズムにおけるアイデンティティと利益の関係（275）

コンストラクティビズムにおける構造（276）　コンストラクティビズム基礎用語のつながり（277）

2　コンストラクティビズムの位置づけ　278
反合理主義としてのコンストラクティビズム（278）　反省察主義としてのコンストラクティビズム（279）

3　コンストラクティビズムの国際政治分析　282
ウェントのコンストラクティビズム（282）　規範に焦点を置いたコンストラクティビズム（284）

4　コンストラクティビズムの展望　288
理論の架け橋としてのコンストラクティビズム（288）　コンストラクティビズムの挑戦（289）　国際関係理論としてのコンストラクティビズム（290）

要点の確認／コンストラクティビズムをもっと知るために　291

第10章　規範理論 ─────────────────── 293
はじめに（294）

1　なぜ規範理論が必要なのか　295
倫理的「判断」で把握する（295）　規範理論と経験的理論（296）

2　「カント主義的伝統」と「功利主義的伝統」　297

3　国内倫理と国際倫理　300

4　規範理論としてのリアリズムとリベラリズム　302
規範理論としてのリアリズム（303）　リベラリズムとその復権（306）　規範理論としてのリベラリズム①：国家中心的道義主義（308）　ウォルツァーの正戦論（310）　規範理論としてのリベラリズム②：世界市民主義（311）

5　理想と現実のバランス　313
正当化できるか：「原則のレベル」で判断する（315）　成功するのか：「結果のレベル」で判断する（317）

6　ポスト冷戦期と規範理論　318

要点の確認／規範理論をもっと知るために　322

第11章　批判的国際理論 ─────────────── 325
はじめに（326）

1　批判的国際理論の基盤　328

批判的社会理論の誕生（328）　マルクス主義とフランクフルト学派の共通点（329）　イタリア学派としてのグラムシ（333）

2　批判的国際理論の登場　336

「第3の論争」再訪問（336）　内在的批判と批判的国際理論の射程（339）

3　批判的国際理論の展開　345

ボトム・アップからの国際政治経済（345）　コスモポリタン的ガバナンスの可能性（350）

4　批判的国際理論の展望　354

要点の確認／批判的国際理論をもっと知るために　356

あとがき　359
用語解説　363
引用文献　379
事項索引　393／人名索引　398

各章の構成　各章は，本文と，章末の「要点の確認」と「〜をもっと知るために」で構成されています（序章では「要点の確認」は無し）．また，本文中に適宜「Box」が挿入されています．

Box　国際関係理論における代表文献，国際条約などの重要部分を抜粋し，Boxとして本文中に適宜挿入しました．

要点の確認　各章の理論のポイントを理解しているかどうかを確認するため，各章末に簡単な「要点の確認」項目を設けました．

〜をもっと知るために　各章の理論についてさらに詳しく学習するのに役立つ良質な文献を各章末に列挙し，簡単な解説を付しました．

本文中のゴチックの語　本文中，重要な専門用語を説明している箇所では，その語句をゴチック（太字）で示し，巻末の「用語解説」で詳しく説明しました．

用語解説　本文中，ゴチック（太字）で示されている重要な専門用語の解説を巻末に設け，語句の五十音順にならべました．

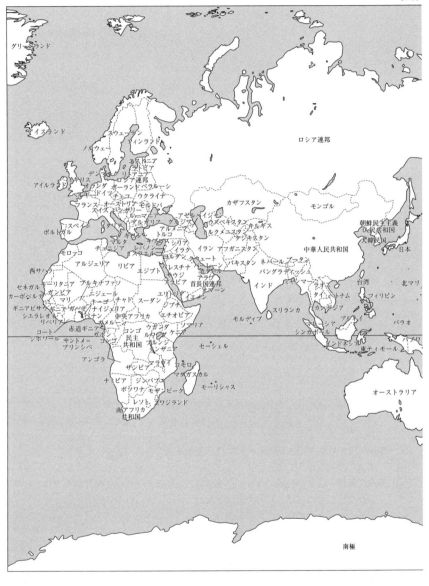

地図

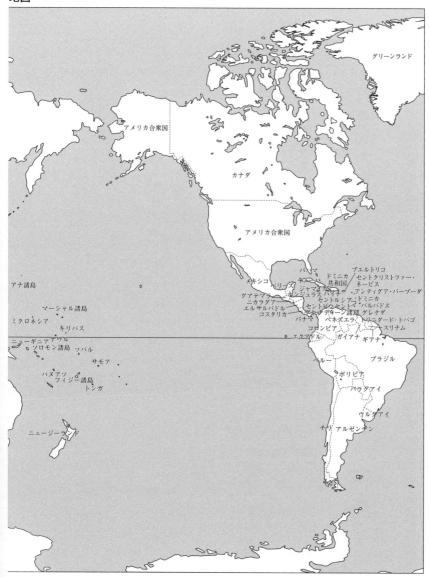

序　章
国際関係理論の構図

はじめに	2
1　なぜ国際関係理論が重要なのか	2
2　国際関係理論とは何か	5
3　理論をめぐる方法論	10
4　国際関係理論の歴史	15
5　本書の構成	23
6　おわりに	24
国際関係理論の概要をもっと知るために	26

> 私たちが国際関係を学ぶべき最も主要な理由は，世界のあらゆる人々が領土に仕切られた個別の政治共同体，すなわち国家のなかに分断されており，こうした事実が人々の生活に深い影響をおよぼしているからである（Jackson and Sørensen 2013, p. 4）．

はじめに

　本書は，国際関係の理論を紹介し，理解するためのテキストである．ここでは国際関係理論を大まかに，①国際関係理論のアプローチ，②戦争と平和の国際関係理論，③国際関係の政治経済理論，④多様化する国際関係理論の4つの領域に分類し，それぞれの執筆者が各理論の背景と内容，最新の理論動向，現実世界との関連性，課題と展望などを解説している．

　この章では，最初に，なぜ国際関係理論を学ぶことが大切なのかを説明する．つぎに，国際関係理論の定義や価値基準などを明らかにしたい．こうした理論の基礎的な知識を踏まえ，最後に，国際関係理論の方法論と理論史を解説して，各章につなげたいと思う．

1 なぜ国際関係理論が重要なのか

　本書は書名が『国際関係理論』とあるように，あえて理論という用語をタイトルに使っている．一般的に類書では国際関係論と標記されるのが通例であろう．では，本書では，なぜ，わざわざ理論という言葉をつかったのか，なぜ理論を重視したのかをここで説明したい．それは日本の国際関係論の実情と大きく関連している．猪口孝は，日本の国際関係論の特徴を次のように述べている．「日本の国際関係論は分野的には国際法と地域研究を大きな中核としていることが明白である．方法論的には歴史的記述的なものを最も重視している．分野でいうと，時間的にも学問的にも歴史的記述的な政治外交史と地域研究とするのである」（猪口編 2004, p. 7）．他方，欧米特にアメリカの国際関係論では，少なくとも日本より理論が大きな位置を占めている．もちろん，国際関係の説明や理解のための理論的アプローチや歴史的アプローチ，さらには地域研究も，

> **Box 0.1 理論の使い方**
> 壮大な理論を構築するには時間をかけて学ぶことが必要であり，理論を適用したり先行研究を評価したりすることは，〔国際関係研究の〕初学者にとってよりとりくみやすい．理論の適用であれ先行研究の評価であれ，それらを行うには理論によく精通していることが求められるし，両方の研究とも，完全に失敗してしまうリスクがより少ないながら，理論に関する能力を示すことが十分に可能である．
> ——ヴァン・エヴェラ 2009, p. 4

それぞれに特性や特徴を備えており，いずれも国際関係への重要なアプローチであることはいうまでもない．しかし，私たちがここで理論を強調するのは，それなりの理由がある．

　国際関係研究における理論的アプローチは，以下の主な理由により，価値が認められるものである．第１に，これは最も大切なことであるが，理論研究は出来事の因果関係の説明に関する知識や政策提言に役立つ情報の蓄積に有効だからである．たとえば，戦争の原因を突き止めようとした場合，これまでの戦争原因に関する多くの理論は，無政府状態（アナーキー）やバランス・オブ・パワー（勢力均衡），攻撃・防御バランス，好戦的イデオロギー，ナショナリズム，誤認など，示唆に富む．ところが，こうした既存の戦争原因の理論を全く無視して，戦争原因を研究してしまった場合，研究者は膨大な資料や事例を前にして，途方にくれてしまうことになりかねない．そして，体系的な原因究明ができず，その原因を断片的にとりあげることになり，結果として，重要な要因を見落としてしまう恐れもある．

　第２には，理論は実際の国際事象を全体的にバランスよく把握するのに役立つ．国際関係について，何らかの分析を行ったり，政策提言を行ったりする際，複数の理論を用いた考察は大変役に立つ．たとえば，日米同盟の存続理由や是非を考えるとしよう．ここで単に直感に頼るのではなく，リアリズム，リベラリズム，コンストラクティビズムという競合する理論を用いれば，この問題に対して，少なくとも３通りの解答を打ち出すことができる．それのみならず，複数の分析を比較考量することも可能になる（たとえば，土山 1997参照）．こうすることで，ある１つの理論を間違って適用する可能性は減り，より妥当な理論を選別しやすくなる．また，論文を作成する際に，独りよがりの論説を避け

るために,「自らの主張について,違う立場から自問しなさい」とよく助言される.その際,自分が用いる理論とは異なる競合理論から研究課題を批判的に考察することは,とても有用である.

同じように,戦争の価値判断に関する議論にも,国際関係理論は役に立つ.長い知的伝統に立脚した正戦論(just war theory)は,戦争の正当性を議論する際には必要不可欠なものである(詳しくは第10章「規範理論」を参照).こうした規範理論を参照しない戦争の議論は,不毛な感情論になりかねず,建設的な議論を阻害(そがい)してしまう恐れがある.要するに,複数の競合理論から課題にアプローチすれば,1つの方向に偏った独善的思考や判断は,少なくとも排除されるのである.

第3に,理論は直感に頼ることなく,論理的な推論を可能にするというメリットがある.確かに,国際事象の因果関係を説明したり,未来を予測したりするのに,直感はしばしば有効である.経験豊富な実務家が直感により物事の判断を瞬時に下せば,様々なコスト(時間・労力など)を節約することができるだろう.しかし,それは思い込みによる間違った判断かもしれない.そうであれば,直感に頼った決定の代償は大きい.他方,優れた理論は多くの研究者による長年の知識の蓄積に基づいている.もちろん,社会科学において完全理論など望めるはずはない.しかし,確かな根拠に裏づけられた理論を用いれば,場当たり的な判断は避けられるだろう.

ここでは,国際関係を学ぶ学生たちが,比較的高い関心を示す例をあげながら,理論と直感の違いについて,具体的に説明してみたい.大学生の多くは直感的に国境を超えた人と人との交流が,「平和」に直結すると思っているようである.しかし,多くの大学生の期待に反して(もっとも,国際関係の場合,ある理論が完全に棄却(ききゃく)されることはめったにないが),この仮説は理論的にも経験的にも正しいとはいえない.理論的には,人間同士,接触の機会が増えれば増えるほど,トラブルを起こす機会も多くなる.それが時として傷害や殺人といった事件に発展する.経験的には,実際の犯罪データを調べると,近親者や友人同士の傷害・殺人事件は数え切れないほどある反面,縁もゆかりもない人間同士では極めて少ない.

同じことは,国際関係にも当てはまるようである.韓国と北朝鮮との間の朝鮮戦争やルワンダやスーダンにおける内戦の例から分かるように,最も凄惨(せいさん)な

殺戮は，国境を接する国家同士や国家内部の民族間で起こっている．反対に，シンガポールと南アフリカとの間で多くの人命を失うような紛争が起こることは，まず考えられない．その主な理由は単純に，隣接国同士や国内では人と人が接触する機会は多いが，国家同士が地理的に離れていれば，接触の機会が減るため，紛争が激化する可能性は著しく低下するからであろう（ラセット，スター＆キンセラ 2002, p. 29）．だとすれば，国際交流も人間同士の接触の機会を増やすので，紛争の機会を増やす結果になる可能性は大いにありうる．

第4には，理論は国際関係研究を理解するのに，必要不可欠であるという理由があげられる．国際関係の主要な学術雑誌に掲載される論文，特に英語で書かれた論文には，リアリズム，リベラリズム，コンストラクティビズムといった専門用語が頻出する．くわえて，一般読者向けの国際問題の専門誌や外交雑誌に，こうした理論的概念が登場することも珍しくない．ところが，もし読者がこれらの概念を全く知らなければ，多くの専門論文のみならず雑誌記事を読んでも，その内容を表面的にとらえるだけになりかねない．これでは，国際関係を学んでも「つまらない」だろう．

最後にあげておきたい理由は，特に学生のためのものである．現代はこちらから求めなくても毎日，多くの国際関係のニュースが飛び込んでくる．それらのニュースは特別な理由がない限り，記憶に残ることなく，聞き流してしまうことも多いと思われる．しかし，そのなかには私たちの明日をも変えるような重大なニュースが含まれているかしれない．もし，国際関係理論を知ってそのような記事を読んだり，国際ニュースを聞いたりすると何が起こっているのかだけでなく，（それが真実かどうかは別として）どうしてそのような現象が起こっているのかを考えられるようになる．このように国際関係が理解できると，重要なことは見逃さなくなる．また，世界がよく見えるようになり，世界で何がどのように起こっているのかを知るのが「おもしろくなる」はずである．

2 国際関係理論とは何か

　本書の主題である**理論**（theory）とは，何であろうか．簡単にいえば，国際関係理論とは，国際関係の諸事象・出来事について，それらに関係がありそうな諸要因

の結びつきをある程度単純化して体系化したものである．本節 2 では，まず，理論の意味を説明することにしたい．その後で，優れた国際関係理論とそうでないものの判断基準を紹介する．

理論的に考えるということ

　国際関係研究で最もよく使われる理論は，経験的理論であろう．この経験的理論は一般的に，次のように定義されるものである．すなわち，「事象の原因や影響（結果）を記述し，説明する一般的論述」ということである．もちろん，現実に起こった事象を秩序正しく文章で書くという記述は理論の重要な要素であるが，理論の真骨頂はやはり説明（explanation）である．ここでいう説明とは，「原因と引き起こされた事象を結びつける因果法則や因果仮説であり，どのように因果関係が発生するかを示すもの」である（ヴァン・エヴェラ 2009, p. 9）．たとえば，喫煙は癌を引き起こすとか，領土紛争は戦争に発展しやすいといったように，原因を結果に結び付け，それを証拠により裏づけることが，理論構築においてはより高く評価される．

　このような解説を聞いて，理論は難しそうだと思った人もいるだろう．しかし，そう思った人も，実は日常生活で「理論」を常に使っている．空にどんよりした雲が立ち込めてきたので明日は雨になるだろうとか，この大学に入学すれば就職に有利だろうとか，このアルバイトより，あっちのアルバイトの方が効果的にお金を貯められるとか，先生の言っていることは果たして本当なのだろうかとか，あの政治家のやっていることは国民のためにならないとか，日本がもっと開発途上国に援助すれば困っている人たちは助かるとか，様々なことを考えながら，私たちは行動している．

　こうした考えは，ある意味，すべて「理論」に基づく推論か，または「理論」そのものである．ある事象について，筋道を立てながら説明したり理解したりする場合，私たちは頭のなかで「原因」を想定し，「結果」と結び付け，自分の経験に照らして，その妥当性を判断している．こうした「因果関係」を明らかにしようとする推論は，理論そのものである．そして，国際関係理論は，この思考様式を国際関係に当てはめたものに過ぎない．したがって，国際関係を理論的に考えるということは，本来，そんなに難しいことではない．私たちが日常生活で自然に用いている思考を国際関係により体系立てながら応用して

いると思えば,気を楽にして国際関係理論に取り組むことができるはずである.

複雑な世界を単純化する

理論は複雑な世界を単純化したものである.理論の1つの利点は,この単純化にある.そもそも現実の複雑な世界をそのまま再現するのは,不可能であるに違いない.したがって,理論は現実ではない.どんな簡素な理論でも,どんな複雑な理論でも,理論は現実を必ず単純化している.これは一見,当たり前のように思えることであるが,意外に理解されていないようである.よく「現実は理論でいうほど単純ではない」という警句が使われるが,これは上記の誤解が偏在していることを示している.突き詰めて考えれば,世界を単純化しない理論など,ありえない.むしろ,現実が複雑だからこそ,その複雑な現実を説明したり理解したりするために,諸要因の関係を単純化することが必要なのである(Snidal 1986, p. 44).したがって,問われるべき理論の問題は,「領域〔現実〕を切り離すことが現実的であるかどうかではなく,そうすることが有用であるかどうか」(ウォルツ 2010, p. 11),どの理論が理解しやすく,説得力があるのか,ということになる.

理論のよしあしを決める7つの基準

では,よい理論,すなわち有用性のある理論とは何であろうか.現実を単純化することで得られるメリットと,それにより受けるデメリットをどのように比較考量すればよいだろうか.その判断基準は何であろうか.こうした疑問について,政治学者のバン・エベラ(Stephen Van Evera)は,理論のよしあしを判断する7つの基準をあげている(ヴァン・エヴェラ 2009, pp. 16-21).

第1に,よい理論とは,事象を説明できる力が大きなものである.この「説

Box 0.2 理論と現実

現実は複雑であるが,理論はいたって単純である.事象を単純化することで,理論は(現実世界を構成する)大切な諸要素の作用を明らかにするとともに,原因と結果の必然的関係やそれらの相互依存性を示すのである.さらに理論は,自分がどの立場に依拠して世界を見ているかも教えてくれる.

—— Waltz 1997, p. 913

明力（explanatory power）」は，①理論で事象の原因と仮定されている要因（独立変数）が，どれだけ広範囲にわたって事象に影響しているか，②どのくらい広い範囲の事象を説明できるのか，③現実世界に対して適用できるか，という条件で決まる．たとえば，リアリズムが国際関係の主要理論と見なされるのは，同理論で国際事象の原因とされるパワー（力）が，戦争と平和や経済，福利厚生など，あらゆる国際事象に強く影響しているのがほぼ確実だからであり，また，様々な国際領域の出来事を広範に説明できるからである（詳しくは，第5章「リアリズム」を参照）．

第2に，よい理論とは簡潔な（parsimonious）理論である．ここでいう簡潔性（自然科学では，「節減原理」ともいう）とは，より少ない要因でより広範囲の事象を説明することである．ここで難しいのは，簡潔性と説明力が必ずしも両立しないことである．一般的には，理論が簡潔であればあるほど，説明力は低下する傾向にあり，逆に，理論が説明力を増せば増すほど，簡潔さは失われやすい．このジレンマの解決はなかなか難しいが，もし簡潔な理論で事象を十分に説明できない場合，簡潔性を犠牲にして，より複雑な理論を構築することが必要となるかもしれない（キング，コヘイン＆ヴァーバ 2004）．

第3に，よい理論とは，知的好奇心を満たすものである．直感に反するような理論は，このよい例である．逆に，あまりに単純で平凡な誰もが知っている因果関係を明らかにしても，優れた理論とはいえないであろう．第4に，よい理論とは，明確な枠組みをもつものである．たとえば，何が**独立変数**（原因）で何が**従属変数**（結果）なのかが，一目で分かるよう仮説として明示している理論などは，これにあたる．第5に，よい理論は物事の真偽(しんぎ)を判断することができる命題（proposition）があり，反証可能（falsifiable）でなければならない（第2章「定性的研究方法への道案内」を参照）．第6に，よい理論は重要な現象を説明するものである．世界の主要な出来事にほとんど関係のない理論を構築しても，あまり有用性がないということであろう．最後に，よい理論とは，具体的な政策を打ち出す際，参考になるものである．

本書で紹介する理論のほとんどは，レベルの相違こそあれ，ここにあげられた7つの基準をみたしている優れた理論である．ただし，ここで読者に注意して頂きたいのは，これらの基準は理論の価値を判断するための絶対の物差しではないということである．たとえば，現実世界の問題解決に全く役立たない理

> **Box 0.3 理論と政策**
> 「私〔ジョセフ・ナイ〕がワシントンで勤務し,国務省および国防省で次官補としてアメリカの外交の形成に携わっていた折,私は,リアリズム,リベラリズム,そしてコンストラクティヴィズムの3つのタイプの考え方の多くを借用している自分に気がついた.役立ち方も状況もさまざまだったが,これらがそれぞれ有益であると悟った」……
> 時折,実務家は,なぜ理論などに拘泥しなければならないのかと思うものである.それに対する答えは,理論が不慣れな地勢に意味を付与する道路地図を提供する,というものである.理論なしでは道に迷う.われわれがただ単に常識を用いていると思っている時でさえ,自分たちの行動を導く暗黙の理論が,普通はそこに働いている.われわれは単にそれに気づいていないか忘れているだけである.……自分たちは理論などにとらわれていないと思っている実務家は,遠い昔の名前すら忘れてしまった三流学者の説に従っているだけのことが多いのである.
> ──ナイ&ウェルチ 2013, p. 13

論があったとしても,それは価値がないということには必ずしもならない.それでもなお,一般的に理論研究をすすめる際,自らが用いようとする理論や構築しようとする理論が,果たして妥当なものなのかどうかを考えるのに,これらの基準は頼れる判断材料になるはずである.

理論の多様性と分類法

「理論」は経験的理論だけではない.本書では「理論」をより広くとらえ,ある事象の相関関係や因果関係を明らかにする**実証主義**(positivism)の理論だけに限定していない.行為の道義的基準や知識の目的,理念やイメージの構成を解釈したり理解したりするために体系化された思考も,「理論」の範疇に含めている.このように理論は多様な意味をもつが,ここでは,こうした理論を分かりやすく解説するために,いくつかのカテゴリーに分けて整理してみたい.

バーチル (Scott Burchill) に従えば,理論は以下のように分類することができる (Burchill and Linklater, et al. 1995, p. 8).

①経験的理論(empirical theory)──観察を用いて,世界についての仮説を検証すること.

②規範理論（normative theory）――世界のあるべき道筋を提示すること．
③批判理論（critical theory）――現在をイデオロギー的に批判し，自由と人間の自律を求め，未来を変革するための代案を明らかにすること．
④構成的理論（constitutive theory）――理論化のプロセスを省察することであり，これには認識論と存在論の問題が含まれる．

　経験的理論は一般的な科学的方法論で用いられる代表格である．リアリズムの勢力均衡論やリベラリズムのデモクラティック・ピース論がこれにあたる．また，相互依存論や覇権安定論，レジーム論などからなる国際政治経済論も，このカテゴリーに含まれる．現代世界の支配と被支配の構造を分析する従属論や世界システム論は，経験的理論に依拠しているが，世界の不平等構造を糾弾するという面では，批判理論にも通じるだろう．

　他方，国際事象が理念や規範，**間主観**性などの非物質的要因（non-material factors）から構成されるとするコンストラクティビズムは，構成的理論を代表するものである．これは近年，国際関係理論の主要「理論」の地位に近づき，リアリズムやリベラリズムと肩を並べつつある．正しい戦争と間違った戦争を区別する正戦論などは規範理論のカテゴリーに入る．また，現代世界が抱える矛盾や抑圧，疎外を暴露し，人間の解放などを訴える批判的国際理論は，批判理論の系譜にある．

3
理論をめぐる方法論

　国際関係理論をもっと明確に理解するには，理論と思想，理論と歴史，理論研究と地域研究の共通点や相違点について，十分に認識しておく必要がある．ここでは，それらの諸概念を簡単に説明する．

理論と思想

　本書では，「理論」を解説する際，「思想」という用語がよく登場する．そもそも理論のほとんどは，学問の先達（せんだつ）たちの思想に基づいて構築されるものである．したがって，理論と思想は根底で共通する部分がある．しかし，それぞれ

違う言葉があてられているように，両者には違いもある．理論はこれまで説明したように，諸要因を体系的に関連づけたものである．たとえば，リアリズムは，戦争という現象について，原因と結果を峻別して，その因果関係を明らかにしようとする．

　他方，「思想」は理論より，「解釈（interpretation）」をより重視するといわれる（Waltz 1998, p. 373）．思想は，経験的理論のように因果関係のメカニズムを冷厳に分析するというよりも，むしろ出来事の意味を解釈したり理解したりすることに重点を置く傾向にある．もちろん，リアリズムやリベラリズムなどの代表的国際関係理論は，政治思想から発展したものであるから，思想と深い関係があるのはいうまでもない．しかし今日，両理論から派生した仮説が「イズム」から脱却しながら，科学的志向を強めていることを考えれば，批判的国際理論などの方に，思想史的アプローチはより色濃く残っているといえよう．批判的国際理論はマルクス主義の思想に起源をもち，理論の意味合い，すなわち，理論とは一体誰のための理論なのかについて，その解釈を試みようとする．そして批判理論家は，社会科学というものは権力の擁護として利用されていると主張するのである．

　端的にいえば，様々な経験を論理的に解釈した「思想」を基にして，国際関係の諸事象の因果関係を説明したものが「理論」，特に経験的理論であろう．このような理由から同じ現象を分析して構築された理論であっても，思想が異なると理論も違ったものになる．たとえば，リアリストは経験から無政府状態の下では，人間は協調することがほとんどないという思想にたどりついた．そして世界が不安定な時期がなぜこれほど多いのか，なぜ国家は協調して世界を安定化させられなかったかを考え，理論を構築した．これに対して，リベラリストは，人間は協調できるという思想の下に，それぞれのある特定の期間，世界が安定していた理由はどうしてなのかということを重視して，理論を構築した．なお，上記の解説は，理論と思想の違いを強調するために，あえて単純化したものであり，本来のリアリストとリベラリストの理論を的確には反映していないかもしれないことを断っておく．

　このように理論も思想も違いがあるとはいえ，様々な事象の解釈は常に理論的枠組みに条件づけられているので，それぞれ通じるところもある．本来，社会科学としての国際関係理論というものは，一般的に，行為の原因を探り，そ

の意味を探究することにより，説明と解釈という2つを両立させようとする試みなのかもしれない（Ferejohn 1993, p. 228）．

説明と理解

　理論では，よく「説明（explanation）」と「理解（understanding）」という言葉が使われる．では，両者はそれぞれどのような意味なのだろうか．違いはどこにあるのだろうか．ここでは，それぞれの用語について，明らかにしてみたい．
　説明とは，先にも述べたとおり，経験的に出来事の原因と結果を関連づけることをいう．そして説明は基本的に，国際関係に客観的な現実が存在することを前提としている．パワー，経済，領土などの物質的要因（material factors）が，実際の国際関係を形成しているとして，説明は成立する．ここには誰が見ても同一のものが存在する客観性が存在する．他方，理解とは，事象を解釈したり，意味を把握したりすることを指す．理解は基本的に，国際関係を形成する要因としての主観性を重視している．知識や理念，アイデンティティなどの非物質的要因こそが国際関係を形成するとして，理解はなされる．
　リアリズムは説明を重視する代表的な国際関係理論である．リアリズムは，国際関係の客観的現実の存在を前提としながら，軍事力などの物質的要因を原因として仮定し，様々な国際事象と結び付けながら，経験的な理論を構築しようとしている．他方，ポストモダニズムよりのコンストラクティビズムは，既存の国際関係理論の意味を理解することに重きをおくが，同じコンストラクティビズムでも，説明を目指す論者は，国際関係の間主観性を重視して，理念や規範などの非物質的要因の相互作用が国際関係の現実を構成すると主張する．このように，説明と理解という方法論の相違は，理論の根源にかかわる問題なのである．
　このように国際関係に対するアプローチとしては，説明することと理解することという，2つの方法がある．そして，こうした方法論上の違いは，理論の方向性を大きく左右する．図0-1は，代表的な国際関係理論を客観主義と主観主義，説明と理解，存在論と認識論という方法論上の特徴から，それぞれ位置づけたものである．もちろん，各理論は様々な研究成果からなる「研究プログラム（research program）」であるため，ある理論は国際関係の説明を目指すと同時に理解をうながすものであるかもしれないし，別の理論は客観的な物質的

3 理論をめぐる方法論

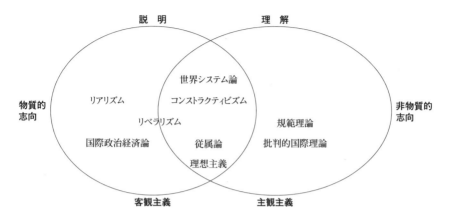

図0-1 国際関係理論の方法論上の位置づけ

要因と主観的な非物質的要因から仮説を組み立てていることもあろう．また，国際関係には誰もが存在を認めるモノがあるという前提で分析する「物質的志向」のアプローチと，国際関係に対する認識こそが重要であるとする「非物質的志向」のアプローチがある．もちろん，どちらかのアプローチに完全に当てはまる理論などない．にもかかわらず，こうした分類の長所は，理論の最も顕著な特徴を一目で把握するのに役立つということである．ここでは，こうした教育上の利便性を優先し，理論の正確な紹介を犠牲にするという代償を払うことになるかもしれないが，あえて単純化した理論の分類を試みた次第である．

理論研究と歴史研究

理論と歴史は似たもの同士であるが，違いも顕著である．国際関係研究でいえば，確かに理論も歴史も世のなかの出来事を研究対象としている点では，共通している．しかし，両者の違いも明らかである．概して，理論は一般化に重きをおく．他方，歴史は出来事の特殊性に重きをおく（エルマン&エルマン 2003）．こうした相違点について，ミッドフォード（Paul Midford）は本書第2章の「定性的研究方法への道案内」において，次のように述べている．

たいていの歴史学者は，文書や他の経験的証拠に基づき，特定の出来事や一定の期間を記述したり説明したりする，時系列的叙述を行う．これとは対照的に，定

性的方法論を用いる政治学者は，過去や現在を問わず事例研究を行い，出来事を幅広く説明するための一般理論を構築したり検証したり，政策提言を行ったりするのが一般的である．したがって，歴史学者は一般化されることのない特定の記述や説明を目指すのに対し，政治学者は政策に関連づけた一般的な説明を目指すのである（本書67頁）．

理論と歴史の違いを理解するのに最も分かりやすい例は，いわゆる「歴史のイフ（もしも，if）」についての，両者の認識の違いであろう．国際関係の理論家にしてみれば，理論構築に「歴史のイフ」は必要不可欠である．反証可能な理論や政策に役立つ理論を構築するためには，「もし～でなければ」といった「反実仮想（counterfactual thoughts）」の発想が必要になるからである（詳しくは，第2章「定性的研究方法への道案内」および Tetlock and Belkin 1996を参照）．したがって，理論研究は「歴史のイフ」を積極的にとり入れることで発展するといえる．他方，歴史ではしばしば「歴史のイフ」は禁句といわれる（もちろん，「歴史のイフ」を積極的に活用する歴史学者もいる）．これは，歴史事象はそれぞれが特殊な出来事であり，同じことは2度と起こらないという認識が，歴史研究の前提として共有されているからだと思われる．

このように理論と歴史は，二項対立の形式で整理することができる．しかし，あまりに両者の違いを強調するのは，社会科学としての国際関係論の発展に好ましくないだろう．なぜなら，理論と歴史は両者相まって，社会科学を前進させうるからである（川﨑 2015）．たとえば，比較歴史分析は，複数の歴史証拠を比べることにより，理論の間違いを指摘して，優れた理論構築へとつなげるのにとても役立つといわれている．したがって，一般理論は歴史の研究成果と共同作業を行ってこそ，さらなる発展が望めるといえるかもしれない（スコッチポル 2001, pp. 29-62）．

理論研究と地域研究
　最後に，国際関係研究への主要なアプローチである理論研究と地域研究について，一言触れておきたい．理論研究者と地域研究者は概して，方法論的立場が異なる．理論研究者は事象の複雑さを単純化して，他の事象と比較しながら一般法則や普遍性を追求するのに対し，地域研究者は，微に入り細に入り地域

の諸事象をできる限り詳細に研究することを重視する．このように両者の研究目標は，前者が一般化を目指し，後者は特殊性を重視するという点では，一見すると相容れない関係のように思えるが，同時に両者は片方が他方を補う関係にもある．

理論は事象の一般化を重視するあまり，歴史や地域の特性を十分に考慮できないことが時としてある．そうなると理論は説得力を失いかねない．こうした失敗を避けるためには，理論構築の際，諸事象の歴史的・地域的文脈を勘案することにより，理論の足りないところを補完することが大切である．他方，もし地域研究者がより普遍的な一般法則を導き出そうとするのであれば，理論的アプローチは有用な手段となるだろう．もっとも，ロバート・ベイツ（Robert H. Bates）が主張するように，社会科学者としての国際関係研究者という立場をとるのであれば，「特定の地域に関する文献に精通しようとするのではなく，むしろ特定の学問領域の文献に精通しようとする」のが，望ましいのかもしれない（理論研究と地域研究の立場の違いについては，詳しくは Bates 1997; Johnson 1997; 国分 2009を参照）．

4
国際関係理論の歴史

ここでは，これまでの国際関係理論の展開を時系列的に振り返ってみることにする．様々な国際関係の理論が本書により紹介されるが，これまでに国際関係理論の根幹を成してきたものはリアリズムとリベラリズムの理論である．まず，この2つの理論が構築された背景，およびその特徴について説明する（詳しくは第Ⅱ部「戦争と平和の国際関係理論」を参照）．そして，この2つの理論を補完するため，もしくは対抗するために構築された近年の理論を紹介する．

リアリズムとリベラリズム

様々な国の栄枯盛衰の歴史を分析し，その結果を自国の生存のための戦略に活かしたものはかなり古くから存在する．春秋時代の末期，紀元前500年頃に書かれた孫武による兵法書『孫子』，紀元前450年頃にアテネのトゥキュディデスにより書かれた古代ギリシャにおけるペロポネソス戦争の権力と戦争の因果

関係を叙述した『戦史』，1532年に刊行されたマキャベリによる都市国家フィレンツェの生き残り戦略を記した『君主論』など多くの文献が存在する．また，平和構想のための理論としては18世紀末から発展してきた人道主義とともに，ロック，ベンサム，カントといった多くの思想家たちが国際法の整備，国際組織の設立により国際間の秩序をつくり国際平和を築く構想を唱えた．

　しかし，このような戦略や思考が体系化され国際関係理論となったのはそれほど昔のことではない．20世紀に入ってからのことである．第一次世界大戦後，その戦争のあまりの悲惨さを省みて，各国の指導者たちが将来の国際紛争を回避するための国際秩序づくりを行った．その際の指針となった考え方が国際関係理論として扱われはじめたようである．ヨーロッパではフランス革命戦争・ナポレオン戦争（1792-1815）後，第一次世界大戦が始まるまでの約100年間，比較的穏健な時代が続いた（Polanyi 1957, p. 5）．その期間にヨーロッパは産業革命を経験し，科学技術を進歩させ，人道主義のような宗教を超えた倫理観をも発展させた．この100年の経験は，歴史上に記されている悲惨な戦争という殺戮が2度と起こらないであろうと人々に信じさせるのに十分であったに違いない．

　そのような事情を背景にして起こった第一次世界大戦に，当時の人々は人類の理性のなさ，残虐さに驚愕したのではないかと思われる．また，近代戦争における死傷者の数の多さ，戦場での悲惨さが報道機関の発展により世界中に報ぜられたことも，第一次世界大戦の悲惨さを世界の人々に強烈に印象づけたであろう．このような状況下で主潮となった国際関係理論は，軍事力により力の均衡をはかり自国を守るというリアリズムの理論ではなく，19世紀にベンサムや多くの人道主義の思想家たちが説いた「最大多数の最大幸福」は世界の人々，皆が望んでいるのだから，利益の自動的調和による平和という理想社会をつくることができるとした**理想主義**（idealism）の理論である．

　当時の理想主義の理論は，平和な国際社会は皆が望んでいるという前提に基づき構築されている．そのために平和構築は世界共通の目的であるため，軍事力で他国を抑圧せずとも国際法や国際社会規範を整備し，各国が話し合える国際フォーラムを設置することで，国際紛争を避けることができ，その目的である平和を構築することが可能であると考えられた．1919年のベルサイユ講和条約においてアメリカ大統領ウィルソン（Woodrow Wilson）の唱道により成立し

た国際連盟（League of Nations）は当時の理想主義の現実化である．1795年にカントによって書かれた『永遠平和のために』のなかで，「国際連盟」という国際フォーラムによる国際協調がすでに説明されている．

　しかし，不幸にして，この国際協調による平和構築の努力も10年余りで徒労に終わる．1931年には満州事変，1933年にはナチスドイツが誕生し，その年に日本，ドイツの国際連盟脱退が続き，1937年には日独伊三国防共協定が結ばれ，世界は第二次世界大戦へと進んでいってしまう．第二次世界大戦後の国際連合の設立は，人類の理性と進歩を信じる理想主義者の平和構築の再挑戦であった．また，この国際連合という国際フォーラムを通して，理想主義はその伝統である人道主義の立場から，個人の人権や自由を守り，経済活動が自由に行えるような国際社会を築くことを目的とするリベラリズムへと回帰していく．

　第二次世界大戦の勃発は理想主義による壮大な「実験」の失敗であるとし，そのアンチテーゼ（否定的な主張）としてリアリズムが国際関係理論のなかで，新たな潮流をつくることになる．モーゲンソー（Hans J. Morgenthau）は当時のような理想主義を基に国際秩序づくりを行うだけでは，第二次大戦が起こってしまったように国際紛争を防ぐことができず，また，第二次世界大戦においてドイツに侵略されたヨーロッパの国々のように自国を守ることすらできないという警鐘を人々に与えた．リアリズムは歴史的に繰り返された紛争を分析し，その分析結果を使い国際関係を理解し説明しようとした理論である．

　ところで，リアリズムとリベラリズムは同じようにこの時期に考え出された理論ではなく，リアリズムはリベラリズムより一層長い伝統をもつ理論である．この節の冒頭であげた孫武，トゥキュディデス，マキャベリ等はリアリズムを代表する学者であり，彼らがとらえた国際関係の本質はこれまでに繰り返し起こった国際関係の現象をかなり明確に説明するに足りえた．

　このようにして，リアリズムとリベラリズムが国際関係論の2大潮流として確立されてくる．リアリズムとリベラリズムは共有する前提や仮定もあるが，必ずしも相対的な違いにすぎないとは限らない．次頁の表0-1で見比べていただきたい．第1に，理論の対象が違うことも，同等に比べることができない大きな理由である．よくいわれるように，リアリズムはなぜ紛争や戦争が起こるのかを解明しようとするのに対し，リベラリズムはどのように紛争や戦争を防止するのかに力点を置いているため，しばしば位相がずれてしまう．第2に，

表0-1 リアリズム・リベラリズム・コンストラクティビズム

	リアリズム	リベラリズム	コンストラクティビズム
目的	自国の生存・安全保障の確立	国際協調の確立および世界の（平和と）安定	公正な世界秩序
目的に達するための手段	軍事力・経済力などの物質的力	集団安全保障を含む国際法、国際組織・制度によるガバナンスと相互依存レジーム、デモクラシーなど	理念・規範・アイデンティティ
理論の起源（思想）	過去や現状の客観的分析	人道主義に基づいた理性への信奉	間主観性の重視
望まれる世界情勢	力の均衡もしくは覇権による安定	グローバル・ガバナンスと国際協調による安定	おそらく、人権が尊重された世界

　前節で説明したように，これらの「思想」は，表0-1で「理論の起源」の欄に書いたように，理論を導いた方法論の起源からして全く異なっている．したがって，リアリズムとリベラリズムは，必ずしも対比できるものでない．リアリズムとリベラリズムのどちらが正しく，どちらが間違っているのかを実証するのは，そう簡単なことではない（コンストラクティビズムについては後に詳述する）．

　リアリストが主張するように今日まで戦争は繰り返され，「パワー」をもっていない国は「パワー」のある国に追随しなければならなかったのは事実である．一方，1991年にクウェートに侵攻したイラク軍を多国籍軍が強制的に撤退させた湾岸戦争は，リベラリストが平和構築の手段としている国際機関（この場合，国際連合）により整えられた集団安全保障による成功例ともいえよう．世界が全体としてますます豊かになり，人々がより理性的にものごとを考えられるようになり（ピンカー 2015），世界の多くの国が相互に依存しているような今日のグローバル社会では，リベラリストが描くような構図で世界平和を目指すことも不可能ではないのかもしれない．このような事実は，国際関係が1つの断面から見ただけでは分からなくなってきている証拠でもある．

国際政治経済論の台頭

　国際経済事情も国際関係を理解するためには無視できない重要な要因である．

政治学の国際関係理論のなかに経済的要因が含まれるようになったのは最近のことである．もちろん，15世紀半ばから18世紀末まで，列強ヨーロッパ諸国がとった重商主義は国際関係の思想であるし，その重商主義に反対するものとして生まれてきた経済学の理論と共に発展した18世紀の自由主義は，現代のリベラリズムに続く思想である．しかし，これらの思想は国際関係理論としては発展しなかった．その理由はおそらく，前記したように国際関係理論が「戦争と平和」の理論として発展してくるなかで，政治が直面する問題は重要なものであり，経済的要因はそれを補完するものでしかないと考えられていたからだろう．第二次世界大戦後，唯一国際政治経済論としてとらえられていたのはマルクス主義から発展した帝国論と，開発途上国と工業先進国との国際関係を分析した従属論である．

ところが，1971年に西側諸国で覇権をもっていたアメリカがベトナム戦争（1960-1975）により，政治的にも経済的にも疲弊し，中国に歩み寄りを見せ，ドル防衛のために一方的にドルの金本位制を終わらせ，国際金融体制は変動相場制に移行する．また，世界は1973年，1978年と2度にわたり政治的理由による石油の値上がりというオイルショックを経験し，1974年の第6回国連特別総会においては開発途上国が貧困という経済的な問題を新国際経済秩序（NIEO）の設立という政治的手段によって解決しようと試みる．このような1970年代の一連の国際問題を理解するためには経済的な要因を考慮することが必要となり，リアリストとリベラリスト双方で経済的要因を含んだ様々な国際政治経済論が生まれた（詳しくは第7章「国際政治経済論」を参照）．

リアリズムとリベラリズムの接近

1980年代になるとリアリズムとリベラリズムは合理主義・実証主義の方法論に依拠しながら，無政府状態や合理的な一元的アクター（行為主体）としての国家という要因を仮説の前提条件として共有するようになり，両者の理論的な収斂が見られるようになった．こうした両理論の接近は「ネオネオ統合（neo-neo synthesis）」と呼ばれることもある（Neumann and Wæver, eds. 1997, pp. 18-19）．リアリズムは，国際事象の因果関係，すなわち国際構造と国家間関係の帰結をより明確に説明する理論からなる「科学的な」ネオリアリズムに発展した（第5章「リアリズム」を参照）．一方，リベラリズムはリアリズムの前提条

件であるアナーキーと一元的アクターとしての国家を受け入れることで歩み寄り，公共経済学やゲーム理論などを援用しながら，主に制度と国際協調の因果関係を解き明かすより「科学的な」ネオリベラリズム（ネオリベラル制度論）へと変貌(へんぼう)した（第6章「リベラリズム」を参照）．その結果，両理論はあくまでも方法論上のことではあるが，同じ土俵に立つようになったのである（Oye 1986）．これは国際関係理論の発展にとっては，非常に画期的なことであった．なぜなら，方法論を共有することで，リアリストとリベラリストの建設的な対話が可能になったのみならず，国際関係理論の科学的な発展により期待できるようになったからである（Baldwin 1993）．

しかし近年では，リベラリズムの国際関係理論は，「底上げ（bottom-up）」式のリベラリズムに回帰している．リベラリズムは国家を一元的な合理的アクターと見なしてリアリズムに接近したこともあった．しかし，今のリベラリズムの基本的な姿勢は，国家内部に存在する個人や諸集団，脱国家的要因の相互作用が，いかに国家の行動（政策選好）に影響するかを精緻に理論化するというものである（Moravcsik 2003, pp. 159-204）．

合理主義とリフレクティビズム

他方，80年代には，国際関係理論に新しい座標軸が現出した．合理主義とリフレクティビズムである．**合理主義**（rationalism）はアクターの利潤極大化仮説に基づき，国際事情の因果関係や相関関係を経験的証拠により実証するアプローチである．これとは対照的に，**リフレクティビズム**（reflectivism）は合理主義や実証主義の方法論そのものに疑義(ぎぎ)を呈するものである（第9章「コンストラクティビズム」を参照）．リフレクティビズムの理論家たちは，フランスのポストモダニズムやドイツのフランクフルト学派などの影響を強く受けながら，実証主義を批判した（第11章「批判的国際理論」を参照）．リフレクティビズムからの批判でとりわけ重要な指摘は，合理主義では，アクターの省察や学習の過程で，その選好（preferences）がいかに変化するかを十分に説明できないことであった（Keohane 1989, pp. 170-174）．

その結果，こうした理論的欠陥を埋め合わせるべく，リアリズムとリベラリズムとは方法論が異なる，新しい理論的アプローチが台頭してきた．その代表格がコンストラクティビズム（構成主義）である．このアプローチをとる理論

家たちは，ギデンズ（Anthony Giddens）などの社会構造論やハーバーマス（Jurgen Habermas）らの間主観的コミュニケーション理論を援用しながら，国際関係の社会理論を構築しようと試みた．彼らによれば，国際関係は社会的に構成されるとの立場をとる．すなわち，理念（観念）や規範，アイデンティティといった主観的要因が相互に関係をもちながら，国際関係を形づくるというのである（Wendt 1999）．たとえば，リアリストやリベラリストがあたかも客観的で所与のものとして理論に用いている国益は，コンストラクティビストからすれば，そのようなものは存在せず，それぞれの主体の考えにより，国益の定義は変わってくることになる．

　コンストラクティビズムは1990年代にはいると，国際関係理論の主要なアプローチとして認められるようになった．その主な理由の1つは，既存の国際関係理論が現実世界の激変を予測できなかったことである．1989年，米ソ両首脳は冷戦の終焉を宣言した．その2年後の1991年，ソ連が崩壊した．戦後国際関係の2極システムは，世界の不安定化を引き起こすことなく，突如として静かに崩壊したのである．国際関係の主要理論であるリアリズムとリベラリズムは，このような国際関係の大変動を予測できなった．それのみならず，これを必ずしも十分に説明することができなかった（Lebow and Risse-Kappen, eds. 1995）．

　他方，コンストラクティビズムは冷戦終焉という大きな出来事について，より納得できる説明を提示した．その主旨は，主観的要因であるゴルバチョフ大統領の「新思考外交」といった斬新な理念こそが，冷戦終焉を説明するのに最も重要であるというものである．すなわち，彼は米ソを敵対関係ではなく，パートナー関係と認識することで，ソ連の国益やアイデンティティを再構築し，外交を展開したのである．こうしたソ連の対外政策の大転換は，ゴルバチョフの新思考外交という理念により利益の再定義がなされた結果である．さらに，戦争などの大混乱なくして，米ソ冷戦の終結が可能になったのは，こうした新しい理念が国際関係に登場したからにほかならない．コンストラクティビズムはこのように主張する（たとえばCheckel 1997を参照）．

国際関係理論の新たな課題

　現在の国際関係研究は，「転換期」にあるのかもしれない．近年では，「イズム（主義）」論争は影を潜めている．これまでの国際関係理論は，リアリズム

とリベラリズムを対立軸として，それにコンストラクティビズムが競合して発展してきた．ところが，最近では，因果仮説を厳密に検証する定量的研究（causal identification）が台頭する反面，「イズム」理論の構築に寄与する研究は衰退している（数少ない例外は Monteiro 2014 など）．

　国際関係論の世界的な学術組織 ISA（International Studies Association）の会長を務めたデービッド・レイク（David Lake）は，「イズム」理論は悪であると次のように主張した．こうした理論は，あいまいな仮説や予測しか生み出さないので，いかなる経験的証拠をもってしても，その仮説と一致してしまう．したがって，イズムなどの「パラダイム」による研究は，社会科学から神学になりつつある（Lake 2011）．

　では，どうすればよいのだろうか．レイクらによれば，国際関係論は，大理論（grand theory）を志向する「主義（イズム）」研究から離れ，トピックや個別の問題に立脚した中範囲の理論構築を目指すことが望ましく，それが世界政治のより深い理解につながる．国際関係の中心概念である，「利益」「相互作用」「制度」に基づき，学問体系を再編成するのがよいということになる（Frieden, Lake, and Shultz 2012）．

　他方，ジョン・ミアシャイマー（John Mearsheimer）やスティーブン・ウォルト（Stephen Walt）は，近年の国際関係研究が単純な仮説を統計的手法で検証することに傾斜しすぎた結果，理論構築が置き去りにされ，現実世界の重要な問題に取り組まなくなっていると批判する．そして，彼らは国際関係研究における理論的アプローチや方法の多様性を尊重しつつ，イズム理論や大理論の構築の効用を強く擁護している（Mearsheimer and Walt 2013）．

　最新の国際関係研究に関する調査（Maliniak, Peterson, and Tierney 2012）は，いまだにリアリズムなどの伝統的なイズム理論が，国際関係論の学部授業において中心にあることを明らかにしている．この調査によれば，リアリズム，リベラリズム，コンストラクティビズムの「理論」が，世界各国の国際関係論の入門の授業の半分以上を構成している．他方，パラダイムによらない理論的分析手法も時間を割いて教えられているが，その割合は「イズム」理論に及ばない．このことは，国際関係理論のテキストが，これら 3 つを中心に構成されることの妥当性を示している．

5 本書の構成

　第Ⅰ部では，国際関係学の背景と方法論を解説する．わが国では，国際関係学における方法論は，欧米に比べると注目度が劣るように思われるが，そもそも方法論は理論研究の土台となる大切なものであろう．なぜならば，方法論を理解し，それを用いれば，自分の研究の方向性や用いる理論が妥当であるかどうかを客観的に評価したり判断したりできるからである．本書では，国際関係学の方法論として定性的方法論と定量的方法論を詳しく紹介している．具体的には，理論の構築と検証の方法について，仮説の組み立て方，事例研究や統計的検定の仕方，過程追跡などをできる限り平易な表現で読者に説明している．

　第Ⅱ部では，戦争と平和の主要な国際関係理論であるリアリズムとリベラリズムを紹介する．そもそも国際政治学は，第一次世界大戦後，戦争の悲劇の再来を防止するという，強い規範意識をもって誕生した学問である．こうした理論志向が，国際平和の構築を目的とする理想主義学派を生み出した．しかし，理想主義者の打ち出した処方箋では，第二次世界大戦の勃発を防ぐことができなかったため，リアリズムから痛烈な批判を受けた．リアリストは，国際政治におけるパワーと国益の影響力を直視すべきであると敢然と主張したのである．他方，理想主義はより洗練されたリベラリズムとなり，国際協調の可能性を追求する理論としてリアリズムに対抗した．こうしてリアリズムとリベラリズムは，国際関係理論の双璧となった．

　第Ⅲ部では，国際政治経済の理論を紹介する．国際政治経済学は安全保障研究に比べると，その領域が確立されたのは比較的最近のことである．それは1970年ころからであり，様々な国際経済事象を分析する理論が構築されるようになった．国際政治経済論は，主に2つの系譜に分類することができよう．1つは，古典派経済学の流れを汲む国際政治経済論である．この理論は，国際協調における国際組織の役割，自由貿易の確立と維持，国際通貨体制の変容過程などの解明を目指し，政治と市場の関係を説明しようとするものでもある．その結果，相互依存論，覇権安定論，国際レジーム論，ネオリベラル制度論などが誕生し，国際政治経済の理論化がすすんでいる．もう1つは，先進諸国と開発途上国の貧富の格差や構造的支配・被支配，搾取・被搾取の関係を解明しよ

うとする従属論および世界システム論である．

　第Ⅳ部では，新しい国際関係理論の動向や，合理主義的国際関係理論とは趣(おもむき)を異にする理論を紹介する．それらは，コンストラクティビズム，規範理論，批判的国際理論である．コンストラクティビズムは，理念や規範，アイデンティティなどを重視する理論である．これまでの国際関係理論の主流は，軍事力や経済力など物質的要因から事象の因果関係を説明しようとする傾向にあったが，コンストラクティビストはこれに異議を唱える．彼らは，国際関係は本質的に，理念や規範，アイデンティティなどの非物質的要因により形成されるものであると主張する．この新しいアプローチは，冷戦終焉の予測に失敗した既存の国際関係理論に代わる新しい理論として，また近年，人道的価値や理念に関する論議が高まりを見せるなか，学界で大きな注目を集めている．

　同時に，国際関係における善悪の価値判断に関する規範理論や既存の国際関係理論への異議申し立てを代表する批判的国際理論も紹介する．私たちは実際，国際関係を分析する際，完全に価値判断を避けることはできない．こうした価値判断の基準を明らかにすることで，道徳的問題に答えを出そうとするのが，規範理論である．批判的国際理論は，既存の合理主義や実証主義に基づく国際関係理論が権力に操られているものであると根底から批判し，人間の解放を唱えるものである．

　なお，本書では，読者が国際関係理論をより効果的に学習できるようにするため，重要な専門用語はゴチック体で示し，巻末の「用語解説」でその意味を簡潔に説明している．また，各章で紹介した理論のポイントを理解しているかどうかを確認できるようにするため，簡単な「要点の確認」項目を設けている．くわえて「もっと知るために」で，各理論についてさらに詳しく踏み込んで学習するのに役立つと思われる良質な文献を列挙し，簡単な解説をほどこした．適宜，利用していただければ幸いである．

6
おわりに

　国際関係の理論は，複雑で流動的な世界の動向を簡潔に説明したり，要領よく理解したりするための道具である．それぞれの理論は，対象とする領域も異

> **Box 0.4　理論と予測**
> 理論的に考えるということは，今年の初週にA国がB国を攻撃するというような，出来事が起こる瞬間を予測することではない．……理論的に考えるということは，大きな傾向に関心をもつことなのである．理論構築とは，パズルのピースを枠にはめるようなことである．実際，多くの理論家にとって，その目標は行動パターンを説明するだけでなく，一見，直感に反するような，以前は思いもよらなかったパターンを説明することなのである．
>
> ——Viotti and Kauppi 1999, p. 4

なれば，用いる方法も違う．こうした理論の相違点は読者をとまどわせるかもしれない．また，国際関係の理論は，過去の重要な出来事を必ずしも十分に説明できないこともあれば，予測にもしばしば失敗する（野口 2015）．これらの理由により，国際関係への理論的アプローチは，実りある成果をあまり期待できない，むなしい努力に過ぎないと短絡的に結論づけられることがある（パイプス 1995）．しかし，これは国際関係理論の役割をやや誤解した見解であり，理論の効用に対する反論としても不十分であろう．

　理論が説明しようとするのは，主にパターン化された行動（たとえば，国家のバランス・オブ・パワー政策など）である．アクターがとりそうな行動を推察するのは，国際関係理論の守備範囲だろうが，アクターが複数の行動選択肢から何を選ぶかまで予測することはできない．たとえば，政治的安定とテロの関係を理論的に説明することはできるかもしれないが，いかなる理論をもってしても，テロの場所や日時を正確に予測したり，テロそのものを完全に防止したりすることはできないだろう．しかし，テロの危険性が増しているかどうかを見きわめ，国民生活を守るための様々な対策を講じる必要性を訴えるのに，テロの諸理論は役に立つはずである（Pape 2003）．

　理論は，私たちが頭のなかで漠然と抱いている国際関係のイメージを明確化するのに有用であるばかりか，複数の理論を用いることにより，より多角的に世界政治を理解することを助けてくれる．さらに重要なのは，理論構築と検証を通じた研究の洗練化を積み重ねることこそが，国際関係の因果メカニズムを解明したり，世界の出来事を理解したりするのに役立ち，ひいては私たちが直面する政策課題を克服するのに大きく貢献するということである．私たちは，

本書が国際関係学における理論研究の進展と理論に対する無用な誤解を取り除くことに，少しでも役に立つことを願っている．

国際関係理論の概要をもっと知るために

Guide to Further Reading

ナイ，ジョセフ ＆ デイヴィッド・A. ウェルチ（2013）『国際紛争——理論と歴史』原書第 9 版（田中明彦・村田晃嗣訳）有斐閣．
　▷世界的に高く評価されている国際関係論のテキスト．国際関係の理論と歴史，そしてグローバル社会の諸問題がバランスよく解説されている．

ドレズナー，ダニエル（2012）『ゾンビ襲来——国際政治理論で，その日に備える』（谷口功一・山田高敬訳）白水社．
　▷国際関係の主要理論について，ゾンビがいる架空の世界を想定して，ユーモラスに解説する啓蒙書．肩の力を抜いて読める，数少ない国際関係理論の図書である．

ラセット，ブルース，ハーヴェイ・スター＆デヴィッド・キンセラ（2002）『世界政治の分析手法』（小野直樹・石川卓・高杉忠明訳）論創社．
　▷アメリカの大学において昔からよく使われる国際関係論の教科書の 1 つ．原著は 10 回も版を重ねていることが，何よりも本書の質の高さを示している．

ビオティ，ポール・R. ＆マーク・V. カピ（1993）『国際関係論——現実主義・多元主義・グローバリズム』（第 2 版）（デヴィッド・ウェッセルズ ＆ 石坂菜穂子訳）彩流社．
　▷国際関係の代表的な理論がわかりやすく紹介されているテキスト．原著は改訂を重ねており，内容もより充実したものになっているので，読者には，最新の英語の第 5 版も読んでほしい．

Frieden, Jeffrey A., David A. Lake, Kenneth A. Shultz (2012) *World Politics: Interests, Interactions, Institutions* (New York: W. W. Norton).
　▷世界政治の重要なトピックに対して利益，相互作用，制度から分析する方法を採用するテキスト．本書の編者たちは，国際関係理論を「イズム」として捉えることに批判的である．本書を読むと，この分野には多様な理論的アプローチがあることを理解できる．

第Ⅰ部　国際関係理論のアプローチ

第1章
近代国際システムの興隆

	はじめに	28
1	世界システムの種類	28
2	国民国家の発展	30
3	三十年戦争とウェストファリア条約	34
4	民主主義とナショナリズム	37
5	ウェストファリア・システムの確立	38
6	第一次および第二次世界大戦	41
7	冷戦と分析レベル	45
8	ウェストファリア・システムの拡大	49
9	世界システムの未来	56
	要点の確認	60
	近代国際システムをもっと知るために	60

はじめに

国際関係論（International Relations）とはグローバルなレベルでおこる国家間，あるいは国家と非国家主体との間の相互作用，または，それらの相互作用の結果である世界におよぼす影響を研究する分野の学問である．国家あるいは非国家主体は外交，貿易，究極的には戦争というように様々なかたちで関係をもっている．

まずはじめに，国家政治システムと国際政治システムを比べてみよう．国家（あるいは国内）システムと国際システムにおいて，すぐに気づく違いは何だろうか．その答えは，国際システムでは，そのシステム全体を管理する者がいないということである．国際間では，それぞれ**主権**をもった国民国家が様々なかたちで接触している．そして，各々の政治主体（ほとんどの場合国家）は自分の領土の最終的な統治者であり，そこに住む人々と領土に対しての管轄権をもっているとされている．つまり，国際システムが国家（あるいは国内）システムと顕著に違うことは，グローバルなレベルにおいては絶対的な統治者がいないということである．

今日の国際システムには国際法，国際司法裁判所，国際機構があり，これらが国家間の関係を調整しているというのも事実である．しかし，これらの国際組織の決定を強要できるような力をもっている権威者はいない．このような理由から国際システムはよく「無政府状態のシステム（anarchic system）」であるとされる（ウォルツ 2010, pp. 117-118, 135-153; ウォルツ 2013, pp. 149-154）．**無政府状態**（アナーキー）は国際関係の本質的な特徴であるといえよう．無政府状態とは古代ギリシャ語に由来しており，文字どおりの意味は「統治者不在」ということである．国際システムとは独立した主権をもった国家の集まりであり，各々の国家の上に存在する権威者はいないということである．

1 世界システムの種類

人類の歴史において，これまでに3種類の世界システムが顕在した．帝国システム，封建制度，そして無政府状態のシステムである（ナイ＆ウェルチ 2013, pp. 3-4）．帝国システムは1つのパワーが世界のほとんど（または，その当時の

人々が世界として考えていたほとんどの領域）を支配するシステムである．帝国システムには中心になるパワーと，その中心のパワーに従属的な関係をもっている周辺の領地がある．このシステムでは戦争は支配的なパワーとその反対勢力の間，または，それらの境界で起こりうるものである．紀元前221年に多くの王領を統一してつくられた中国帝国（秦）はその典型的な例である．秦の皇帝は（中国の文化をもつ）文明化した地域と，まだ文明化されていない（野蛮な，または文化の行きわたっていない）地域のすべての世界を支配すると考えられていた（Gong 1984, p. 175）．皇帝は中国の広大な領域にその力を行きわたらせていただけではなく，事実上独立していた周辺地域の国からも中国に対する従属関係を示すものとして貢物(こうもつ)を受け取っていた．西洋におけるこの種の最後のシステムは476年に崩壊したローマ帝国である．ローマ帝国が滅んで以来，多くの支配体制がローマ帝国の再興を試みた．ナポレオンは1800年代初期に試み，ヒトラーも1938年以降，帝国をつくることを試みた．しかし，これらの試みは数年続いただけで，持続する世界帝国をつくることはできなかった．

　封建制度は政治（主従）関係の複雑な寄せ集めであると性格づけられる．封建制度においては君主（領主）が貴族に土地とその称号を与え，その見返りに忠誠を誓わせ，軍隊を提供させた．2番目の位の称号を与えられたものは君主の領地を管理し，秩序を保つ全責任を負っていた．その2番目の位の貴族は領地を管理する見返りとして，自分より下位の貴族と封臣(ほうしん)に土地や様々なものを献上させ，忠誠を誓わせた．つまり，地方，または末端の権威者たちは臣服(しんぷく)の義務を負う統治者が1人でないこともしばしばあった．ヨーロッパにおいて，封建制度はローマ帝国が滅びた後，500年ころから現れ，1500年ころまで存在した．日本では1185年の鎌倉時代から，江戸時代が始まる1600年までの時代がヨーロッパの封建時代と同等のシステムの時代である（江戸時代は徳川の中央集権であり，徳川は主権をもっていたといえる．そのため江戸時代は本章では封建時代として扱っていない．第2節「国民国家の発展」を参照）．封建制度の特徴は，ほとんどの場合，人々の君主に対する忠誠心と主従関係は領土への愛着と関係がなかったことである．人間は同じ土地に住んでいるからといって，同属意識をもつとは限らない．封建時代には貴族は他の領地の貴族に対して共感するものをもっていたが，同じ領土に住み，その領主のために働く農民に対しては，これといった感情はなかったようである．つまり，貴族は自分たちの身分を同

じ領土に住む他の人々と明確に区別していた．貴族たちは他の貴族と戦争をかまえることがあっても，同じような文化，武勇の価値観（騎士道精神）をもち，軍隊を指揮する他の貴族たちと自分たちが同じであると考えていた．

　本書において最もかかわりのある国際システムは「無政府システム（anarchic system）」であろう．これは独立した領土をもつ**国家**（state）があり，その国家元首の上に立つ権威者・組織がないというシステムであり，世界政府がないということである．古代ギリシャの都市国家と同様に現在の国際システムもこのシステムである．独立した国家によりつくられている現代の世界システムは1200年から1600年中期までに形づくられた．この時期に封建制度から抜け出し，政治的なユニットとして**国民国家**（nation state）が整理統合され，現れてきた．私たちはこのような国民国家のシステムが当たりまえであるように考えてしまい，国民国家はかなり昔からあったように思いがちである．しかし，現在のような国民国家のシステムが確立したのはつい最近のことである．このシステムはヨーロッパで始まり世界中に広まった．日本ではヨーロッパと同時期に類似した国家ができあがってきた．国民国家は力のある主権者により広大な領土を支配するようになった．

2 国民国家の発展

　封建時代にはヨーロッパの領主や君主の権力はあまり強大ではなかった．貴族であり，領土を管理する封臣たちは実質上，領主や君主と同等の権力をもっていた．実際，領主も貴族（＝封臣）も同じ貴族階級に属し，彼ら自身も同等であるという意識をもっていた．王や女王のような君主でさえ身分が桁違いであるという感覚はなかった．むしろ，君主は自分たちの代表者として認識されていたようである．

　封建制度下では君主と貴族（＝封臣）の間で，力の均衡（バランス・オブ・パワー）を保つことが常に問題であった．しかし，1500年以降，権力は君主のほうに移ることになる．日本でも同じくらいの時期に，群雄割拠の状態から将軍に権力が集中するようになる．

　ヨーロッパにおいても，日本においても，火器の導入は地方の貴族の勢力を

> **Box 1.1　アラゴンの貴族の王への誓い**
> 私たちは貴方と同様であり，貴方が私たちより偉いわけではないが，貴方が私たちの自由と法を厳守してくれるのなら，私たちは貴方を君主として，王として認めることを誓う．もしそうでなければ，私たちも，貴方を君主として認めない．
> ——「アラゴン貴族の宣誓」1500年代後期（Giesey 1968の訳を引用）

衰えさせ，権力の集中に貢献した．日本では1543年に鉄砲が伝来し，鉄砲は織田信長（1534-1582），豊臣秀吉（1536-1598）という2代のリーダーが行った勢力統一を容易にした．そして1600年の関が原の戦いで徳川家康（1542-1616）は石田三成の率いる豊臣勢力を破り，地方の国主を幕府（中央政府）に従えさせるという中央集権国家をつくりあげる．徳川幕府は豊臣秀吉がはじめた刀狩りを続け，武器である鉄砲を取り締まり，また「鉄砲改め」という火器流通の管理を行った．ヨーロッパではこの時期にはすでに，火器の使用が普及しており，社会的にも重要な影響をおよぼしていた．たとえば，大砲は貴族が構える城を落とし，結局，貴族は君主に従わざるをえなかった．広範囲の領土をもつ新しい国家の争いに伴う火器の採用は攻防の戦略，軍事訓練，築城方法，攻城技術を一新した．ヨーロッパにおいて「軍事革命」として説明されているように軍隊が革新的に発展したのは火器の導入以降である（パーカー 1995; Roberts 1995, pp. 13-36）．後のヨーロッパの軍隊が世界のなかで傑出していたのは，「軍事革命」があったからである（パーカー 1995）．

　ヨーロッパにおける領主・君主への権力の集中は，貿易する地域の拡大により金持ちになった商人層が生まれてきたことにも起因する．「十字軍遠征」で知られる長期にわたる戦争は，ヨーロッパでの貿易を興隆させた．十字軍遠征とは1095年から1204年の間にヨーロッパ人がキリスト教の軍隊として聖地（パレスチナ）をイスラム教徒から数回にわたり，奪回しようとした攻撃のことをさす．ヨーロッパ人は聖地を奪回することはできなかったが，アラブのイスラム教徒の商人たちと活発に貿易をはじめるようになった．ヨーロッパ人は絹，香料，綿，砂糖をイスラム教徒から買い，毛皮や材木を売っていた．

　貿易が盛んになったことにより，ものをつくって売るのではなく，ものを売り買いして生活して生きていく新しい商人層（豪商）が封建社会のなかに生まれてきた．この市場で取引する人たちが新しい都市生活の層となりヨーロッパ

を復興させた．この商人層は大航海時代を迎え，アジアとアメリカという「新世界」と貿易するようになり，より一層豊かになるのである．

　貿易が盛んになったのち，商人層の関心は君主の権力を強化することにあった．商人層は税金，金貸し，財政管理のアドバイスなどにより資金を領主に与えた．商人は強い中央集権が必要であったので，領土をもつ君主を支持する傾向があった．旅をして，ものを取引する貿易商や商人は平和で安全が確保されている広大な領土が必要であったのである．また，彼らは権力が分散した封建制度でなく，広範囲にわたる統一された社会制度が必要であった (Poggi 1978, pp. 42-43, p. 63)．彼らはまた統一された通貨，標準化された重さの単位，寸法が必要であった．中央集権はまさにこの統一性や標準化を達成させるための手段であった．金持ちになった商人層により君主は援助されていたため，権力は封建制度下の貴族ではなく，君主に集中した．このようにして，これまで貴族の軍隊の力を借りなければならなかった君主は，火器をもった自分の軍隊がもてるようになったのである．

　16世紀初期，ヨーロッパにおいて中央集権政府をつくる新たな動きがあった．宗教改革である．宗教改革は1517年に修道士ルター（Martin Luther, 1483-1546）によってはじめられた．彼は堕落していたローマ・カトリック教会の慣行を批判した．彼の批判はカトリック教会の権力と威信をおとしめた．教会の権威の弱まりは，結果的に独立をもとめていた君主の権力を強めたのである．ローマ教皇の権力を最初に退けたのは，よく知られているように英国王ヘンリー8世（治世1509-1547）である．彼はアラゴンのキャサリンと離婚し，アン・ブーリンと再婚する際にローマ・カトリック教会に敢然と挑戦した．彼は君主が最高の権威者であるイギリス国教会をつくった．ヘンリー8世は国王（自分自身）に対して，すべての者に忠誠を誓わせ，国内には国王より上の権威者がいないという新しい体制を構築したのである．**主権**（sovereignty）は君主がその領土内では絶対の権威があるという意味で1500年代の後期に使われはじめた言葉である．「sovereignty」という言葉の語源は「sovereign」であり，「sov-ereign」という言葉は自分の領土での最高主権者である王，君主という意味である．今日では「主権」という意味は国家の権威がその国土，またはその国において，最高の権威であるという意味で使われている．

　この時期に君主は権威の中心になり，人々は自分の君主を認め，その君主に

対して忠誠心をもつようになった．人々が自分の君主を認めたことにより，自分の国に対する認識もできあがってくるのである．同じ領土に生まれ，住み，同じ言語を話す人々が同属である意識をもちはじめたのもこのころである．この国家に対する帰属意識も偶然ではあるが宗教改革によってさらに助長された．

プロテスタントの中心的な考えは，個人は神と直接関係をもっており，神と個人の間を取り次ぐ司祭の階層は必要がないということである．このように個人と神の関係は，特定の個人を介してではなく，信仰により構築されるものとされたために，聖書がラテン語からドイツ語，フランス語といった各国語に訳され，同じ言語を使う人々の間で同じ国民であるという意識が高まった．つまり，この時代に**国民国家**が物理的にできあがってきただけでなく，その領土に住む人々の国民意識も芽生えてきたのである．

マキャベリ（Niccolò Machiavelli, 1469-1517）は有名なイタリアの政治家であり，また，当時の政治体系の変化を認識した政治学者でもある．その大局観と鋭い政治的な洞察力により近代政治学の父と呼ばれている．マキャベリは万人に共通するキリスト政治社会の存在を否定し，外部からコントロールされない独立した新しい国家のかたちを見つけ出した．この新しい中央集権国家は比較的広大な領土のなかの国内秩序を安定させるようになり，そのような国家同士で戦争が行われるだろうと予測していた．要するに，彼は近代国家とはどのようなものであるのかを描きだし，将来起こりうるであろう基本的な政治体系を予見していたのである．マキャベリは，戦争とはこのような国家間の自然な状態であると考えていた．彼のもっとも有名な著書『君主論』と『ディスコルシ』において，私たちが今日，本書の第5章で説明されている「リアリズム」と呼んでいる国際政治の見方を系統立てて説明した．リアリストの見方によれば，国際政治は国家の生存のための戦いであり，国家間の力関係である．国際システムでは国家以上の権威者は存在せず，各国家は自国の生存，国益を確保するために必要なことはどんなことでも行わなくてはいけない．また，もし国家生存のために倫理に反することが必要なら，それも行うべきことであるとしている．

マキャベリはイタリア半島を統一し，国民国家をつくれる強いリーダーが現れることを望んでおり，イタリアがそれにより，この時代に現れてきた他の強大な力に対抗できるであろうと思っていた．しかし，マキャベリの期待とは裏

> **Box 1.2　国家の生存のための君主のこころえ**
> 国を維持するためには，信義に反したり，慈悲にそむいたり，人間味を失ったり，宗教にそむく行為をも，たびたびやらなければならないことを，あなたには知っておいてほしい．したがって運命の風向きと，事態の変化の命じるままに，変幻自在の心がまえをもつ必要がある．
> 　　　　　　　　　　　　　　　——マキアヴェリ 2002 [1513], p. 105

腹(はら)に，イタリアはドイツと同様に19世紀まで統一されなかった．マキャベリの死後，約1世紀にわたりイタリアとドイツはフランス，スペイン，デンマーク，スウェーデン，神聖ローマ帝国，そしてハプスブルク家の権力争いの戦場となってしまう．この血生臭い戦争が「三十年戦争」と呼ばれている戦争である．

3　三十年戦争とウェストファリア条約

　三十年戦争（1618-1648）はほとんどのヨーロッパの国が一度は関わった戦争である．この戦争は残虐な殺戮(さつりく)の戦争として知られている．特にドイツ語を話す人々の住む土地を荒廃させた．ドイツ語を話す人々の土地の全人口の15～20パーセントもの人口が減少した（Friedrichs 1987, p. 221）．そのなかでも特に悲惨であったメックレンブルグ，ポメラニア，ビュルテンブルグの戦争ではそこに住む半数以上の人々が命を落とした（Friedrichs 1987, p. 221）．
　三十年戦争はプロテスタントとカトリックの宗教戦争として始まったのだが，終わるころには宗教間の戦いではなく，領土間の戦いになっていた．たとえば，カトリック教国のフランスがカトリック教国のスペインと戦ったように，宗教よりも領土の帰属性が重要になったのである．三十年戦争は1つのヨーロッパという概念を正式に終わらせ，主権国家システムを成立させたことを考えれば，今日の国際関係を理解するためには非常に重要であろう．1648年以後，ローマ教皇のもとに宗教的に統一されたヨーロッパと，皇帝のもとに政治的に統一されたヨーロッパという理念が崩壊し，主権をもち独立した国民国家の存在を人々は認識した．結果的に三十年戦争の終わりには，国境をもつ独立国家による国際システムが，ヨーロッパで確立されたのである．

3 三十年戦争とウェストファリア条約

1648年に結ばれたウェストファリア条約は，三十年戦争の講和条約であり，古いシステムから，主権をもった独立国家が国際関係の基礎となる新しい世界システムへの移行を示したものである．上記のように，国民国家は1500年頃から形づくられてきた．ウェストファリア条約はその移行の認識を明確に知らしめたものである．この条約では，各国は自国の領土において絶対的な主権をもち自分の意思において他国との外交関係，同盟関係を結ぶ権利が認められていた．この平和条約において最も重要な項目の1つは，外部の神聖ローマ帝国やローマ教皇ではなく，自国の法律によりその領域の宗教を決めることが許されたことである．これにより，君主は自分の領土では最高権威者であることが認められた．

このような独立した国家が現れたことにより，介入するような上層の権威者のない現代の国際システムができあがった．実際，現在の国際システムはこの**ウェストファリア・システム**を指すことが多い．

図1-1 ウェストファリア・システムにおける国境

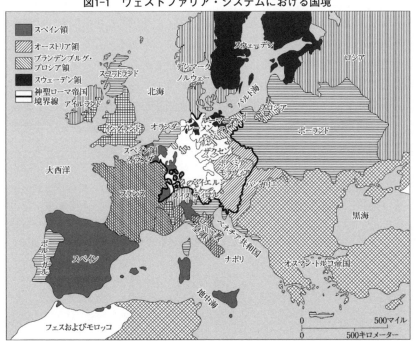

では、**国民国家**とは正確にはどのようなものであろう。言葉が示すように、国民国家は2つの言葉からできあがっている。**国民**とは共通のアイデンティティをもった人々の集団であり、**国家**とは国境で地理的に定められた領域を管理する権威者がいる法的組織である。言い換えれば、「国家」とは法律をつくり、その法律を施行することで、決められた領域の秩序が維持されている区域である。国民国家の概念を理解するうえで問題なのは、国民がもつ共通のアイデンティティの感覚が何に基づいているかということである。ある研究者は、国民がもつ共通のアイデンティティは使用言語、民族性、宗教のような客観的に見てわかる属性のあるものに関連しているとしている。国民の共通のアイデンティティはこのような客観的な基準で統一されていると考えられている。しかし、例外もある。たとえば、スイスは多くの使用言語と宗教があるにも関わらず、スイス人は同一国民という意識をもっており、この国民意識が社会の安定に繋がっている。そこで、次の考え方として、国民性の感覚を理解するためには客観的な要因よりも、どのような主観的な要因が優先されるかを調べることであろう。重要なのは、人々が集団への帰属意識をもつか、もたないかである。このような主観的な感覚は、戦争とか革命といった歴史的な出来事を一緒に体験することによってつくられたり、強化されることがある。人々は歴史的な出来事や生活を共に経験することにより、同じ運命を共有しているように感じるものである（Weber 1978, p. 923）。

三十年戦争後、ヨーロッパにおいては国民国家が他の国家のかたちを駆逐したことは明白である。そして、国民国家のような政治的な組織が徐々に世界に広まっていった。ティリー（Charles Tilly）は以下のように説明している。

> 国家の資源を導入することは国際戦争に有利であるため、ヨーロッパにおいては広い領土をもつ国民国家が国家の代表的なかたちとして帝国、封建国家、都市国家などの他の国家に取って代わった。このような国家は最終的にヨーロッパの国家システムの性格をもつようになり、それが世界中に広まった（Tilly 1992, p. 160）。

4
民主主義とナショナリズム

　上記したように，1500年代以降，ヨーロッパにおいて強大な力をもつ領主・君主が増えてきた．彼らはその強化された権力によって徐々に領土を広げてゆき，現代の国民国家ができあがった．しかし，終局的には，これらの君主たちはその地位から追放され，議会政治による民主的政府に取って代わられる．はじめは君主を支持していた商人層が君主を追放するまでの力をもつようになり，国家を引き継ぐことになる．歴史上，最も顕著な例は1789年にルイ16世を王位から退け，処刑し，君主制から民主制へ劇的に移行させたフランス革命である．フランス革命に従事した人たちは王政の規則を廃止して，「自由，平等，博愛」を基本方針とした政治システムに変えようとしていた．王政のもっていた主権は民主制による国民の代表に取って代わられた．

　このように民主主義が広まったことにより，一般に**ナショナリズム**（国家主義・国民意識）と呼ばれている概念が生まれてきた．民主主義は自分たちを統治するのは自分たちであるという思想をつくりあげた．民主主義の影響が世界中に広まるにつれ，国民はこれまで君主に対してもっていた忠誠心や愛国心を集団としての国民に対してもつようになった．支配者が国をつくるのでなく「自分たち国民が」国をつくるようになった．フランス革命直後の1789年8月に国民議会は一般に人権宣言と呼ばれている「人間と市民の権利の宣言」を採択した．民主主義とナショナリズムが混ざりあっていることは，この宣言の3条でも明らかである．「すべての統治権は本来，国民に帰属するものである．国民によって与えられた権威（職権）でなければ，だれも権威を施行できない」．人々は集団として国民を代表しており，「ナショナリズム」の原理に従えば，その国民が自治権，自決権をもっているのである．

　フランスにおいて国民の国家に対する献身的な態度が，熱心な志願兵による巨大な軍隊をつくる結果となった．フランス革命時の兵士とナポレオン軍の兵士の士気は，他の君主制における兵士たちのものとは比べものにならないほど高いものであった．その結果，フランス軍はフランスに君主制を復興させようとするヨーロッパの侵略軍を撃退することができたし，ナポレオン・ボナパルトの指揮によりヨーロッパのほとんどを征服することができた．しかし，ナポ

レオンはウェストファリア・システムに挑戦し，ヨーロッパにフランス帝国を構築しようとした．最終的にはこの帝国構築は，フランス軍が侵略地で伝えたナショナリズムが芽生え，それがフランスの支配的圧力に抵抗することによって，失敗に終わる．皮肉にも，フランス人による占領とそれに対する憎しみは，スペイン，イタリア，ロシア，そしてドイツ語圏において，その土地の人々に愛国心を目覚めさせた．これらの国ではナショナリズムというものが自由民主主義を求める市民革命なしにできあがってきたわけである．つまり，フランス革命から開花したナショナリズムは他のヨーロッパに広がり，最終的にはフランスの領土拡張主義を打ち砕く結果となった．

　ナポレオン戦争後の1814-15年に，ヨーロッパの列強諸国は**ウィーン会議**(Congress of Vienna) において国民国家のシステムを基にしてヨーロッパ・システムの再編を行った．フランスは1792年時の国境に戻され，王制を復活した．ウィーン会議システムはフランス，イギリス，オーストリア，ロシア，プロシアという列強5国のバランス・オブ・パワーを保つことを目的とし，このヨーロッパ・システムは前例にはないような安定を19世紀後半までもたらした．しかし，一度芽生えたナショナリズムという観念は消えることがなかった．うわべの安定したシステムの下には，国家に対する献身と外国の支配者に対する憤慨によりつくられた不安定な社会があった．自国の国民に対する献身と国家のためには犠牲をも辞さない精神は19世紀に発展してきた技術進歩と結びつく．この熱狂的なナショナリズムと進歩した工業技術との結合は，後の歴史で示されるように破壊的な結合になってしまうのである．

5
ウェストファリア・システムの確立

　独立した国民国家の形成は，まずヨーロッパから始まりアメリカ大陸に伝わった．1760年代，大英帝国の一部であった北米の植民地はイギリス支配から離れはじめる．植民地開拓者たちは自分たちを統治するのは自分たちであるべきだという議論をはじめ，最終的に大英帝国から離れることを決意する．大英帝国からの正式な独立宣言を起草する委員会がつくられ，委員会のメンバーからジェファーソン (Thomas Jefferson, 1743-1826) がこの独立宣言の草案をつくる

> **Box 1.3　アメリカ合衆国独立宣言**
> ……ゆえに我らアメリカの連合諸邦（the United States of America）の代表は連合会議に集い，世界の至上なる審判者に対し我らが意図の正当性を訴えて，これら植民地のよき人民の名と権威において，厳粛に公に宣言する．これら連合植民地（United Colonies）は自由にして独立な国家であり，またそうであるべきものである．英国王に対する忠誠はいっさいこれなく，グレートブリテンとの間の政治的なつながりは完全に解消されており，またそうあるべきものである．諸邦は，自由にして独立な国家として，戦争を行ない，講和を締結し，同盟を結び，通商を確立し，その他独立国家が当然の権利として行ないうるあらゆる行為をなす完全な権限をもつものである．この宣言を支えるため，神の摂理への堅い信頼とともに，我らは相互にその生命，財産，そして神聖なる名誉を捧げあうことを約するものである．
> ——トマス・ジェファーソン「独立宣言」1776年（友清理士『アメリカ独立戦争』2001年，学習研究社の訳を引用）

ために選ばれる．そして，1776年7月4日に完成した「独立宣言」が，アメリカ植民地の代表によって採択される．独立宣言は大英帝国の政治的束縛から解放し，それ以後は自由で独立した国であることを告知している．

ジェファーソンは独立宣言の構想にあたり，君主の権力に挑戦したヨーロッパの哲学者の考えを使った．独立宣言は大胆にもすべての人間は平等であり，「生命，自由，そして，幸福への追求」といった個人から奪うことのできない権利が賦与されているとしている．また，正当な政府は統治される人々の合意のもとに設立されるべきであるとしている．独立宣言に記されている原則は前述した1789年のフランス革命に大きな影響を与えた．

アメリカが実際に独立するまでには，大英帝国との長い戦争を経験しなくてはならなかった．ついにアメリカ軍はイギリス軍を破り，1781年10月にイギリス軍ウォリス将軍はバージニアのヨークタウンにおいてワシントン総司令官に降伏する．1783年にアメリカの独立はパリ講和条約においてイギリスに公式に認められることになる．

アメリカが大英帝国から独立した直後，アメリカ大陸に存在したスペインとポルトガルの多くの植民地も宗主国の支配を退けた．1800年代のはじめの30年間にメキシコ，コロンビア，ボリビア，ベネズエラ，エクアドル，ペルー，ア

ルゼンチン，パラグアイ，ウルグアイ，チリはスペインから独立を果たすことができ，ブラジルはポルトガルの支配から解放された．

このころ1853年，日本ではペリー提督（Commodore Matthew Perry, 1794-1858）が江戸湾に着き，日本を国際システムに参加させることになり，徳川の将軍政治を終わらせる．1868年，権力は天皇に戻り，明治天皇が即位する．明治政府の誕生により，「日本は正式に鎖国政策を廃止し，西洋の規範を受け入れ，海外通商を行うことにより，国際社会の一員になる意志を示したのである」（Suganami 1984, p. 191）．日本は西洋支配の国際システムにおいて，西洋諸国と同等の正会員になるために積極的に努力し，最終的には1904-05年の日露戦争で西洋の列強国を破り，仲間入りを果たすことになる（Suganami 1984, pp. 191-199）．

1861年にイタリア，1871年にドイツでも主権をもった政治的主体が小さな領土を合併し，国民国家ができあがり，ウェストファリア・システムは拡大される．イタリアもドイツもナポレオン戦争時のフランスの拡大主義に対抗し，ナショナリズムが呼び起こされる．ドイツ統一はビスマルク（Otto von Bismarck, 1815-1898）により成し遂げられ，彼は1871-1890年の間，統一されたドイツの初代首相をつとめた．ビスマルクはデンマーク，オーストリア，フランスに対する3度の戦争に勝利することにより，ドイツを統一する．また，彼は19世紀から現れてきたナショナリズムの感情をうまく利用した．ビスマルクはナショナリズムを使い保守主義を呼び起こすと同時に，自由主義，革新主義をも呼び起こしたのである．

国際システムは主権をもった国家が国益を追求することでおこる様々な国際活動を基礎に成り立っている．この成立条件と各国家のパワーの強弱の変化が，システムを常に不安定にしているのである．1871年のドイツ第二帝国の建国はヨーロッパ大陸に多くの新興列強国を生む結果となり，1815年に設立されたバランス・オブ・パワー・システムを不安定にした．統一されたドイツの出現は1815年につくりあげられた力の均衡の土台を蝕んでいき，結果的に，ヨーロッパの力関係の緊張状態をさらに敏感にした．また，1870年の仏独戦争後の領土調停により，アルザス地方とロレーヌ地方をドイツに譲渡させられたフランスにとっては，復讐をする好機であった．ヨーロッパは導火線に火をつけられた爆弾のようなものであった．そして，1914年の6月に爆発するのである．

6
第一次および第二次世界大戦

　20世紀に入り，ヨーロッパで増してきた国家間の緊張感は各国に同盟国を探させることになる．この結果2つの同盟ができあがる．1つはロシア，フランス，イギリスによる三国協商 (the Triple Entente) であり，もう1つはドイツ，オーストリア＝ハンガリー帝国，イタリアによる三国同盟 (the Triple Alliance) である．イタリアは1915年に三国協商側に鞍替えし，オスマン帝国が三国同盟側に参加する．

　この協商・同盟システムは2つのグループが神経質にお互いを監視しあっているという緊張状態をつくってしまう．この緊張状態は，進歩した鉄道とその普及により，より一層高まってくる．なぜなら19世紀に広範囲につなげられた鉄道により，各国は軍隊をより早く，疲れさせることなく国境に移動させることができたからである．各国は，鉄道がこれまでの歴史に類を見ないほど，軍隊を早く必要なところに移動させることができることを知っていたため，第一次世界大戦の基礎づくりは広大な鉄道網づくりから始まった．また，当時，各国では戦争の鉄則はできるだけ早く勝利することと，他国が攻めてきたときにすばやく対応して防衛できる計画があることだと信じられていた．このような状態において，各国は常に相互に懐疑心をもち，多少の挑発をして動揺させていたので，すべての国は他国をできるだけ早く攻撃する必要があると思っていた．一触即発の状態である．

　第一次世界大戦が勃発することとなった事件は，1914年6月28日，オーストリア＝ハンガリー帝国の皇位継承者フェルディナント大公がボスニアへの親善訪問を行った際に暗殺された事件である．いわゆる，サラエボ事件である．当時ボスニアはオーストリア＝ハンガリー帝国の支配下にあり，セルビア人の国家主義者たちはオーストリア＝ハンガリー帝国の統治に対する反対活動を行っていた．セルビアはすでに，オスマン帝国から独立を獲得しており，オーストリア＝ハンガリー帝国の支配下にあった同胞の住む南スラブの地域の解放を望んでいた．ナショナリズムに影響された解放の要求は多民族帝国であるオーストリア＝ハンガリー帝国には特に脅威であった．フェルディナント大公の暗殺は1914年から1918年まで続いた悲惨な世界戦争へ繋がる一連の事件を引き起こ

すきっかけとなったのである．この第一次世界大戦はほとんどのヨーロッパの国々を巻き込み，中国，日本，そして中近東と世界中に広がる．この戦争は多くの国が信じていたようにすぐに決着がついたわけではなかった．機関銃に代表されるような新しい軍の技術は防衛力を高めた．兵隊は塹壕(ざんごう)を掘り，交戦を長引かせ，早くかつ明確な勝利を敵に与えなかった．この4年間の戦争は1300万人から1500万人もの命を奪った．

1917年にアメリカは三国協商側の同盟国としてこの戦争に参加する．戦争の終了間近の1918年1月8日にアメリカ大統領ウィルソンは連邦議会の合同会議において新しい世界秩序の構想を有名な「14カ条原則の提唱（1918 Fourteen

---

Box 1.4　国民の自決権

ウィルソン大統領の14カ条原則の提唱における9条から13条は国家の自治・自決主義の原則をよく示している．

9条　イタリアの国境の再確定は国家としての独立性が明確にわかるところで行われるべきである．

10条　オーストリア＝ハンガリー二重帝国内の諸民族は独自に発展するためのできる限りの自由な機会が与えられるべきである．また，これらの諸民族が保護され，安全を保障されることが望まれる．

11条　ルーマニア，セルビア，モンテネグロから軍隊を撤退し，領土を返還し，セルビアに自由を与え，海洋への通行権を保障し，バルカン諸国の関係を一国ずつ紳士的な協議により，歴史的に確定された同盟と民族による境界線に基づいて確定し，バルカン諸国の政治的，および経済的独立，そして，その領土の保全を国際的に保障することを考慮するべきである．

12条　現在のオスマン帝国のトルコ系民族の自治権を保障すべきである．しかし，現在トルコの支配下にある非トルコ系民族の確実な生存権と独自に発展する全く自由な機会を保障されるべきでもある．また，ダーダネルス海峡は国際管理下におき，すべての国の船舶が商業のために自由に通行できるように永久に開放しておくべきである．

13条　独立したポーランド人の国家を設立するべきであり，当然，ポーランド人が住む領土があり，その住民は海洋への通行権が保障され，政治的，および経済的独立，そして領土の保全が国際契約により保障されるべきである．

――1918年1月8日，アメリカ両院合同会議において

Point speech)」として発表する．この演説で，ウィルソン大統領は自国民の自決権，また国家集団により世界の自治を安定させる推進者となるのである．

ウィルソン大統領の国民の自治・自決権推進運動とオーストリア＝ハンガリー帝国，ロシア帝国，オスマン帝国の崩壊は，東ヨーロッパを多くの新しい国家の設立に導いた．1929年にフィンランド，エストニア，ラトビア，リトアニア，チェコスロバキア，ユーゴスラビアが独立した．18世紀の終わりから，列強により分割させられていたポーランドも，再び1つの国となった．ヨーロッパにおいて第一次世界大戦後の新しい国際システムは，国民国家を形成することによりできあがったといっても過言ではないであろう．

ウィルソン大統領は「14カ条原則の提唱」のなかで，国際協調を容易にし，再び世界大戦が起こらないようにするために多くの国家による連合機関設立の提唱も行った．第一次世界大戦の戦後処理のための1919年のベルサイユ条約には，ウィルソン大統領起案の国際連盟規約（Covenant of the League of Nations）が含まれていた．**国際連盟**は侵略国家に対し，多くの国で対抗する**集団安全保障**（collective security）のシステムを意味するものであった．しかし，アメリカ上院議会はベルサイユ条約を批准することに反対したため，国際連盟は当時の最も力のあるアメリカの参加なしで，設立されることになる．最終的には国際連盟は国家間の拮抗を抑えることに失敗してしまう．

ウィルソン大統領はドイツに対して，経済的にも領土的にもほとんど賠償を科さないことを要求していた．しかし，フランスとイギリスはこの長く犠牲の多かった戦争の責任はドイツにあるとして，ドイツを罰しないことに満足しなかった．そのため，ウィルソン大統領はドイツの処理に関する要求を引き下げ，その交換取引として彼が最も重要であると考えていた国際連盟の設立の要求を講和条約に残すことができたのである．

ベルサイユ条約により，ドイツは自国民の自治・自決権が認められたにもかかわらず，ゲルマン人が住んでいる土地をも割譲しなければならなかった．ドイツ人はその土地の統治権を他の国に移されてしまったのである．ドイツは，また，軍縮の規定を厳守させられ，再軍備を禁じられたのである．さらに，ベルサイユ条約にはドイツに第一次世界大戦の全責任があるという有罪条項が含まれていた．この有罪条項でドイツが責任を押し付けられたことによって，ドイツ人は他のヨーロッパ人に対し，怨恨をもつことになる．第一次世界大戦の

> **Box 1.5 ベルサイユ条約第231条**
> ドイツとその同盟国による侵略によって強要された戦争の結果により生じた連合国および準同盟国政府とその国民に与えられた損害と被害にたいしてドイツはその責任があることを認め，連合国と準連合国の政府はドイツが責任を認めたことを確認する．
>
> ——ベルサイユ条約（1919年6月28日調印）

　原因には複雑な同盟関係，各国相互の懐疑心の高まりなど様々な要因がある．しかし，そのような現実があったにもかかわらず，ドイツはその責任を取らされ，法外な戦争賠償金を支払わされた．ドイツはこのような過酷な条件にもかかわらず，ベルサイユ条約に署名せざるをえなかったのである．

　皮肉にも，ベルサイユ条約でうまれた恨みは，1933年にドイツ首相になったヒトラー（Adolf Hitler, 1889-1945）のドイツ拡大をドイツ人に支持させることになる．ヒトラーはドイツを支配するとすぐに他国への支配拡大計画に着手する．まずはじめに，ドイツはナショナリズムの考え方，すなわち同じ人種と同語族は同一国に住むべきだという考え方を領土拡大の正当性として使う．1938年，チェコスロバキアの北部ズデーテン地方にはゲルマン人が住んでいるとして，その土地を要求したのである．ドイツはチェコスロバキアに対し，ズデーテンを割譲するよう圧力をかける．両国は国境近くに軍を待機させることになるのだが，イギリスとフランスはこの危機は避けられるものだと楽観していた．イギリスとフランスは，ドイツは第一次世界大戦で疲弊しているので，再び戦争をおこすことはないだろうと考え，ヒトラーが望んでいるものを譲与すれば戦争になることは避けられるであろうと考えていた．ヒトラーに譲歩を示すため，イギリスのチェンバレン（Arthur Neville Chamberlain, 1869-1940）首相，フランスのダラディエ（Édouard Daladier, 1884-1970）首相は1938年にミュンヘンでヒトラーに会い，ズデーテンをチェコスロバキアからドイツに割譲すれば，残りのチェコスロバキア領土へ侵略しないという同意を取り付ける．この時，イタリアを代表するムッソリーニ（Benito Mussolini, 1883-1945）は会議に参加していたが，チェコスロバキアの代表はこの会議に参加していなかった．この取り決めが，いわゆるミュンヘン協定である．しかし，それから6カ月以内にヒトラーはチェコスロバキア全土を征服し，その後ヨーロッパの国を一国ずつ

征服していく．衝突を避けるために提示された宥和政策が条約として締結されたにもかかわらず，難なくその条約が破られる過程を目撃した人々は，宥和政策は侵略者に対して何の効果もないという教訓を，辛い体験を通して学んだのである．

　ヒトラーがチェコスロバキアを侵略すると，イギリスとフランスは行動を起こさざるをえなかった．このはなはだしくチェコスロバキアの領土の保全を侵犯した行為は，ゲルマン民族の自治・自決権を達成するためであるという理由で正当化できるものでは，全くなかった．ヒトラー指導によるドイツが領土拡大に乗り出したことは明白であり，また，ポーランドが次のターゲットになることも明白であった．ポーランドの一部はベルサイユ条約でドイツが失った領土である．ポーランドはベルサイユ条約により，バルト海に出られる回廊を得たのであるが，東プロイセン地域がドイツから離された結果になってしまったのである．このような理由があったのでヒトラーが次にポーランドを侵略する可能性が高く，イギリスとフランスは，もしヒトラーがポーランドを侵略したら，ポーランドを助けるとの公約をしたのである．ヒトラーは1939年9月1日にポーランドへの侵略を開始する．その行為に対し，イギリスとフランスはドイツに対し宣戦布告する．「すべての戦争を終わらせた戦争」が終わって21年後に，第二次世界大戦が始まったのである．

　第二次世界大戦は1939年から1945年まで続き，ついには世界のすべてを巻き込むことになる．日本とイタリアはドイツと共に同盟を結ぶ．フランス，イギリス，ソ連，中国はこの枢軸同盟（the Axis Powers）に対抗して連合軍（the Allies）を結成する．アメリカは日本が1941年12月7日（日本では8日）に真珠湾を攻撃したあとに，連合軍側に参加する．第二次世界大戦はアメリカが原子爆弾を1945年8月6日に広島に，また8月9日に長崎に落としたことにより悲劇的に終わる．

7
冷戦と分析レベル

　第二次世界大戦は6500万人から7500万人もの死者を出した途方もない破壊的な戦争であった．連合国は枢軸国に対して勝利をおさめ，枢軸国のパワーを再

分配し，国境を引き直し，国際システムを大幅に変革した．第二次世界大戦の後の荒廃した世界にアメリカとソ連という支配的な影響力をもつ2つの超大国が現れた．両国が核兵器を保有した1949年以降，この2大パワーの間に対立が生まれる．しかし，この超大国の対立の緊張関係は，直接の交戦という結果にはいたらなかった．両国は直接の交戦ではなく，より優れた，より多くの軍備を整えるという軍備拡張競争を行った．また，両国は朝鮮戦争（1950-1953），ベトナム戦争（1960-1975），アフガン戦争（1979-1989）のような代理戦争を行わせた．両国はパワー確立のために各々の同盟国によるネットワークをつくることになる．ヨーロッパにおいてアメリカは1949年に北大西洋条約機構（the North Atlantic Treaty Organization: NATO）を結成し，ソ連はNATOに対抗して1955年に同盟国とワルシャワ条約（the Warsaw Pact）を結ぶ．

冷戦時代のようにパワーが2つに分けられているシステムを**2極システム**（bipolar system）と呼ぶ．2極システムとは2つの傑出した国があり，それぞれが相手に対抗するための同盟のネットワークをもつ国際システムのことである．パワーが多くの国，たとえば5，6カ国に分散されている状態を多極システム（multipolar system）とよんでいる．また，極端な例として，パワーが一国に集中している場合は**単極システム**（unipolar system）と呼ぶ．

ある国際関係の学者の見解では，国家の行動は国際システムにおいてパワーがどのように分布しているかによって理解できるとしている．言い換えれば，国際システムの構造が国家の行動パターンを決めると言っている．一般的に，国際関係には3つの分析レベルがあるとされている．その3つのレベルとは国際システム全体，国家レベル，そして個人レベルである．個人のレベルの分析とは，重要な政策決定者の性格などがどのように影響するかを調べることである（第4章「分析レベルと分析アプローチ」を参照）．

国際関係を国際システム・レベルで分析するということは，国際システム全体が国家にどのような行動を取らせているかを調べることである（ウォルツ 2013, pp. 149-172）．たとえば，前記したように1871年に中央ヨーロッパに統一ドイツができあがったことにより，1815年のウィーン会議でつくられたバランス・オブ・パワーが崩れて，ヨーロッパが不安定になった．この事実を国際システム・レベルで分析すると，国際システムにおいてパワーの分布が変わったことが第一次世界大戦の原因であると理解できる．この戦争の原因は当時のリ

ーダーの性格でもなく,当時の政府の体制でもなかったと考えられる.冷戦をシステム・レベルで分析すると,国際システムが2極システムであるので,アメリカとソ連は敵対関係になる.国際システムにおいて超大国が2つしかなければ,国家のイデオロギーがどうであれ,国内の政治体制がどうであれ,2国が敵対関係になるのは必須なのである.

　国際事象を説明する第2の方法は,上記したようにその国の行動をつくりだす国内の要因を調べることである.国際事象を国家レベルの分析で説明するためには,国家がなぜそのような政策決定を行い,なぜそのような行動をしたかという過程を調べることである.国内の要因というのは,たとえば,国のイデオロギー,政府の形態,経済体制,政策決定過程,国民国家における特定の利益団体の活動などである.この見方から考えると,アメリカとソ連との敵対関係はイデオロギーと生活様式の違いが原因であるということになる.ソ連は1917年の共産主義革命の結果としてつくられた国家である.レーニン(Vladimir Ilyich Lenin, 1870-1924)に導かれたボルシェビキと呼ばれた革命家たちは,自由市場の資本主義体制は労働者を搾取し,その体制を変えるためには紛争は避けられないと考えていた.この考えは生産手段の所有者(資本家:ブルジョアジー)は労働者(プロレタリアート)の労働力でつくられた富を労働者に還元することなく,すべて資本家の利益にしてしまうというドイツの政治思想家であるマルクスの考えをもとにしている.共産主義革命家の見解では世界中が共産国になり,ものがすべての人に平等に分配されるようになるまでは工場や他の生産手段は国が管理するものであると考えていた.これに対し,アメリカでは,現代でも同じであるが,個人で資産をもつ権利とその資産を自由に使う権利を基本的な理念として堅固に守っている.アメリカは生きる権利,自由を享受する権利,ものを所有する権利を基本的な権利であるとしている自由民主主義のイデオロギーのもとに設立された国である (Locke 1980, p. 87).アメリカにとっては,国家が個人の資産をその個人の同意なしに奪ってしまうことは基本的権利の侵害である.国家レベルにおいて,このような正反対の思想的見解は冷戦期になぜアメリカとソ連が敵意をもっていたのかを説明できる.

　最後のレベルは個人レベルの分析である.国のリーダーや対外政策決定過程において重要な役割を果たす個人の性格などを分析することで,国際社会に反映するその国の行動を説明することができる.たとえば,ヒトラーの性格と彼

の帝国をつくりたいという欲望が第二次世界大戦勃発に重要な役割を果たしたことは疑う余地のないことである．冷戦に関していえば，ソ連のリーダーであったスターリン（Joseph Stalin, 1879-1953）の偏執な性格がおそらく超大国2国間の懐疑心と緊張関係を高めたであろうと考えられる．スターリンは自分の権力をもって，政治的に敵だと考えられた人を粛清し，その権力を失うことを非常に恐れていた残忍な独裁者であった．スターリンの限りない権力を求める執拗(しつよう)さが，最終的には何百万人ものソ連国民を死に追いやってしまったのである．アメリカにおいては冷戦の始まった当時の大統領はトルーマン（Harry Truman, 1884-1974）であった．トルーマンは1945年のフランクリン・ルーズベルト（Franklin D. Roosevelt, 1882-1945）の死去により，その後任として大統領になったのである．そのため彼は外交の経験がほとんどなかったので，ルーズベルトがソ連に対して取っていた強硬な態度を取れず，ソ連に対して懐疑的であった．そのような態度はスターリンを一層不安にさせる結果となったのである．

しかし，上記のどの説明でも，またいくつかの説明を組み合わせて冷戦の状態を説明しても，また，冷戦の状態を説明する最も妥当な説明をもってしても，1970年代には両国が数十年にわたり持ち続けた懐疑心，敵意，そして緊張関係がやわらぐことを予想できなかった．**デタント**（緊張緩和）の新しい時代は1969年にニクソン（Richard Nixon, 1913-1994）が大統領になった後に始まった．ニクソンは2つの共産国，中国とソ連を1972年に訪問した．モスクワでの首脳会談の結果，アメリカとソ連は核兵器制限の協定，および弾道弾迎撃ミサイル（Anti-ballistic Missile: ABM）の基地の数の制限を義務づける最初の戦略兵器制限条約（the Strategic Arms Limitation Treaty: SALT I）に調印する．また，両国は戦略的攻撃ミサイルの製造を制限することにも同意する．2国間でそれから約20年間，緊張感が高まるが，カーター政権（1977-1981），レーガン政権（1981-1989）の期間においても，両国は兵器をコントロールすることを目的とした協定を結び続けるのである．

1985年以降，ソ連のリーダーとなったゴルバチョフ（Mikhail Gorbachev, 1931-）は経済・社会・政治構造再編成プログラムに着手することによりソ連の自由化をはじめる．彼のプログラムは自由市場を導入し，共産党内である程度の公開選挙を許可した．このプログラムは「ペレストロイカ（perestroika: ロシア語で「再編成」の意味）」と呼ばれているものである．彼はまた，ソ連の

社会を外に向けて開放し,当時の社会問題の公開討論を許可した.これは「グラスノスチ (glasnost: ロシア語で「公開」の意味)」と呼ばれている.

ゴルバチョフは国内の改革に加え,衰えを見せている東ヨーロッパの共産体制をソ連軍で支援することをやめた.その結果,ゴルバチョフもある程度は驚いたと思われるが,ポーランド,ハンガリー,チェコスロバキアは1989年に共産党の首脳を追放することになった.また,東ヨーロッパと西ヨーロッパの間の鉄のカーテンは破られ,共産国である東ドイツの多くのドイツ人はハンガリーとチェコスロバキアを通り,西ドイツへ脱出をはかったのである.この東ドイツ人の大移動は,1961年に東ドイツ人が西ベルリンへ亡命するのを防ぐためにつくった「ベルリンの壁」を意味のないものにした.1989年11月,ベルリンの壁の両側からドイツ人が壁を壊しはじめたのである.誰も予想しなかった突然の出来事であった.1989年のベルリンの壁の崩壊に象徴されるように,2つの超大国とその同盟国による敵対関係は劇的に終わりを告げる.冷戦を終わらせた驚くべきこの一連の出来事を理解するためには,個人レベルによる分析が必要である.ゴルバチョフはそれまでのソ連のリーダーに比べると比較的若く,精力的に改革を行った.リーダーが他の人であったらそのままにしておいたかもしれない問題に真摯に向き合い,必要な改革を行ったのである.ゴルバチョフの性格は(彼の取った行動は,彼が実際に行おうとしていた改革をはるかに上回る革命的な結果をもたらしたが)上記した一連の出来事に影響していたといえるであろう.

8
ウェストファリア・システムの拡大

第二次世界大戦後の国際システムでは,他にも新展開があった.戦後,国際連盟にとって代わり国際連合(国連)が設立された.「国際連合」という名称は,アメリカのフランクリン・ルーズベルト大統領が1942年1月に「国際連合宣言」を行った際に枢軸国に対抗している連合国を説明するために使ったのがはじまりである.「国連憲章」は1945年4月から6月の間に,サンフランシスコにおいて50カ国の代表により作成され,第二次世界大戦終了後の1945年10月24日に参加国の大多数により批准され,国連が正式に設立されたのである.

国連の決議は総会や各理事会により決定されている．総会での投票権は各国同等に1票ずつもっている．国際連盟と際立って異なっている点は，国連制度の中核ともいえる「国際の平和及び安全を維持する」ためにつくられた「安全保障理事会」があることである．国連制度の創設者たちは現実的であり，どのような集団安全保障の調整を行うにしても列強国，すなわちソ連（現ロシア），アメリカ，イギリス，中国，フランスという戦勝連合国における5大国の支持が必要であることを自覚していた．これら5カ国は安全保障理事会の常任理事国に任命されており，各国は理事会の行動を決定する際の投票に対して拒否権をもっている．

　国連はこれまでの独立国家のシステムを世界政府にとって代わらせ，世界を安定させるという目的でつくられたのではない．それどころか国連は各国の主権と領土の保全が基になってつくられている．国連のメンバーは主権国家で，それらの国は国連のシステムのなかで集団の目的を達成するために活動を調整し，共同でその作業を行っている．国連の目的は以下の国際連合憲章第1章第1条に明確に示されている．

1. 国際の平和及び安全を維持すること．そのために，平和に対する脅威の防止及び除去と侵略行為その他の平和の破壊の鎮圧とのため有効な集団的措置をとること並びに平和を破壊するに至る虞のある国際的の紛争又は事態の調整又は解決を平和手段によって且つ正義及び国際法の原則に従って実現すること．
2. 人民の同権及び自決の原則の尊重に基礎をおく諸国間の友好関係を発展させること並びに世界平和を強化するために他の適当な措置をとること．
3. 経済的，社会的，文化的または人道的性質を有する国際問題を解決することについて，並びに人種，性，言語又は宗教による差別なくすべての者のために人権及び基本的自由を尊重するように助長奨励することについて，国際協力を達成すること．
4. これらの共通の目的の達成に当たって諸国の行動を調和するための中心となること．

（国連広報センターの国連 on line〔http://www.unic.or.jp〕より）

8 ウェストファリア・システムの拡大

　主権国家が集まってできあがっているウェストファリア・システムは，はじめはヨーロッパに限られていた．それがアメリカ大陸へも広がった．ヨーロッパの国々はヨーロッパ地域またはヨーロッパ文明の外にある政治的アクターには，同等の主権を認めなかった．その結果として，ヨーロッパ諸国は帝国主義の支配をアジア・アフリカに広げ，そこから天然資源を搾取した．イギリスの帝国領土は世界の4分の1にまで広がった．しかし，そのような植民地支配下にあった民族の間で民族主義が高揚し，帝国の支配力を弱めたのである．第二次世界大戦以後，反帝国主義運動が世界中に広まり，ヨーロッパ諸国の植民地支配は崩壊する．第二次世界大戦後の植民地支配の崩壊で開発途上国が出現したことからわかるように，主権国家によるウェストファリア・システムは世界中に広まったのである．次の表1-1は第二次世界大戦以降の国民国家の独立過程を示したものである．

表1-1　第二次世界大戦以後の独立国とその独立過程

国名	独立年月日	独立前の宗主国とその過程
レバノン共和国	1943年11月22日	国際連盟の委任統治によるフランス領から独立．
大韓民国	1945年8月15日	日本から独立．
朝鮮民主主義人民共和国	1945年8月15日	日本から独立．
インドネシア共和国	1945年8月17日	日本から独立（公式には1949年12月27日にオランダから独立）．
ベトナム民主共和国	1945年9月2日	フランスから独立．
シリア・アラブ共和国	1946年4月17日	国際連盟の委任統治によるフランス領から独立．
ヨルダン・ハシュミット王国	1946年5月25日	国際連盟の委任統治によるイギリス領から独立．
フィリピン共和国	1946年7月4日	アメリカから独立．
パキスタン・イスラム共和国	1947年8月14日	イギリスから独立．
インド	1947年8月15日	イギリスから独立．
ミャンマー連邦（旧ビルマ）	1948年1月4日	イギリスから独立．
スリランカ民主主義社会主義共和国	1948年2月4日	イギリスから独立．
イスラエル国	1948年5月14日	国際連盟の委任統治によるイギリス領から独立．
ラオス人民民主共和国	1949年7月19日	フランスから独立．

ブータン王国	1949年8月8日	インドから独立.
社会主義人民リビア・アラブ国	1951年12月24日	イタリアから独立.
カンボジア王国	1953年11月9日	フランスから独立.
スーダン共和国	1956年1月1日	エジプトとイギリスから独立.
モロッコ王国	1956年3月2日	フランスから独立.
チュニジア共和国	1956年3月20日	フランスから独立.
ガーナ共和国	1957年3月6日	イギリスから独立.
マレーシア	1957年8月31日	イギリスから独立.
ギニア共和国	1958年10月2日	フランスから独立.
カメルーン共和国	1960年1月1日	国連信託統治によるフランス領から独立.
セネガル共和国	1960年4月4日	フランスから独立. 1960年8月2日, マリとの連邦を決裂し, 新たに共和国として独立.
トーゴ共和国	1960年4月21日	国連信託統治によるフランス領から独立.
マダガスカル共和国	1960年6月26日	フランスから独立.
コンゴ民主共和国（1964年コンゴ民主共和国, 1971年ザイール共和国, 1997年コンゴ民主共和国に改称）	1960年6月30日	ベルギーから独立.
ソマリア民主共和国	1960年7月1日	1960年6月26日にイギリスから独立した北部ソマリアと国連信託統治によるイタリア領の南部ソマリアが7月1日に合併して, 共和国として独立.
ベニン共和国	1960年8月1日	フランスから独立.
ニジェール共和国	1960年8月3日	フランスから独立.
ブルキナファソ（旧オートボルタ）	1960年8月5日	フランスから独立.
コートジボワール共和国	1960年8月7日	フランスから独立.
チャド共和国	1960年8月11日	フランスから独立.
中央アフリカ共和国（1976-1979年中央アフリカ帝国）	1960年8月13日	フランスから独立.
コンゴ共和国（1969年コンゴ人民共和国, 1991年コンゴ共和国に改称）	1960年8月15日	フランスから独立.
キプロス共和国	1960年8月16日	イギリスから独立. 1975年2月13日にトルコ・キプロスが「北キプロス・トルコ共和国」独立宣言により分立.
ガボン共和国	1960年8月17日	フランスから独立.
マリ共和国	1960年9月22日	フランスから独立.

8 ウェストファリア・システムの拡大

ナイジェリア連邦共和国	1960年10月1日	イギリスから独立.
モーリタニア・イスラム共和国	1960年11月28日	フランスから独立.
シエラレオネ共和国	1961年4月27日	イギリスから独立.
クウェート国	1961年6月19日	イギリスから独立.
サモア独立国	1962年1月1日	国連信託統治によるニュージーランド領から独立.
ブルンジ共和国	1962年7月1日	国連信託統治によるベルギー領から独立.
ルワンダ共和国	1962年7月1日	国連信託統治によるベルギー領から独立.
アルジェリア民主人民共和国	1962年7月5日	フランスから独立.
ジャマイカ	1962年8月6日	イギリスから独立.
トリニダードトバゴ共和国	1962年8月31日	イギリスから独立.
ウガンダ共和国	1962年10月9日	イギリスから独立.
ケニア共和国	1963年12月12日	イギリスから独立.
タンザニア連合共和国	1964年4月26日	1961年12月9日タンガニーカが国連信託統治によるイギリス領から独立. 1963年12月19日ザンジバルがイギリスから独立. 1964年4月26日にタンガニーカとザンジバルが合併して連合共和国として独立.
マラウイ共和国	1964年7月6日	イギリスから独立.
マルタ共和国	1964年9月21日	イギリスから独立.
ザンビア共和国	1964年10月24日	イギリスから独立.
ガンビア共和国	1965年2月18日	イギリスから独立.
モルディブ共和国	1965年7月26日	イギリスから独立.
シンガポール共和国	1965年8月9日	マレーシアから独立.
ガイアナ協同共和国	1966年5月26日	イギリスから独立.
レソト王国	1966年10月4日	イギリスから独立.
バルバドス	1966年11月30日	イギリスから独立.
ナウル共和国	1968年1月31日	国連信託統治によるオーストラリア・ニュージーランド・イギリス領から独立.
モーリシャス共和国	1968年3月12日	イギリスから独立.
スワジランド王国	1968年9月6日	イギリスから独立.
赤道ギニア共和国	1968年10月12日	スペインから独立.
トンガ王国	1970年6月4日	イギリス保護領から独立.
フィジー諸島共和国	1970年10月10日	イギリスから独立.
バーレーン国	1971年8月15日	イギリスから独立.

カタール国	1971年9月3日	イギリスから独立.
アラブ首長国連邦	1971年12月2日	イギリスから独立.
バングラデシュ人民共和国	1971年12月16日	西パキスタンから分離独立. 1971年3月26日に終戦, 独立. 公式には12月16日を戦勝日として, 独立記念日としている.
バハマ国	1973年7月10日	イギリスより独立.
ギニアビサウ共和国	1973年9月24日	1973年に独立を宣言. 1974年9月10日にポルトガルが独立を認める.
グレナダ	1974年2月7日	イギリスから独立.
モザンビーク共和国	1975年6月25日	ポルトガルから独立.
カボベルデ共和国	1975年7月5日	ポルトガルから独立.
コモロ・イスラム連邦共和国	1975年7月6日	フランスから独立.
サントメプリンシペ民主共和国	1975年7月12日	ポルトガルから独立.
パプアニューギニア	1975年9月16日	国連信託統治によるオーストラリア領から独立.
アンゴラ共和国	1975年11月11日	ポルトガルから独立.
スリナム共和国	1975年11月25日	オランダから独立.
セーシェル共和国	1976年6月29日	イギリスから独立.
ジブチ共和国	1977年6月27日	フランスから独立.
ソロモン諸島	1978年7月7日	イギリスから独立.
ツバル	1978年10月1日	イギリスから独立.
ドミニカ国	1978年11月3日	イギリスから独立.
セントルシア	1979年2月22日	イギリスから独立.
キリバス共和国	1979年7月12日	イギリスから独立.
セントビンセント・グレナディーン	1979年10月27日	イギリスから独立.
ジンバブエ共和国	1980年4月18日	イギリスから独立.
バヌアツ共和国	1980年7月30日	フランスおよびイギリスから独立.
ベリーズ	1981年9月21日	イギリスから独立.
アンティグアバーブーダ	1981年11月1日	イギリスから独立.
セントクリストファーネイビス連邦	1983年9月19日	イギリスから独立.
ブルネイ・ダルサラーム国	1984年1月1日	イギリスから独立.
マーシャル諸島共和国	1986年10月21日	国連信託統治による米国領から独立.
ミクロネシア連邦	1986年11月3日	国連信託統治による米国領から独立.

8 ウェストファリア・システムの拡大

ナミビア共和国	1990年3月21日	国連の管轄下で南アフリカによる統治から独立.
ジョージア共和国	1991年4月9日	ソ連から独立.
クロアチア共和国	1991年6月25日	ユーゴスラビアから独立.
スロベニア共和国	1991年6月25日	ユーゴスラビアから独立.
エストニア共和国	1991年8月20日	ソ連から独立.
ラトビア共和国	1991年8月21日	ソ連から独立.
ウクライナ共和国	1991年8月24日	ソ連から独立.
ベラルーシ共和国	1991年8月25日	ソ連から独立.
モルドバ共和国	1991年8月27日	ソ連から独立.
アゼルバイジャン共和国	1991年8月30日	ソ連から独立.
キルギス共和国	1991年8月31日	ソ連から独立.
ウズベキスタン共和国	1991年9月1日	ソ連から独立.
リトアニア共和国	1991年9月6日	1990年3月11日に独立を宣言するが, 1991年9月6日にソ連が独立を承認.
マケドニア共和国(旧ユーゴスラビア)	1991年9月8日	国民投票によりユーゴスラビアからの独立を決定.
タジキスタン共和国	1991年9月9日	ソ連から独立.
アルメニア共和国	1991年9月21日	ソ連から独立.
トルクメニスタン	1991年10月27日	ソ連から独立.
カザフスタン共和国	1991年12月16日	ソ連から独立.
ボスニア・ヘルツェゴビナ共和国	1992年3月3日	国民投票によりユーゴスラビアからの独立を1992年3月1日に決定. 3月3日に独立を宣言.
セルビア・モンテネグロ	1992年4月27日	ユーゴスラビアの継続国として独立を宣言.
エリトリア国	1993年5月24日	エチオピアから分離独立.
パラオ共和国	1994年10月1日	国連信託統治によるアメリカ領から独立.
東ティモール	2002年5月20日	ポルトガルからの独立宣言を1975年に行うが, 2002年5月20日インドネシアからの独立を国連が承認.

出典: Central Intelligence Agency, *The World Factbook 2002*

　上記の表1-1が示すように最も新しい国家の誕生は冷戦以後に起こっている. 1989年のベルリンの壁が崩れたのち, ソ連のなかで長い間おさえられていたナショナリズムの感情が呼び起こされた. リトアニアとジョージアをはじめとし

て，一民族ずつ，ソ連から分離し独立を宣言していった．これら国家の誕生がソ連の崩壊を導いたのである．

　1991年8月，この事件に動揺したソ連の強硬論者は，ゴルバチョフ大統領を退けるためにクーデターを計画した．政治家であり，民主的改革者であるエリツィン（Boris Yeltsin, 1931-2007）はこの計画を排除した．クーデターの計画者は軍隊の支持を得られず，ついには計画をあきらめざるをえなかったのである．エリツィンはこの一連の事件を処理した功績を認められ，ゴルバチョフ大統領の後任となる．そして，1991年12月25日，劇的な歴史的瞬間である．エリツィン大統領はソ連の終わりを宣言するのである．

9
世界システムの未来

　ウェストファリア・システムの世界への広がりは，実際には同時にそのシステムの終焉であったのであろう．今では国家をつくった民族的感情が徐々に国民国家を蝕んでいる．事実，国家の地理的な領土は，一つの「民族」が自分たちの土地と思っている領域とめったに一致しない．多くの国内少数グループや少数民族が，現在共存している国からの独立を望んでいるのである．さらに，領土をもたない遊牧民であったパレスチナ人やクルド人のようなグループも一民族として国家をもつことが当然であるというようになった．このような小グループの民族的感情が，国家を人種・民族ごとの小さな社会に分けてしまっている．ユーゴスラビアの分裂はこの現象をよく表している事象である．1918年に成立したユーゴスラビアは，その成立時にはユーゴスラビアの南部に住むスラブ人の民族主義的な熱望を満たすものであると思われていた．オスマントルコ人がその地域を統治していた時代，南部に住むスラブ人にはイスラム教に改宗した者もいた．また，他の歴史的な出来事がセルビア東方正教会とクロアチア・ローマカトリックをつくりだすことになる．第一次世界大戦後，様々な環境にいたスラブ人たちは，民族自決権を尊重したウィルソン大統領の原則を適用させ1つの国にまとまった．第二次世界大戦後，様々なグループのスラブ人がチトー首相（後に大統領，Josip Broz Tito, 1892-1980）の独裁下で比較的平和に共存していた．ここに住む人々は異なるグループ間でも結婚をしており，多

くの人々の自己認識はクロアチア人，セルビア人，またはイスラム教徒というのではなく，「ユーゴスラビア人」という認識であった（ナイ&ウェルチ 2013, p. 249）．しかし1991年以降，歴史的な自己認識が再び表面化し，スロベニア，クロアチア，マケドニア，ボスニア・ヘルツェゴビナ，セルビア，モンテネグロという6つの国に分かれてしまうのである．ボスニアではセルビア人，クロアチア人，イスラム教徒との間で紛争が突然発生し，かなり残虐な国内戦争に発展する．この戦争は1995年まで続き，アメリカのオハイオ州デイトンにおいて講和条約が締結された．このユーゴスラビアの分裂が新しい動きを生み，チェコスロバキアとロシアの分裂もこの小グループ化傾向の表れであるといえるだろう．ほとんどの国にはいくつもの人種や宗教徒が混在しており，これら小グループがかなりの犠牲をはらいながらも，新しい国家をつくりだしているのが今日の国際社会である．

　最近では国家内の少数グループがその国家を分割していることは当然のことであるように感じられはじめている．しかし同時に，グローバル社会は国際機関や地域機関，またはコミュニケーション手段の革新により，1つに融合しはじめている．これまでの伝統的な国民国家にくわえて，国境を越えて国際政治に参加する者が重要な役割を担うようになってきている．**国際政府機関**（International Governmental Organization: IGO），**（国際）非政府組織**（Non-Governmental Organization: NGO），また**多国籍企業**（Multinational Corporation: MNC）や**グローバル企業**などのグローバルな主体が新しい役割を演じている．IGOとは国連のような政府がつくる国際機関や，米州機構（Organization of American States: OAS），東南アジア諸国連合（Association of Southeast Asian Nations: ASEAN）といった共通の目的のために政府が組織した協力体制である．

　地域経済および政治統合は分離している国家を特定の地域で結び付けているものである．このような地域統合はIGOのなかでも重要な形態である．IGOで最も重要なものは，1993年以前は欧州共同体（European Community: EC）と呼ばれていた今日の欧州連合（European Union: EU）であろう．第二次世界大戦後，多くの人々はヨーロッパが統一されることを望んでいた．しかし，ヨーロッパではナショナリズムと独立主権の考え方が深く根づいており，「ヨーロッパ合衆国」のように政治的に統合されることは不可能であった．しかし，1951年の欧州石炭鉄鋼共同体（European Coal and Steel Community: ECSC）の

成立に見られるように、ヨーロッパではある特定の経済分野での統合が徐々に進んでいったのである。ヨーロッパの経済的な統合はさらに進み、1957年にはローマ条約において欧州経済共同体（European Economic Community: EEC）が成立する。EEC は後に EC に発展し、共通の通貨をもつまでに発展し、1992年に EU ができあがる。オランダのマーストリヒトで調印され、マーストリヒト条約と一般的に呼ばれている欧州連合条約が締結されることで EU は正式に設立された。EU は世界で最も大きな経済ブロックであり、統合されたその市場において EU のメンバーはみな利益を得ているのである。

　NGO すなわち、非政府組織はその名前が示すように政府によって組織されたものではなく、私的な個人またはグループによってつくられた機関である。アムネスティ・インターナショナル、グリーンピース、赤十字、国境なき医師団、ローマ・カトリック教会などはよく知られている NGO であろう。MNC と呼ばれている多国籍企業は支店や工場を多くの国にもつ私企業であり、今日の国際関係においては重要な役割をもっている NGO である。今日では多くの多国籍企業が存在する。ゼネラル・モーターズ、トヨタ自動車、エクソンモービル、ソニー、シェル石油などがよい代表例である。また近年は、マイクロソフトやジョンソン＆ジョンソンなどのように世界中にほぼ同一の商品・サービスを提供して利益を上げていくグローバル企業も現れている。これらは巨大企業であり、莫大な資産をコントロールし、本国から離れ、独自に他国の政策決定に関与できるパワーをもってきている。このような国境を考慮しない機関や企業はグローバル政治においても重要な役割を演じるようになってきている。

　今日の国際関係において、アルカイダ・ネットワークや ISIL/ISIS（イスラム国）のような国際的なテロ組織も無視することのできない国境にとらわれない NGO といえるであろう。テロリズムとは暴力による威嚇であり、一般市民にその標的をあわせることがよくあり、その標的の人たちを怯えあがらせ、「物理的な被害以上に、心理的な影響をあたえるものである」(Jenkins 1985, p. 4)。テロリズムは政治的な変革を達成するための方法としては古いものではない。しかし、今日の技術進歩はテロ組織の使う武器をこれまで以上に破壊的なものにし、現代の社会を脆弱なものにし、これまでの歴史にないようなあり方でテロ組織にパワーを与えている。

　国際関係における、このような新しい主体の登場にくわえ、コミュニケーシ

ョン手段の革新もまた,これまでの国際関係のあり方に変化を与えている.コンピュータや他の伝達手段による国際間の交流の機会が盛んになることにより,多くのグループが国境を越えた共同体の意識をもつようになってきている.コミュニケーション手段の技術進歩は,国際テロ組織がこれまで以上にその活動を効果的に調整するのに役立っている.多くの国民国家における小グループの独立や国境を越えた新しい組織の誕生といった多くの変化とコミュニケーション手段の革新は,国民国家の重要性を低下させている.

バーバー(Benjamin Barber)は国民国家が廃れはじめていると言っている.彼は,将来の国際システムはこれまでよりもさらに小さいグループが自決権を望むことによる国民国家の分裂と,ビジネスと技術革新によるグローバリゼーションという大きな2つの傾向によって形づくられるだろうと見ている(Box 1.6 参照).

現在の世界政治を観察している多くの学者は,グローバリゼーションの将来の展望をもっと楽観的にみている.今日の国際状況における非政府機関の増加

Box 1.6 2つの未来像

現在起こっている出来事のむこうに,2つの政治的な未来像を描くことが可能である.それは先行きのない未来でもないが,はなやかで民主的な未来でもない.第1の未来は戦争と流血の惨事により大多数の人類が部族集団にもどってしまうものである.異なった文化間,異なった人種間,異なった部族間の争いが一国のなかで続くような「レバノン化(Lebanonization)」のことである.すなわち,すべての相互依存関係,人為的につくられた社会的協力関係,市民社会関係に反対する何百にもおよぶ偏狭な信仰の名の下に行われる聖戦(Jihad)状態である.第2の未来は経済事象,および環境問題から生まれてくる力強い潮流によりつくられる現象である.このような経済と環境問題からうまれる力は統合と同一化をうながす.簡単に聞けるテンポの速い音楽(fast music):MTV,簡単に使えて速度の速いコンピュータ(fast computers):アップルコンピューター,手軽にすぐ口にできる食べ物(fast food):マクドナルドに魅惑され,世界は商業的に同質のグローバルなネットワークで繋がれるのである.技術,エコロジー,コミュニケーション,ビジネスによって世界は1つになる.マック・ワールド(McWorld)ができあがるのである.地球はものすごい勢いで細分化している.しかし,全く同時に,ためらいながらも,ゆっくりと1つになろうともしているのである.

—— Barber 1992, p. 53-65

と広がり，そして貿易とコミュニケーションの技術進歩によりつくられた国家間の複雑な繋がりは，これまでよりも協力的でグローバルな環境をつくっていると考えている．この考えが第6章「リベラリズム」と第7章「国際政治経済論」で詳しく説明されている「相互依存論」である．相互依存論は，このような新しい世界環境においては世界を管理するパワーがなくても国際協調が実現される可能性があることを示唆している．

これまでに説明してきたように，政治的かつ社会的に1つにまとまった現在のような国家形態は歴史的にずっと存在していたものではなく，また，未来永劫続くものでもないであろう．現代の国民国家の形態は1200年代以降に村や都市より大きく，帝国より小さい政治的なまとまりとしてできあがってきたものである．また，現在の国際システムも1200年代から1600年代に徐々に形づくられ，1648年のウェストファリア条約をヨーロッパ諸国が受け入れることによりできあがったシステムである．このように国際システムは動的であり，変化するものである．つまり，現代の国際システムを理解するためには，国際システムがどのように形づくられてきたかを分析し，国際システムに影響を与えた，また現在与えている多くの要因に注意を払うことが必要なのである．

要点の確認　*Questions*

① 封建時代（日本の場合は江戸時代前）の君主と貴族階級との力関係はどのようなものだったのだろうか．
② どのような要因が君主に力をもたせたのだろうか．
③ 現代国際関係を理解するうえで，ウェストファリア条約の締結はどのような意味をもっているのだろうか．
④ ウェストファリア・システムがどのように世界中に広まったのか，その過程を論じてみよう．
⑤ 現代の国際システムにおいてどのような要素がそのシステムを揺るがしているのかを説明しよう．

近代国際システムをもっと知るために

Guide to Further Reading

ロック，ジョン（1968〔原著1689〕）『市民政府論』（鵜飼信成訳）岩波書店．

▷最も著名な哲学者の1人であるジョン・ロックが現代の民主主義の理論的基礎を構築している重要な書物である．個人の平等の権利と所有の権利を明確に説明し，政府の決定はその国を統治する国民の同意により行われるべきであるとしている．

マキアヴェリ（2002〔原著1513〕）『新訳 君主論』（池田廉訳）中央公論新社．
▷政治思想を理解する上では最も重要な著書の1つである．著者は政治の決定には道徳観や宗教思想を考慮するべきではないと説明している．本書は為政者がどのようにパワーを効果的に使うかという手引きである．また，イタリアの生存のためには統一が不可欠であるとし，現代国家のあり方をも説明している．

ウォルツ，ケネス（2013〔原著1959〕）『人間・国家・戦争――国際政治の3つのイメージ』（渡邉昭夫・岡垣知子訳）勁草書房．
▷現代のリアリストを代表する研究者が個人，国家，国際システムという3つのレベルでの国際関係の分析方法を説明し，現在の国際システムでは国家間の紛争が起こることは避けられないとしている．国際システムを理解するうえでは非常に重要な著書である．

ウェーバー，マックス（1960-1976〔原著1956〕）『シリーズ 経済と社会』（安藤英治・世良晃志郎ほか訳）創文社．
▷最も著名な社会学者の大作である．今日の社会学の基礎になる概念および観念を定義し，社会の分析方法を明確にした名著である．様々な社会行動，経済システム，政治体制を説明している．

Poggi, Gianfranco (1978) *The Development of the Modern State* (Stanford: Stanford University Press).
▷ヨーロッパの封建時代から絶対主義の時代を通して，現代の自由主義の国家がどのように誕生してきたかを説明している．現代の国際システムの基礎になっている国家の意味を理解するためには重要な著書である．

第 2 章
定性的研究方法への道案内

	はじめに	64
1	定性的方法論とは何か	65
2	定性的方法論をめぐる論争	70
3	定性的研究の進め方	80
4	情報と文書の使い方	94
	要点の確認	98
	定性的研究方法をもっと知るために	98

はじめに

われわれは，物事の真偽(しんぎ)をどうやって見分ければよいだろうか．それが事実であることをどうやって相手に説得すればよいのだろうか．こうした疑問に答えるには，いわゆる「科学的方法」が必要である．これは自然科学でも社会科学でも同じである．一般的に「科学」は，実験や測定，数量化に限られると思われがちである．だが，そうではない．科学的方法の核心は推論の方法にほかならない．それは課題や問題を設定することに始まり，しばしば直感的に打ち立てられた仮説に依拠しながら，この問題に答えようとする．そして実験や観察を通じて，最初の直感的仮説はより裏づけの整いつつある仮説に代わっていき，より満足した回答を問題に与え，さらに高度な課題を導くというプロセスをたどる．

したがって，科学的方法（論）とは，（相対的に）正しい命題と（相対的に）間違った命題を区別する手段なのである．換言すれば，方法論とは，**理論**(theory)を打ちたてたり，選択したり，検証したり，精緻化したりすること，仮説を導き出したり，検証したりすること，それらの仮説を検証するために経験的証拠を集めたりすることであり，それを最もうまく実行する方法を開発することなのである．

本章では，国際関係論の定性的方法（qualitative methods）に焦点を当て，日米両国の学者たちがよく用いる方法論を検討する．前半部分では，定性的方法論に関する最も重要な近年の文献や論争を概観する．後半部分では，国際関係論の定性的方法を実践するための具体的な「実践方法（ノウハウ）」を紹介する．この「ノウハウ」は学部生用のものであるが，大学院生さらには研究者にも役に立つはずである．ここでは研究課題の設定の仕方から，これらの課題に回答を与えるための基本〔初期〕仮説（primary hypothesis）や競合仮説（competing hypothesis）の立て方，因果関係を示す図式のつくり方，先行研究を調べる理由や方法，情報源の使い方や引用の仕方などについて，手ほどきをする．

1
定性的方法論とは何か

　本節では，はじめに国際関係研究において，近年，定性的方法論が脚光を浴びてくるようになった背景を紹介する．これまで方法論といえば，数理的な定量的方法を指すのが一般的であった．しかし，この20年ほどで記述を重視する定性的方法論が見直され，定量的方法論に肩を並べようとしているのである．次に定性的方法論の内容について，定量的方法論と対比して説明するとともに，定性的方法論の最も重要なアプローチである事例研究の諸類型に言及しながら，解説することにしたい．

定性的方法論の台頭

　国際政治研究を含め，政治学の方法論は2つに大別できる．1つは定性的（qualitative）方法論で，もう1つは第3章で扱う定量的（quantitative）方法論である．最近まで，アメリカの政治学部では「方法論」といえば定量的方法論を指すのが当たり前であった．定量的方法論のほとんどは統計的手法や**大標本**（large *n*）の研究からなるものであり，（たいていは帰納的に）**変数**間の因果関係の有意を統計により明らかにすることを目的としている．また，定量的方法は意思決定の演繹的数理モデルを意味することもある．合理的選択理論はこの種の研究の代表例である．

　ところが近年，アメリカの政治・国際政治学界では革命もしくは復興（ルネッサンス）ともいうべき動きが起こり，「定性的方法論」が定量的方法論に肩を並べようとしている．いまだ定量的方法論は優位にあるように見えるが，国際関係研究者の大半は，定性的方法をとり続けている．定量的・定性的方法論を用いる国際関係研究者の比率を示す統計が筆者の手元にあるわけではないが，大まかに言って，近年，アメリカの定評ある政治学専門誌に掲載される論文の約半数は，定性的方法を用いている．比較政治やアメリカ政治の研究が国際政治研究に比べ，伝統的に定量的方法に偏っていることを考えれば，この比率は国際関係論の論文の大半が定性的な方法論を採用していることを明らかに示している（Bennett, Barth, and Rutherford 2003）．

　定性的方法の活況は，この方法の体系化や精緻化につながったのである．定性的研究で用いられる主要なアプローチは，事例研究（case-study）である．

その他，定性的事例研究でよく用いられる検証方法は，実験（experimentation）である．しかしながら，社会科学で実験ができることはまれにしかない．背景変数（background variables）を制御できない，すなわち，同じ条件を整えられないからである（ヴァン・エヴェラ 2009, p. 52）．もう少し分かりやすくいえば理論とは関係ない諸変数の影響を全く排除して，理論を検証するための同一の条件を整えることは，事実上，不可能に近いということである．たとえば，核兵器と大戦争不在の因果関係を実験により検証することを考えてみよう．はたして，今世界にある核兵器をいったんすべてなくして，戦争が起こるかどうかを実験することなど，できるものだろうか．そのような実験が「できない」ことは，明らかであろう．したがって，定性的事例研究では，定量的事例研究もそうであるが，観察に依拠せざるをえない．

　定性的方法の興隆は，アメリカの国際関係学界において大論争を巻き起こした．定性的方法論を擁護する者たちは，方法論上の多元主義を訴え，定量的方法論，特に数理的な合理的選択モデルに固執し，方法論上の帝国主義もしくは政治学における統一した方法論をすべての政治学者に押し付けようとする者たちを糾弾した（Walt 1999; *International Security* 1999）．1990年代末，この論争はアメリカ政治学会に「ペレストロイカ（建て直し）」運動を起こし，これまで定量的方法に偏っていた『アメリカ政治科学レビュー（*American Political Science Review*）』編集委員の刷新を成し遂げたのである．アメリカ政治学会はさらに，定性的方法論による論文をより多く掲載することを企図した，新しい専門誌『政治学のパースペクティブ（*Perspectives on Politics*）』を発刊した．2003年，アメリカ政治学会に定性的方法部会が正式に発足したことは，学会長経験者28名，編集委員7名を含む，学会員1000名を超える署名を集めた嘆願書の賜物である（Bennett 2003, p. 1）．これとは対照的に，アメリカ政治学会の「政治学方法論」部会は，1986年時点ですでに発足していた．この部会は，方法論といえば定量的方法論という等式を印象づけたのである．

　定性的方法論を学ぶことは，アメリカのみならず日本においても，時機にかなっていることを強調するのは重要である．筆者が金沢大学で定性的方法の大学院授業を担当し始めたころ，ある同僚から，「私が日本の大学院生だったときには，方法論は1つのコースでたった2時間しかかけない科目だった」と言われた．アメリカの国際関係論と同様，日本の国際関係論も定性的方法に多

くを頼っている．幸い，近年，『社会科学のリサーチ・デザイン』（キング，コヘイン＆ヴァーバ 2004）などの定性的方法論のスタンダードな文献が，次々と邦訳されたことにより，この方法論を日本語で学べるようになった．しかしながら，日本の大学において，定性的方法論がキチンと教えられているかと問われれば，必ずしも，そうとは言えないだろう．こうした教育上のギャップを埋めることが，この章の大きな目的である．

定性的方法論

　定性的方法論とは何であろうか．近年の方法論上の論争を考慮すれば，定性的方法と定量的方法を対比させるのが適当であると思われる．だがその前に，政治学の定性的方法論と密接な関係がある学問分野について，一言述べておく必要がある．それは歴史学である．歴史学と政治学にはかなりの共通点がある．しかし，相違点も大きい．たいていの歴史学者は，文書や他の経験的証拠に基づき，特定の出来事や一定の期間を記述したり説明したりする，時系列的叙述を行う．これとは対照的に，定性的方法論を用いる政治学者は，過去や現在を問わず事例研究を行い，出来事を幅広く説明するための一般理論を構築したり検証したり，政策提言を行ったりするのが一般的である．したがって，歴史学者は一般化されることのない特定の記述や説明を目指すのに対し，政治学者は政策に関連づけた一般的な説明を目指すのである．たとえば，歴史学者はフランス革命を他と関連づけられない独自の出来事として記述したり説明したりするのに対し，政治学者は革命の一般理論を構築したり検証したりするために，複数の革命の事例を調べ，革命や革命国家への対応に役立つ政策提言を導こうとする．

　政治学における定性的方法と定量的方法の違いに話を戻すと，先に述べた通り，定量的研究には**大標本**（large n）の事例研究（観察）が含まれるのに対して，定性的研究には**小標本**（small n）による研究が含まれる．ある研究によれば，大標本と小標本を分ける事例の数は，おそらく10から20の間とされる．しかしながら，標本（n）の絶対数はこれら２つの方法論を区別するのに，さほど重要ではない．むしろ標本数に違いをもたらす，それぞれのアプローチの特色こそが重要なのである．定量的分析は統計理論に基づき，数量的検証を行う．この検証は「記述的・因果的推論を判断するための明示的で注意深く組み立

られた基準となる」(Collier, Seawright, and Brady 2003, p. 5).

　これとは対照的に,定性的研究は詳細で重厚な事例分析に依拠しており,比較的単純で画一的な統計モデルにはそう簡単に馴染まない.他方,定量的研究は個別の事例に関する限られた知識しかなくても,進めることができる.特定事例に関する豊かな知識は「因果的推論を進める上での主要な武器であり,定性的研究の典型的な強みでもある」(Collier, Seawright, and Brady 2003, p. 5).定量的研究は多くの事例をまとめて,高度な測定を行うことを可能にするが,そのためには,その根底にある論理的な関係について,数多くの複雑な仮定が必要である.もしそれらの仮定が満足のいくものでなければ,定量的分析の主な強みは「まぼろしとなり,事例や出来事の文脈の深い知識に基づく定性的分類の方が,分析的強みを増すことになるだろう」(Collier, Seawright, and Brady 2003, p. 5).ちなみに,大標本による（帰納的）研究に次ぐ主要な定量的方法論は,演繹的な数理モデル,特に合理的選択モデルである.

　大半の研究は定性的アプローチもしくは定量的アプローチのどちらかに当てはまるが,両方にうまく当てはまる研究もある.いわゆる,定性的アプローチと定量的アプローチの間の「埋め合わせ（bridging)」研究は「入れ子分析（nestinganalysis)」を用いて,重厚な記述による事例研究と大標本を用いた定量的分析の強みを組み合わせることを可能にしている（Collier, Seawright, and Brady 2003, p. 6).定量的傾向が最も顕著なアメリカ政治の研究においてさえ,定量的方法と並行して定性的研究方法を取り入れる必要性が,ますます認識されるようになっている.

　世論と公共政策の因果関係（「民主的反応（democratic responsiveness)」）を探求した新進の定量的研究を見れば,この分野の先駆者であるペイジ（Benjamin I. Page)が結論づけたように,「データから得られた結論には,不確実な部分がありすぎる」(Page 1994, p. 28).したがって,「世論と政策の連鎖の重要な局面を整理するには,公文書調査や重要人物へのインタビュー,参与観察（participant observation)といった非定量的方法も必要になる」(Page 1994, p. 28).これらの方法は「記録や報告に残された意識や動機に注意を払いながら,意志伝達と行為の正確な連鎖を追跡調査すれば,因果的推論を確立する上での大きな強みになりうる」とペイジは主張している（Page 1995, p. 28).

　定性的研究の主要な方法は事例研究である.では,事例研究とは何であろう

か．この用語は広くゆるやかに使われている．本章の目的からすれば，事例研究は次のように定義できる．すなわち，「（国家などの）政治的存在もしくは他の社会的存在，人物，決定，その他の現象についての研究」ということである（この定義はブレイディ＆コリアー 2014, pp. 365-366 からヒントを得た．さらに Babbie 2001, p. 285 も参照）．1971 年『アメリカ政治科学レビュー』に掲載されたレイプハルト（Arendt Lijphart）の画期的論文では，次の 5 種類の事例研究の理念型が明示されている．

① 非理論的事例研究

　理論的に空白となる部分の記述的研究のこと．情報を集めることが，この研究の主な意義である．事例の選択は一般的に，事例が興味深いという理由からなされる．

② 解釈中心の事例研究

　政策もしくは他の理由により，事例そのものが重要であるという判断の下に行われる研究．しかしながら，一般理論から導かれた仮説は事例を説明するために適用されるため，一般理論で説明可能な他の事例と比較することもできる．

③ 仮説を構築するための理論研究

　仮説として成り立ちそうな漠然とした考え方を，1 つの事例を用いて検証可能な明示的仮説に組み立て，他の数多くの事例でも検証できるようなものにすること．

④ 理論を確証したり反証したりするための事例研究

　1 つ以上の事例を用いて，諸理論から導かれる競合仮説を検証すること．この種類の事例研究は，それが「決定的事例（crucial case）」であればなおさら重要である．ここでいう「決定的事例」とは，仮説の先験的信頼性が絶対的に高く，他の検証済みの仮説の信頼性をかなり上回るケースを指す．このような仮説が検証に失敗すれば，その信頼性が失われる決定的事例になる．他方，仮説の先験的信頼性が絶対的に低く，他の検証済みの仮説の信頼性をかなり下回るにもかかわらず，この事例により仮説の観察可能な含意が立証された場合，これは確証された決定的事例になる．

⑤逸脱事例の研究

一般的に受け入れられている理論の予測から，経験的に逸脱すると思われる個別事例の研究．逸脱事例を研究することは，命題の精緻化や修正に役立ち，しばしば前提条件の追加や適用範囲の限定につながる（Lijphart 1971）．

同様に，社会学者のブラウォイ（Michael Burawoy）は，事例研究は理論の欠陥を明らかにしたり補修したりするのに用いることもできると述べている．こうした研究には，理論と相容れない事例を丹念に研究することから観察される，あらゆる方法を見つけることが含まれる（Burawoy, et al. 1991, pp. 9-10; Babbie 2001, pp. 285-286）．

2 定性的方法論をめぐる論争

本節では，この約20年間に発表された定性的方法論の3つの主要な研究成果，『社会科学のリサーチ・デザイン』，『社会科学の方法論争』およびバン・エベラ（Stephen Van Evera）著『政治学のリサーチ・メソッド』を通して，定性的方法論をめぐる論争に焦点を当てることにする．ここでは，推論の統一的論理について議論を進め（キング，コヘイン&ヴァーバ 2004, p. vii），それに基づき，定量的分析（たとえば，回帰分析）を定性的研究に転用する方法を提示する．さらに，方法論上，定量的分析をより発達した方法であるという位置づけ方を再検討する．

概して，『社会科学のリサーチ・デザイン』の著者たちは，研究推進に幅広く使える学問的方法を広く普及させようとしている．本書では，反証可能な理論の構築，理論の強み（theoretical leverage）を増すこと（できる限り多くのことをできる限り少ない要因で説明すること），記述的推論と因果的推論を区別すること（以下に詳述），事例と観察（および事例内において複数の観察ができるかどうかを見分けること）を区別することなどが提唱されている．これらはみな有用な助言であるが，定量的方法の原型を定性的研究に転用するというほどのものではなく，論争を引き起こすほどのものでもない．他方，**従属変数**と**独立変数**の値をまんべんなく選ぶことにより，事例選択の偏向（selection bias）を避けること，測定誤差と不確実性を推定すること，変数の見落としや**内生性**（endogeneity）を避けることなどの注意事項は，もっぱら定量的方法を定性的方法に生かすこと（「方法論の転用（methodological transfer）」）に関連しており，論争を巻き起こしてきた．

『社会科学のリサーチ・デザイン』の反響

『社会科学の方法論争』（ブレイディ＆コリアー 2014）が出版されたことは，『社会科学のリサーチ・デザイン』への反動といってよい．というのも，この文献は定性的方法への独自のアプローチを主張しているからである．『社会科学の方法論争』の寄稿者たちは，方法論上の相互交流（methodological exchange）を擁護し，定性的方法から引き出されたアイディアは，定量的研究を強化するのに役立つ可能性があると主張している．定性的研究は独特の方法であり，定量的方法の原型に還元できないというのである．『社会科学の方法論争』は統計理論を用いて，定量的アプローチの弱点を明らかにする一方，過程追跡のような定性的方法に信頼を寄せている．『社会科学のリサーチ・デザイン』とは違い，『社会科学の方法論争』では，「方法論に関する助言は，……根本的なトレードオフを念頭に置いてなされるべきである」ことが強調されている（ブレイディ＆コリアー 2014, p. 29）．

『社会科学の方法論争』同様，バン・エベラ著『政治学のリサーチ・メソッド』（ヴァン・エヴェラ 2009）も概して，『社会科学のリサーチ・デザイン』に対する定性的方法論の見地からのもう1つの反響である．バン・エベラは自著の本文ではっきりと『社会科学のリサーチ・デザイン』に触れているわけではないが，脚注はその批判に溢れている．彼が企図したのは，定性的研究立案のための実践方法であり，定性的方法に独自の貢献をなしたことに価値がある．彼は，定性的方法を定量的方法の原型に収めようとはしていない．バン・エベラは，過程追跡による検証，独立変数もしくは従属変数の値が異常に高い事例による検証が，定性的方法をうまく進める秘訣であることを強調している．

1994年に出版された『社会科学のリサーチ・デザイン』は，定性的方法論に関する最初の著作であり，多方面に最大の影響を与えた研究成果である．『社会科学の方法論争』の寄稿者，また，バン・エベラや他の批判者たちは，それなりに『社会科学のリサーチ・デザイン』の目的や立場には同意している．彼らが賛同するのは，『社会科学のリサーチ・デザイン』が記述的推論や因果的推論の明示的で一般的な基準を定める必要性を強調するところである．ここでいう記述的推論とは，観察された事実を用いて未観察の事実に関する知見を得ることであり，因果的推論とは，観察されたデータに基づき因果関係を明らかにすることを意味する（キング，コヘイン＆ヴァーバ 2004, p. 7）．どれだけ重厚

> Box 2.1　単純化の不可避性
> 現実の世界の複雑さと分厚い記述の複雑さとの間の相違は，分厚い記述の複雑さと抽象的な計量・数理研究のもつ複雑さとの間の相違よりも，はるかに大きいのである．記述をどれほど厚くしても，説明にどれほど多くの要素を取り込んでも，世界の「混迷をきわめた」現実の総体に接近することはできない．単純化しないという選択肢はありえないのである．体系的な単純化こそが，有用な知識を得るための決定的な手段となる．
> 　　　　　　　　　　　——キング，コヘイン＆ヴァーバ 2004, pp. 51-52

な定性的研究であっても，現実はかなり単純化されているので，現実離れしているという点では，希薄な定量的研究と変わらない．したがって，記述的推論が必要になるのである（「Box 2.1」参照）．

　『社会科学の方法論争』に寄稿した何名かの研究者が注意をうながすように，『社会科学のリサーチ・デザイン』が勧める「分析上重要な特徴を抽出することで事例の特異性を乗り越えるという助言は，社会科学の研究において最も重要なことを的確に表現している」（ブレイディ＆コリアー 2014, p. 61）．とりわけ，『社会科学のリサーチ・デザイン』の著者たちは，結果を説明する際，「体系的（systematic）」原因変数と「非体系的（unsystematic）」原因変数を区別することを主張し，因果理論を構築するための体系的原因変数に着目したのである（キング，コヘイン＆ヴァーバ 2004, p. 67）．『社会科学のリサーチ・デザイン』では，事例と観察，記述的推論と因果的推論を区別することがうながされている．定性的分析を用いる多くの研究者は，これらの助言が有用な概念であるとして歓迎した（ブレイディ＆コリアー 2014, pp. 61-62）．

　上記の定性的方法の3つの研究成果において，多かれ少なかれ理論の確証（confirmation）と**反証**（falsification）のための基準が必要とされることには意見が一致している．理論というものは，経験的検証により相対的に確証されるか，もしくは信頼されなくなるが，全面的に確証されたり信頼されなくなったりすることはありえない．社会科学において，理論が経験的検証に通らないということは，予期せぬ前提条件の作用により，しばしばその説明範囲が制約を余儀なくされることを意味するからである．しかしながら，後者については，意見の相違もある．『社会科学のリサーチ・デザイン』では，いったん理論の

範囲が制約された以上，その理論は別のデータを使って再検証されなければならないとされている．他方『社会科学の方法論争』の寄稿者やバン・エベラは，同じ証拠を使って再検証しても，それは適切なことであると主張している（ブレイディ&コリアー 2014, p. 28; ヴァン・エヴェラ 2009, pp. 46-47）.

『社会科学のリサーチ・デザイン』は，定性的方法論の知見を広めることに貢献した．また，一般に共有できる方法論を提唱することにより，科学としての政治学（the science of politics）を「鍛え上げること」に一役買った．このことは誰もが認めている．とりわけ，同書は定性的方法論に関する論争を喚起し，その興隆に大きく貢献したのである．にもかかわらず，『社会科学のリサーチ・デザイン』が提示した定性的方法論に関する多くの基準，特に定量的方法からの方法論の転用に関する基準には，多くの反論が寄せられている．次項では，その論争の最重要部分に焦点を当てることにしたい．

定量的方法論の定性的研究への転用

定量的方法は定性的研究に応用できるのだろうか．そうすべきなのだろうか．『社会科学のリサーチ・デザイン』の著者たちは，「推論の統一的論理」（キング，コヘイン&ヴァーバ 2004, p. vii）と定量的研究から定性的研究への「方法論の転用」を勧める（Collier 1995）．これは，定量的政治学から定性的政治学への方法論の転用を目指すものである．この主張は論争を引き起こすとともに，いわゆる定性的方法論の復興（ルネッサンス）に一役買うことになった．

『社会科学のリサーチ・デザイン』批判の急先鋒に立つブレイディ（Henry E. Brady）とコリアー（David Collier）は，次のように反論している．『社会科学のリサーチ・デザイン』は，「自らが主張する主流派定量手法の基本的な問題点を十分論じていない．同書は，社会科学者をつねに悩ませている因果評価の問題——これはたとえ高度な定量的手法を用いたとしても十分解決されない——について，正面から論じていない」（ブレイディ&コリアー 2014, p. ix;「Box 2.2」も参照）．第1に，統計モデルが正しいという前提に立ってこそ，定量的分析は意味のあるものになる．しかしながら，この信念が経験的データ分析から確認されたとしても，それは単なる部分的な解決にすぎない．また，**統計上の有意**（statistical significance）を検定しただけでは，すべての不確実性を推定することができない（ブレイディ&コリアー 2014, p. 26）．ペイジが述べている

> **Box 2.2　方法論の転用の問題点**
> KKV〔『社会科学のリサーチ・デザイン』〕は社会科学における主流派定量分析の枠組みを明快に要約している．だが同時に，同書はこの枠組みをほかの種類の研究にも強要しようとしているのである．その過程でKKVは，定量的モデルの主要な欠点ならびにほかの手法の長所——これらは最初にもっと解説されるべきだが——に対して眼を閉ざしている．
>
> ——ブレイディ&コリアー 2014, p. 67

ように，こうした欠陥があるため，研究結果から「見せかけだけの関係をほとんど排除できないこと」が，実践上の1つの問題なのである（Page 1994, p. 28）．同じく，演繹的な定量的モデルに関して，アリソン（Graham Allison）とゼリコウ（Phillip Zelikow）も，次のように手厳しく批判している．「悲しいかな，数理的ゲーム理論が現実世界の問題に接近しても，その理論が生み出すものはほとんど何もなく，あったとしてもありきたりの結論というのが実際である」（Allison and Zelikow 1999, pp. 45-46）．

定量的パラダイムなき定性的研究は可能か

『社会科学のリサーチ・デザイン』は，個別事例に特有の豊富な知識の重要性，研究テーマについて，現実を「根ほり葉ほり」，微に入り細に入り調べることの重要性を認める一方で，こうした知識は正確な記述的推論を生み出すことに止まると述べている．同書はまた，豊富な知識の欠如は「間違った単純化を導く」恐れがあることを認めている．さらに，豊富な記述的知識は仮説の構築にも役立つとも述べている（キング，コヘイン&ヴァーバ 2004, p. 52）．『社会科学のリサーチ・デザイン』の著者たちは，「事例研究は記述するには欠くことのできないものであり，それゆえ社会科学の基礎となる」とするが，これは明らかに事例研究の役割を記述的推論に限定している（キング，コヘイン&ヴァーバ 2004, p. 53）．

『社会科学の方法論争』の寄稿者たちは，『社会科学のリサーチ・デザイン』では，「定性的研究独自の貢献が過小評価されている」と主張している（ブレイディ&コリアー 2014, p. 66）．その典型的な例は，おそらく過程追跡（process tracing）だろう．ちなみに，過程追跡とは，「観察可能な結果とその予想され

る原因とのつながりをたどっていく」試みのことを意味する（ジョージ＆ベネット 2013, p. 15）．これは『社会科学のリサーチ・デザイン』が言及する因果的推論の**回帰分析**（regression analysis）モデルの枠に収まらない，強力な定性的方法論である．過程追跡は出来事の連鎖を分析することであり，因果関係のメカニズムと中間変数の連続性を明らかにすることにより，独立変数の値の変化が従属変数の値の変化を生み出すことを確認する方法である（ヴァン・エヴェラ 2009, p. 66; ブレイディ＆コリアー 2014, p. 355）．確かに『社会科学のリサーチ・デザイン』は，過程追跡について少しは触れているものの，事例内観察（単一もしくは少数の事例のなかで，事象の因果関係を分析すること）の数を増やす方法として位置づけているに過ぎない（キング，コヘイン＆ヴァーバ 2004, p. 268）．

　定性的方法論をとる研究者たちは，これまでも『社会科学のリサーチ・デザイン』で示された過程追跡の概念に異議を唱えてきた．タロー（Sydney Tarrow）によれば，「過程追跡と観察の蓄積とは，そもそも別種のもの」である（タロウ 2014, p. 114, 強調は原文）．観察の数を増やして「より多くのデータ・ポイントを集積」しても，過程追跡にはならない．「（因果）過程の諸局面を結びつけ，出来事のダイナミズムを通してある特定の決定がなされた理由を研究者が突き止めることを可能にする」のである（タロウ 2014, p. 114）．『社会科学の方法論争』の他の寄稿者たちも，回帰マトリックス用のデータ編成の観察と，因果メカニズムのより深い知見を得るのに有用な因果プロセスの観察を区別している（ブレイディ＆コリアー 2014, p. 27）．

　『社会科学のリサーチ・デザイン』の批判者たちは，定性的分析が回帰分析における統計的制御（statistical control）の代わりになると主張する．重厚な定性的事例研究，特に過程追跡は，研究者は体系的要因の説明と非体系的要因の説明を区別することを可能にする．そうして「分析の対象からはずれた要因によってもたらされた従属変数の変化が除去されるので，統計的制御と同じ作用をもたらすことができる」（ブレイディ＆コリアー 2014, p. 66）のである．

　事例の細部まで踏み込んだ研究は，システム上の変数間の因果関係における**転換点**（tipping point）を明らかにする優れた道具でもある．『社会科学の方法論争』で論じられているように，「定量的分析を通じて発見された過度期や非線形性を説明するための有効な分析道具を，いかに定性的手法が提供するか示している……定性的研究者は因果メカニズムの洞察やより大きな研究の文脈に

関する洞察を用いてこの問題に取り組んでいる」(ブレイディ&コリアー 2014, p. 66). タローも次のように主張している.「歴史上の特異な出来事はしばしば, 時系列的な流れを変える転換点となることがあり, ……『非体系的変数』を見出す定性的研究は, そうした転換点を明らかにするための最善の方法である場合が多い」(タロウ 2014, p. 115).

たとえば, 定量的手法をとる研究者は, ウェストファリア・システム以後の300年を超える期間に起こった大国間戦争に目を向けるが, 核革命の作用により大国間戦争が急に起こらなくなった, あるいは, 少なくとも大国間戦争が依然として到来していない状態になったといった, 大国間関係の質的変化をしばしば見落としてしまう. そこで事例研究や過程追跡は, 統計調査にありがちな非決定性の問題を解決するのにも役立つのである. ペイジも, アメリカにおける世論と公共政策の間に見出される強い相関関係は, 世論が政策を左右しているのか, それとも逆なのかを見定める上で, 定性的研究方法は, 決定的に重要な役割を果たすと主張している (Page 1994).

事例の選択

『社会科学のリサーチ・デザイン』の主張で最も激しい論争を引き起こしたものの1つが, 事例研究の選択の仕方である. 小標本の定性的研究において, 事例を無作為に選択することは, 研究をうまくすすめることにつながらず, また望ましくもないという一般的通念を受けて, 同書の著者たちは, 従属変数が高い事例と低い値を示す事例の両方を選択すべきであり, できれば独立変数の選択もそうすべきであると主張している. 戦争という従属変数を例にとれば, 小規模の戦争と大規模な戦争をできれば選択すべきということである. また彼らは, 従属変数の値が事例間で変わらないような事例は, 選択すべきでないと強く主張している. 特に『社会科学のリサーチ・デザイン』では,「従属変数に沿った」事例を選択した場合, われわれは「因果的効果について, 何も知ることはできない」とされている (キング, コヘイン&ヴァーバ 2004, pp. 155-157; pp. 26-27, p. 49-50, p. 55, pp. 129-131, pp. 157-159も参照).

従属変数に沿った (事例) 選択とは, ある値を示す従属変数に沿って諸事例を選択することを意味する. たとえば,「従属変数に沿った」戦争の事例を選択して, その原因を突き止めようとしても, 戦争の原因とされる変数が逆に平

和をもたらす可能性もあるので,そうした事例も選択しなければ,単に従属変数の値を戦争の値とみなしているに過ぎないことになる.別の例をとりあげてみよう.カッツェンスタイン(Peter Katzenstein)の『世界市場における小国(*Small States in World Markets*)』という高評価を得ている研究である.ここで彼は,経済的に成功した小国のみに着目する一方,経済的に失敗した小国の事例を無視している.したがって,この研究は『社会科学のリサーチ・デザイン』の基準に反する.こうした評価は妥当なのだろうか.ロゴウスキー(Ronald Rogowski)は,カッツェンスタインらの先駆的な比較政治研究に焦点をあて,『社会科学のリサーチ・デザイン』の基準にこだわると,政治学における最良の研究成果のいくつかは,不必要におとしめられることになると結論づけている(ロガウスキー 2014, p. 103).

キング,コヘイン,バァーバはロゴウスキーの批判を受けて,たった1つの値しか示さない従属変数に沿った単一の事例研究(単一の観察)でも,別の事例研究でその従属変数が違う値を示すことを既存の研究成果で確認できれば,それは妥当な研究デザインであることを認めている(キング,コヘイン&ヴァーバ 2014, pp. 129-131).『社会科学のリサーチ・デザイン』における自説を引用して,彼らは「他の研究者などが集めた別の観察があれば,それらと比較することができるので,もはや単一の観察ではなくなる」と応えている(キング,コヘイン&ヴァーバ 2004, p. 251).

従属変数の視点から(事例を)選択するなという助言についても,『社会科学の方法論争』は懐疑的立場をとる.「事例選択バイアス(selection bias)の議論は,安定した,かつ正確な事例空間の定義があることを前提にしている」からである(ブレイディ&コリアー 2014, p. 158).政治分野の事例の**母集団**(population)には際限がなく,無限の広がりがある.このため,「政治学のような学問において,研究者に起因する事例選択バイアスをきわだてて警告することによって,真に重要な問題が看過されてしまいかねない」.「研究者に起因する事例選択バイアスはときに定量的研究および定性的な事例比較分析には生じる」が,「定性的な同一事例内分析」特に過程追跡では「生じない」からである(ブレイディ&コリアー 2014, pp. 158-159).

レイギン(Charles Ragin)はさらに踏み込んで,次のように批判する.定量分析志向の『社会科学のリサーチ・デザイン』が,「事例志向型研究者を最も

悩ませる問題——正と負の事例を含んだ適切な標本——を詳細に検討せず前提として受け入れてしまっていること」に議論の矛先を向けている．「一致法（また帰納的分析）に向けられた軽薄な批判の多くは，標本の構成作業が研究者の支持する理論に導かれたり概念に左右されたりするという事実のまえに破綻する」と彼は主張する（レイガン 2008, p. 148）．換言すれば，定性的事例研究分析の主要目的の1つは，事例に関連する母集団を決めることなのである．レイガンが主張するように，反新植民地革命を研究する定性的研究は，従属変数が別の値を示す事例，すなわち「反新植民地革命の起こらなかった事例」を探し求めなければならないのであれば，絶望的とまではいかないまでも，必然的に余分な重荷を背負うことになる（レイガン 2008, pp. 144-145）．

バン・エベラも，「従属変数をもとに事例を選んではならない」という助言を，「方法論の神話」として退ける．彼は，以下の3条件が整えば，従属変数に沿った事例選択は妥当であるという．

① 「選ばれた事例の諸条件を既知の平均的な事例」と比べることができる場合である．そうであれば，「より細かな比較をするための本格的な事例研究は必要ないのである」．
② ブレイディやコリアー同様，バン・エベラも事例内観察を行えば，他の事例との比較を不必要にすることができると述べている．その事例において，独立変数と従属変数の「事例内での分散が大きい場合」，事例内で何度も一致（不一致）を確認することができるため，別の事例と比較しながら従属変数値の変化を確かめる必要はなくなるからである．
③ 「事例に過程追跡（process tracing）を行うことができるほどの十分なデータがある場合」，別の事例と照合することなく，因果関係を推察することは可能である（ヴァン・エヴェラ 2009, pp. 47-48）．

バン・エベラはまた，独立変数または従属変数が極端な（高低）値をとる事例を選択するのが望ましいと主張する．たとえば，独立変数が極端に高い値を示す場合，予測される影響（効果）があまりにも大きいため，結果を測定誤差や変数の見落としのせいにすることはできない．他の変数の影響は因果変数の値によって，打ち消されるとするのが適当だからである．他方，独立変数の値

が高いにもかかわらず，従属変数の値が高くならなかった場合，これは独立変数の因果的インパクトを強く否定する強力で重要な検証になりうる（ヴァン・エヴェラ 2009, pp. 81-82）．

変数の観察可能性

『社会科学のリサーチ・デザイン』の著者たちは，**変数**の観察可能性について，次のように述べている．政治学者は「観察できない概念より，観察できる概念を可能な限り用いるべきである．社会科学理論においては，抽象的で観察できない概念がしばしば用いられる．たとえば，効用，文化，意図，動機，自己認識，知性，情報あるいは国益といったものがそれである．（それらは）少なくともその含意が，観察したり測定したりできるように定義されないと」，「理論を経験的に検証するときには障害になりうる」（キング，コヘイン＆ヴァーバ 2004, pp. 131-132）．この基準に基づけば，「パワー（権力）」よりも軍事力（military forces）を研究した方がよいということになってしまう．なぜなら，パワーよりも軍事力の方がより測定しやすく，抽象度が低いからである．果たしてそうであろうか．

観察可能な変数を用いるべきであるという『社会科学のリサーチ・デザイン』の忠告は，これまでも議論を呼んできた．バン・エベラは，「もっと危険なのは，探しているものが暗闇にあり努力すれば見つかるにもかかわらず，むやみやたらと『灯りの下を探すこと』である」と，それとなく諭している．ここ数十年のアメリカ政治学会における研究成果を例に引きながら，バン・エベラは，政治学の大部分が，「重要なものから観察しやすいものへと移ってしまっていて，いつのまにか些細なものへと関心が移っている」と批判している（ヴァン・エヴェラ 2009, p. 49）．「答えることがむずかしいからといって，論理的につぎに導かれるはずの疑問への取り組みを研究者が尻ごみするとき，科学プログラムの構造は歪められる」（ヴァン・エヴェラ 2009, p. 49）．観察や検証は時間が経てばやりやすくなるかもしれない．アメリカや旧ソ連，中国の一部の公文書が近年，公開された．これにより研究者は，朝鮮戦争の起源に関する仮説を検証できるようになり，証拠不足の苦しみから解放されつつある．

同様に『社会科学の方法論争』の寄稿者たちも，手軽に観察できる**変数**は「たしかに測定は容易である」が，「理論の多くは抽象的な概念に依拠している．

そうした概念は，たとえ困難をともなったとしても測定する意味は十分ある」と主張している．皮肉なことに，彼らは，『社会科学のリサーチ・デザイン』が中心目標に定めた「因果関係」それ自体の概念に正面から向き合っているが，それにもかかわらず，抽象的で測定困難な概念にしか到達していない（ブレイディ＆コリアー 2014, p. 64）．繰り返すが，『社会科学のリサーチ・デザイン』の著者たちがほとんど見落としてしまった重要なポイントは，研究デザインが内包する相容れない関係（トレード・オフ）である．単一の最良な方法論や研究デザインを模索するより，むしろ競合する変数，すなわち，この場合，観察できる変数に特有の扱いやすさと，観察（測定）困難な変数に固有の重要性との間にある，研究デザイン上の相容れない関係を意識的に考察する方が，よい結果をもたらすのである．

3 定性的研究の進め方

本節では，これまでの抽象的な議論に基づき，国際政治分野や政治学一般における定性的研究プロジェクトの進め方について，その「ノウハウ」の概要を提示する．はじめに，演繹的（deductive）研究デザインと帰納的（inductive）研究デザインの違いを説明する．次に，研究課題の設定の仕方と（基本・競合）仮説の立て方を紹介する．仮説というものは，課題にそれぞれ異なった回答を与えるものである．最後に，文献調査（literature review）の方法や資料の引用法・使用法，論文構成の組み立て方を解説する．

演繹法 対 帰納法

研究デザイン（設計）には，主に2つのタイプがある．演繹法と帰納法である．演繹法は理論からはじめ，この理論から仮説を引き出し，複数の異なる仮説を経験的観察により検証するという手続きになる．予想された観察結果と実際に現れた観察結果を比較しながら，仮説が信頼できるものかどうかについての一般論もしくは結論が引き出される．このような作業は，その元になった理論に様々な示唆を与え，理論の信頼度を高めたり低めたり，理論が適用できる範囲や幅を広めたり狭めたりするのに役立つ．反対に，帰納法は観察からはじ

める．観察に基づき，研究者は一般化をしたり結論を導いたりする．そして，これを基に，理論が構築され修正されるのである．このことはさらに，新しい仮説をつくることにつながり，結果的には，演繹的研究プログラムに生かすこともできる（Babbie 2001, pp. 55-60）．

この対照的な2つの研究アプローチの違いを際立たせるために，次の「今春，花は咲く」という帰納的な例を考えてみよう．これには，別の観察を追加することができる．すなわち，「昨春も花が咲いた」，「ここ数年，春に花は咲いている」というものである．こうした観察から，われわれは一般論を導くことができる．すなわち，「春に花は咲く」というものである．「春に花は咲く」ということについて，因果メカニズムの説明を組み合わせれば，理論を構築することができる．この時点で，研究デザインは演繹的になる．この理論（もしくは一般論）に基づき，仮説が導かれる．すなわち，「来春（そして，その後も春に），花は咲くだろう」というものである．次に，われわれはこの仮説を観察から検証することができる．もし仮説が確証されれば，そこで「春に花は咲く」という理論・一般論は信頼性を増すことになる（Babbie 2001, pp. 55-60）．

演繹法と帰納法は，研究の循環を通して結合することのほか，もっと多くの共通点をもっている．双方の研究デザインとも，研究課題もしくはパズル（謎）の選択や定義に始まる．それに続いて文献調査を実施する．すなわち，同じ研究課題もしくは関連する研究課題に取り組んだ先行研究にあたるのである．ここまでは，演繹法も帰納法も同じである．しかし，ここから2つは別々の道をたどる（Babbie 2001; ヴァン・エヴェラ 2009）．

先行研究を調べた後，演繹的研究デザインは，検証対象の理論から，検証可能な仮説を導き出す研究を目指すことになる．他方，帰納法では，データを集めるための設計図（デザイン）のようなものをつくることが研究者に求められる．たとえば，研究上，重要な人物にインタビューを実施する場合，まずアンケート用紙を作成して，最も深い知識をもつ政策決定者や専門家を選別しなければならない．同じくこの段階では，演繹的研究デザインでも，競合仮説を検証するための事例や観察を選択することになる．演繹的・帰納的研究デザインに共通する次の段階は，データを集めて，それを分析することである．帰納的研究デザインの最終段階は，理論（原因と結果の関係に加え，その説明）を提示し，この理論を検証するための仮説を立てることである．演繹的研究デザイン

の最終段階は,調査結果を報告し,研究結果から生じた問題や例外／逸脱 (anomalies) を明らかにし,同一もしくは関連する研究課題を解消するための今後の研究の道筋を定めることである (Babbie 2001; ヴァン・エヴェラ 2009).

文献調査

研究を進めるにあたり,はじめに行わなければならないのは,自分と同じような研究に取り組んだ既存の研究成果を調べることである(その具体的なやり方については,「Box 2.3」を参照).では,なぜそうしなければならないのであろうか.いくつか理由がある.昔からいわれているように,第1の理由は自分の研究が他人の研究と重複するのを避けるためである.すでに誰かが行った調査と重複する場合,その雑誌論文,学術書あるいは博士論文は,正確には盗作・剽窃ではないが,学問的成果として認められるものではない.しかしながら,1つの例外がある.他者の研究足跡をたどることを自覚して行う学問的研究は,もしその目的が彼らの研究成果を再現し,それを確認したり疑問視したりすることを目指しているのであれば,認めることができる(後述する再現と引用の説明を参照).実際,こうした研究プロジェクトはまれであるが,文句なく認められるものである.

通常,この役割は書評論文(review article)が果たすことになる.これは文献調査とほとんど同じものである.なぜなら,様々な研究を調べたり批判したりするからである.もしすでに誰かが自分の研究課題に取り組んでいたことが判明した場合,その研究成果に基づき,その結論から論理的に導かれる未解決の問題に取り組むべきである.これは重要なことであるが,自分の研究と他人の研究が完全に一致することなど,ほとんどありえないということを指摘しておきたい.ほとんどの場合,自分の研究と他人の研究は,細かな点や少なくとも要点がしばしば違うものである (Sternberg 1981).文献調査は重複を避けるということのほか,自分の研究テーマを絞り,研究の方向性を定めるのにも役立つ.

こうした目的に従い,文献調査は,いくつかの役割を果たすことになる.第1に,文献調査をすれば,先行研究において,何がなされ,何がなされていないかを知ることができる.ひいては,充たすべき知識の空白やギャップを見つけることもできる.戦争の原因といった一般的に関心が高いテーマは,「単極シ

> **Box 2.3　文献調査の実施**
> 研究課題に回答を与えるためには，以下の作業が必要である．
> ・自分はどのような謎（課題）に答えようとしているのか．
> ・自分はどのような仮説（答え）を提示しようとしているのか．
> ・議論における独立変数と従属変数は何か．純粋に記述的研究を行うのであれば，テーマを記述するのに用いる技法を説明すること．
> ・研究で用いる概念をどのように定義し，操作化し，検証するのか．
> ・どのような証拠を用いて，仮説を検証するのか．証拠は研究課題に回答を与えるために用いるのか，仮説を支持するために用いるのか．この証拠はむしろ別の競合仮説を支持すると解釈できるものか．自分が使った証拠より，もっと強力な証拠はないのか．
> ・基本仮説と矛盾しそうな別の説明の仕方や他の証拠を考慮しているか．考慮しているのであれば，その考えは偏りがなく，信頼できるものか．
> ・当該研究における，その他の利点と欠点は何か．自分の研究にどのような総合評価を下すことができるか．

ステムは戦争を起きがたくするのか」というような，正確で明示的な研究課題やパズルで表すことが容易でない．しかし，先行研究にあたれば，すでに別の研究者が単極システムと戦争の問題に取り組んできたことが分かる．これを知れば，自分もこの研究課題を追求したいと思うかもしれない．

　第2に，文献調査は，従属変数に観察されたばらつきに一般的説明をほどこしたり，これを他者がどう説明しているのかを確かめたりするのに役立つ．テーマに関する入手可能な文献を読めば，先行研究が自分の課題に適切な答えを与えているかどうかを確かめることができる．こうして研究者は，「昔から取り組まれている」課題に対して，新しい学説を打ち出すことに意欲を見せるのである．公刊された政治学の文献は，これまで誰も取り組まなかった重要課題や誰も検証していなかった重要な仮説の情報に満ちていることがよくある．これらの情報はたいていの場合，論文や学術書の結論にあたる節や章を見れば，すぐに見つけることができる（Johnson 2001, p. 156）．

　第3の文献調査の役割は，まだ陽の目を見ていない概念や仮説を明らかにすることである．文献調査を行えば，自分が取り組んでいる研究課題について，他の研究者がそれに回答するために用いた概念や理論を知ることができる．そ

して，独立変数と従属変数の関係に一般的説明を加えられれば，因果関係の一般的説明ではなく相関関係を確認したり，ある事例について，その事実関係を単に報告したり確認したりするよりも，研究上の価値は高くなる（Johnson 2001, p. 156）．

理論の精度を高くしたり，基本仮説（primary hypothesis）の有意を増したりすることを模索するのはもちろんのこと，研究者はさらに競合（competing）理論や競合仮説を探し求めるべきである（Johnson 2001, p. 156）．たとえば，自分の研究課題が，なぜ戦争は起こるのか，であるとしよう．そして，バランス・オブ・パワー（勢力均衡）を誤認すること（misperception）が，戦争原因であると仮定したとしよう．ところが，戦争原因に関する文献を調べれば，別の仮説，すなわち，軍事技術が攻撃・防御のどちらに有利かについての認識，他国を征服することから得られる利益の認識，台頭国家に対して中立国が便乗行動をとること（bandwagoning）なども，戦争を引き起こす要因として有力視されていることが分かる（ヴァン・エヴェラ 2009参照）．ところが，文献調査を行わなければ，これらの変数を思いつかないことすらありうるし，それらの潜在的な重要性には，とうてい考えがおよばないだろう．したがって，これらの変数を研究デザインに組み込むのが賢明であり，バランス・オブ・パワーの誤認という変数とこれら別の変数を比較することができれば，最も説得力のある戦争原因を見つけることも可能だろう．

文献調査の第4の役割は，先達たちがどう基礎概念を定義し，操作化し，測定してきたのかを知ることである．研究にたずさわる者は，自分が用いる概念や変数と他人が用いる概念や変数を比べてみるべきだ．同じ定義の変数を用いれば，それぞれの研究成果を比較考量できるようになり，究極的には知識の蓄積につながるからである．また，他の研究者がどのように変数を定義しているかを見ることは，自分の定義を明確化するのに役立つ．さらに，あいまいさを取り除いたり，別々に扱われるべき変数を1つにまとめてしまうことを避けたりするのにも役立つ．

文献調査の第5の役割は，他の研究者が使用したデータ源を確認することである．これにはデータ・ベースや近年の公開済み公文書，単純に見落とした新刊書や論文などが役に立つ．私自身が研究を進めるにあたって，はじめにやることは，新刊書や論文を手に取り，それらの脚注にある宝（貴重な研究情報）

を探すことである．そこで知りたいのは，それぞれの著者が自分の知らない図書，論文，新聞記事などの情報を使っているかどうかである．時々，馴染みの情報に別の新解釈がなされているかどうか，以前読んだ情報に新解釈が加えられているかどうかを知りたいと思うこともある．これまで文献を読んでも自分では気づかなかった点や，その重要性を必ずしも十分に把握できなかったデータや引用があるかもしれない．それらの重要性は他の研究者により，浮き彫りにされることもある．こうして，脚注を丹念に読むことは，自分の研究を充実させることになる．

第6に，文献調査は，研究デザインの代案をつくるのに役立つ．既存の文献の1つの欠点は，間違いや決定的でないことが明らかにされた概念や研究デザインに関する議論をまれにしか公平に扱わないことである．これに関して，『社会科学のリサーチ・デザイン』では，「お蔵入り問題」といわれるもの，すなわち，うまくいった研究のみを公刊する一方，うまくいかなかった研究はお蔵入りになる傾向が指摘されている（キング，コヘイン&ヴァーバ 2004, p. 126）．この問題に注意を払わないと，われわれは研究が理路整然と確実に進められているような幻想を抱いてしまうので，気をつける必要がある．実際，既存の研究デザインや測定，データ収集に代わりうるのが明らかな，別の選択肢のいくつかは，すでに検討済みであるか，もっともな理由により却下されたのであろう．しかし，こうした陽の目を見なかった議論は公刊されない．にもかかわらず，注意深く見れば，他の研究者たちは研究を進めていくうちに，どのように自分の枠組みを修正してきたのかを説明することがある．逆に，研究デザインが改善可能であるにもかかわらず，なぜそうしなかったのかを説明する研究者もいる（Johnson, et al. 2001, p. 157）．

研究課題と反証可能な仮説

仮説は課題に対する答えである．ここでいう課題とは，研究計画で設定した研究課題のことを指す．最良の研究課題は，一般法則から逸脱するような興味深いパズルや，回答が待たれる重要な実践上の争点を形成する問題である．

よい研究課題は，次の4つの特徴を備えるのが望ましい．第1に，あまり指摘されないが，研究者の高い関心を得ることである．特に，学部生や大学院生の場合，ひいては学者もそうであるが，退屈で興味を引かない研究課題は概し

て，退屈で興味を引かない研究成果を残すものである．もし課題が自分にとって興味のわかないものであるならば，他者もそう思う可能性が高い．筆者の個人的経験からいえば，最良の研究成果は，知的好奇心と情熱に駆られながら，研究を軌道に乗せることから生まれるといえる．少なくとも，（何度も考え直すことになろうと）最終的な研究課題を考案して，はじめて研究は始まる．

　第2に，よい研究課題とは，一般的な理論的・経験的説明に馴染まない逸脱（変則）事象を調べるものである．たとえば，ウォルト（Stephen M. Walt）が打ち出した脅威均衡理論（balance of threat theory）は，国家がしばしば大国に対抗する行動をとらないという，勢力均衡理論（balance of power theory）では経験的に説明できない逸脱事象の経験的観察から，部分的に導き出されたものである（Walt 1987）．

　第3に，よい研究課題とは，「何のための研究なのか」を明らかにする，いくつかの基準を満たすものである．社会科学としての国際政治学は，より有効な政策と健全な生活環境を実現するための知識を蓄えることが目的である．抽象的に興味をそそるが，現実世界と全く関係ない研究は，避けるのが無難である（Shiverly 1998, p. 15; キング，コヘイン&ヴァーバ 2004, pp. 16-17）．たとえば，日本・台湾自由貿易地帯の政治経済効果を調べる研究は，両国の自由貿易協定が現実世界ではほとんど実現不可能である限り，「何のための研究なのか」という基準を満たさないのは明らかである．これは，抽象的・理論的視座に立った研究をすべきでないということではない．たとえば，理論の根底にある論理を精査する研究は，しばしばかなり抽象的にならざるをえないが，それが理論の修正につながり，ひいては政策上，意味深い示唆を与えることもある．

　最後に，特に大学院生や研究に従事する学者は，学問に貢献すること，すなわち現実のある側面について，その因果関係の一般論を確かなものにできるような質の高い研究を行うべきである（キング，コヘイン&ヴァーバ 2004, pp. 16-17）．既存の研究に自分が貢献する方法は，いくつもある．先行研究において，その重要性が指摘されているにもかかわらず，探究しつくされていない課題を選ぶこと，重要な研究テーマであると思われるにもかかわらず，これまで見落とされていた課題に取り組むこと，ある学術研究の基本的な仮定を査定しようとする研究課題，別の分野との関連性が深い課題などである（キング，コヘイン&ヴァーバ 2004, pp. 18-19）．

正真正銘のパズルもしくは研究課題を見つけることは，論理的に考えれば，反証可能な仮説を立てることよりも先に行う．研究課題のない仮説は，答えから問いを探すようなものである．筋の通った研究課題は仮説を定義するのに役立つばかりか，研究計画全般に寄与する．こうした研究課題は，主題の提示ではなく，疑問形で書かれるべきであり，理想的には，一文で述べられるべきである．

よい研究課題とは次のようなものである．
　「なぜ裏庭の花は咲くのか」
　「韓国は（自らの安全保障のために）米軍を必要としているのか」
　「なぜ第二次世界大戦は起こったのか」

間違った研究課題あるいは不適切な研究課題は，その答えにつながる経験的証拠が存在しないものである．おそらく，その古典的例は「神は存在するか」という疑問である．実際，いかなる宗教も経験的な観察により神の存在を証明すべきであるとは主張しておらず，とりわけ実証理論からその存在を証明する何らかの経験的含意が引き出されることはないので，これは経験的研究を通じて解答できる問題ではない．

仮説構築のための4つのステップ

ここで筆者は日米両国における方法論の教育経験に基づき，学部生でも使える必要最小限の仮説から研究者向けの仮説まで，仮説構築の方法をおおよそ4段階に分けてみたい．仮説を確実に反証可能な（経験的証拠により間違っていることを証明できる）ものにするためには，はじめに打ち立てた基本仮説に対して，それとは矛盾する別の競合仮説をつくることが必要である．

第1段階の仮説
　「裏庭の花は日光を浴びているので咲く」
　「韓国は米軍を必要としている」
　「ドイツが第二次世界大戦を引き起こした」
解　　説

第1段階の仮説は，必要最小限の初期レベルの仮説である．この段階の仮説は，今後の研究論文を方向づける最初の考えを明らかにする役割を担う．第1段階の仮説は，各事象の原因と結果がさほど明確ではないものの，それらを推察することが可能なものである．たとえば，花がよく咲くためには日光が必要である，とか，ドイツのポーランド侵攻は第二次世界大戦の発端となった，といった具合である．

　「もし〜であれば〜だろう」という形式で述べられていなくても，上記の論述をこの形式に変えることは，さほど難しくはない．「もし花が日光を浴びれば，よく咲くだろう」とか，「もし米軍が駐留しつづければ，韓国は得をするだろう」とか，「ドイツがポーランドを侵攻したので，第二次世界大戦の開幕となった」といった具合である．これらすべての仮説は「もし〜でなければ〜だろう」形式の（否定命題の）反実仮想（counterfactual）に言い換えることもできる．すなわち，「裏庭の花は日光を浴びなければ，咲かないだろう」とか，「ドイツがポーランドを侵攻しなかったら，第二次世界大戦は起こらなかっただろう」とか，「米軍が撤退すれば，韓国は困るだろう」といった仮説である．繰り返すが，この否定命題の反実仮想と肯定命題の第1段階仮説は，このままでは不明確である．このあいまいさを解消するには，第2段階の仮説構築に進むのが望ましい．

平凡さの問題

　学部生はもちろんのこと，時に大学院生でさえ，明らかにとるに足らない平凡な仮説を構築するという間違いを冒すことがよくある．たとえば，「平和条約を締結すれば，日本・ロシア関係は改善へと向かうことになる」とか，「ジョン・ケリーが2004年の大統領選挙で負けたのは，十分な票を得られなかったからである」というものである．これら2つの仮説は自明である．原因が結果に近づけば近づくほど，仮説は平凡なものになる．平凡でない仮説を構築するためには，原因と結果の距離を置くことである（ヴァン・エヴェラ 2009, pp. 18-19）．たとえば，先の仮説は「台頭する中国に対する日本の懸念が強まると，日本・ロシア関係は改善へと向かうことになるだろう」，「ジョン・ケリーは共和党の対抗馬ほど，接戦が予想される各州で選挙民の動員に労力を費やさなかったため，選挙で負けてしまった」と発展させればよい．

第2段階の仮説
　「裏庭の花が咲くために日光は必要である」
　「韓国は自国の安全を維持するために米軍の駐留を必要としている」
　「ドイツのポーランド侵攻は第二次世界大戦の原因となった」
解　説
　　第2段階の仮説は学部生にとっては多少高度なレベルのものであるが，大学院生にとっては必要最小限のレベルのものである．これらの仮説は原因と結果の関係を道理に従って明らかにしている．また「もし～ならば～だろう」という形式へ簡単に換えることもできる．すなわち，「日光を浴びれば，裏庭の花は咲くだろう」，「米軍が駐留を継続すれば，韓国の安全は維持されるだろう」，「ドイツがポーランドに侵攻したために，第二次世界大戦が始まってしまった」という具合である．
　　ただし，第1段階の仮説と同じように，第2段階の仮説は「一般化されていない説明」，すなわち，「その原因はどの理論の事例なのかを明らかにしていない」（ヴァン・エヴェラ 2009, p. 15）．それらは，ある特定の出来事（裏庭の花，韓国の安全，第二次大戦）を説明するために構築されたものに過ぎず，花の発育，抑止の信頼性の維持，戦争原因といった，ある普遍的な出来事（事象）のなかの1つの事例ということではない．第2段階の仮説は原因と結果の関係を明らかにしているが，因果メカニズムについては多くを明らかにしていない．さらに，それらは複数の因果関係の可能性にもふれていない．すなわち，ドイツ以外の国の侵略でも，（全く同じ戦争ではないにせよ）第二次世界大戦は勃発しただろうか．米軍が韓国から撤退した場合，韓国は別の方法で安全保障を維持することができるだろうか．こうした仮説が必要なのである．

第3段階の仮説
　「裏庭の花は日光を浴びて，光合成により発育して咲く」
　「抑止の信頼性を維持するために，韓国は米軍の駐留を必要としている」
　「ドイツの拡張主義的行動が第二次世界大戦を引き起こした（ヴァン・エヴェラ 2009, pp. 15-16）」
解　説

第3段階の仮説は大学院生のための上級レベルのものであり，研究者にとっては必要最小限のものである．第3段階の仮説には，理論的な因果メカニズムが含まれる．それゆえに，これは「一般化された明示的説明」であり，ある特定の事例を一般理論が扱うより広い文脈のなかに位置づけることを意味する（ヴァン・エヴェラ 2009, pp. 15-16）．たとえば，裏庭の花は何の例なのだろうか．答えは，植物を発育させる光合成メカニズムの1つの例ということになる．韓国のケースはどうだろうか．これは安全保障をもたらす抑止あるいは拡大抑止の例になる．韓国の抑止の例からいえることは，日本やノルウェー，北朝鮮のような国家は，同盟国の軍事力を利用し，外部の脅威を抑止すること（拡大抑止）により，自国の安全保障を高められる可能性があるということである．このように，拡大抑止の恩恵を受ける国家は様々である．同様に，拡大抑止を提供する国家も，アメリカや中国など様々である．

　したがって，第3段階の仮説を構築するには，大学院生レベルの方法論上のアドバイス，「固有名詞を変数に置き換えること」（タロウ 2014, p. 111）が求められる．これに倣(なら)えば，韓国は「同盟国」，米軍は「拡大抑止の提供国」になる．一般理論を用いるということは，理論に複数の因果関係の可能性を組み込むことである．上記のケースの抑止は拡大抑止ではあるが，抑止理論を用いれば，基本抑止の可能性についての示唆を得られる．たとえば，自国に対する脅威を抑止するために軍事力を利用すること，という別の論理である．こうして複数の因果関係を導入する余地ができる．抑止理論を通して，われわれは，韓国が米軍に頼らず，自らの軍事力強化により抑止しようとするかもしれないという仮説を立てることもできる．

第4段階の仮説
「植物は日光を浴び，水を与えられ，肥沃(ひよく)な土壌に植えられれば，光合成により成長して花を咲かせる」
「もし米軍が韓国から撤退しても，韓国軍が増強され米軍撤退を埋め合わせることになれば，北朝鮮に対する抑止は引き続き維持されるだろう」
「1930年代のドイツの拡張主義的行動，ならびに，それを抑止するための対独同盟が形成されなかったことが，第二次世界大戦の勃発につながった」
「他国を征服することが容易であればあるほど，戦争は起こりやすい」（Van

Evera 1999, p. 261）
解　説
　第4段階の仮説では，一般化された「もし〜であれば〜だろう」形式の論述により因果メカニズムが明らかにされ，通常，複数の因果関係が組み込まれている．第3段階の仮説同様，第4段階の仮説では，原因は結果から相対的に遠ざけられている．そうすることにより，これらの仮説を他の事例に一般化することが，はるかに容易になる．

競合仮説をたてる

　基本仮説に対して，それと矛盾する別の競合仮説を立てたり検証したりすることは，研究デザイン立案において，あまり正当に評価されていない．信頼性の高い競合仮説をうまく立てられるのであれば，基本仮説は名実ともに反証可能であり，同義反復でないことが確かめられる．競合仮説はまた，「保険」効果や「心理」効果を生んだりする．ここでいう保険効果とは，たとえ基本仮説が証拠により（相対的に）反証されたとしても，研究者には，まだ肯定的結果を得る余地，すなわち，競合仮説を（相対的に）確証する余地が残るということである．
　残念ながら，社会科学者の大半は概して，自分の研究を否定するような結果がでた場合，それを疑い，なかなか受け入れようとしない．研究者は，ある仮説を反証しようとはするが，なかなか別の仮説を確認しようとしないものである．したがって，競合仮説がない場合，基本仮説が否定されてしまうと，研究計画を放棄することを強いられたり，これまで費やした時間や労力が無駄になったり，すべてをはじめからやり直したりすることになり，研究計画全般の価値を損なうことになりかねない．心理学者が指摘するように，人間は損失を回避しようとする（得をすることよりも損をすることを避けようとする）傾向があるため，研究者はこうした状況をなかなか受け入れようとしない．
　競合仮説の「心理」効果はここにある．基本仮説の信憑性が失われても，それは研究計画全般の信憑性の喪失にはならないという安心感があれば，基本仮説が証拠により疑わしい場合，研究者は競合仮説を保持するために，基本仮説を放棄することが心理的に楽になる．
　競合仮説の最も大切な特質は，基本仮説の予測とは相反する予測を立てるこ

とにある．なお，基本仮説と同じ予測あるいは根本的に無関係の予測を立てる競合仮説は，意味をなさないので気をつけなければならない．

競合仮説
　「花は人工光でも咲く」
　「韓国は自国内で対抗措置を取ること（軍事力強化戦略）により，北朝鮮に対する抑止を引き続き維持できる」
　「システムにおけるパワー分布が3極構造であったため，第二次世界大戦は不可避になった」
解　　説
　　上記の3つの競合仮説は，これまでに構築した仮説と似たものである．それぞれの仮説は，日光が植物の発育をうながすことやドイツの侵略が第二次大戦の勃発につながったことを否定している．韓国に関する仮説は少し複雑になる．この仮説は韓国の安全保障におけるアメリカの拡大抑止の重要性を否定する．また，これが拡大抑止の他の事例にも当てはまることを示唆している．しかしながら，基本抑止と拡大抑止はともに同じ（合理的抑止）理論から引き出されたので，この場合，基本仮説と競合仮説を別々に検証することはできず，おそらく，それぞれの仮説が作用する条件を明らかにすることにより，同じ理論の競合部分を検証することしかできない．

議論を図式化する
　研究課題を設定し，基本仮説と競合仮説を立てたら，今度は両方の仮説の因果関係の論理や，仮説の基になった一般理論で想定されている因果関係の論理を図式化するのが有用である．これはすべてのレベルの仮説構築において有効なやり方であり，特に大学院生や研究者には重要である．議論を図式化するということは，仮説や理論の論理を明確にすることである．さらに，研究を公表する際に図式を示せば，自分の仮説の因果関係の論理を読者に伝えやすくなる．（矢印図式として知られる）単純な図式の抽象例は，以下のようなものである（ヴァン・エヴェラ 2009, pp. 11-12）．

3 定性的研究の進め方 ── 93

図2-1 脅威均衡の修正理論

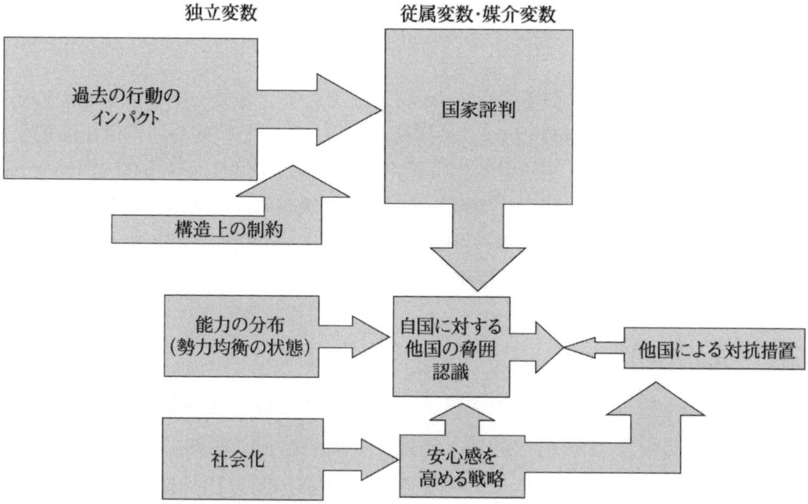

```
独立変数                従属変数・媒介変数

┌──────────┐
│ 過去の行動の │ ────→ ┌──────────┐
│  インパクト  │        │  国家評判   │
└──────────┘        │            │
      ↑              │            │
  ┌─────────┐        │            │
  │構造上の制約│        └──────────┘
  └─────────┘              │
                            ↓
  ┌──────────┐      ┌──────────┐      ┌──────────┐
  │ 能力の分布  │ ───→ │自国に対する│ ←─── │他国による │
  │(勢力均衡の状態)│   │他国の脅囲 │      │ 対抗措置  │
  └──────────┘      │   認識    │      └──────────┘
                     └──────────┘            ↑
  ┌─────┐      ┌──────────┐             │
  │社会化│ ───→ │安心感を   │ ────────────┘
  └─────┘      │高める戦略 │
                 └──────────┘
```

独立変数 ──→ 媒介変数 ──→ 従属変数
（原因変数）   （結果変数）

　上に示す図2-1は，筆者の研究の例である．左側はすべて独立変数・原因変数であり，右側は従属変数・結果変数もしくは**媒介変数**である．これを手短に説明すれば，過去の行動やその当時の構造上の制約は，国家評判の形成につながる．ここでは，国家評判は従属変数もしくは媒介変数であり，能力の分布（勢力均衡状態）は独立変数とみなしている．そして，この変数が国家に対する他国の脅威認識の程度を左右し，従属変数・媒介変数の値を変化させる．当該国家に対する脅威認識が高ければ高いほど，その国家に対して他国が対抗措置をとる傾向（最終的な従属変数）は強まる．しかしながら，当該国が，他の独立変数である無政府状態（アナーキー）の意味合いを理解し，それをうまく社会化しようとするならば，その国は，自国の意図についての他国の不安をやわらげ，脅威感を減らす目的で，相手に安心感を与える（再保障）戦略（従属変数・媒介変数）を追求するだろう．そうすれば，他国が対抗措置をとる可能性を低めることができる（この初期の議論については，ミッドフォード 2001参照）．

4 情報と文書の使い方

この節では，情報源や文書の正しい使い方について，重要であるにもかかわらず，見落とされがちな原則を説明する．「常識」とみなされる情報もしくは出所の引用を必要としない情報と，知的財産として完全に引用しなければならない情報を分ける基準のことである．さらに，情報を言い換えて済む場合と情報をきちんと引用しなければならない場合を区別する基準やインタビューの実施と利用の基準，インターネット情報の使い方に関する基準を解説する．

常　識

常識には，一般的な歴史事実が含まれる．たとえば，小泉純一郎が2001年，首相になったこと，日本が1992年，国連平和維持活動に参加させるために，自衛隊をカンボジアに派遣したこと，東西ドイツが1990年10月に統合したことなどは，常識の範疇に入る．しかしながら，常識とされる事実関係を述べる際，他人の言葉づかいを丸写ししてはいけない．他人の言い回しをそのまま使う場合，カギカッコで括り，情報源を明示しなければならない．情報が常識かどうか分からない場合は，引用した方がよい（Davis 2004, p. 8）．

言い換えるべきか，引用すべきか

情報源からデータを提示する方法は2つある．言い換えによるものと引用によるものである．では，どのようなケースでは言い換えをすべきだろうか．読み手に伝えたいことが情報そのもの以外にない場合や，情報元やその表現が1次資料（史料）としての重要性をもっていない場合は，言い換えでかまわない．統計データやとりわけて関連性のない事実は一般的には，引用ではなく，言い換えにより提示すべきである．他方，情報源やその言い回しが重要である場合，言い換えではなく引用を選ぶべきである．情報で使われている文言をそのまま用いることは，自分の議論に重みを与えることになりうるからである（Davis 2004, p. 13）．

引用

　引用のルールは科学哲学の根本原則に由来する．すなわち，再現を可能にするということである（キング，コヘイン＆ヴァーバ 2004, pp. 31-32）．この原則に従い，すべての研究は，科学の基準を満たして，他の研究者が再現できるものでなければならない．研究というものは，同じ方法と情報源を用いれば，元の研究と同じ所見に到達できるものでなければならない（したがって，その方法は公開されなければならない）．社会科学において，引用は再現を可能にするための重要な要素である．そうすることで，自分の研究で用いた情報源は，他の研究者が確実に再利用できるものになる．

　このことからいえるのは，引用の最も大切な特徴は，読み手が，必要な情報を簡単に突き止められるようにすることである．だから学術図書や論文の引用や情報には，著者名や書名・論文名，出版社・雑誌名，そして出版年月だけでなく，情報が載っているページ番号も引用して明示する必要がある．ページ番号が明記されていないと，読み手は書物や論文を最初から最後まで目を通さなければならなくなる．そのようなことは読み手に強要すべきではない．公文書を利用する場合，文書の巻・号の完全番号とページ番号，タイトル，年月日をリストアップするとともに，文書の原本の所蔵元を示さなければならない．「引用の情報などを見れば，公文書を簡単に見つけることができるかどうか」，自問してみよう．できないと思うようであれば，文献情報が十分ではないということである．

インタビューから得た情報

　インタビューから情報を得た場合，それが公表可能な公式インタビューであれば，インタビューをした相手の名前，その人の地位，インタビュー実施の年月日を明記すべきである．非公式（オフ・レコ）インタビューの場合，非公式という事実に注意を払いながら，インタビュー日時とインタビューを受けた人の素性（たとえば，アジア問題を専門とする日本人の中堅外交官など）のみを記すべきである．名前や身元の判明につながる事項は，決して明記してはならない．再現を可能にするという観点からすれば，インタビュー情報は，それを欲する研究者と共有できるようにすべきである．しかしながら，非公式インタビューから情報を得た場合，その情報を望む研究者がインタビュー先の人物の身元を

明かさないとはじめにきちんと誓約していない限り，インタビューを受けた人の身元は他の研究者に決して明かしてはならない．疑わしい場合，誓約書を求めるのがよい．

インタビュー情報を使う場合，さらにもう1点，注意が必要である．インタビューを実施するということは，それが公式なものであろうと，非公式なものであろうと，「人を対象とする研究」をしているということである．国際政治の分野では，インタビューを用いた（おそらくは現地調査）研究は，人を対象とする研究の根本をなすものである．ここ数十年，アメリカでは，人を対象とする研究の公式な指針が共有されつつある．近年では，日本の多くの大学も，研究に関連した不幸な事件を防止するために，「人を対象とする研究」の指針を策定している．研究者はインタビューを受けた人の福利厚生を保護する職業的・道義的責任を負うのである．だからこそ研究者は，非公式という条件でインタビューを受けた人の身元を公刊物で明かしたり，その人の許可なくして内容を引用したりしてはならないのである．公式インタビューであっても，その発言や名前を引用すれば，インタビューを受けた人のキャリアなどに傷をつけてしまいそうな場合，名前などは伏せるべきである．自分では判断がつかない場合，インタビューの受け手に聞いてみた方がよい．

インターネット情報

インターネットはとても便利な研究道具である．ウェブ上には莫大な利用可能な情報があるが，情報の質を注意深く批判的に見極める必要がある．われわれは，ウェブ・ページを信頼できるデータや偏りのない情報を常に提供するものとして，頼りにすることはできない．実際，インターネット情報は公刊物に比べ，風評や口コミすれすれであることがよくある．人は口先だけなら何でもいえるだろう．

大手の新聞，雑誌，定期刊行物の場合，情報や論文は，正確な事実のみによる，偏りのない内容であるかどうかを綿密に調べた上で公表される．時に間違うことはあるが，公表までに内容を精査するプロセスを経るということは，最終結果がおおむね正確で信頼できることを意味する．有名な新聞社，雑誌，定期刊行物のウェブ・ページも同様に，偏りのない情報として信頼することができる．

Box 2.4　研究計画書の見本

タイトル
研究課題・パズル（1文で）：何を研究するかを問うこと
研究価値（推奨）：数行で課題への関心事項を説明すること
基本仮説（1文で）：研究課題に答えを与えること
競合仮説（1文で）：研究課題について，基本仮説を否定する競合仮説を用いて答えを与えること

Ⅰ．はじめに（序論）
（1）研究課題
（2）課題に対する既存の回答や見解・先行研究の概要
（3）複数の理論から導き出された基本仮説および競合仮説
Ⅱ．第1の事例研究・観察
（1）基本仮説を支持する証拠
（2）競合仮説を支持する証拠
（3）基本仮説，競合仮説の両方を反証する証拠
Ⅲ．第2の事例研究・観察
（1）基本仮説を支持する証拠
（2）競合仮説を支持する証拠
（3）基本仮説，競合仮説の両方を反証する証拠
Ⅳ．第3の事例研究・観察
（1）基本仮説を支持する証拠
（2）競合仮説を支持する証拠
（3）基本仮説，競合仮説の両方を反証する証拠
Ⅴ．証拠を評価すること，ならびに，どの仮説が確証されたか（信憑性を増したか）を決定すること
Ⅵ．おわりに（結論）
（1）研究成果の確認
（2）今後の研究課題の提示

引用・参照文献リスト
研究をすすめるにあたり，利用する予定のすべての書籍，論文，URLならびに他の情報源を列挙すること

ほとんど無名の団体，特に政治的偏向の明らかな個人や組織が運営するウェブ・ページの場合，公表する情報が公正で不偏であるかを精査するプロセスは，おそらくないであろう．したがって，ウェブ・ページにアクセスする場合，以下の2つのルールを守るべきである．

① 評価の高い活字版の公刊物をだしている新聞，雑誌，定期刊行物のウェブ・ページからは，事実を引用してもよい．
② その他のウェブ・ページの利用は，参考意見として利用するか，新しいアイディアや発想を得る手段にとどめるべきである．また，そこで得た事実は，公刊物の活字版もしくは評価の高いウェブ・ページで確認すべきである．

研究者はいかなるメディアであれ，そこで示された見解には常に懐疑的であるべきだが，主要なメディア情報源により精査されていないインターネット情報には，重ねて懐疑的になるべきである．

要点の確認　*Questions*
① 研究課題を設定しなさい．
② ①の課題に対する基本仮説と競合仮説を立てなさい．
③ 反実仮想の形式で，基本仮説と競合仮説を言い換えなさい．
④ ②と③の4つの仮説における独立変数と従属変数をそれぞれ図式化しなさい．そして，それぞれの変数値がどうなれば＋に変化し，どうなれば－に変化するのか，1文で説明しなさい．
⑤ 1対の基本・競合仮説について，2つの事例（研究）と4つの観察を選択して，検証を行いなさい．
⑥ 論文1つを選び，その内容を約半ページで要約しなさい．

定性的研究方法をもっと知るために

Guide to Further Reading

ブレイディ，ヘンリー＆デヴィッド・コリアー編（2014〔原著2010〕）『社会科学の

方法論争——多様な分析道具と共通の基準［原著第2版］』（泉川泰博・宮下明聡訳）勁草書房.
  ▷『社会科学のリサーチ・デザイン』を再検討した論文集．特に，定性的方法は定量的方法の枠組みに従うべきとする考えには批判的である．本書は，定性的研究は独自の研究方法論に基づくものであり，特有の利点と欠点をもっていることを強調している．

ジョージ，アレキサンダー＆アンドリュー・ベネット（2013〔原著2005〕）『社会科学のケース・スタディ——理論形成のための定性的手法』（泉川泰博訳）勁草書房．
  ▷事例研究の強力な手法である「過程追跡法」が詳細に解説されている．

クーン，トーマス（1971）『科学革命の構造』（中山茂訳）みすず書房．
  ▷「パラダイム・シフト」という専門用語を使って，科学的世界観や研究プログラムが経験的現実をより十全に説明する別のパラダイムによって，いかにして覆されるかを説明した．

ヴァン・エヴェラ，スティーヴン（2009）『政治学のリサーチ・メソッド』（野口和彦・渡辺紫乃訳）勁草書房．
  ▷研究をすすめるにあたり，定性的方法論を応用する際の具体的なやり方を教えてくれる，実践的ハンドブックである．

Sternberg, David (1981) *How to Complete and Survive a Doctoral Dissertation* (New York: St. Martin's Press).
  ▷博士論文の作成に必要な研究技法や心構え，大学など研究組織内でうまく立ち回るコツなどを助言する完全ガイド．

Elman, Colin and Miriam Fendius Elman, eds. (2004) *Progress in International Relations Theory: Appraising the Field* (Cambridge: MIT Press).
  ▷ラカトシュ（Imre Lakatos）が提唱する発展的研究プログラムと退行的研究プログラムの概念を援用して，国際政治の主要な理論的アプローチを評価している．

第3章
定量的研究方法への道案内

はじめに	102
1　定量的研究とは	102
2　定量的研究の進め方	105
3　基本的な統計学的分析手法	110
4　おわりに	124
要点の確認	124
定量的研究方法をもっと知るために	124

はじめに

前章で述べたように，今日では定性的研究の方法もかなり発展してきたが，それでも理論や因果関係の証明には定量的研究方法が用いられることが多い．しかしながら，もちろん統計学的な指標とて万能ではない．定量的研究を自ら実践するには，その限界を正しく理解したうえで有効に活用できる分析手法を取捨選択することがその第一歩となる．

本章では，定量的研究の考え方と基本的な分析手法を解説する．複雑な公式などは省略して具体的な分析事例を提示するなど，分かりやすさを優先した説明となっているので，数学や統計学になじみがなくても気にせず読み進めてもらいたい．

1
定量的研究とは

この節では定量的研究に関する基本的知識を紹介する．第1に，定量的研究が一般的により客観性に優れるといわれる理由は統計データを使用することと，推定という概念による全体を捉える分析手法にあることを示す．第2に，統計データを用いた社会研究の歴史と定量的研究が国家の理解に貢献した歴史を紹介する．そして第3に，定性的研究と定量的研究の関係を説明し，定量的研究にもたれがちな批判的なイメージに対する修正を行い，定性的研究と定量的研究が対立的な関係にはないことを示す．

定量的研究の考え方

定量的研究とは数量データを用いて仮説の裏付けを行う実証的な研究である．定性的研究の多くは，特定の一個体（個人や国家）や一事象に着目する研究であるのに対して，定量的研究は個体や事象の全体を研究対象とする．たとえば戦争ならばベトナム戦争といった一事例ではなく，ある期間内の戦争すべてを研究対象としてまとめた統計データを取り扱う．

統計データとは，観測対象の集団（人や国家など）がとる様々な値の集合のことである．国際関係論において主流な分析手法である事例研究が集団ではなく1つないしは2，3の事例の特徴に着目するのに対して，定量的研究は数百ないしはそれ以上の個体や事例からなる集団を分析対象として扱い，その分析

対象のなかに共通して存在する法則性を明らかにすることを目的とする．定量的分析は図表など目に見える情報も多く，また平均や割合に代表される統計量は誰にでも同じ尺度，統一された基準での比較を可能とする．個人の主観性をかなり排除して判断できる点が，定量的研究が客観性に優れているといわれる理由である．

統計学と確率論による定量的研究が集団の分析に優れるもう1つの理由として，統計的推定（statistical inference）という考え方がある．集団を対象とするといっても，たとえば世界中の全国家に関するデータや過去の出来事に関するデータには欠損があることは避けられない．だが，ある一定数以上のデータを得ることができれば，推定によって全体の特徴を明らかにすることが可能となる．もちろん完全ではなくある程度の誤差も含まれるが，これは定性的研究にはない強みといえる．

国家と統計の歴史

統計"statistics"の語源が国家"state"であることから分かるように，統計は社会科学に属する研究として始まった．正確な人口管理は正確な税収や労働力人口，さらには徴兵数の試算など国家運営の効率化に結び付くからである．現代でも国家が国勢調査（census）を定期的に実施して国民に関するデータを収集していることからも分かるように，国家運営における人口統計学の重要性は全く衰えていない．日本の国勢調査データは1920年以降のものしか存在しないのに対して，定量的研究が世界で最も盛んなアメリカの国勢調査データは独立宣言からわずか14年後の1790年から存在しているなど，欧米圏の国家には正確なデータが数多く存在している．

戦争に関係する定量的研究では，クリミア戦争に従軍したナイチンゲール（Florence Nightingale）による，戦死者および戦傷者に関する統計データの収集およびその分析によって病院の不衛生さによる傷の悪化が主要な死因にあることを実証した研究が存在する（Fee and Garofalo 2010; Gill and Gill 2005）．現代では，衛生管理は市街地や家屋など人間が活動するあらゆる場所で死亡率を低下させるための重要な要因であることが認知されているが，それは戦争における定量的研究から得られた知見なのである．

定量的研究と定性的研究の関係

　しばしば歴史的研究の立場からゲーム理論や統計学に対して「人間の内面を数字で表すことなどできない」という趣旨の批判がなされるが，人間の心理を専門に扱う心理学では定量的研究が盛んである．その理由は，直接見ることのできない人間一人一人の心理の動向を，人間という「個体群の統計データ」という見える情報に変換することで客観的な分析が可能になるからである．1人の心理動向をどんなに詳しく述べても，それは人間心理の特徴や法則性を証明したことにはならない．

　このような対立的意見が生じるのは，分析対象と明らかにしたい内容が本質的に異なることに原因がある．たとえばキューバ危機の研究ならばケネディ大統領の考えの変化を1日ごとに分析することも非常に重要であり，政府資料や当事者たちの回顧録を読み解かなければ深い分析は不可能である．だが「政策決定者の意思決定」を研究対象とするならばケネディだけを調べても結論を出せない．かといって観測対象にあたる数十，数百という人物すべての資料にあたるのは現実的に不可能である．2，3の著名な政策決定者の心理を明らかにしただけでは意思決定における一般的法則性を証明したということはできず，また仮にすべてを調べることができても，大量の活字資料のなかから全体に共通する特徴を見出すのは困難を極める．

　「数字で表すことはできない」という批判にしても，人口や金額のように初めから数値の情報を除けば，社会で使われる数値の多くは人工的に作られた統計学的指標であり，平均や割合はその代表である．たとえば「ジニ係数の値が大きい＝不平等な社会」と評価されるのは，国民の所得データとその配分の割合を用いて算出するジニ係数が「社会の不平等性」という本来は数値で表されることのない社会状況を数値で適切に表現した指標であると認められているからである．

　研究に適したデータの取捨選択と妥当性の説明は定量的研究において必須であり，この点においては，定性的研究でも歴史資料の証拠としての妥当性を説明する必要があることと同じである．定性的研究と定量的研究は決して対立的，排他的な関係にあるのではなく，相互補完的な関係にあるのが正しい捉え方といえる．さらにいえば，定性的研究によって証明した仮説を，多くのデータを集めて定量的研究による実証を行うことで，さらに確実に相関関係や因果関係

を立証することもできる．

2 定量的研究の進め方

本節では，定量的研究において必要な手順を説明する．第1に，操作化の解説である．定量的研究には数量データが必要不可欠であるが，分析に用いる事象のすべてが数量データである保証はない．そこで行うのが操作化であり，数量化されていない事象を数量データとして扱うための変換作業を意味する．第2に，基本的な統計学的分析手法の解説である．χ^2検定，相関係数，回帰分析といった基本的かつ使用頻度の高い分析手法の実践方法および分析結果の解釈を簡潔に説明する．

事象を数字にする：概念の操作化

定量的研究を実際に行うために必要な手順は基本的に定性的研究と同じで，文献調査に基づく適切な研究課題の設置，仮説構築，分析手法の選択である．基本的なリサーチ・デザインは前章の定性的研究で説明されているので，ここでは定量的研究において特徴的な点に焦点を当てて説明しよう．

まず問いの設定に際して必要となるのは，研究対象の明確化である．例としてセン（Amartya Sen）による「貧困からの脱却には個人の潜在能力（capability）の向上が必要である」とする理論を仮説として考えよう（セン 1999, 2000a, 2000b）．潜在能力は，政治的権利や教育を受ける権利などが抑圧されることで失われるとされる（セン 2000b, 第3, 4章）．センによる定義は明確であるものの，定量的研究のためには分析対象の原因と結果，すなわち独立変数と従属変数も数量データで表す必要があり，抽象的な言葉のままでは定量的研究によって実証することはできない．そこで行われるのが**操作化**（operationalization）であり，観測不可能な概念を観測可能な変数に変換する作業を意味する．たとえば貧困，飢餓，政治的権利，教育の普及は以下のように操作化できる．

【操作化】

貧困	⇒	1人あたり GDP
飢餓	⇒	1人あたり摂取カロリー
政治的権利	⇒	民主主義指標

教育の普及　　⇒　　平均就学年数，進学率（初等・中等・高等教育など）

　センの貧困という概念が表すのは経済的に貧しい状態，飢餓状態であるので，経済面であれば国家の貧困を国民の豊かさの度合いとして表すことが可能であり，国民1人あたりGDPを使用できる．飢餓状態であれば必要なカロリーを摂取できないことを意味するので，国民1人当たりの摂取カロリーが利用できる．

　政治的権利の拡大は人権，民主主義の発展度合を表す指標を使用できる．代表的な政治体制の指標であるPolity IV，経済誌『エコノミスト』によるDemocracy Index，国際NGOフリーダム・ハウスによるFreedom in the World Country Ratingsなど民主主義の発展度合を指標化したデータが複数存在するので，それらを使用することができる．

　教育の普及は国民の平均就学年数もしくは進学率によって表すことができる．就学年数は非常に分かりやすい操作化の例である．学歴という評価は「学校に通った年数」として容易に数値にできるので，平均就学年数の増加は教育の普及を明確に表してくれる．同様に，各教育レベルでの進学率も教育の普及を示す数値であることに異論は出ないだろう．

【操作化】

小卒	⇒	6年
中卒	⇒	9年
高卒	⇒	12年
大卒	⇒	16年

操作化の注意点

　仮説の操作化をすることで定量的研究による実証が可能になるが，研究の質を保つためには次の2点が必須である．

Box 3.1　デモクラティック・ピースの政治体制の操作化

［われわれは］政治体制を，(a) 政治参加の競争性，(b) 参加の規制，(c) 行政府に就職する際の競争性，(d) その開放性，(e) 行政府の長に対する拘束，の組合せによって定義する．これらを組合せることによって，民主制（DEM）と独裁制（AUT）を測定するそれぞれ一一段階尺度を作り出す．

————ラセット 1996, p. 128

1. 操作化の妥当性
2. データの信頼性

　操作化の妥当性とは，概念の主要な内容を適切に観測したデータに変換していることを示す．明らかに異なるデータは論外だが，似て非なるデータを用いても仮説の実証にはつながらない．政治的権利ならば参政権など選挙関連のデータが使えることもあるが，選挙関連データが算出されない一党独裁の国家などのデータが欠けることになる．また選挙を実施しても権力者による不正選挙を疑われる国家がしばしば存在するが，その実態はデータに反映されない．貧困と政治的権利が問題視される国家はこのいずれかに該当することが多いので，選挙関連のデータを使うことは，この仮説の実証にはつながるとは必ずしもいえない．統計学的指標を採用するときには，その指標の使用データ，計算方法および指標の説明を確認したうえで，概念の内容に対応した変数であると説明できることが重要である．

　難しいのは数値化されたデータがない要素を独立変数にするときである．数値で測ることが困難な要素を定量的研究に組み込むためには，それを表現できるデータを探し出すこと，そして必要に応じて加工することが求められる．たとえば人間の価値観や国民性を数値で示すデータとしては国際調査データがある．

　イングルハート（Ronald Inglehart）の *World Values Survey*（http://www.worldvaluessurvey.org/）や吉野の『意識の国際比較調査』（http://www.ism.ac.jp/~yoshino/）は様々な国・地域の人々の比較調査を行っており，それらのデータを基にして国民性の特徴を数値化することも可能である．その一例としてあげられるのが順序尺度である．『意識の国際比較調査』には政治家，官僚，議会などに対する信頼を4段階の選択肢で調査した設問があるが，これを順序尺度とすることで定量的研究に使用できる．順序尺度とは項目の並び順や大小関係には意味はあるが，その間隔には意味がないデータである（「非常に信頼する」が「全く信頼しない」の4倍の信頼を意味するわけではない）．数値ではない項目の並び順を数値で表すのはしばしば使われる操作化の手法である．

【操作化】

非常に信頼する　　⇒　　4

やや信頼する　　　　　⇒　3
あまり信頼しない　　　⇒　2
全く信頼しない　　　　⇒　1

(非常に＞やや＞あまり＞全く)
の順序を示すための数値

　データの信頼性とは，観測された数値そのものの信ぴょう性である．国家や国際組織が正式に公表したデータであれば基本的には信用してよいが，客観性のないデータ，たとえば正しい手順によって選別されていない標本から得たデータや恣意的に選別された疑いのあるデータの使用は控えなければならない．
標本（サンプル） とは，分析対象全体すなわち母集団から抽出された個体の集合を意味する．たとえば日本人の国民性を分析するならば日本人全員が母集団となるが，日本人全員という大きすぎる母集団を完全に調べることは極めて困難であるため，標本を用いて分析することが現実的な手段となる．信頼できるデータを作成するためには，標本の抽出方法も含めたデータの出典をきちんと確認すること，統計学的指標ならばその算出方法と使用データを確認することが大切である．

仮説の設定：帰無仮説と対立仮説

　定量的研究では算出する統計量に基づいて仮説の正しさを検定するが，通常の仮説の立て方と異なり「明らかにしたいことの反対の仮説」を設定して，それを否定することで逆説的に自らの仮説の正しさを証明する．この起点となる仮説を**帰無仮説**（null hypothesis）といい，その反対の仮説を**対立仮説**（alternative hypothesis）と呼ぶ．

Box 3.2　無作為抽出法（random sampling）
クジ引きの原理で標本となる要素を「ランダムに」（無作為に）選び出す方法である．この方法を用いると，母集団を構成する全要素について，それぞれが標本として抽出される確率が一定になるので，標本の性質から母集団の性質を客観的に評価することができる．現在の統計学の推定，検定の理論はこの無作為抽出法を前提としている．

──東京大学教養学部統計学教室編 1994, p. 14

定量的研究とは，基本的に，得られた標本を解析することで直接には観測できない全体（母集団）の値を推定する作業である．母集団 I，II から抽出した標本 i，ii のデータを用いて「I と II は関係がある」「I と II には差がある」ことを証明することが目的となるので，帰無仮説は

$$H：I と II には関係はない（差はない）$$

となる（H は仮説を示す記号）．これを棄却できれば関係がある，差があるということができる．具体的な仮説設定の例は第 3 節で分析例とあわせて説明しよう．

有意確率と有意水準

仮説検定の目的は，母集団について仮定された命題を標本に基づいて検証することであり，帰無仮説が棄却できるかどうかの判断基準が必要となる．使用するデータが帰無仮説を棄却するものなのかどうかは，現実の結果が理論上予測される結果とどの程度合致しているかを検定することによって判定される．その検定で算出されるのが様々な統計量と有意確率である．

ある大きさの統計量が出現する確率を**有意確率**もしくは p 値（p value）と呼び，そしてその有意確率が帰無仮説を棄却する値かどうかを判断する基準を**有意水準**（significant level）という．一般に統計学において有意水準となる値は

$$p<0.05（5\% 水準）$$

であり，有意確率が0.05（5%）未満であれば帰無仮説を棄却する．すなわち，理論上の結果と現実の結果のズレはもはや「たまたま」「誤差の範囲内」といった程度のものではなく「なんらかの異常があるために生じた」と判断するのである．どの分析手法でも有意確率の判断の規則は同じであり，定量的研究の実践には有意確率の理解が必要不可欠である．以下の判断基準を常に念頭に置いて読み進もう．

- 統計量の有意確率が0.05未満 ⇒ 帰無仮説を棄却する
  （本当に明らかにしたいことを支持できる）
- 統計量の有意確率が0.05以上 ⇒ 帰無仮説を受け入れる
  （本当に明らかにしたいことを支持できない）

たとえば，あるサイコロの品質に疑いをもったので調査をするならば，検定

したい仮説は「サイコロには異常がある」である．そこで「サイコロに異常はない」という帰無仮説を定めることになり，「サイコロには異常がある」は対立仮説となる．サイコロに異常がなければサイコロの目の1〜6が出る確率はそれぞれ1/6になるはずである．したがって，そのサイコロを実際に120回投げたときに出た1〜6の目の分布と確率に基づいた理論上の目の分布（20, 20, 20, 20, 20, 20）のズレがあまりに大きければ帰無仮説を棄却することができ，反対に誤差の範囲内といえるほど小さければ帰無仮説を受け入れることになる．

仮に（25, 15, 25, 15, 25, 15）という結果ならば予測と大きな違いは無いので帰無仮説は棄却されないが，1と6の目に偏った（30, 15, 15, 15, 15, 30）ならば帰無仮説は棄却され，「サイコロには異常がある」といえることになる（詳しくは第3節の「クロス集計表と χ^2 検定」を参照）．

なお，より厳格な有意水準として $p<0.01$（1％水準）が，より緩やかな有意水準として $p<0.1$（10％水準）が用いられることもあるが，統計学において最も基本となるのは $p<0.05$（5％水準）であり，5％水準で分析結果を正確に判断できるようになることが第1の課題である．本章では常に5％水準で分析事例を解説する．

3 基本的な統計学的分析手法

統計学的分析手法には本節で紹介するようなシンプルな算出方法を用いるものから非常に複雑な過程を経て統計量を算出するものまで存在するが，どの分析手法にも共通することとして，2つないしはそれ以上の変数間に何らかの関係が存在するかどうかを判別すること，そして有意確率がその判断基準となることがあげられる．本節では基本的かつ使用頻度の高い χ^2 検定，相関係数，回帰分析の分析手法と，有意確率に基づく分析結果の判断方法を説明する．

データの整理：度数分布と基本統計量

定量的研究の基本はデータの特徴を把握することである．データとは観測対象の個体から観測された数値（観測値）をまとめたものを意味するが，どのようなデータでも，得られたデータを整理して集団としての特徴を浮かび上がら

表3-1 戦死者数の度数分布表（参戦国別）

参戦国別の戦死者数	度数	相対度数	累積度数	累積相対度数
1,000人未満	130	0.387	130	0.387
1,000-5,000	80	0.238	210	0.625
5,000-10,000	35	0.104	245	0.729
10,000-100,000	54	0.161	299	0.890
100,000-1,000,000	29	0.086	328	0.976
1,000,000人以上	8	0.024	336	1.000
合計	336	1.000		

出典：Inter-State War Data より筆者作成．戦死者数不明の1件は除外．

せることで，個々の観測対象を見るだけでは把握できなかった特徴と傾向を把握することができる．特に有用な手法が視覚的情報の提供である．データを図表にまとめなおすことで，データの分布をより明確にすることができる．

　ここでは，軍事紛争に関する様々なデータを集める COW（Correlates of War）プロジェクト（http://www.correlatesofwar.org/）の Inter-State War Data（version 4.0）を参考にして定量的研究を説明しよう（バージョンが変われば観測値は異なることに留意されたい）．

　COW によれば国家間戦争は1816年から2007年の間に95件発生し，それぞれの戦争に参戦した国家の総数は336カ国である．そのような表をただ一望しても全体の特徴を把握することはほぼ不可能に近い．そこで全体の傾向を把握するための基本的な手法が度数分布表（frequency table）とヒストグラム（histogram）の作成である．度数分布表は単純集計表と呼ばれることもある．ここでは戦死者数を取り上げて近代戦争の特徴を調べていこう．95件の国家間戦争に参戦した国家ごとの戦死者数を集計した度数分布表が表3-1である．

　ある程度の範囲の数値をひとまとまりにした階級（戦死者数）を作成して，その階級ごとの情報を並べたものを度数分布表という．それぞれの階級に属する参戦国数（度数）とその割合（相対度数）を見ることで，戦死者数の分布の特徴をつかむことができる．表の右側の累積度数とは度数を下の階級から合計した数値であり，累積相対度数は割合の合計値である．戦死者数のような問題を扱う場合には累積相対度数のほうがより意味のある値であることも少なくない．戦死者数5,000人以上10,000人未満の階級が10.4%であることよりも「戦死者数が10,000人未満の参戦国が全体の72.9%を占めている」ことのほうが戦死者数の傾向をより適切に伝えることができる．

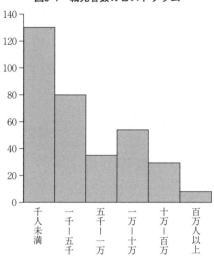

図3-1 戦死者数のヒストグラム

　この度数の分布傾向をより視覚的に分かりやすく表現するために用いられるのがヒストグラムである．図3-1が戦死者数のヒストグラムであり，その形状を見ることで，全体としては右肩下がりの傾向，戦死者数が多いほど該当する国家数が少ないことがうかがえる．

　データの分布の特徴を示すのは図表だけでなく，データから算出した基本的な統計量からうかがうことも可能であり，大きく分けて代表値と離散度がある．定量的研究を行う際には，まず代表値と離散度を確認することでデータの特徴を大まかにつかむことから始めるのが望ましい．基本統計量は誰に対しても同じ意味となる客観性をもった数値であることが利点である．

　代表値に属する統計量として，平均 (mean)，中央値 (median)，最頻値 (mode) がある．

　　　平均：観測値の重心を示す値（観測値の総和／観測値の個数）
　　　中央値：観測値を小さい順に並べたときに真ん中に位置する値（度数
　　　　　　が偶数ならば真ん中2つの値の平均）
　　　最頻値：データのなかで最も多く観測された値

　平均は最も使用頻度の高い代表値だが極端に大きな値（外れ値）の影響を強く受ける値でもあるので，外れ値の影響を受けない中央値や最頻値を必要に応

じて使い分ける．戦死者数の中央値を求めるならば，参戦国336カ国の観測値を最小値の0から最大値の7,500,000まで順番に並べた真ん中の167番目（2,000人）と168番目（2,000人）の平均2,000となる．また戦死者数のように細かい数値の集合だと最頻値を定められないことが多いので，一定範囲の値をまとめたもので示すほうがよい．表3-1でいえば1,000人未満が最頻値となる．

　代表値の問題として，観測値には類似した数値が多いのか，それとも様々な値の数値が含まれているのかという，値の散らばり具合を把握できないことがある．散らばり具合はデータの重要な特徴であり，それを示す統計量として分散（variance）と標準偏差（standard deviation）がある．

　分散は統計学においては頻繁に用いられる統計量であり，一般的に s^2 と表記される．表3-1の度数（130, 80, 35, 54, 29, 8）と例として次の度数（50, 50, 50, 62, 62, 62）の平均を求めるといずれも56であるが，分散は全く異なり，1588.33と36である．具体的には，次のように求められる．

$$\text{表3-1の } s^2 = \frac{(130-56)^2+(80-56)^2+(35-56)^2+(54-56)^2+(29-56)^2+(8-56)^2}{6} = 1588.33$$

$$\text{例の } s^2 = \frac{(50-56)^2+(50-56)^2+(50-56)^2+(62-56)^2+(62-56)^2+(62-56)^2}{6} = 36$$

分散は平均に近い値が多いと小さい値に，平均から離れた値が多いと大きい値になるので，どれだけ多様な観測値が含まれているのかを想定できる．

　もう1つの代表的な離散度を示す標準偏差は分散の平方根で求められる（s と略記）．

$$\text{表3-1の } s = \sqrt{1588.33} = 39.85 \qquad \text{例の } s = \sqrt{36} = 6$$

となる．観測値や平均と共に参照するならば分散よりも標準偏差のほうが扱いやすい．分散は計算過程で2乗しているため，そのままでは他の観測値との比較や単純な計算に使えない．乗算した数値は，いわば次元の異なる数値だからである．たとえば20mと100m^{2}を比較したり足し合わせたりすることはできないが，標準偏差ならば2乗がとれているので扱いが容易になる．$\sqrt{100} = 10$m とすれば20mと比較することも足し合わせることも可能となる．さらに例をあげれば，平均身長170cmと分散25cm^{2}よりも平均身長170cmと標準偏差5cmのほうが統計量の示す意味を理解しやすい．

　図表や基本統計量によって1変数の特徴を把握することができたら，複数の変数を使った分析手法に取り掛かろう．

クロス集計表と χ^2 検定

1つの変数に着目するだけでは分からないが，複数の変数の分布の相互関係を調べることで新しく発見できることがしばしばある．2つの変数を組み合わせた分析の代表的な手法がクロス集計表（cross tabulation）である．クロス表は2つの変数を組み合わせた分布を表す行列表である．

例として，2013年に実施したアジア・太平洋価値観国際比較調査のベトナム調査データ（吉野・服部・芝井・朴 2014）から，旧北ベトナム地域在住者と旧南ベトナム在住者の意見に違いがあるかどうかを分析した結果を取り上げよう（Shibai 2015）．「今後，ベトナムのために，一番に友好を深めていくべき国や地域はどこか」という設問に対するベトナム人の標本958人の回答を南北在住別に集計したのが表3-2である．

クロス表ではパーセント表記のほうが変数間の関連構造を把握しやすい．割合を比較することで回答の分布の違いを把握することが容易になり，検証することが可能となる．割合を見ると，南北で回答率が異なっているアメリカ，EU，ロシア，日本，韓国と，ほぼ違いがない中国，インド，シンガポール，オーストラリア，他のアジア諸国に大別することができる．特に差があるのがアメリカであり，ベトナム北部では南部に比べて12.2%も少ない．だがそれでも南北で最多の回答率である．差が大きい国・地域と差が小さい国・地域の数は同じ5だが，この分布の違いは，旧北ベトナム在住者と旧南ベトナム在住者の国際関係に関する意見の違いを示しているといえるだろうか．

観測値の分布が，どの程度，どのように変動していたら変数の間に関係があると感じられるのかは人それぞれの感性によって異なるため，標本をまとめた表を見るだけでは在住地域と友好を深めるべき国・地域の回答の間に本当に関係があるかどうかを客観的に判断することは難しい．この疑問に統計学的に答えるための分析手法が χ^2 検定（カイ2乗検定，χ はギリシャ文字）（χ^2 test, chi square test）であり，独立性検定とも表記する．この場合の独立とは，ある変数 x と変数 y の間に関係がないことを示す．互いに独立している＝互いに影響し合わない＝関係がないという意味である．

χ^2 検定は「互いに独立している」という帰無仮説を立て，それを否定できるかどうかで関連の有無を判断するが，「独立している」とはどのような分布のことをいうのか．基準となるのは全体における回答の分布である．

表3-2 ベトナム人の在住地域と友好を深めるべき国・地域の意見のクロス集計

	アメリカ	EU	ロシア	中国	日本	韓国	インド	シンガポール	オーストラリア	他のアジア諸国	合計
旧北ベトナム在住	91 22.9%	68 17.1%	80 20.2%	20 5.0%	66 16.6%	48 12.1%	3 0.8%	12 3.0%	6 1.5%	3 0.8%	397 100%
旧南ベトナム在住	197 35.1%	60 10.7%	64 11.4%	23 4.1%	127 22.6%	33 5.9%	3 0.5%	17 3.0%	13 2.3%	24 4.3%	561 100%
合計	288 30.1%	128 13.4%	144 15.0%	43 4.5%	193 20.1%	81 8.5%	6 0.6%	29 3.0%	19 2.0%	27 2.8%	958 100%

前提とするのは，標本全体でこのような回答の分布になっているならば，そのなかから一部の標本を取り出して回答の分布を調べても全体と同じ割合になるという考えである．そうであるならば，もし取り出した一部の標本の回答の分布が標本全体の分布と異なるのであれば，その一部の標本は全体標本とは異なる特徴をもっているとみなすことができる．

したがって，もし在住地域が回答に関係しないのであれば，在住地域別に分けて回答を集計しても，回答の分布は全体の分布に基づいた割合になるという仮説が成り立つ．たとえば北部在住者のなかでアメリカを選ぶ人数を予想するならば，全回答者に占める北部在住者の割合が397/958＝0.414なのだから，アメリカを選んだ全体の人数288人に含まれる北部在住者の割合も0.414と予想できる．予想される人数は

$$\frac{397}{958} \times 288 = 119.35$$

となる．実際に観測された値のことを観測値もしくは観測度数（observed value）と呼ぶのに対して，この予想された値は期待値もしくは期待度数（expected value）と呼ばれる．すべての期待度数を求めた結果が表3-3である．

χ^2検定とは観測度数と期待度数のズレの大きさに着目した分析手法であり，ズレの大きさが誤差の範囲内なのか，それとも別の変数との関係によってもたらされた結果なのかを明らかにする．χ^2検定で求められる統計量をχ^2値といい，χ^2値とp値によって変数間に関連があるか否かを判別できる．χ^2値は

表3-3 回答の期待度数

	アメリカ	EU	ロシア	中国	日本	韓国	インド	シンガポール	オーストラリア	他のアジア諸国
旧北ベトナム在住	119.35	53.04	59.67	17.82	79.98	33.57	2.49	12.02	7.87	11.19
旧南ベトナム在住	168.65	74.96	84.33	25.18	113.02	47.43	3.51	16.98	11.13	15.81

「(観測度数－期待度数)²／期待度数」の総和で求められるので，必ず

$$\chi^2 \geq 0$$

の値となり，期待度数と観測度数のズレが大きくなるほど大きい値となる．

χ^2検定の手順を見ていこう．表3-2からは南北で回答傾向が異なっているように見えるが，それだけでは観察者の主観の域を出ないので，ベトナム人は在住地域によって重要視する国・地域が異なっていることを客観的に明らかにすることを試みる．帰無仮説は「在住地域と重要視する国・地域は互いに独立である」であり，分かりやすく書くならば

H：ベトナム人の在住地域と重要視する国・地域に関連はない

となる．もし独立であるならば，在住地域が違っても回答の分布に違いはないということを裏付ける結果となる．χ^2値とp値は以下の通りとなる．

$$\chi^2 = \frac{(91-119.35)^2}{119.35} + \frac{(68-53.04)^2}{53.04} + \cdots + \frac{(13-11.13)^2}{11.13} + \frac{(24-15.80)^2}{15.80} = 56.93, \ p = 0.00$$

p値の0.00は完全に0ではなく四捨五入した値であり，正確な値は0.000000005221…である．有意確率がこのような極めて小さい値となることは決してめずらしいことではないため，0.00ないしは0.000と四捨五入することが一般的である．以下の分析事例における有意確率の表記も同様であり，完全に0ではないことに注意しよう．この有意確率の解釈は，簡潔にいえば，このベトナム調査データを使ってχ^2値を算出したときに56.93という値が算出される確率は0.000000005221…であるということを示している（有意確率の求め方は複雑なので割愛．統計ソフトウェアで分析を行えば自動で算出される）．

χ^2値56.93の有意確率は0.00すなわち$p<0.05$であることが判明したので，帰無仮説は棄却される．したがって「ベトナム人の在住地域と重要視する国・地域に関連がある（対立仮説）」，すなわち旧北ベトナム地域在住者と旧南ベトナ

ム地域在住者では重要視する国・地域が異なることが統計学的に裏付けられたことになる．

　その違いの内容をクロス表から読み取ると，旧南ベトナム地域のほうが高い回答を得ているのはアメリカと日本というかつての友好国である．旧北ベトナム地域でもロシア（ソ連）がより高い回答率を得ていることが分かり，ベトナム戦争当時の国際関係に基づく価値観を現在まで継承している可能性があることが推察できる．

　第2節「有意確率と有意水準」のサイコロの目の分布も χ^2 検定で分析できる（こちらは適合度検定と呼ぶ）．期待度数が（20, 20, 20, 20, 20, 20）であり，観測度数（25, 15, 25, 15, 25, 15）の場合は $\chi^2 = 7.5$，$p = 0.19$ と有意ではないので帰無仮説は棄却されない．一方の偏りのある観測度数（30, 15, 15, 15, 15, 30）の場合は $\chi^2 = 15$，$p = 0.01$ と有意であるため帰無仮説は棄却され，サイコロに異常があるということができる．

相関係数と散布図

　2変数間の関係の有無を調べる最も基本的な統計量として，相関係数（correlation coefficient）がある．正式名称は「ピアソンの積率相関係数」であり，単に相関係数といったときは一般にこれを指す．相関係数は相関関係の有無を調べる最も基本的な統計量であり，詳細な定量的研究をする事前分析として変数間の関連性の有無を確認する手段として用いられることもある．

　これらの関係は散布図を用いて視覚的に表示することでより理解しやすくなる．散布図とは x 軸と y 軸に2つの変数を割り当てて平面上に変数の値の組を点で位置付けた図である．図3-2は戦争日数を x 軸，戦死者数を y 軸にとった散布図である．点が平面上に広がっているが，ある程度は一方の値が大きいともう一方の値も大きいという傾向が見受けられる．

　点の散らばり方としては3通りの代表的な傾向が存在する．それらを知っておくと相関関係の内容を把握しやすくなる．

　　1. 右肩上がりの散らばり．一方の値が大きい（小さい）ともう一方の値も大きく（小さく）なる傾向．方向性が一致した変動を示す変数の組み合わせを正の相関という．
　　2. 右肩下がりの散らばり．一方の値が大きいともう一方の値は小さくな

図3-2 戦争日数と戦死者数の散布図

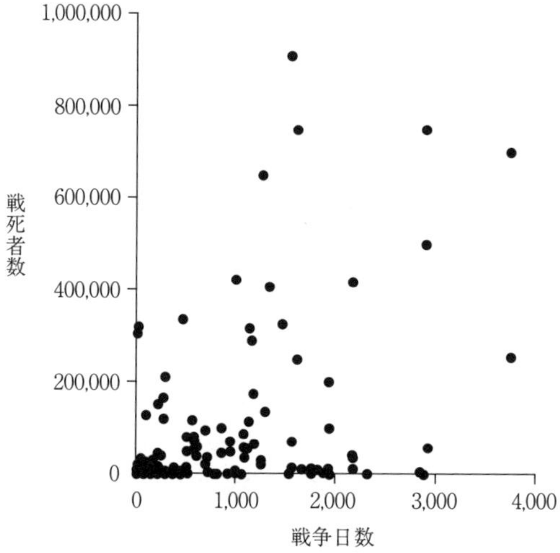

注：戦死者数100万を超える点は図に映っていない．

る傾向．方向性が相反する変動を示す変数の組み合わせを負の相関という．
3. 法則性のない散らばり．全体に点が散らばっていて傾向が見られない．
このような散らばりでは変数間に相関がないとの予測が成り立つ．
これらの傾向は

　　　正の相関　$y = ax + b$,　　　負の相関　$y = -ax + b$　（$a>0$）

の一次式の直線に近似した点のまとまりといえる．この相関の有無を客観的に測る統計量が相関係数である（Rもしくはrと表記）．相関係数がとる値の範囲は完全に決まっており，必ず

$$-1 \leq R \leq 1$$

の範囲に収まる．プラスの値ならば正の相関を意味し，マイナスならば負の相関を意味する．もし変数間の相関が最大であれば1もしくは-1となる．

全体の戦争日数と戦死者数の相関係数を求めた結果は

$$R = 0.29$$

であり，19世紀以降の国家間戦争では戦争日数と戦死者数の間に低い正の相関があることが示唆された．

さらに分析を続けよう．国際関係論ではしばしば1816年以降の時代を以下のように区分して扱うが，それぞれの時代における戦争日数と戦死者数の相関係数に違いはあるだろうか．年代ごとに相関係数を求めてみよう．

帝国主義時代	1816-1913年	$R = 0.39$
世界大戦の時代	1914-1945年	$R = 0.35$
冷戦の時代	1946-1989年	$R = 0.59$
ポスト冷戦時代	1990-2007年	$R = 0.87$

帝国主義時代と世界大戦の時代では0.4未満とやや低いが，冷戦では0.6に近くなり，ポスト冷戦時代では0.87という高い正の相関を示しており，戦争が長引くと戦死者数が増加するという傾向は近年の戦争に顕著な特徴であることがうかがえる．

回帰分析

回帰分析（regression analysis）とは，相関関係よりさらに特定的な関係である因果関係（変数による影響の方向性を決めた関係）を調べる分析手法である．どの学問分野における定量的研究でも，仮説で立てた因果関係の度合いを予測する際には回帰分析が頻繁に用いられている．たとえばある変数xが変数yをもたらす原因であると考えられるとき

1. 変数xは**独立変数**といえるか
2. もし独立変数ならば，xは**従属変数**yに対してどのような影響があるのか
3. 分析結果を基にした予測の精度はどれほどか

このような，単純な因果関係の有無だけでなく具体的な影響の内容や精度まで分析できるために回帰分析の有用性は非常に高い．回帰分析の構造を分かりやすく示すのは一次方程式$y = ax + b$のかたちでの表現である．これを回帰式といい，係数aの値が分かれば独立変数xが従属変数yに及ぼす影響力を示すことができる．回帰分析に最初に接するときには，なじみのあるこの一次式で分析内容をイメージすると取り組みやすい．

また，重要なこととして，独立変数と仮定する変数は複数同時に扱うことができ，独立変数が1つの回帰分析を単回帰，独立変数が複数の回帰分析を重回

帰と呼ぶ．仮に独立変数として3つの要因が考えられるならば回帰式では次のように表記でき，それぞれの係数 a_1, a_2, a_3 を一度の回帰分析で測ることができる．

$$y = a_1x_1 + a_2x_2 + a_3x_3 + b$$

　上述したように回帰分析は判別できることが多いので，それに比例して算出する統計量の種類も，それを判断する機会も増える．実際の回帰分析の結果を見ながら，統計量の意味を解説していこう．ここまで調べた戦争日数と戦死者数をデータとして取り上げる．すなわち従属変数を戦死者数，独立変数を戦争日数として，戦死者数は戦争日数に影響を受けるか否か，受けるとしたらどの程度のものなのか，を調べる．これは，19世紀以前の国家間戦争の正確なデータを集めるのは困難であるため，19世紀以降の標本を使用した推定である．

　回帰分析の結果一覧（表3-4）を見ながら，表に示されている検査の意味，値の意味を説明する（エクセル2013の回帰分析は一般とは異なる表記を用いているので，適宜補足する）．

　まず確認するのは決定係数（coefficient of determination）である．一般に R^2 と書く（エクセル2013では「重決定 R2」）．

$$R^2 = 0.085$$

これは回帰分析の「当てはまりの良さ」を示す統計量であり，この回帰分析で説明できる従属変数の割合を示す．決定係数は必ず

$$0 \leq R^2 \leq 1$$

の範囲の値をとり，1に近いほど当てはまりが良いことを示す．当てはまりの良さを確認することで，回帰分析そのものの全体的な精度の高さを確認できる．あまりにも値が低ければ，未発見の独立変数がある可能性は小さくない．ただしどの程度の値を小さい，大きいとみなすかは扱う問題領域によって異なるため，あらゆる回帰分析に採用できる尺度はない．経済学のように数字で法則性を明らかにできる事象が多い領域では決定係数は高くなりやすいが，社会学や政治学のように数字で特徴を把握できる事象が多くない領域では全体的に決定係数は低くなりやすい．したがって，決定係数だけで結論を下すことはできないので，これは全体的な傾向を捉える統計量として理解し，次の統計量の判断に進むのが良いだろう．

　決定係数の特徴として，回帰分析に導入する標本と独立変数の個数によって

表3-4 単回帰分析の結果 ($n = 336$)

決定係数

R	R^2	調整済み R^2
0.29	0.085	0.082

分散分析表

	平方和	自由度	平均平方	F値	有意確率
回帰	7162501926028.55	1	7162501926028.55	30.98	0.00
残差	77231988558458.80	334	231233498678.02		
全体	84394490484487.40	335			

t検定

	非標準化偏回帰係数	標準誤差	標準化偏回帰係数	t値	有意確率
切片（定数）	-5020.75	31847.58		-0.16	0.87
戦争日数	214.96	38.62	0.29	5.57	0.00

は実際以上に大きい値になることがある．そのため，回帰分析を統計ソフトウェアで行うと決定係数と一緒に「調整済み決定係数」（adjusted R^2）が算出される（エクセル2013では「補正R2」）．これは標本と独立変数の個数による影響を調整したより正確な決定係数であり，こちらの値で判断する必要がある．

$$調整済み R^2 = 0.082$$

この値から回帰分析の当てはまりはかなり良くないことが分かる（決定係数の算出に関しては後述）．

つぎに確認するのは分散分析表における F値と p値（有意確率）である（エクセル2013では「観測された分散比」と「有意F」）．F値は実施した回帰分析そのものの妥当性を判定する統計量である．F値を見て，この回帰分析が採用できるものか否かを判断する．これを F検定という．

F検定における帰無仮説は正確にいえば「独立変数の真の係数はすべて0である」となる．つまり，使用した標本の影響で偶発的に0以外の係数が算出されただけで本当の係数はすべて0であるとしたら，どの独立変数の値がどう変化しても従属変数に影響を及ぼすことはない（＝この回帰分析は因果関係を何も説明していない）．この疑いを払しょくするための検定である．ここでは，単純に次のように帰無仮説を記述する．

$$H：この回帰分析は成立していない$$

F値が十分に大きければこの帰無仮説を棄却できる．結果は

$$F = 30.98, \quad p = 0.00$$

であった．$p<0.05$なので帰無仮説は棄却され，「この回帰分析は成り立つ（対

立仮説)」ことが示された．もし $p \geq 0.05$ であれば帰無仮説を否定できないので，分析結果を破棄することになる．

F 値は表3-4にある「回帰の平均平方／残差の平均平方」$\left(\frac{7162501926028.55}{231233498678.02} = 30.98\right)$ で求められる．回帰の平均平方は「回帰の平方和／独立変数の個数」$\left(\frac{7162501926028.55}{1}\right)$，残差の平均平方は「残差の平方和／（観測値の個数－独立変数の個数－1）」$\left(\frac{77231988558458.80}{334}\right)$ で求められる．平方和とは「（個々の観測値－平均）^{2} の総和」，そして分母は個数なので，回帰の平均平方と残差の平均平方は必ず 0 以上になる．したがって F 値は常に

$$F \geq 0$$

の値となる．この「回帰の平均平方／残差の平均平方」の計算に関しては，分子がこの回帰分析で説明できた従属変数の量，分母が説明できなかった従属変数の量と解釈してよい．つまり説明できた量が多くなるほど算出される F 値は大きくなる．F 値が大きくなるほど p 値は小さくなるので，帰無仮説を棄却するためには十分な大きさの F 値が求められる（この点は χ^2 検定と同じ）．

この回帰分析が採用できることを確認したら，t 検定による個々の独立変数の判定に進もう．これは導入した変数が本当に独立変数として採用してよい変数なのか否かの検定であり，導入した独立変数ごとに算出された t 値と p 値を確認して，その妥当性を判定する．

t 値は χ^2 値や F 値とは異なりマイナスの値も算出される統計量であり，t 値がプラスもしくはマイナスに大きい値となるほど p 値は小さくなる（計算式は複雑なので割愛）．t 値に関するおおよその基準としては，t 値の絶対値が1.96より大きければ（$t > 1.96$ もしくは $t < -1.96$ ならば），$p<0.05$ であると判断できる．

帰無仮説を正確に表記すると「この独立変数の真の係数は 0 である」（＝この変数は従属変数に何の影響も及ぼさない）となる．この検定は，算出された係数の値は使用した標本の影響で偶発的に得られただけで本当は 0 であるという可能性を払しょくするためのものである．ここでは単純化して以下のように帰無仮説を表記する．

H：この変数は独立変数として採用できない

表3-4から，戦争日数の値は

$$t = 5.57, \qquad p = 0.00$$

であった．$p<0.05$ なので帰無仮説は棄却され，「この独立変数は回帰分析に採

用できる（対立仮説）」ことが示された．

　独立変数として採用できるならば，次に確認するのは独立変数が従属変数にどのような影響を及ぼすのかである．独立変数の影響は $y = ax + b$ の a に当たる値によって決まるものであり，それが「非標準化偏回帰係数」である．この値が従属変数への影響力を示す．

　一番上の行にある「切片（intercept）」ないし「定数」と表記される項目の非標準化偏回帰係数は $y = ax + b$ の b に当たる数値である．切片に関しては，この値だけを確認すればよい．

　よって因果関係を一次方程式のかたちで分析結果を表す回帰式は

$$y = 214.96x - 5020.75$$

となり，戦争日数の従属変数への影響力は次のように記述することができる．

- 戦争日数が1日増えると参戦国の戦死者数は214.96人増加する

この回帰式を用いれば，独立変数の観測値を使って従属変数を予測することができる．たとえば普仏戦争のドイツの参戦日数222日から戦死者数を予測すると

$$214.96 \times 222 - 5020.75 = 42700.37$$

となり，実際の戦死者数44,781人とのズレは2,080.63人となる．この標本ごとに求められるズレを残差という．これが決定係数の算出に用いる数値である．全体的に残差の値が小さければ小さいほど回帰分析として精度が高く，当てはまりが良いといえる（決定係数の値が大きくなる）．分散分析表にある「回帰の平方和」はこの回帰分析によって説明できた従属変数の量を示しているので，決定係数の値とは「全体の平方和」に占める「回帰の平方和」の割合である．この決定係数は

$$R^2 = \frac{7162501926028.55}{84394490484487.40} = 0.085$$

と求められる．この回帰分析の当てはまりはかなり良くないが，これは戦争日数が戦死者数に関係がないといっているのではなく（関連があることは F 検定と t 検定で証明済み），簡潔にいえば，戦争日数は戦死者数を決定する要素のうち8.2%を占めるのみで別のなんらかの変数群が残りの91.8%を占めているということである．他の独立変数，たとえば軍事費や兵士数などを導入した重回帰分析を行うことで精度を高めることも可能であろう．

4 おわりに

本章ではいくつかの定量的研究方法の解説を行った．統計量の読み方を理解し，ソフトウェアの使い方を理解すれば誰でも定量的研究を実施できるようになる．しかしながら，それだけで優れた研究ができるわけではない．χ^2検定も回帰分析も統計ソフトウェアに数量データさえ導入すれば検定結果を算出できるが，それが不適切なデータかどうかはソフトウェアは判断しないし，用いた分析手法が問いに対する適切な分析手法なのかどうかも判断しない．ましてや，分析結果が社会にとってどのような意味をもっているのかを教えることも無い．それらは分析者自身が判断し，結論を下さなければならない．

適切な仮説の設定，適切なデータの選定，そして研究成果を正しく理解するためには，その分析結果が導かれた分析手法についての知識が必要不可欠である．本章の基本的知識をもとにして理解を深め，さらなる研鑽を積んで定量的研究を使いこなせるようになってもらいたい．

要点の確認　*Questions*
① 定量的研究が客観性に優れるといわれる理由は何か．
② 研究で取り上げる変数を操作化するのに最も適切なデータを選択しなさい．
③ 明らかにしたいことの証明につながる帰無仮説と対立仮説を設定しなさい．
④ 定量的研究を行った結果，$p<0.05$であったとき，帰無仮説は棄却されるのか受け入れられるのか判断しなさい．

定量的研究方法をもっと知るために

Guide to Further Reading

久米郁夫（2013）『原因を推論する――政治分析方法論のすゝめ』有斐閣．
　▷数式や専門用語をあまり使わないことと具体的なデータ解析による分かりやすい説明が特徴で，定量的研究を学ぶ第一歩として読むのに適している．
盛山和夫（2004）『社会調査法入門』有斐閣．
　▷社会調査と定量的研究の実践方法の基礎をまとめた本．定量的研究の基礎を学ぶうえ

でも，より専門的な領域に踏み込む準備段階としても有益な文献．
松原望・飯田敬輔編著（2012）『国際政治の数理・計量分析入門』東京大学出版会．
　▷国際関係論を学びながら数理計量分析を理解するには最適な文献．本章よりレベルの高い分析手法の解説も含まれる．補章に数式記号や用語の解説があるので辞典としても利用できる．
東京大学教養学部統計学教室編（1991）『統計学入門』東京大学出版会．
　▷日本の大学における代表的な統計学の教科書．より数学的な立場からの基本的な統計学の概念と分析手法の説明が詳細に書かれている．
東京大学教養学部統計学教室編（1994）『人文・社会科学の統計学』東京大学出版会．
　▷文科系の学生を対象として，人文・社会科学で用いられる統計手法を，データの取得方法と分析を中心に解説している文献．

参考 Web サイト

Correlates of War Project	http://www.correlatesofwar.org/	http://cow.dss.ucdavis.edu/
Democracy Index	http://www.eiu.com/	
Freedom in the World	https://freedomhouse.org/	
Polity Project	http://www.systemicpeace.org/	
World Values Survey	http://www.worldvaluessurvey.org/	
意識の国際比較調査	http://www.ism.ac.jp/~yoshino/	

第4章
分析レベルと分析アプローチ

はじめに		128
1	分析レベルの枠組み	129
2	分析のアプローチ	141
3	分析レベル・分析アプローチが国際関係論に与える影響と今後の課題	148
	要点の確認	150
	分析レベルと分析アプローチをもっと知るために	150

はじめに

　21世紀はグローバル化の時代と言われている．今日（こんにち），モノ，カネ，人，情報が安易に国境を超える時代となった．私たちは，新聞，テレビ，インターネットを通し，瞬時に世界の出来事を知ることができる．海外旅行や留学も気軽にできるようになった．かつて国際情勢に関する情報の発信者は，政府関係者やジャーナリストが中心であったが，今では誰でも世界に情報やメッセージを発信することができる．同時に，私たちは世界各地からリアルタイムでそれらを受け取るようになった．このようなグローバル化を反映し，21世紀の国際社会は，国際機関，各国政府，グローバル企業（多国籍企業），NGOなどの非政府組織，地方自治体，特定分野の専門家集団，個人など様々なアクター（行為主体）が参画する社会である．そして，国際社会は，安全保障，経済発展，社会の公正，人権の保障，環境保全などの多種多様な課題を抱えている．

　世界の人々が平和と繁栄を享受し，人間の尊厳を保った生活を営むために，私たちは何をすればよいのだろうか．なぜ，人々は平和を願いつつも，戦争が世界からなくならないのだろうか．過去に戦争や政治的暴力を経験した国々は，歴史的な負の遺産を乗り越えるためには，何をする必要があるのだろうか．なぜ，2001年9月11日にアメリカ同時多発テロは起きたのであろうか．21世紀において，国や人々の安全を脅かすものは，国家ではなくテロ組織なのだろうか．内戦などで荒廃した国家は，平和構築と復興をどのように進めるべきなのだろうか．国際機関や先進国は，それに対しどのような支援をすることが望ましいのであろうか．

　このような複雑に絡み合った国際社会の様々な課題を解決に導く万能薬は存在しない．しかし，多角的・重層的にそれらの問題の原因について考えることや，国際政治の特徴を検討することは，国際社会に生きる私たち一人一人にとって重要であろう．

　この章では，国際社会の諸問題を様々な角度から考察する**分析レベル**という枠組みを紹介する．国際社会は複雑であり，様々なアクターが関係している．しかしここでは，国際政治の事象に影響を与える要素をあえて単純化し，いくつかのレベルに分けて考えていきたい．以下では，まず初めに，アメリカの国際政治学者ウォルツ（Kenneth N. Waltz）の3つのイメージと国際関係理論における分析レベルを紹介する．ウォルツは，目に見えない国際政治を3つのイ

メージに分け，戦争の原因を考察した．さらにウォルツは，国際システムのレベルに焦点を当てて，演繹的に国家の行動と国際政治のダイナミクスを理論化した（ウォルツ 2010）．このウォルツの国際政治理論は，アメリカにおける国際関係理論の出発点ともなり，分析レベルを意識した国際関係理論の研究も広がりをみせた．

次に，1921-1922年のワシントン会議から1941年の日本の真珠湾攻撃によって始まる太平洋戦争までの戦間期の日本の対外行動を簡潔に述べ，いくつかのレベルに分けて，日本の対外行動や東アジアの国際政治の事象を多角的に考察していきたい．

そして，分析レベルに加え，合理的選択アプローチ，制度的アプローチ，文化的アプローチの3つの**分析アプローチ**を紹介する．次に，これらのアプローチを用いて，日本の対外行動の事例を考察していきたい．最後に，分析レベルや分析アプローチが国際関係理論の発展に与えた影響や国際関係理論との関わりについて検討していく．

1
分析レベルの枠組み

国際社会には，戦争と平和，経済社会開発，環境保全，人権の保障など様々な課題が存在する．そして，それらの課題をかかえている世界はミクロのレベルからマクロのレベルまで多数のレベルが重なりあって構成されている．国際社会の事象に関係するアクターは，個人，NGO，地方自治体，企業，官僚組織，政府，国際機関など様々である．これらのアクターが関係しあい，国際社会が成り立つとともに，様々な分野で問題が起きたり，その解決に向け協力しあったりしている．国際政治の事象や今日の国際社会の抱える課題を多角的に考えるためには，国際政治のレベルをいくつかに分けて，異なる目線から見ていくことは有益であろう．ここでは，まず初めにウォルツの3つのイメージを紹介し，その後，それらのイメージからそれぞれ発展した政策決定者のレベル，国内政治のレベル，国際システムのレベルについて見ていくことにする．

ウォルツの3つのイメージ

ウォルツは，1959年に『人間・国家・戦争――国際政治の3つのイメージ』

を出版した．この本は，出版から50年以上を経ても，国際政治を学ぶ者にとって必読書の1つである．この本でウォルツは，具体的に目で見ることのできない国際政治を想像し，人間を第1のイメージ，国家を第2のイメージ，国際システムを第3のイメージとし，国家の対外行動のパターンや国際政治の特徴，戦争の原因について考察する（ウォルツ 2013）．以下，ウォルツの3つのイメージを見ていくことにしよう．

　ウォルツの第1のイメージによれば，戦争の原因は人間にある．人間の自己中心的な心や攻撃的な衝動といった愚かな本性と思慮に欠いた行動が国家間の戦争を引き起こすのである．そのため，人間が，自らを啓蒙し，道徳性を高め，善良な心をもつことで世界の戦争は回避され，平和が保たれるのである．

　ウォルツの第2のイメージでは，戦争の原因は国家にあると考えられる．例えば国の政治制度が専制君主制であれば，国民生活が苦しく，国内の政治状況が乱れたときに，専制君主は国民の不満を鎮めるため，他国に対し攻撃的な行動をとることがある．実際，第二次世界大戦前のドイツは，経済的に困窮状態にあり，自らを「もたざる国」とし，ドイツの置かれていた現状の改善や当時の国際秩序の変更にむけて，「もてる国」に対し戦争を始めた．独裁者ヒトラー個人の攻撃的な性格だけでヨーロッパで戦争が始まったのではなく，当時のドイツの国内事情が，第二次世界大戦の勃発に影響を及ぼしたのである．ウォルツの第2のイメージでは，戦争を回避し，永久平和を達成する処方箋として，国家の改革を行うことが重要であることが論じられている．

　しかし，国家を改革していくことで果たして世界平和を達成することができるのだろうか．善良な国家というものが存在すれば，世界から戦争はなくなるのであろうか．この問いかけに対するウォルツの答えはノーである．ウォルツの第3のイメージでは，多くの主権国家が存在し，国家に対し拘束力のある法システムが存在しない状態において，国家間の戦争は，起きうると考えられる．国の行動に対し拘束力をもつ法のシステムや世界政府が存在していない国際システムにおいて，国家は自らの利益と安全を確保するために，国力を強化し，総じて他国に対し優位とならなければならない．そして，必要であれば武力行使により自らの安全を確保することも考えられる．第3イメージによれば，国家間の戦争は，人間の邪悪さや愚かな行動や国家内部の欠陥が決定的な原因となって引き起こされるのではなく，無政府状態にある国際システムの中で国家

> **Box 4.1 戦争の原因と分析レベル**
> 戦争の原因についての考えを体系づける方法として3つのイメージを私が最初に思いついて以来，国際政治には多くの展開が見られた．核兵器は9つの国家に広がり，これらの国家間の大戦争は終わった．冷戦は終焉し，テロが多くの国家にとっての主要な悩みの種となっている．しかしこれらの展開が国際政治の主体としての国家の優位や国家関係を支配するアナーキーという状況を風化させたわけではない．国際場裡における国家行動を理解するうえで，戦争を起こす原因としての第3イメージの役割はいぜんとして重要である．『人間・国家・戦争』は，国際システムが21世紀に展開し続けるなかで，有用な洞察をなお提供するものである．
> ——ウォルツ 2013, p. 2

が安全を求め，パワーを強化しようとするなかで起こるのである．

　以上のようにウォルツは『人間・国家・戦争』において，人間の本性に焦点をあてた第1イメージ，国家の内部構造に焦点を当てた第2イメージ，国際システムに焦点を当てた第3のイメージに分けて，国家の対外行動や国家間の戦争と平和の原因を検討した．この3つのイメージは国際政治の特徴や国家間の対立と協調を考える上での基礎となり，3つの分析レベルとして，国際関係理論の構築や発展に寄与することになる．次項では，第1イメージをもとにした政策決定者のレベル，第2イメージをもとにした国内政治のレベル，第3イメージをもとにした国際システムのレベルの議論を紹介する．

3つの分析レベル

　政策決定者のレベル（第1イメージ）では，人間の本性や政策決定者の認識や心理的要素から国家の行動や国際政治のダイナミクスを検討する．人間の本性と政治については，ウォルツの第1イメージの議論以前に，国際政治学者のハンス・モーゲンソー（Hans J. Morgenthau）は，人間の本性をパワーの追求であるとし，その人間によって営まれる国際政治を含めた政治全般の駆け引きは，究極のところ権力闘争であると論じた．その後，実際に政策決定を行う個人の性格や現状認識の傾向や人間の心理的要素を重視し，国家の対外行動や政策を考察する研究が重ねられてきた．ここでは指導者個人のパーソナリティの研究，現状認識の差異に関するスパイラル・モデル（spiral model），損失回避

の心理を重視するプロスペクト理論（prospect theory）を紹介していこう．

　政策決定者のパーソナリティが国家の対外行動や国際政治に影響を及ぼす古典的研究として，幼少期の親子関係をもとに個性が育まれ，その個性は，後になって対人関係や交渉に影響を及ぼすと論ずるものがある．幼少期の親子関係が愛情に包まれた穏やかな関係でない場合，成長しても，対人関係に柔軟性を欠き，そのような個性や態度は，実際に政策決定時に国際的な交渉時の戦略や戦術上マイナスとなることがある．たとえば，第一次世界大戦後国際秩序形成の過程で，アメリカのウィルソン大統領は国際連盟の創設を世界に訴え重要な役割を果たした．しかし，幼少期に権威主義的な父親に厳しくしつけられたウィルソンは，ライバルの勢力に対し非妥協的な性格であった．そのような態度は，アメリカの国際連盟加盟の有無を左右する国内の政治交渉上，建設的ではなく，結局ウィルソンは，アメリカ連邦議会との交渉に失敗し，アメリカは国際連盟に加盟しないことになった（George and George 1956）．

　政策決定者の個性ではなく，政策決定者が現実をどのように認識しているのかということが国家の行動や国際関係に影響を与えることをモデル化したスパイラル・モデルの研究もある．政策決定者の政策選択には，交渉時に自分の立場をどのように捉え，相手の意図や行動をどのように把握しているかによって差異が生じると考えられる．そして，現実には，客観的に自己の置かれている立場や相手の意図を正確に把握することは困難であり，現状を誤認したまま政策決定がたびたび行われる．実際，危機的な政治的局面において，平和的解決の方が長期的に双方にとってよいにもかかわらず，国際交渉が決裂し，戦争にいたってしまうことがある．そのようなときは，交渉相手の平和的解決に対する意思を過小評価したり，逆に相手の攻撃性を過大評価してしまうといった現状を正しく認識できないことが影響していることがある．このような政策決定者の現状認識をモデル化したものがスパイラル・モデルである（Jervis 1976）．

　また，人間の損失回避の心理に注目する理論もある．人間の心理として，すでに膨大な時間やエネルギーを投入し，ある行動に従事している場合，人は，プラスの成果を期待する．そのため，成果が得られていない状態では，その行動を途中で止めることは心理的に難しい．特に，時間やエネルギーを投資しているにもかかわらず何の利益もあげられない場合は，その投資をやめることが理にかなっていても，当事者の心理としては，それまでの投資に見合う利益が

得られることを望み，損失を回避するまでは，現状変更は難しい．さらに，あえて損失回避のために危険を冒す行動をとることもある．このような心理状況を分析するプロスペクト理論を国際政治に応用し，政策決定者の選択を考察することもできる．

次に，国家のレベルについて見ていこう．国家の内部構造や国内政治についての分析レベル（第2イメージ）は，国家内部の諸要素が国家の対外行動に影響を与えるという視点から国際政治を考察する．グラハム・アリソン（Graham T. Allison）は，1962年のソ連によるキューバへのミサイル配備に対し，アメリカの対外行動を説明するのに，3つの**政策決定のモデル**を提示した．第1のモデルは，国家は費用便益を計算し合理的な政策決定を行うという合理的行為者モデル（rational actor model）であるが，第2，第3のモデルは，国家内部の要素が国家の対外行動に影響を与えることを示している．アリソンの第2のモデルである組織過程モデル（organizational process model）は，国家の政策決定は，政府内部の行政組織の業務行動のマニュアルや**標準作業手続き**（standard operation procedure: SOP）の過程を経た結果であるとする．ソ連のキューバへのミサイル配備に関するアメリカの対応も，情報分析を担当する行政組織や関係部署のSOPを経るため重大な危機に直面しても，緊急な対応をとることは困難であった．また空軍のSOPに従えば，広範囲の空爆となるため，空爆をしたときのリスクを考慮し，政府としては空爆を選択肢から排除することになった．このように，国家の対外行動は緊急時であっても，その国の行政組織の通常の行動パターンの制約を受けるのである．

アリソンの第3の政府内政治モデル（governmental politics model）は，政策

Box 4.2　決定の本質

本書は，ミサイル危機に関する問いについて満足のいく解答を得るためには情報と分析以上のものが必要であるという前提から出発する．この種の問いについてよりよい解答を求めうるかどうかは，われわれが分析する際に用いるものをどれだけ意識しているかによって決まる．「なぜソ連はキューバにミサイルを持ち込んだのか」といった問いに答える場合，われわれが何を重要と判断し，何を適切なものとして受け入れるかは，証拠資料だけでなく，われわれがそれを見る際に用いる「概念レンズ」によって決まるのである．

——アリソン 1977, pp. 4-5

決定は，政府内部の閣僚たちの政治的な駆け引きの結果であると考える．政策決定後の政策執行に際し，その政策に関わる関係省庁は，予算の分配やマンパワーの動員，政策執行の権限をめぐり競合関係に置かれることになる．そのため各省庁を代表する閣僚たちは，互いに自分の属する行政機関の組織的利益を考慮に入れ，政策オプションを議論することになる（アリソン 1977）．

　国家レベルでは，軍部に着目する研究もある．特に戦争原因の研究においては，軍部による行動や政策の指針である軍事ドクトリンや国内政治が，国家の安全保障に大きな影響を与えることが議論されてきた．たとえば，第一次世界大戦前のドイツ，フランス，ロシアの軍部は，防御よりも攻撃を重視し，それぞれが軍事作戦の準備をしていた．これらの国の軍部は，国際的な危機に直面したとき，敵対国に対し，早期に圧倒的な軍事攻撃を行うことで，自国の安全を確保するとともに危機を克服することができると考えていた．攻撃を第1とする作戦では，自らを作戦の中心に置いて，能動的な作戦行動が可能となる．さらに攻撃重視の作戦によって，軍部の予算拡大も見込まれた．率先して戦闘を準備することは，軍部の自己イメージや権威を向上させ，軍部全体の士気高揚にも貢献すると考えられた．しかし，そのような攻撃的な軍事ドクトリンは，国際的な危機が起きた場合に，国家が平和的解決を模索し，ねばり強く外交交渉を続けることを難しくし，危機をエスカレートさせ，戦争勃発へとつながることになった（Snyder 1984）．

　他方，国家の内部構造や政治制度が平和を促すことも考えられる．たとえば，民主主義国家間での戦争は極めてまれである．なぜだろうか．民主主義による平和の研究では，民主主義国家には，法の支配，基本的権利の尊重，民主的な規範が浸透しており，そのような民主主義国家同士で武力衝突の危機に直面した場合，互いに武力に訴えることで危機を解決するのではなく，外交による平和的解決を探る環境が整っていることが指摘されている．国内の政治制度の面でも，民主主義国家では，政府の武力行使の決定に対し，議会による承認が必要であったり，市民やメディアが政府の政策決定をある程度監視することができる．このように民主主義国家の政府は，メディアや世論の動向や次期選挙の見通し，野党からの政策批判など，戦争の妥当性や武力行使をめぐり配慮を要する事項が数々存在する．そのため，政策決定は慎重となり，武力行使の選択をすることは簡単ではないと思われる（Doyle 1986; Russet and Oneal 2001;

Schultz 2001).

　これらの政策決定者や国内政治のレベルとは異なり，国に対し拘束力をもつ世界政府が存在しない無政府状態の国際システムを分析レベル（第3イメージ）として国家の対外行動や国際政治の特徴を考察することもできる．人間，国家，国際システムという3つのイメージを提示したウォルツも，国際システムのレベルを中心に国際政治を分析する（ウォルツ 2010）．ウォルツの国際システムレベルの分析では，無政府状態の国際システムのなかで国家は自国の安全を確保し，国際システムのなかで生き残ることが重要な課題となる．国家の行動を拘束する政府が存在しない無政府状態では，国家は自らの安全を確保するため，国際システムでは他国と比べた相対的な国力の優位が重要となる．そのため，軍事力や経済力を増強し，他国と同盟関係を築き自らに有利な外交を展開しようとするなど国力をあげて自助努力をする．

　さらにウォルツは，このような国家の対外行動には，他国に対しバランスを取る行動（balancing）のパターンが見られ，勢力均衡（balance of power）こそが国際政治の特徴であると指摘する（ウォルツ 2010）．古典的な勢力均衡の例としては，18世紀から20世紀初めにおけるヨーロッパがあげられる．この時期のヨーロッパは，複数の大国が存在するパワー分布をもとにした多極システム（multipolar system）であった．冷戦期になると，超大国のアメリカとソ連が対峙する2極システム（bipolar system）となった．2極システムでは，自国の同盟国とライバル国が明確であり，他の国の意図や行動についての誤認が生じにくく，国際システムの安定につながると考えられる（ウォルツ 2010）．

　ウォルツ同様，国際システムレベルを国際政治の分析対象ととらえても，国際政治の特徴は勢力均衡ではなく，国家によるパワーの極大化であり，覇権国を目指すとする議論もある．実際，国際システムにおける大国間の協力関係や勢力均衡による国際システムの安定は一時的であり，歴史をふり返ると大国は戦争を繰り返してきた．国際政治において，国家は安全とパワーを求め，攻撃的な行動をとると考えられる（ミアシャイマー 2014）．

　ポスト冷戦期は，卓抜した軍事力，経済力を背景としたアメリカ中心の単極構造（unipolarity）であるとする国際システムの分析も出てきた．国際システムにおいて，圧倒的に優位な国が存在する場合，他の国は，覇権国に挑戦し勢力均衡の動きをとるのではなく，覇権国の行動に同調，便乗する行動をとる

(bandwagonning, 勝ち馬に乗る行動) との議論も展開されるようになった (Wohlforth 1999). また, ポスト冷戦期のアメリカを中心とする国際システムをインフォーマルな帝国システムと捉える議論もある. 主権国家からなる国際システムや国際制度は, アメリカによる他国への内政干渉や過度の影響力を抑える. その一方でアメリカの圧倒的な経済力, 軍事力, 同盟ネットワーク, 軍事基地網は, 他国に対するアメリカの非対称的な影響力行使を可能にしているのである (山本 2006). このように政策決定者のレベル, 国内政治のレベル, 国際システムのレベルという3つのレベルに分け, 複雑な国際情勢や国家の対外行動, 国際政治のダイナミクスを考察することで, 国際政治の特徴や国家間の対立と協調を多角的に考察することができる.

もちろん, 特定のレベルを緻密に考察すれば, 国際政治の特徴や国家の対外行動がすべて理解できるというわけではない. 実際にはこれらの異なるレベルは互いに影響しあっている. たとえば, ラギー (John Ruggie) が「埋め込まれた自由主義」という概念を用いて指摘するように, 第二次世界大戦後の国際経済秩序は, 国際システムのレベルと国内政治のレベルの妥協による性格を有していた (Ruggie 1983). アメリカや西ヨーロッパ諸国は, 自由主義経済体制の理念を共有し, 国際経済における多角主義を基本とした. しかし, 自由貿易を推進する立場を原則としつつも, 各国政府にとっては, 国内の経済成長と雇用確保は重要な政治課題であり, 国際経済秩序のために国内の雇用や経済成長を犠牲にすることはなく, 国内の政治的必要性から政府は市場に介入することがあった.

また, 「第2逆イメージ (the second image reversed, 第2イメージの逆)」として, 国際システムや国際情勢が国内の政治に影響を与えるという議論もある. たとえば, 国際政治経済分野において, 世界経済の変化にともない, 国家のなかで競合する経済アクターや産業アクター間の力関係や政治的同盟関係にも変化を及ぼすことが考えられる (Gourevitch 1978). さらに, 国際交渉では, 政府が自国の利益極大化に向けて国際レベルで交渉をすると同時に, 国内政治において, 政府の政策に対する支持の動員と反対勢力の弱体化という国内の政治的駆け引きが同時に行われているとした, 国際レベルと国内政治レベルを連携させた2層ゲーム (two-level game) の分析レベルとその相互作用を考察する枠組みもある (Evans, Jacobson, and Putnam, eds. 1993).

分析レベルと事例①:ワシントン体制から太平洋戦争勃発までの日本の対外行動

それでは,具体的にそれぞれのレベルにおいてどのような分析ができるだろうか.以下では,1922年のワシントン体制の樹立から,1931年に勃発した満州事変,1932年の満州国の建国と翌年の日本の国際連盟脱退の決定,1937年に始まる日中戦争と1940年の日独伊三国軍事同盟の締結,1941年の日米交渉の決裂と太平洋戦争の勃発までの日本の対外行動や国内政治を紹介し,3つの分析レベルで考察していく.

1894-95年の日清戦争や1904-05年の日露戦争を経て,日本は台湾と朝鮮を統治下におき,帝国としての道を歩み始めた.しかし,第一次世界大戦後,国際連盟が創設され,平和を目指すいくつかの国際条約が締結された.このようにして国家が互いに協力しあう新たな国際秩序の構築が標示された.アジア太平洋地域については,1921年から1922年にかけてアメリカでワシントン会議が開催され,この地域の国際秩序の枠組みが確認された.中国については,欧米列強及び日本が互いに中国における門戸開放・機会均等を確認した.満州鉄道の経営など,日本がすでに有している満蒙での権益については共同事業の範囲外となったが,中国に対する借款事業も欧米列強及び日本による共同事業を原則とした.軍備については,アメリカ,イギリス,日本が,海軍主力艦のトン数の比率を5:5:3とすることに合意した.このワシントン体制のもと,日本外交はイギリスやアメリカとの国際協調を基本とした.

しかし,1920年代後半の中国情勢の変化や1931年の満州事変での日本陸軍の軍事行動により,ワシントン体制は揺らぐことになる.1911年の辛亥革命以後,中国では国民党と共産党の勢力が存在していたが,1924年の第一次国共合作後,蒋介石の国民党政府が存在感を増していった.当時日本陸軍は,中国東北部を支配下にいれようと画策していたが,反帝国主義を掲げる蒋介石の勢力が拡大し,この地域を支配するようになった.このような中国に対し,日本陸軍は,満蒙における日本の権益が脅かされていると認識するようになった.

1931年,柳条湖事件が起きた.瀋陽(奉天)北郊の柳条湖にある満州鉄道の一部が爆破されたのである.日本政府は不拡大方針をとったが,現地の関東軍はその方針に反し,中国に対する攻撃を止めず,錦州を占領し,北満州にまで進出した.そして,1932年,日本の傀儡国家となる満州国が建国した.日本が

満州国を承認する一方、アメリカは、ワシントン体制のもと現状変更は認められないとし、日本を非難した。国際連盟も満州国を承認しなかった。これに対し、日本は国際連盟を脱退することを通告した。これ以後日本は、ワシントン会議で確認された国際協調の精神を離れ、独自の外交を進めることになる。

さらに、1937年の盧溝橋事件後、日本と中国は戦闘状態に入り、軍事衝突は拡大していった。日本は当時の中国の首都であった南京を攻め、1938年には東アジアの新たな平和と安定を目指す東亜新秩序声明を出した。これに対しアメリカは中国を支援し、日米通商航海条約の破棄を通告した。日中戦争が拡大するなか、ヨーロッパでは、1939年に第二次世界大戦が勃発した。ヒトラー率いるナチスドイツが戦闘を有利に展開し、東南アジアに植民地をもつオランダやフランスの一部を占領した。日本は、アメリカに対し立場を強化しようとし、また東南アジアの資源を求め、日独伊三国同盟を締結した。そして、日本は、大東亜共栄圏建設の名のもと、北部仏印進駐を行い、資源の確保と新たな経済圏構築を目指した。

1941年に入り、日本とアメリカは、日本軍の中国からの撤退についての交渉を始めた。しかし、日本は南部仏印進駐を始めており、アメリカは、日本の行為を日本の東南アジアにおける勢力拡大の意図を示すものと認識していた。そのため、アメリカは、日本による東南アジアへの侵攻を強く警戒し、対日石油全面禁輸に踏み切った。これに対し日本は、中国からの撤退を強固に求めるアメリカとの交渉に行き詰まったとの議論に達し、アメリカに対する開戦はやむを得ないとの結論に至った。そして1941年12月に日本はハワイの真珠湾を攻撃し、アジア太平洋地域での第二次世界大戦がはじまった。

分析レベルと事例②：3つの分析レベルと戦間期の日本の対外行動

戦間期の日本の対外行動を理解する上で、政策決定者のレベル（第1イメージ）、国家の内部構造や国内政治のレベル（第2イメージ）、国際システムのレベル（第3イメージ）の分析はどのように役立つのであろうか。以下では、各レベルの分析について検討していく。

政策決定者の分析レベルでは、現実には1人の政策決定者により政策選好が形成されるわけではないが、政策決定にかかわるアクターは単一であると考える。そのうえで、現状認識や合理性、心理状況と政策決定について考察してみ

よう．1941年の日本による日米開戦の決定については，現状の損失による実質的及び心理的コストを回避するために，あえて危険を冒す選択をするというプロスペクト理論を用い，分析することができるだろう．日本は，1941年の夏にアメリカが対日石油全面禁輸に踏み切った後，日米交渉を続け外交による平和を模索するのではなく，真珠湾を攻撃する選択へと傾倒するようになる．このような政策決定の背景には，日本がこれまですでに軍事行動を展開し，多くのマンパワーを投入した東南アジアや中国から何の成果もあげられないまま，アメリカの要求に従い軍を撤退することの心理的コストが極めて高く，そのような行動は何としてでも避けたいという心情があったと思われる．実際，当時の日本にとって，東南アジアや中国からの撤退を受け入れることは，大東亜共栄圏建設の挫折と大日本帝国の存続の危機を意味するものであると思われた．そのため，日本としてはあえて危険を冒し，アメリカと対峙することを選択したと分析することができる（Teliaferro 2004）．

日本の国内政治や軍部のレベルについては，どのような分析ができるだろうか．日本国内の諸事情は，日本の対外行動にどのような影響を与えたのであろうか．満州事変以後の日本の対外行動については，陸軍が日本の軍事政策に大きな基礎を与えていった．当時の日本の代表的な政党である政友会の有力者も満州進出を積極的に説き，満州進出が日本の国益になることを強調した．同時に，日本の満州進出によって経済的な利益を期待する財閥も存在し，これらのアクターが日本の政治に影響力をもった．そして，談合政治（log-rolling coalition politics）と呼ばれるような政治が展開され，将来のビジョンや長期戦略を欠いたまま，日本は自己破滅的な膨張主義的対外行動をとることになっていった（Snyder 1991）．

このほか，官僚組織のレベルに焦点を当て，太平洋戦争への政策決定過程を分析することもできる．日本陸軍の視点に立てば，1920年代，中国の革命外交は，日本の満蒙権益にとって脅威であり，それは日本の安全保障に関わる危機であった．そして，陸軍の予算面においても，組織の士気向上の面においても，1931年の満州事変以後の日本の膨張主義的な対外行動は組織の利益と合致していた．さらに陸軍では，兵力についての科学的な分析は軽視され，過去の軍事的失敗を明らかにし教訓とするような姿勢を欠いていた．合理的な判断を基礎とした作戦の立案ではなく，現場の兵士たちの精神主義が重視されていった．

軍紀についても指揮系統は乱れ，命令の遵守以上に現場での成果が重視されるようになっていった．このような陸軍の存在は，日本政府の外交方針の徹底を困難にし，アメリカやイギリス，中国との関係悪化を招く遠因となった．

　海軍の方は，アメリカと戦争になった場合，日本が戦争に勝利することに確信がもてないでいた．しかし予算獲得や海軍の面子，海軍全体の士気への悪影響といった点から，1941年の日米交渉の際にも，そのことを公にすることは避けていた．そのため，海軍のなかでは対米慎重論が重要であると認識しつつも，陸軍に対抗する意図もあり，徐々に対米強硬の姿勢を支持する声が強くなっていった．そして，実際に対日石油禁輸が発動されるとイギリスやアメリカとの戦争はやむを得ないとの結論に至った．日本の対米，対英開戦という重大な決定は，陸軍や海軍だけの決定ではなく，天皇も参加した御前会議において閣僚たちが議論をし，政府が決めたことである．しかし，現実には，満州事変以後，陸軍の行動は日本外交に制約を課すことになった．海軍も，アメリカとの戦争が遂行された場合の長期的な見通しについての明言を避け，日米開戦はやむを得ないとの立場をとった．このように官僚組織は国家の行動に大きな影響を及ぼすのである．

　国際システムのレベルの分析では，ワシントン体制から太平洋戦争開戦までの日本の対外行動のダイナミクスをどのように説明できるだろうか．攻撃的リアリズムの論理（第5章「リアリズム」を参照）では，日本の対外行動は，アジア太平洋地域における安全とパワーを追求する行動パターンとして説明することができるであろう．たとえば，ワシントン体制により一時的に国家間の協力体制は構築されたとしても，究極のところ国際社会は無政府状態である．特に，1920年代後半の中国による革命外交は，日本の満蒙地域における権益と対立するものであった．そして，満州事変や満州国建国後日本は，ワシントン体制の枠を超え，独自の外交を進め，東亜新秩序構想や大東亜共栄圏の建設構想を唱え，東アジアの新たな秩序形成を試みる．このような日本の対外行動は，国際システムのなかでパワー極大化を目指したものといえよう．

　それでは，なぜ，日本はアメリカとの戦争に踏み切ったのかという問いに対しては，パワーシフト論による説明が有益であろう．国家間の勢力関係に急速かつ急激に変化がある場合，国家は過剰な期待や自信，あるいは不安や恐怖をもつ傾向にあり，対外行動にも慎重さを欠き，戦争が起こりやすくなると思わ

> **Box 4.3　歴史と国際関係理論**
>
> カーは,「第二次大戦はヒトラーが戦争を欲したがゆえに起きたというのはたしかに事実ではあるが, 何の説明にもなっていない」と主張する. 何かを説明しているとしても, それはせいぜい根拠の弱い同語反復的説明であり, そもそもこの戦争の決定的な先行原因である状況要因を無視している. むしろこの説明で問題となるのは, 多くの学者がヒトラーの強烈な個性や歴史を作る並はずれた才能に目を奪われて, アクターたちが戦争への致命的な決定を下すにいたった構造的環境の重要さを見逃していることである……しかし, 一方, 分析対象を構造要因にのみ絞ることは, 個人の性格や, ほかのユニット・レベルでの分析にのみ絞ることと同様, 誤りである. 構造的条件は, あくまで特定の行動を許容する「潜在的」原因に過ぎない. 構造的条件はアクターの行動に機会をもたらし, あるいは抑制を強いることによってある出来事がおこるのを可能ならしめるのである.
>
> ──エルマン&エルマン 2003, pp. 165-166

れる. 日本にとっては, 1941年夏のアメリカの対日石油禁輸は, 太平洋地域における日本とアメリカとの間のパワーバランスを急速かつ急激に変化させるものであった. 総じて日本とアメリカとの国力には歴然とした優劣があったが, 太平洋地域では, 日本は短期的にはアメリカに対し拮抗する軍事力を有していた. 当時, 日本は石油をアメリカからの輸入に頼っていた. そのため, 対日石油禁輸が発効されれば, 日本は将来にわたり十分な軍事力を維持する見通しがたたず, 戦争遂行が不可能となる恐れがあった. 東南アジア及び中国からの撤退を求めるアメリカの要求を受け入れることができない一方, このままアメリカとの交渉を継続することは, 自国の立場を不利にすることになった. このような状況のなか, 日本はアメリカに対し開戦し, 真珠湾を攻撃することで日米交渉の行き詰まりを打開しようとしたのであった (野口 2010).

2 分析のアプローチ

複雑に絡み合った状況をあえて3つのレベルに分けて, 国家の対外行動や戦争の原因を考察することは, 国際政治の特徴を理解する上で有益である. 同様に, この節では, 国際関係をどのような前提に基づき, どのように分析していくのかという

アプローチについても考えてみたい．日本では，国際関係論は学際的な学問領域として発展し，法学，社会学，歴史学，地域研究などに及ぶ多様な方法論やアプローチをとってきた．ここでは合理的選択アプローチ，制度的アプローチ，文化的アプローチを紹介していくことにしよう．

合理的選択アプローチ

　合理的選択 (rational choice) とは，限られた情報のもとで，アクターが自己の利益を最大化するための選択をすることである．国際政治の文脈では，無政府状態の国際システムのなかで，国家は，ある行動や政策を選択する．その時，その費用便益を考え，その便益である国益やパワーが最大化するような行動をとることを前提とするアプローチである．もちろん，現実には国家内部に多くのアクターが存在し，国家の対外行動の過程は複雑である．しかし，あえて国家を単一かつ合理的な選択をするアクターであると仮定し，そこから演繹的に理論を構築することで，複雑な国際政治のなかの重要なエッセンスを説明しようとするのが合理的選択アプローチである．たとえば，前述のウォルツによる国際システムの分析は，その時々の国際情勢の状況を説明しているわけではない．しかし，ウォルツの国際政治理論は，国家が単一で合理的な行動をするとの前提に立ち，いつの時代においても国際システムのなかで国家は勢力均衡の行動をとり，国家同士が対峙しあっているという国際政治の特徴を説明する．

　それでは，戦争というコストのかかる選択を国家はなぜとるのであろうか．なぜそれを合理的と考えるのであろうか．武力行使や戦争は，国家にとって多大なコストがかかり，一見，合理的な選択と思えない．しかし，国際政治においては，交渉による平和的解決が難しい．なぜ，平和的解決が難しいのかというと，国家は他国の状況や意図を十分に把握することができないからである．国家は常に不確実な情報下に置かれており，特に，敵国の軍事力を正確に把握することは極めて困難である．対立しあう国家は，互いに自国のパワーを強く見せ，相手国を威圧し，交渉を有利に展開しようとすることも考えられる．そして実際に，国際政治の交渉の場では，相手の意図を十分に把握することは困難である．さらに，国際交渉の結果，平和的解決の道を進めることになったとしても，どの程度相手が本気でそのような合意に達し，将来にわたりその合意を遵守するのかは不明である．このような状況では，国際交渉の平和的解決は

必ずしも国家にとって最善の選択とは言えず,平和的に解決することよりも,武力行使の方を国家は合理的に選択するということが考えられる(Fearon 1994).

制度的アプローチ

　制度的アプローチとは,政治過程や政策決定過程における制度の影響に焦点を当てたアプローチである.制度とは,一般に社会のルールであり,それは人間が自らの相互作用を成り立たせるために考案した制約でもある.比較政治学は,その名の通り,国々の政治を比較する学問であり,制度の違いと政策の違いを分析するアプローチがとられてきた.たとえば,ある制度の成立や発展過程には,特有の歴史性があり,現在そして将来の政治過程や政策決定過程にいたるまで,国家の行動を制約するといった**経路依存**(path dependency)の性質があると考えられる.歴史的制度論(historical institutionalism)は,このような観点から,国家の行動や政策を分析する.国際政治経済学では,グローバル規模での深刻な経済危機に直面した場合,国家が大統領制か議院内閣制をとっているかといった制度の違いが,国の政策選好に影響を与えるといった場合や,政策を実施する際,中央集権的な官僚組織があるのか,地方分権的であるかにより国の諸政策にも違いが生まれると分析する研究もある.

　また,経済学の分野では,制度が合理的アクターの行動を規定するとする研究がでてきた.たとえば,オランダやイギリスでは,伝統的に権力基盤を有していた支配者,教会,ギルドなどによる圧力や財産の独占,あるいは重税に対抗する権利として,個人の財産を保障する法律が早くから成立していた.このような制度は,個人が自由に経済活動をすることの動機づけとなり,西ヨーロッパの経済成長を促進することになった(ノース&トーマス 2014).このような研究の流れをくんだ国際関係の理論として**ネオリベラル制度論**がある.国際システムは無政府状態であるが,国際制度は,国家間の協力的行動を促進する機能を有しており,国家間の政策調整が可能となる.たとえば,第二次世界大戦後,アメリカの主導で成立した関税及び貿易に関する一般協定(GATT)や国際通貨基金(IMF)といった国際制度は,アメリカの国力が相対的に衰退しても,その機能は維持されている.その背景には,国際制度が,加盟国間の取引コストを軽減し,契約履行の監視をし,情報の非対称性の改善を行う役割を果

たしている点があげられる．そして，このような制度のもと，国家は互いに利害調整をし，国際協調という行動を選択することができるのである（コヘイン 1998）．

近年においても，制度を重視し，国際秩序形成と国家の行動についての研究がみられる．新たな国際秩序の構築は，国家間の戦争の後に，主要戦勝国によって進められることが多い．その際，国際秩序の基本となる原則やルールについて各国間での合意が必要となる．弱小国も，大国の言うなりになるわけではなく，自国が大国に支配されないようにしなければならない．あるいは大国の都合で自国が不利にならないことを考えなければならない．大国も常に単に自国の利益のみを追求するわけではなく，他国に対し妥協をすることも考えられる．このような過程を経て構築されたルールは，国家に対し，ある程度の拘束を課すという要素を含んでいる．そして，いったん国家がそのような制度を受け入れると，その制度のもとで行動するようになる．国際システムのレベルにおいて，立憲的な政治秩序が形成されるのである．国際システムは無政府状態であるが，立憲主義（constitutionalism）的な特徴も有しており，国家の行動にも影響を与えると考えられるのである（アイケンベリー 2012）．

文化的アプローチ

文化的アプローチでは，アイデンティティ，アイディア，文化，価値，認識，規範といった非物質的要素を重視する．文化的アプローチは，国家が常に合理性にもとづき行動を選択したり，制度的制約を受けながら行動するのではなく，アイデンティティ，アイディア，文化，価値，認識，規範などが国家の行動や政策に影響を与えるとの立場をとる．国家間の関係も，互いが相手をどのように認識するかという**間主観**によって競争的にも協力的にも成り得ると考えられる．

もともと，政治学の分野では，1960年代から民主主義に関する研究において，その国の人々が民主政治に対しどのような指向をもっているのかという政治文化がその国の民主主義の定着や安定に重要な役割を果たすことが議論されてきた（アーモンド&ヴァーバ 1974）．国際政治学の分野では，西ヨーロッパや北米の様々なレベルにおいて国家間の交流やコミュニケーションが増加するにつれて，その地域において互いに「われわれ」意識をもつようになり，共通の**安全**

保障共同体（security community）に属するといった意識が生まれてくることが論じられるようになった（Deutsch et al. 1957）．また，歴史的には，1815年にはじまるウィーン会議後のヨーロッパの協調的秩序は，互いが単独で国益を追求する行動を避け，ヨーロッパ主要諸国が勢力均衡を保つことが大切だといった規範を共有することで成り立っていたことを指摘する研究もみられた（Jervis 1983）．

その後，アメリカとソ連の歩み寄りと冷戦の終結を説明するためには，国益やパワー追求のための合理的な行動といった要素以上に，国家のアイデンティティや価値観，相手をどのように認識するかということや共有する理念や規範といった非物質的な要素を重視する文化的アプローチとしてコンストラクティビズム（constructivism）の議論が登場する（第9章「コンストラクティビズム」参照）．コンストラクティビズムは，無政府状態の国際システムにおいても，国家が互いの立場を認めあい，社会化しあうことで，共通の認識，価値やアイデンティティが形成され，それが長期的に内面化されることで，新たな関係を構築させることが可能であると考える（Wendt 1999）．

また，特定分野の研究についても文化的アプローチが用いられるようになった．安全保障の分野では，核兵器や化学兵器を禁止する動きについて，国家がそれらの兵器をタブー視し，その使用を自制する行動をとるのは，各国が文明国として大量破壊兵器による多大な被害を防ぐことへの共通認識や価値観，規範が内面化されているからであるとの議論がある（Tannenwald 2008）．人権分野においても，体制移行期あるいは紛争後の社会において，過去の人権侵害に責任をもつ個人に対し，刑事責任を問い正義を求める動きが世界各地で広がっている．そのような動きは20世紀には例外的にしか見られなかったが，21世紀になって，正義のカスケード（justice cascade）と呼ばれるように，国際社会において過去の人権侵害の真実を明らかにし，その責任を追求するという規範が広がっている（Sikkink 2012）．このように文化的アプローチを用いることで，他のアプローチでは十分に説明できない国際政治の特徴や特定のテーマについて理解することができるといえよう．

3つのアプローチと日本の対外行動の事例

これらの分析アプローチを用いて日本の対外行動はどのように説明できるで

あろうか．以下，3つのアプローチを検討していこう．合理的アプローチは，国際政治のなかで，国家が限られた情報のもと，安全やパワーを最大化するための選択をすることを前提とする．たとえば，1941年の日米交渉の過程において，日本はアメリカの要求を受け入れるのではなく，日米開戦を選択した．この選択は短期的には日本にとっては無謀な選択ではなく，合理的な選択だったと考えることも可能であろう．太平洋戦争前の日本とアメリカについては，総じて国力という点では日本に対しアメリカは圧倒的に優位であった．しかし，太平洋地域に限定すれば，戦艦，空母，巡洋艦，駆逐艦，潜水艦を合わせた日本の海軍力は，短期間かつ限定的な範囲であればアメリカに対抗できなくはないと思われた．

　アメリカと戦わずにアメリカの要求を受け，東南アジアや中国から撤退することは帝国としての日本が亡国することであると考えられた．それは，日本が戦わずしてアメリカに屈することを意味した．それよりは，短期かつ限定的であってもアメリカに対抗できるだけの軍事力があるのであれば，戦争をすることで現状を打開した方が日本の国益につながるのではないかと考えることも可能である．このように，日本の置かれた立場からすると日本の日米開戦の決定は，理にかなった選択であったと考えることができるのである．

　制度的アプローチは，国内の制度あるいは国際レベルでの制度が国家の行動や国家間の関係に与える影響を重視する．たとえば，戦前の日本の政治制度では，軍部の自律性が高く，政治・外交は軍事と必ずしも一元化されておらず，内閣は軍部を十分にコントロールできないこともあった．さらに，日本の陸軍では，参謀本部の長である参謀総長と陸軍大臣が同格であり，海軍も同様，軍令部長と海軍大臣が同格であった．そのため，陸軍大臣や海軍大臣が，内閣の総意を組んで参謀本部や軍令部に命令を下せる立場にはなかった．また，政治・外交などの国務については内閣が担当していたが，首相や各省の大臣が連帯で内閣として天皇を輔弼する制度を特徴としていた．そのため総理大臣は，各省の大臣のなかの同輩者のなかの第一人者として位置付けられ，そのリーダーシップにも制度的制約があった．

　このような政治制度であっても，ワシントン会議での海軍の軍備管理・軍縮への歩み寄りに見られるように，総理大臣の卓越した政治的手腕により，政治・外交と軍事的課題が政府の方針に集約され政策実施へと進められることも

ある．しかし，1931年の満州事変において，政府が不拡大方針をとったにもかかわらず，満州では，関東軍が戦闘を拡大し，満州国建国を指導するといった行動をとっていった．満州事変後の日本は，外交による平和的解決を一面で求めつつ，軍事行動のエスカレートを十分にコントロールできない状況にあった．この背景には，制度的制約が影響していたと考えらえる．

　国際レベルの制度については，ワシントン体制は，究極のところ，イギリス，アメリカ，日本の3カ国による海軍の軍備管理・軍縮や中国における既得権益外の門戸開放と機会均等原則を確認した協調外交の枠組みであった．中国は，この協調外交の枠組みを受け入れる立場にあったが，万が一，中国で排外運動が起き，イギリス，アメリカ，日本の国益が損なわれる事態が起きた場合，どのように協力しあうのかといった制度的枠組みは存在していなかった．そのため，関東軍をはじめとする日本陸軍の一部は，中国の革命外交に直面し，満蒙権益が脅かされていると感じると，武力行使により中国に対峙する準備を始めていった．このように国内の政治制度や，国際協調体制の限界は日本の対外行動に影響を与えたと考えられる．そのような点を強調し，制度面から国家の対外行動や国際政治のダイナミクスを分析する方法が制度的アプローチである．

　文化的アプローチでみると，冷戦期，日本が経済大国化したにもかかわらず，安全保障面では自らの軍事力を強化し，安全とパワーを確保する行動がとられなかった背景には，日本国民の戦争体験と戦争の残酷さや悲惨さに関する集合的記憶，平和憲法とも呼ばれるような日本国憲法の存在とその精神，戦後早くから日本国民の間で共有された平和重視の価値観などの影響があるといえよう．冷戦期の日本では，多くの国民が再軍備を強く望んでいなかった．

　日本の政治は，1955年から1993年まで長期にわたり自民党による一党優位の政治体制を特徴としていた．自民党のなかには，憲法を改正し，軍事力の強化を肯定する意見もあったが，当時の国民感情を考慮すると，憲法改正や再軍備によって軍事力の強化を目指すことは，政治的に困難であったため，日本は，経済大国化すると同時に，軍事大国化しなかったのである（Berger 1998）．このように国家の行動を分析する際に，その国のアイデンティティ，価値観，規範，文化など非物質的な文化的な要素を重視するアプローチが文化的アプローチである．

　以上，分析レベルや分析アプローチを検討してきたが，どの分析レベルやど

の分析アプローチが適切なのかは，対象とする事象や事例，考察しようとする命題により異なるといえよう．また，複数の分析レベルや分析アプローチを用いて事例を検証することも可能であろう．どのレベルを中心に分析するにしても，あるいはどのようなアプローチを用いるにしても，国際関係論の分野で用いられてきた分析レベル及び分析アプローチの概要を理解することは，国際政治を考察する上で有益であろう．

3 分析レベル・分析アプローチが国際関係論に与える影響と今後の課題

　最後に分析レベルや分析アプローチが国際関係論に与える影響と今後の課題について考えてみよう．国際関係論は，戦間期に理想主義の思想を背景に平和や国際秩序構築を模索する学問として発展した．国際関係理論が1つの学問領域として成立した当初は，国際法や政治思想の流れを汲んでおり，国際政治をいくつかのレベルに分けて考察することはなかった．法律，歴史，思想を重視することで国際政治を解釈し，理解しようとする伝統主義の立場に対し，1950年代から1960年代においてアメリカでは，国際政治も含め社会で起きる現象をより科学的に分析しようとする動きがみられた．分析レベルという概念が国際関係論で議論されるのもこの時期である．日本の国際関係論では，1つの方法論の立場を重視せず，歴史学，経済学，社会学，法学，地域研究といった他の学問分野と国際関係論の学問分野の境界線を共有しながら，多様なアプローチが用いられていった．

　分析レベルや分析アプローチは，国際関係論におけるパラダイム論争や国際関係理論の発展に貢献してきた．国際政治の分析レベルを3つに分け，さらに理論化を進めたのが，アメリカのウォルツであった．その後，国際システムのレベルを重視するウォルツの議論を批判的に検討することで，以後アメリカの国際関係論の研究やパラダイム論争が進められる．無政府状態の国際システムという同様の前提に立ちつつも，国際政治経済の分野に焦点をあて，国際システムにおいて，覇権国がリーダーシップをとることで，自由貿易や国際通貨体制が安定するという覇権安定論が議論されるようになった．さらに，国際レジームや制度が国家の行動に影響を与えることを指摘する議論も登場し，国際シ

> **Box 4.4　大学における「国際関係論」講義の開設**
> 国際関係論はこれまでの国際関係の成り立ちや展開過程等についていうまでもなく，その複雑多岐にわたる今日的様相や諸特質等々を研究の対象，分析の俎上にのせて，国際関係の諸契機を総合的・有機的に把握しようとする新しい学問的試みであるが，昨今，国際問題の国内問題に対する影響がとみに増大していることから，国際関係論の試みとその発達は広く学界でも注目を引くところとなっている．むろん，国際関係論は社会学，政治学，経済学，歴史学，法律学，人文地理学等々の既存の学問分野における研究と密接に連携しているが，それ自体一つの独立した研究領域をめざしているという点では，いわば新興の学問分野ということができよう．
> 　　　　　　　　　　　　　　　　　　　　　　　　——川田 1996, p. 321

ステムを分析レベルとして，異なる視点からの競合理論により，国際政治の事象が分析されるようになったのである．

　その後，グローバル規模での世界各国の民主化への動きといった現実の変化を反映し，民主主義の制度や民主主義の理念といった国内政治レベルに焦点をあて，民主主義国家同士は，政治的な争点があったとしても戦争にエスカレートすることは稀であるという**デモクラティック・ピース論**による分析がみられるようになった．さらに，国際システムのレベルにおいても，無政府状態が国家間の競争的関係の要因であるとする議論は，アメリカとソ連の歩み寄りや冷戦の終結を十分に説明できなかったことを踏まえ，国家同士が互いにアイデンティティや価値観を共有しあい，規範を形成しあい，互いの行動パターンや関係を変えることが可能であるとするコンストラクティビズムの挑戦を受けた．この議論は，アイデンティティ，価値観，文化，規範といった非物質的な要素を重視する文化的アプローチにより国際政治を分析するという点でも，それまでの合理的選択や制度を重視する国際政治の議論とは異なっていた．

　このように国際関係理論は分析レベルや分析アプローチの広がりのなかで発展してきた．また，様々な分野における事例研究によって検証されてきた．そして，今日では，定量的，定性的方法を用いた仮説検証や事例研究の標準化が進み，国際政治の分析もいっそう細分化してきている．逆説的ともいえるが，このようななか，新たな国際関係理論の構築や積極的なパラダイム論争はみられなくなった．

他方，今日，国際社会は，様々な課題を抱え，その解決にむけて取り組んでいる．今日，国家は様々な安全保障政策や平和構築や国際協力の政策を実施している．例えば，ポスト冷戦期には，安全保障も，伝統的な国家安全保障，地域レベルあるいは地球規模での国際安全保障，テロリズムからの安全確保，人間の安全保障と様々なレベルの課題がある．国際社会は，一国の内戦や国内で繰り広げられる政治的暴力に対し，安全が保障されていない人々を保護する責任（Responsibility to Protect: R2P）があると考えるようになっていった．国際社会は，平和のための介入に前向きになり，紛争後社会における平和構築のための支援を行うようになっていった．

どのような分析枠組みで国際関係のテーマを考えるのが良いのであろうか．1つのレベルやアプローチを重視した視点には，長所と短所があり，唯一正しい分析レベルや分析アプローチが存在するのではない．国際政治の様々な諸問題の原因を解明し，課題に取り組むために，先行研究の長所や短所を評価しつつ，分析レベルや分析アプローチについての批判的な検討が必要であろう．そして，自分なりの国際政治を分析する視点を養っていくことが大切なのではないだろうか．

要点の確認　Questions

① 国際関係論における3つの分析レベルとは何ですか．
② 3つの分析レベルから戦間期の日本の対外行動を説明してください．
③ 合理的選択アプローチ，制度的アプローチ，文化的アプローチがどのようなものか，説明してください．
④ 合理的選択アプローチ，制度的アプローチ，文化的アプローチを用いた国際関係理論にはどのようなものがあるか，説明してください．
⑤ 分析レベルや分析アプローチは，国際関係理論の発展にどのような影響を与えたのか，説明してください．

分析レベルと分析アプローチをもっと知るために

Guide to Further Reading

ウォルツ，ケネス（2013）『人間・国家・戦争——国際政治の3つのイメージ』（渡

澁昭夫・岡垣知子訳）勁草書房．
　▷ケネス・ウォルツの著書，*Man, the State, and War: A Theoretical Analysis*（Columbia University Press, 2001）の日本語訳．戦争原因論を人間，国家，国際システムの3つに体系化し，国際政治をこれら3つの分析レベルから検討する．戦争の原因を分析レベルから考察する上での必読書である．

野口和彦（2010）『パワーシフトと戦争——東アジアの安全保障』東海大学出版会．
　▷国際システムレベルの分析であるパワーシフト論と戦争原因について，東アジアの戦争を事例とした研究書．ネオリアリズムをはじめとする先行研究の整理検討，パワーシフト理論の事例検証に加え，国内レベルの分析との比較も行っており，方法論の観点からも学ぶことができる．

山本吉宣（2006）『「帝国」の国際政治学——冷戦後の国際システムとアメリカ』東信堂．
　▷「帝国」や「帝国システム」の概念を検討しながら，冷戦後の国際政治とアメリカに焦点をあてた国際関係理論の研究書．先行研究として，近年のアメリカで展開されている国際関係理論や議論について幅広く比較検討しており，国際関係理論の勉強を進める上で極めて有益である．

日本国際政治学会編（2009）『学としての国際政治（日本の国際政治学1）』有斐閣．
　▷日本における国際政治学の特徴，国際政治理論の歴史的系譜，リアリズム，リベラル制度論，コンストラクティビズムといった代表的国際関係理論，対外政策決定，ジェンダー，安全保障，国際政治経済，国際関係における文化，戦略的思考，シミュレーションについての学術論文集．体系的教科書ではないが，日本における国際関係理論研究，国際関係理論の方法論について学ぶことができる研究書．

Katzenstein, Peter J., Robert O. Keohane, and Stephen D. Krasner, eds., (1999) *Exploration and Contestation in the Study of World Politics* (Cambridge: The MIT Press).
　▷アメリカの国際関係学術雑誌，*International Organization* の創刊50周年を記念する特集号．アメリカ及びヨーロッパの学界での国際関係理論の傾向や歴史的変遷，合理的選択アプローチ，コンストラクティビスト・アプローチ，国際政治経済学，国際安全保障の論争についての論文集．アメリカの国際関係理論を包括的に学ぶことができる．日本国際政治学会編（2009）『学としての国際政治（日本の国際政治学1）』（有斐閣）と比較しながら読むとおもしろい．

第Ⅱ部　戦争と平和の国際関係理論

第5章
リアリズム

はじめに	154
1　リアリズムとは何か	156
2　リアリズムの起源	163
3　クラシカル・リアリズム	168
4　ネオリアリズムとその展開	171
5　ポスト冷戦期とリアリズム	178
要点の確認	181
リアリズムをもっと知るために	181

はじめに

　リアリズム（現実主義，realism）は，無政府世界の動きを国益やパワーから読み解こうとする理論である．そして，これは戦後の国際関係論における最も中心的な理論であるといわれている．リアリズムの最大の利点の1つは，繰り返し起こる国際関係のパターン化された現象をより簡潔に説明できることである．国際関係には素朴な疑問がたくさんある．元来，国家は様々な形態をとりうるはずだが，どの国家もそろって官僚組織や軍事力をもつのはなぜか．これまで様々な仕組みの国家や多様な（平和）思想をもった指導者が現れた．にもかかわらず，今も昔も戦争という同じ現象が世界各地で起こるのはどうしてなのか．なぜ新興大国はパワーを強めると勢力や領土を拡張したがるのか．地球温暖化対策など世界全体の共通利益の実現に向けた国際協力が，しばしばうまくいかないのは，どうしてなのか．こうした疑問に対して，リアリズムは説得力のある回答を与えてきたのである．

　くわえてリアリズムが重要なのは，多くの政治家や官僚たちが，リアリズムに基づき実際の外交を動かしてきたからである．特に世界政治を主導するアメリカでは，大学でリアリズムを学んだエリートたちが政界に入り，リアリズムに基づき対外政策を遂行することも少なくない．たとえば，ニクソン政権のキッシンジャー（Henry A. Kissinger）大統領特別補佐官は，バランス・オブ・パワーの原理に従い米中和解を成立させた．レーガン政権のシュルツ（George Shultz）国務長官は，国家の外交政策は道義ではなく国益に基づくべきだと公言した．いうまでもなく，バランス・オブ・パワーや国益重視の外交は，リアリズムの中心的理念である．したがって，その賛否は別にして，国家同士の相互作用を説明したり理解したりするためには，まずはリアリズムを学ぶことが大切なのである．

　リアリズムは単一の理論というよりは，仮定・想定を共有する複数の理論からなる「研究プログラム（research program）」である．国益，パワー，無政府状態，自助，安全保障のジレンマといった概念は，リアリズムに共通するものである．しかし近年，国際関係論の発展とともに，リアリズムは核心部分を共有しつつ，国際関係について対照的な説明を施す2つの学派に分かれている．そもそもリアリズムとは，人間性悪説に依拠する西欧政治思想の伝統を受け継ぐものであり，一般的には，国際関係に対して悲観的な見方をとる．ところが

最近，楽観的見方で国際政治を分析するリアリズムが登場してきた．国家は相手と争うのではなく，協力した方が安全保障という目的を達成できるのであれば，他国と進んで協力するので，国際協調とリアリズムは決して矛盾しないというのである．

　リアリズムは，人間の進歩を信じる人たちや理想を追い求める人たちには，不評である．リアリズムは，軍事力や国益，バランス・オブ・パワーを重視しているため，「国策のためには手段を選ばないという非道徳的な考え」とか「好戦的な危険思想」としばしばみなされる．確かに，リアリストは保守的であり理想主義には批判的である．また，道義や倫理を軽視しがちである．しかし，これはリアリストが好戦的で冷笑的な人間であることを意味しない．リアリズムは何よりも，「現実」を直視すること，すなわち，できる限り価値判断を下さないようにしながら，国際関係の出来事の因果関係を客観的に説明することが何よりも重要だと考える．そのために，リアリストは，世界がどのように動いているかについて，まず仮説を立て，それが現実の事象に合致するかどうか確認しながら，より説得力のある理論を構築しようとするのである．

　たとえばリアリストは，無政府状態，国益，パワーといった数少ない要因で，戦争や同盟，軍拡といった大きな出来事を説明しようとする．こうしたリアリストの試みは，戦争などの事象そのものに対する価値判断をなるべく下さず，その事実関係のみを分析しようとするものである．突き詰めて考えれば，本来，戦争生起のメカニズムを説明することと戦争や軍事力を肯定したり否定したりするといった価値判断は，それぞれ別ものであろう．医学において，癌の発生メカニズムを解明することと，癌を嫌悪することとは次元が違うのと同じである．もちろん，医学も国際関係論も道義的・倫理的判断から逃れることはできないし，またそうすべきでもないが，リアリズムを評価する1つの重要な基準は，科学的方法論の立場からすれば，国際関係の様々な出来事をどれだけうまく説明できるか，ということになるだろう．

　リアリストが理想を求めることから距離を置くのは，国際関係において理想を求めると，かえって悪い結果を招くことがよくあるからだ．すなわち，国際関係の難しいところは，善なるものが善なる結果，悪なるものが悪なる結果に必ずしもつながらないことなのである．このような悲劇を避け，公正な国際秩序を確立するためには，現実世界の的確な分析とそれに基づく正しい処方箋が

不可欠であると，リアリストは考えている．

　国際関係は逆説に満ちている．1938年のミュンヘン会談（ヒトラー〔Adolf Hitler〕のチェコスロバキア領土割譲（かつじょう）要求をイギリスのチェンバレン〔Arthur Neville Chamberlain〕首相が認めた会談．これがヒトラーを増長させたといわれている）のように，戦争を防ごうとして行ったことが，かえって戦争の危険を高めてしまったり，1962年のキューバ・ミサイル危機（ソ連のキューバへの核ミサイル持ち込みに対し，アメリカのケネディ〔John F. Kennedy〕大統領は海軍力による海上封鎖を実施した．その後，ソ連が核ミサイルを撤去して危機は去った）などのように，戦争の危険を冒すことが，かえって「平和」につながることもよくある．リアリズムは，こうした複雑な国際関係のパズル（謎）を読み解くヒントをわれわれに与えてくれるだろう．

　最後に，リアリズムの「通信簿」を評価してみよう．ここで戦争原因の解明という「科目」をとりあげ，考えてみることにする．残念ながら，何世紀にもわたって人々を悩ませてきた戦争の原因について，リアリズムは十分に解明できていない．リアリズムは戦争原因の有力な仮説を提示しているものの，定説を確立したわけではない．したがって，リアリズムには，A^+評価を与えられないかもしれない．しかし，だからといってリアリズムに「落第点」を与えるのは間違っている．米ソ冷戦，中東紛争，中国やインド，サウジアラビアの軍事力増強，北朝鮮やイランの核兵器開発，アフリカ大陸の「失敗国家」における内戦などは，リアリズムの分析枠組みでその本質を説明できるからである．

1 リアリズムとは何か

　リアリズムとは，国際関係がどのように動いているかについて，いくつかの基本的要因から説明しようとする理論である．リアリズムに共通する見方や考え方は，基本的に次の通りである．
　①世界は，国家の上に立つ中央政府が存在しない無政府状態である．
　②国際関係におけるアクター（行為主体）は国家である．国際組織や非政府組織（NGO）は，国際関係のアクターではない．
　③無政府世界において，国家の最大の目的は生き残りとなる．したがって，国家安全保障は国際関係の最優先課題となる．

④パワーは，この目的を達成するための重要かつ，必要手段である．国家間の権力闘争は，戦争と平和をはじめ，あらゆる国際事象に影響をおよぼす．

無政府状態

　リアリズムは，無政府状態という国際関係の特質を強調する．国際関係における**無政府状態**(anarchy)とは，法を強制したり，違法者を処罰したりすることができるような中央政府が存在しない状態，すなわち国家の上に立つ権力や権威が存在しない状態のことをいう．リアリストは，国際関係の本質を理解するためには，この無政府状態が決定的に重要だと主張している．

　無政府状態が国際関係に与える影響は，政府が存在する国内政治と比較すればわかりやすい．国内社会において，国民は政府の保護を受けることができるため，自分で自分の身を守るのにむやみに神経質になる必要はない．国家権力が秩序を維持するための法を強制執行して個人の安全を守っており，裁判所が争いに裁定を下す仕組みができているからである．ところが，無政府世界において，国家はこうした保護を受けることができない．国家を超えた権力機構が存在しないからである．国家は国際110番に通報して，世界警察の保護を求めることはできないし，世界裁判所に訴えて国際紛争を強制的に収めてもらうこともできない．したがって，無政府状態下では，自分の安全は自分で守り，自分の福利厚生は自身がまかなうという，自助（self-help）の努力が国家行動の原則になる．

　なお，よく勘違いされるが，国際関係論で一般的に用いられる無政府状態は，「無秩序（disorder）」や「混沌（chaos）」という意味ではない．無政府状態とは，単に世界を統治する中央政府が存在しないことを意味するにすぎない．政府が存在しなくても，秩序が生まれることはある．

国家中心主義

　リアリストは，国際関係の主役は国家であるとみなしている．国連などの国際組織やグローバル企業，NGOといった非国家主体は，リアリストにいわせれば脇役にすぎない．なぜならば，国家は軍事力をほぼ独占して所有しており，法的には主権をもち，個人に安全を提供できる最も効果的で信頼できる組織だからである．他方，国際組織は国家の集合体にすぎず，国家に利益追求の手段

として利用されるものであり，グローバル企業やNGOは，国家がその活動を認めているからこそ，国際関係において活躍できるとリアリストはみている．

　無政府状態において，国家は合理的に国益（national interest）を極大化しようとする．すなわち，国家は目的を達成するために，損失を最少にしながら，最大の利益を獲得しようとして行動する合理的アクターにほかならない．市場において企業が利潤極大化を目指すように，国際関係において国家は利益の極大化を目指すとリアリストは想定している．その際，国家にとって最も重要なことは，あくまでも自国の利益であり，他国の福利厚生や世界全体の利益ではない．

　リアリズムによれば，無政府世界は国家に自助を強いる．そのため，現実の国際関係では，国家が他国より少しでも大きな利益を得ようとして，必死に競争している．時に国家は他国を援助したり，地球規模の問題解決のために譲歩したりすることもある．しかしそれは，リアリストにいわせれば，問題が国家の安全保障にとってさほど重要でない場合や，長い目で見て国益につながる場合に限るということになる．

国家安全保障の重要性

　リアリストは，国家の安全保障を最も重要な国際問題であるとみている．なぜならば，無政府状態において，国家は世界政府の保護を受けられないので，なによりも安全を確保することが最優先になるからである．安全を確保してはじめて，経済的利益を追求したり福利厚生を高めたりできるというのが，リアリストの主張である．

　安全保障（security）とは，国家の独立や国民の生命・財産などを国外からの脅威から守ることである．無政府状態下において，国家が安全保障を確保す

Box 5.1　無政府状態と安全保障

アナーキーにおいては，安全保障が最高次の目標である．生き残ることが確実であってはじめて，国家は平安，利潤，パワーといった他の目的を安心して追求できる．……システムが国家に促すのは，安全保障という目標を追求することである．パワーの増大は，その目標に役立つ場合とそうでない場合とがある．

——ウォルツ 2010, p. 167

る方法は，主に2つある．自立と同盟である．自立とは，国家が独力で安全を得ることである．**同盟**（alliance）とは，複数の国家が協力して安全を得るやり方である．自立と同盟は，それぞれ長所と短所がある．国家が自立を選択した場合，仲間に裏切られて痛い思いをする危険がない反面，大きな軍事力が必要となるため高くつく．一方，国家が同盟を選択した場合，複数の国で安全保障のコストを分担できるので安上がりになる反面，同盟国の戦争に巻き込まれたり，有事の際，同盟国に見捨てられたりする危険をともなう．

　リアリストの多くは，国家が自国の安全を他国にゆだねるのは危険であると考えている．かりに同盟を組んで互いに助け合うという取り決めを結んだとしても，相手がその約束を守る保証はない（これを「コミットメント問題」という）．世界には，国家間の合意や条約を遵守させる中央権力が存在しないから，かりに国家が約束を破っても公的な罰を受けることはない．したがって究極的には，国家が同盟の約束を守るか守らないかは，それが利益になるかならないかで決まる．このようなリアリズムの世界では，国家は自助原則に従い，自らの安全保障を確保しようとすることになろう．

　無政府世界では，国家は**安全保障のジレンマ**（security dilemma）に悩まされる．国家が自助原則に従い，生き残るために軍事力を増強しても，結果的に自らの安全が高まるとは限らない．軍備増強は他国に脅威を与えるので，不安感を覚えた相手国は必然的に軍事力を増強するからである．安全保障のジレンマが悲劇的なのは，すべての国家が平和を希求していたとしても，無政府状態下では，しばしば軍備拡張競争や戦争が起こるからである．かりにある国家がもっぱら自衛目的で軍事力を増強したとしても，他国はその意図を確実に理解できるとは限らない．相手が自衛以外に軍事力を使わないという保証もない．相手が軍備増強して自分はしなかった場合，万が一，相手から攻められた場合，自分は大変な損害を受けることになる．したがって，国家は最悪のケースを想定して，相手国の軍拡に合わせて自らの軍備を整えることが，合理的な安全保障政策ということになる．

　安全保障のジレンマは，軍備拡張競争や戦争の勃発を説明するのに役立つ．古代ギリシャのアテネとスパルタが勢力を熾烈に争ったこと，冷戦期に米ソ両国が相手に負けまいとして核の軍備競争を繰り広げたことなどは，多かれ少なかれ，安全保障のジレンマの枠組みで理解できるだろう．第一次世界大戦の勃

発もそうである．サラエボ事件に端を発し，ロシアはドイツやオーストリアを牽制するために動員をかけたが，これがドイツを大きな不安に落としいれた．このことが戦争の大きな原因となったのである．

国家間の権力闘争

リアリズムと聞けば，パワー・ポリティクス（権力政治）というイメージが連想される．それほどリアリズムは，国家間の権力闘争を重視している．リアリストは，国家がより大きな**パワー**（権力／力，power）を求めて争っており，こうした権力闘争はあらゆる国際問題に影を落としていると見る．そして，国際システムにおけるパワー分布（distribution of power）の状況，すなわち，世界にいくつ大国が存在しているか，どの国家がどのくらい大きなパワーをもっているかで，戦争や平和の可能性も違ってくることになる．

無政府状態において，国家は自らの地位を向上しようとして，パワーを追求する．国家は合理的にパワーを拡大しようとするので，必然的にパワーをめぐって他国と競争することになる．そして，国家は他国がより大きなパワーをもつことを嫌う．なぜならば，相手国が大きなパワーをもてば，その力で自国の自由や自律，富などが奪われてしまうかもしれないからである．したがって，国家は相手がより大きなパワーをもとうとすれば，相手に追いつこうとし，さらに相手より少しでも大きなパワーをもとうとする．こうして無政府世界では，国家間のパワーは釣り合いがとれるような方向に作用する．国際関係論では，こうしたメカニズムを**バランス・オブ・パワー**（勢力均衡，balance of power）という．

さらにバランス・オブ・パワーには，どの国がどのくらいのパワーをもっているかという意味もある．パワーの分布状況により，**国際システム**（international system）は3つのパターンに分類することができる．すなわち，単極／覇権システム，2極システム，多極システムである．そして，どのようなバランス・オブ・パワーの類型がより安定するか，すなわち戦争が起こりにくいかについては，長く議論が続いている．

単極（覇権）**システム**とは，世界に広く影響力を行使でき，他国を圧倒するパワーをもつ大国が1カ国のみ存在する状況のことを指す．かつてローマ帝国がヨーロッパを，中華帝国が東アジア支配していたときや，現在の世界のよう

に，アメリカが卓抜した力をもっている状況がこれにあたる．**2極システム**とは，主要なアクター，すなわち世界に影響力を行使できるだけのパワーをもつ大国が2つ存在する状態のことをいう．米ソ冷戦の世界がこれにあたる．多極システムとは，大国が3カ国以上存在する国際システムを意味する．19世紀のヨーロッパなどが，多極システムの例である．

単極／1極システムの安定性を主張する理論は，「単極安定論」と呼ばれている（「覇権安定論（hegemonic stability theory）」については，第7章「国際政治経済論」で詳しく解説されているので，そちらを読んでもらいたい）．この理論の仮説は，国際システムの安定性は，単一の強大なパワーをもつ国家によってもたらされるというものである．

ウォールフォース（William C. Wohlforth）ら単極安定論を唱えるリアリストたちは，次のように主張する．そもそも単極システムとは，他国がいかなる対抗措置もとることができないほど，強力なパワーをもつ覇権国（hegemon）が存在する構造のことである．このようなシステムでは，覇権国と他の国家の力の差があまりにも大きいため，挑戦国が覇権国に追いついたり，覇権国の力を削ごうとしたりする動機をもちにくい．覇権国以外の国家のパワーを結集しても，超大国には遠くおよばないからである．したがって，他国に残された選択は，覇権国に対して追随行動をとり，その分け前（利益）にあずかるということになる（これは「便乗行動（bandwagoning）」と呼ばれている）．他方，覇権国自身も現状の単極システムの維持に利益を見出す．なぜならば，卓越したパワーを維持することは，覇権国の安全と繁栄を引き続き保証する公算が高いからである．したがって論理的に，単極システムにおける覇権国は，システムの安定性を崩すような行動をとろうとはしない．

このように単極システムは，覇権国も他国も現状を打破しようとする動機を最ももちにくく，各国の安全保障をめぐる競争が起こりにくいシステムということになる．よって，単極システムは安定的で平和的なシステムであるというのが，ウォールフォースらの結論である．単極安定論者たちは，この理論を裏づける根拠として，冷戦後，米ソ2極システムが崩壊した後，多くの国際政治学者が世界の混乱を予測したにもかかわらず，大国間関係は安定を保っていることをあげている．彼らによれば，これは冷戦後の世界が単極システムだからである．

2極システムの安定性を主張する理論は,「2極安定論」と呼ばれている.この理論の仮説は,システムに大国が2つ存在するとき,戦争は最も起こりにくいというものである.リアリストのウォルツ(Kenneth N. Waltz)やミアシャイマー(John J. Mearsheimer)らは,2極システムの安定性を次のように指摘する.システムにおいて,主要なアクターの数が増えれば,それだけ国際関係は複雑になり,国家の指導者が相手の出方や意図を誤認する可能性が高くなる.こうした誤認は戦争の主要な原因となるということである.

　2極システムでは,大国の数は2つだけであるため,大国は別の1つの大国のみを警戒すればよい.そして,警戒する相手の数が少なければ,パワーの大きさ,利益,同盟の組み合わせなどの計算が簡単になるため,誤認が生じにくくなる.しかも大国はただ1つの相手国の動向に歩調を合わせながら,パワーを強めればよい.このため,システムにおいてパワーは均等になりやすい.そして同じくらいのパワーをもつ大国が対峙する場合,パワーが拮抗しているがため,お互い相手にはそう簡単に勝てないと考えるので戦争を起こしにくい.この結果,2極システムが最も安定する.冷戦期に米ソが半世紀以上の長きにわたり直接戦争をしなかったのは,その証しである.これがウォルツらの主張である.

　多極システムの安定性を主張する理論は,「多極安定論」と呼ばれている.この理論の仮説は,システムに大国が3つ以上存在するとき,戦争は最も起こりにくいというものである.デイビッド・シンガー(J. David Singer)やドイッチュ(Karl Deutsch)らは,次のように主張する.大国の数が増えれば,国際関係がより不確実になるため,国家の指導者はかえって警戒心を増し,軍事力の行使により慎重になる.さらに,大国の数が多ければ,臨機応変に同盟を組み替えることができる.このため,現状打破をもくろむ大国を効果的に牽制することもできる.その結果,戦争が起こりにくくなるというのである.多極システムの安定性を裏づける歴史証拠としては,19世紀後半のヨーロッパがよく引き合いにだされる.プロイセン(ドイツ)の宰相ビスマルク(Otto von Bismarck)らが中心となり,ヨーロッパ列強は巧みにバランス・オブ・パワーを維持しながら平和を構築しようとした.その結果,この時期のヨーロッパは,大国同士の戦争を抑制することに成功したのである.

　単極／覇権システム,2極システム,多極システムのうち,どのシステムが

より安定するかについては，国際関係学者の間で意見が分かれており，結論はでていない．いずれにせよ，リアリズムでは，国際システムにおけるパワー分布が国家の行動を強く制約したり方向づけたりするため，それが戦争の生起や同盟のパターンなどに大きなインパクトを与えると見られている．

2 リアリズムの起源

リアリズムは西欧政治思想の長い知的伝統に裏打ちされた政治理論である．ここでは後世のリアリストに影響を与えた古典的名著を通して，その本質に迫ってみたい．リアリズムの先駆者としては，様々な人物をあげることができるが，現代のリアリズムは，古代ギリシャの歴史家トゥキュディデス，ルネッサンス期イタリアの政治理論家マキャベリ，17世紀のイギリスの政治思想家ホッブズに着想を得ている．

リアリズムの思想的原点

リアリズムの元祖として最もよく引き合いに出されるのが，歴史家のトゥキュディデス（Thucydides）である．トゥキュディデスは，古代ギリシャにおけるペロポネソス戦争（紀元前431-404）を事細かに叙述したことで有名である．彼がリアリストの創始者とみなされるのは，権力闘争と戦争の因果関係について，ペロポネソス戦争を通して見事に描き出したからである．彼はギリシャ都市国家の2大大国，アテネとスパルタがなぜ戦争にいたったのかを次のように説明した．「アテーナイ（アテネ）人の勢力が拡大し，ラケダイモーン（スパルタ）人に恐怖を与えたので，やむなくラケダイモーン（スパルタ）人は開戦に踏み切ったのである」（トゥーキュディデース 1966, p. 77）．このようにトゥキュディデスは，戦争の根本原因をアテネとスパルタとの間のパワーの不均等成長に見出した．

トゥキュディデスの戦争原因の説明で重要なことは，戦争を招きかねない恐怖というものは，個人の内面的心理状態ではなく，国家を取り巻く外部の環境から生じることを強調したことにある（ビオティ＆カピ 1993, p. 55）．アナーキー下におけるアテネやスパルタの関心は，現代世界における国家と同じく，いかにして生き残るかにあった．アテネがより急激にパワーを伸ばしたことは，

スパルタに恐怖心を与えた．アテネのパワーがスパルタの存立にとって，脅威に映ったからである．そしてスパルタはいつかアテネが牙を剥くのではないかと恐れ，あえて戦争に打って出たのである．

こうした戦争原因の公式は，驚くことに，ペロポネソス戦争以外の戦争を説明するのに大変役に立つ．アテネとスパルタを現代の戦争における当事国に当てはめれば，よくわかる．1950年の朝鮮戦争の際，中国はアメリカに予防攻撃を行った．これは朝鮮半島を北上して迫りくる強いアメリカを中国が恐れ，「やられる前にやったほうがよい」と判断した結果であった．1904年の日露戦争も同じく，極東において勢力を伸ばすロシアに日本が恐怖心をもったことが，開戦の根本的な原因になっていた．

トゥキュディデスの国際関係論に対するもう1つの重要な貢献は，力関係がいかに国家の対外政策や道義を制約するかを鋭く描き出したことであろう．世界政府が存在しない状態では，弱肉強食になることもある．こうした冷厳な現実をトゥキュディデスは「メーロス島民との対話」というエピソードを通して描き出している．

> アテネ側「この世で通ずる理屈によれば正義か否かは彼我の勢力伯仲のときさだめがつくもの．強者と弱者の間では，強きがいかに大をなし得，弱きがいかに小なる譲歩を持って脱し得るか，その可能性しか問題となり得ないのだ」．
> メーロス側「われらを敵ではなく味方と見做し，平和と中立を維持させる，という条件を受け入れては貰えないだろうか」．
> アテネ側「諸君から憎悪を買っても，われらはさしたる痛痒を感じないが，逆に諸君からの好意がわれらの弱体を意味すると属領諸国に思われてはそれこそ迷惑，憎悪されてこそ強力な支配者としての示しがつく」．
> （トゥーキュディデース 1966, pp. 352-355）

アテネは強大なパワーをちらつかせて小国メーロスに屈服を要求した．メーロスは何とかアテネの要求を拒否しようとして，正義や尊厳，道義に訴え，それらを尊重するようアテネに迫った．しかし，アテネには聞き入れてもらえなかった．そして交渉決裂後，アテネはメーロスに攻め入り，成人男性全員を死刑に処し，女性と子供を奴隷にしてしまったのである．

法を強制的に執行できる機関が存在しない世界では，力の論理が国際関係を

支配することになるとリアリストはみている．このような冷徹な現実判断は，古代から現代まで，いたるところに見られる．ドイツのビスマルクは，日本の岩倉使節団が訪問した際，「世界は……大が小を侮るというのが実情である．大国が利を争う場合，もし自国に利ありとみれば公法に固執するけれども，いったん不利となれば，一転，兵威を持ってするのである」と助言していた（久米 1979, pp. 329-330）．2003年のイラク戦争の際には，アメリカのブッシュ（George W. Bush）大統領がイラク開戦に先立ち，フセイン（Saddam Hussayn）大統領に「国外退去か戦争か」という二者択一を迫った．フセインはこれを拒否したため，アメリカはイラクに攻め入り占領してしまった．多少脚本は変わったが，まるでメーロス島の悲劇が，役者をアメリカとイラクに代えて，再現されたかのようである．

現代政治学の萌芽(ほうが)とリアリズム

　リアリズムの中心的課題である国家の生存について，先駆的な指南書を残したのがマキャベリ（Niccolò Machiavelli）である．マキャベリは，国策のテキストとして『君主論』を執筆し，国家安全保障を確立する方法を指導者に説いた．そのなかで彼は，君主は国家の生き残りのためには，道義に反する行為をとることも時には必要であると主張した．このためマキャベリは，国家目的のためなら手段を選ぶなと勧める非情な思想家だとして，手厳しい批判を受けることもある．

　マキャベリが最も関心を抱いていたことは，外敵の侵略により何度も辛酸(しんさん)を舐(な)めた母国フィレンツェをいかにして存続させるかであった．そのための処方箋を彼は『君主論』にまとめたのである．マキャベリによれば，国家安全保障に責任をもつ指導者（君主）は，自ずと一般の人々とは異なる責任を負うことになる．なぜならば，国家指導者が政策を誤れば，多くの国民の生命は危険にさらされるからである．こうした危険を避けるためには，外部からの脅威にうまく対応しながら，国家を運営することが必要となろう．

　国家の対外政策の指針を導くために，マキャベリはひとまず道徳的議論を排除して，現実政治の冷厳な分析からはじめた．そして，国家の生存のために必要であれば，悪行も仕方ないとした．どれだけ善行をしたとしても，国家を滅ぼしてしまうようであれば，政治指導者は批判を免れないからである．

君主は……国を維持するためには，信義に反したり，慈悲にそむいたり，人間味を失ったり，宗教にそむく行為をも，たびたびやらねばならないことを，あなたには知っておいてほしい．……必要にせまられれば，悪にふみこんでいくことも心得ておかなければいけない．（中略）君主は戦いに勝ち，そしてひたすら国を維持してほしい．そうすれば，彼のとった手段は，つねにりっぱと評価され，だれからもほめそやされる（マキアヴェリ 2002, pp. 105-106）．

ただし，マキャベリはいたずらに無慈悲な非道徳的手段を指導者に勧めていたわけではない．彼は国家の存立を守るためには，外敵からの侵略を断固として拒否できるライオンのような獰猛さと，相手の巧みな駆け引きから身を守るための狐のような狡猾さが必要であると説いているのである．

マキャベリが政策形成「マニュアル」としてのリアリズムを説いたのに対し，自然状態からの類推からアナーキー下の国際関係の本質をえぐりだしたのがホッブズ（Thomas Hobbes）である．リアリズムはしばしば「ホッブズ的世界観」と表現されるほど，イギリスの政治思想家ホッブズの影響を強く受けている．後世のリアリストたちは，ホッブズの「万人の万人に対する闘争」という考えを援用し，国際関係はたとえ実際に戦争が起こっていなくても，絶え間なく戦争と暴力の恐怖が支配している状態だとみなした．

ホッブズは主著『リヴァイアサン』において，人間は権力欲をもつ生き物であるという仮定から，こうした人間からなる集団に秩序を打ち立てるためには，強力な中央権力が必要であると主張した．なぜならば，人間は放っておけば，支配される恐怖から逃れようとして，暴力を使って逆に相手を支配しようとするからである．こうした「自然状態（state of nature）」において秩序を創造するためにはルールの確立と違法行為に見合わないほどの罰を下す仕組みをつくることが必要になろう．その役割を担うのが，リヴァイアサン（旧約聖書に登場する海の怪物）たる絶対的権力すなわち主権国家なのである．これにより個人は国家に保護してもらえるが，法の下で自由を犠牲にすることになる．

国際関係に目を転じてみると，そこには法の違反国を取り締まり罰を加えることができる世界的な権力機構は存在しない．したがって，ホッブズのイメージからすれば，国際関係は「万人の万人に対する闘争」が行われている自然状態に近いということになろう．

すべての人を威圧しておく共通の力を持たずに生活しているあいだは、かれらは戦争と呼ばれる状態にあるのであり、そして、かかる戦争は、各人の各人に対する戦争なのである。というのは、戦争とは、戦闘や闘争行為だけに存するのではなく、戦闘によって争おうとする意志が十分にうかがわれる継続する期間に存するからである（ホッブズ 1966, p. 85）．

世界には「すべての国家を威圧しておく共通の力」は存在しない．国家はそれぞれ至高の権力である主権（法を執行する最高権力）をもっている．したがって、国家はいわば自然状態のなかで生きているようなものなのである．こうした状態では、他国を支配しようとする戦争が起こりやすい．なぜならば、国家の生存にとって「先手を打つことほど適切な方法はない」からである．そして「力や奸計によって、自分をおびやかすほどに大きな他の力がないようになるまで、できるかぎり多くの人身を支配すること……は、かれ自身を保存するために必要なことにほかならない」（ホッブズ 1966, p. 84）ということになる．

中央政府なき世界において、国家は常に戦争の恐怖にさらされている．ただし、国家が主権を放棄して世界政府に権力を委譲するようなことはないだろう．なぜならば、国家は個人ほど、生存を脅かされるという恐怖を感じずに済むからである．自然状態における個人は、四六時中、すべて自分で身を守らなければならないため不安は大きい．しかし、国家は集団で自己保全をすることができるので、個人の恐怖は緩和される．政府は個人に保護を与えることができるし、国民は互いに助け合いながら、安全を守ることができる．無政府世界において、安全保障の手段として戦争が位置づけられている以上、国際関係は「戦争状態（state of war）」であることにかわりない．しかし、だからといって国際関係が「無秩序」というわけではない．

まとめてみよう．これらのリアリズム思想は、いくつかの主要な考え方を共有している．第1に、国家を取り巻く環境は、国際法を強制的に執行できる中央政府を欠いているため、紛争や対立が起こりやすいということである．第2に、国際関係の出来事に決定的な影響を与えるのはパワーである．そして、リアリストによれば、この国家間の権力闘争こそが戦争のみならずあらゆる国際事象の源泉となっている．第3に、国家の最も重要な目標は生き残り（安全保障）になる．このようにリアリズムの思想は国際関係に悲観的であり、紛争や

対立が国際関係の最大の特徴であるとしている.

3 クラシカル・リアリズム

> リアリズムの思想を土台にして,戦間期にクラシカル・リアリズム（伝統的リアリズム, classical realism）が登場した. クラシカル・リアリズムの特徴は,人間がもつ権力欲・支配欲から,国際関係の事象を説明しようとすることにある. すなわち,国家間で権力闘争が生じるのは,人間が権力を欲するからであり,これが戦争などを引き起こしているという見方である. こうしたクラシカル・リアリズムの基礎を構築したのが,イギリスの外交官として活躍し,卓越した歴史家でもあったE. H. カーであり,これを理論として飛躍的に発展させたのが,ドイツ生まれの政治学者モーゲンソーである.

国際関係論の誕生とリアリズム

リアリズムのみならず広く国際関係論という学問の誕生は,E. H. カー（E. H. Carr）の画期的な業績である『危機の二十年』によるところが大きい. カーは第一次世界大戦後,侵略戦争が違法化され,平和を維持するために国際連盟が設立されたにもかかわらず,わずかその20年後,再び戦争の危機をむかえてしまったことを憂慮した. そして,その理由を理想主義の誤りに求め,国際関係におけるパワーの重要性を直視すべきだとした.

カーのリアリズムは,**理想主義**（idealism）に対する痛烈な批判からうまれた. 理想主義者は,平和を万国共通の利益であるとみなした. にもかかわらず平和が実現されないのは,各国がバランス・オブ・パワー政策をとっているからであるとか,人々が戦争の悲惨さを十分に理解していないからであるとか,戦争を防ぐ制度が不備であるからだと主張した. こうした考えに基づき,理想主義者たちは戦争の再来を防ぐため,平和教育や国際世論の喚起に尽力した. 不戦条約や普遍的国際機構である国際連盟もつくられた. その結果,第一次大戦後ヨーロッパでは一時,平和な時代が到来したという考えが広く共有された. しかし,カーはこうした平和構築の試みがパワーを無視したものである以上,脆く壊れやすいことを見抜いていた.

理想主義者は,平和は世界共通の利益なのだから,平和の実現に向けて各国

の利害を調和させることは可能であると考えていた．しかし，それは幻想にすぎなかった．平和は，単に各国の利害関係の裏返しでもある．平和が続くことで満たされる国もあれば，満たされない国もあろう．現状維持に大きな既得権益をもつ国家は，平和に満足するかもしれないが，既得権益をもたない国家は，大国の利害が色濃く反映された平和に不満をもつであろう．こうした「平和の欺瞞（ぎまん）」を理想主義者は見過ごしていると，カーは指摘した．

　また，カーは，国際関係の諸事象はパワー・ポリティクスを反映するものなのだから，パワーという要素を無視した理想主義は誤りを逃れられないと主張した．ドイツはパワーを大きくするに従い，戦勝国英仏の利益を反映していたベルサイユ体制に対して不満を募らせた．そして，ドイツの台頭とその拡張政策は国際連盟やロカルノ条約，世論では抑えられなかった．こうした歴史の出来事は，いかにパワーが国際関係を動かしているかを例証しているといえよう．

　しかしながら，カーはリアリズムが万能であると考えたわけではない．彼は道義を無視したリアリズムには批判的であった．リアリズムは文字通り，現実の冷徹な分析を行うので，現実を無批判に肯定することになりかねない．かといって，理想主義はあるべき姿を追求するあまり，現実の国際関係の因果説明を軽視することになる．カーによれば，健全な国際関係理論は，リアリズムと理想主義の融合から生まれるものなのである．

リアリズムの体系化

　リアリズム学派の体系化に最も貢献した人物は，おそらくモーゲンソー（Hans J. Morgenthau）であろう．モーゲンソーは人間の権力への渇望という仮

Box 5.2　リアリズムと理想主義

政治過程は，リアリストが信じているように，機械的な因果法則に支配された一連の現象のなかにだけあるのではない．しかしだからといって，ユートピアンが信じているように，政治過程は確かな理論的真理——これは分別ある明敏な人びとの内面的な意識から生まれるのだが——を現実それ自体に適用することのなかにのみあるのでもない．政治学は理論と現実の相互依存を認識し，その認識の上に築かれなければならないのである．しかもこの理論と現実の相互依存は，ユートピアとリアリティの相互連関があって初めて得られるものなのである．

————カー 2011, p. 45

定から，国際関係の本質を「国家間の権力闘争」にみた．そして権力闘争の視点から紛争や戦争の原因を探求し，平和の条件を模索した．このようなモーゲンソーの考えは，リアリズムのみならず，国際関係論という学問全体にも大きな影響をおよぼした．戦後国際関係論は，「モーゲンソーとの対話」を通して発展したといわれるほどである．

モーゲンソーはリアリズムの本質を6つの原理に集約した．第1の原理は，政治関係は人間本性に根源をもつ客観的法則に支配されているというものである．ここでリアリズムが果たす役割とは，国際関係の法則性を解き明かすということになる．第2の原理は，パワーという観点から定義される利益が，国際関係を動かしているという見方である．大きなパワーをもつ大国は，広く国際関係に利益をもち，この利益の実現にむけて行動する．小さなパワーしかもたない小国は利益も行動も制約される．第3の原理は，パワーを競う世界において，主権国家の最低条件は生き残ることであるというものである．これは，国家利益が国家の生存とほぼ同義であることを意味する．

第4の原理は，一般的な道義は国家行動には当てはまらないというものである．道義に即した行動は，政治的に適切であるとは限らない．したがって，その行動がもたらす政治的帰結を慎重に判断することが，国家には求められるのである．第5の原理は，特定の国家の道義と普遍的な道義は別物であるというものである．国家はしばしば自らの政策を普遍的道義の言葉で正当化しようとするが，十字軍がもたらした悲劇を想起すればわかるように，これは危険なことである．モーゲンソーはこうした悲劇を避けるためには，パワーに基づく利益の追求こそが重要であると主張する．なぜなら，国益を追求する政策は，妥協困難な敵意に満ちた善悪の対立や狂信的な宗教戦争を回避し，利益を分け合うことによる国家間の合意を可能にするからである．第6の原理は，政治領域の独立性である．パワーこそが「国際」政治と他の領域（経済など）を区別する目印だということである．

モーゲンソーは，国際平和の条件も探求していた．その手段として彼が最も重視したのが，バランス・オブ・パワーと外交である．バランス・オブ・パワーそれ自体は平和を意味しない．しかし，平和を実現するためには，各国がバランス・オブ・パワーの原理に従うことが大切なのである．なぜならば，これこそが現状打破勢力の際限ないパワーの拡大を抑制するからである．最後に，

モーゲンソーは国益の衝突を調整する手段としての外交が，国際平和にとって重要だと主張している．

4
ネオリアリズムとその展開

クラシカル・リアリズムは後にネオリアリズム（新現実主義, neorealism）へと発展した．クラシカル・リアリズムは，方法論上，大きな問題を抱えていた．それは，人間本性の根底に据えられた「権力への渇望」から物事を説明しようとしたことであった．確かに，そうかもしれない．しかし，それが本当かどうかを証明するために，操作可能な仮説を立て，それを実証した研究は皆無に等しい．くわえて，こうした主張の根本的な問題は，権力欲があるから人間同士が争うという説明が，実は同じことを繰り返し言っているにすぎないことである．「悪人」同士から「善良な」秩序が生まれるという矛盾もでてくる．つまり，人間や国家の相互作用から，人間や国家の相互関係の帰結は，論理的に説明できないのである．火が燃えるから火事になるといっても，何の説明にならないのと同じである．物事を科学的に説明するためには，事象の外部にある要因を特定して，「XならばYになる」という仮説を立てなければならない．

ネオリアリズムの特徴

ネオリアリズムはクラシカル・リアリズムの論理的な弱点を克服すべく，国際関係を権力欲ではなく国際構造の視点から説明しようとした．ネオリアリストの嚆矢であるアメリカのウォルツは，国際関係の因果関係を明らかにするためには，**国際システム**の構造が国家行動に与える影響を仮説化することが必要であると指摘した．そこで彼は，無政府状態とパワー分布／配分として定義される**国際構造**（international structure）（原因／独立変数）は，あらゆる国家同士の出来事（結果／従属変数）に影響すると仮定した．そして，人間や国家はそれぞれ違うにもかかわらず，戦争という同じ現象がいたるところで起こるのは，国際構造が無政府状態にあるからだと主張した．ネオリアリズムはこのように，国際構造の国家行動に対する影響力を重視している．このため，「構造的リアリズム（structural realism）」とも呼ばれる．

構造的リアリズムの考え方は，身近な例に置き換えればわかりやすい．人は

誰でも，ビジネスの世界に入れば，言動や服装を整えることになる．レストランに入った客は，店の雰囲気やメニューの表示の仕方に自然と影響される．「本日のおすすめ料理」が目立つように掲示されていれば，それを注文する客は普段より多くなるだろう．同じように，国家も外部の国際環境に影響を受ける．ウォルツによれば，国家の対外行動は国際構造を抜きにしては説明できず，したがって政治指導者の信念やパーソナリティ，動機，意図などには還元できない．なぜならば，国家指導者の選択肢や行動は無意識のうちに，国際構造の制約を受けるからである．

　無政府状態において，どの国家も好むと好まざるとにかかわらず，安全保障を追求せざるをえない．国家を保護してくれる公的機関が存在しないからである．そのため，各国は生き残るために必要な軍事力や国家運営に効率的な官僚機構をもとうとする．つまり，**無政府状態**は，それぞれの国家がもつ文化や制度，価値などの違いを超えて，同じように機能することを国家にうながすのである．にもかかわらず，すべての国家が全く同じ行動をとらないのは，その能力（capability）に格差があるからにほかならない．システムにおける国家の地位が行動を制約するのである．大国はパワーが大きいので，システムにおける地位が高く，それだけ行動する余地は広い．他方，小国はパワーが小さいから，システムにおける地位が低く，それだけ行動の範囲は必然的に狭まる．このように国家の行動パターンは，国際システムの無政府性とパワー分布から説明できるというのが，ウォルツらの主張である．

　ネオリアリズムの最大の功績は，国際システム構造の影響力を明らかにしたことであろう．ウォルツによれば，いたるところで繰り返し起こる戦争の根本原因を理解するキーワードは，無政府状態である．なぜならば，「戦争はそれを止めるもの（世界政府）が存在しないから起こる」からである．また，国際協力の難しさも単純に説明される．無政府状態がもたらす自助システムは，国家に他国より少しでも多くの**相対利得**（relative gains）を追求するように強いる．このため国家は，約束を破って相手を出し抜くことで得をしようとする．この結果，国際協力はしばしば成立しないということになる．「独ソ不可侵条約」を無視したドイツの対ソ攻撃，「日ソ中立条約」を破ってのソ連の対日参戦，アメリカのABM（Anti-Ballistic Missile）制限条約からの離脱などは，この端的な例であろう．国際協力の困難性は，人間や国家の意志・善意で克服で

きるようなものではなく，国際構造に深く根ざす問題なのかもしれない．
　まとめると，ネオリアリズムの骨子は以下の通りである．
　①無政府状態下において，国家は安全保障を目的として行動する．その際，パワーは安全保障を達成するための手段である．
　②無政府状態下において，国家のパワーは自動的に均衡する．なぜならば，国家の指導者の意図や動機とは関係なく，世界に中央政府が存在しないために，国家は他国に対して不利な立場にならないよう，お互いに張り合うからである．
　③国際システムにおけるパワーの分布状況が，戦争と平和の鍵を握っている．システムは多極構造より2極構造のほうが安定的である（詳しくは，前述した「国家間の権力闘争」の項の2極安定論の部分を参照）．

防御的リアリズム

　リアリズムは概して，国家間の利害が対立するのは，無政府世界において必然であり，したがって，国際協力が難しいのは当然であると主張する．ところが近年，この定説を覆すような新しいリアリズムが登場した．それが防御的リアリズム（defensive realism）である．これはネオリアリズムから派生したアプローチであるが，国際協力はこれまでのリアリストが考えるより，はるかに達成しやすいと主張するところに際立った特徴がある．防御的リアリストたちは，ネオリアリストやクラシカル・リアリストとは異なり，国際協力の可能性について楽観的な見方をとるのである．このため，防御的リアリズムはこれまでのリアリズムとは明らかに一線を画している．

　防御的リアリズムはネオリアリズムと同様，無政府状態において，国家はパワーの極大化ではなく，安全保障の確立を目指すアクターだと想定する．ジャービス（Robert Jervis）やグレイサー（Charles Glaser）らの防御的リアリストたちは，国家の主要な関心はあくまでも自らの安全保障にあり，パワーは安全保障を達成するための1つの手段にすぎないとみている．ここまではネオリアリズムと理論の仮定は同じである．しかし，ネオリアリストが，無政府世界において，国家は相手国よりも強い力を求めて争うことになると主張するのに対し，防御的リアリストは必ずしもそうではないと反論する．国家間の対立は，無政府状態という国際構造がもたらす必然的な結果ではないというのである．

防御的リアリストによれば，安全さえ確立できれば，国家はあえてパワーを伸長する必要はない．なぜなら，さらに確実な安全を求めて不用意に軍事力を増強したりすれば，相手国の対抗措置を必然的に招くため，かえって安全保障を損なう恐れがあるからである．**安全保障のジレンマ**理論が示すように，ある国家が一方的に安全保障を高めようとする行動をとれば，それは相手国の安全保障を脅かすことになり，対抗措置を招く．したがって，相手よりも大きなパワーを追求する自助行動は，皮肉にも自らの安全を脅かしてしまう．もちろん，無政府世界において安全保障をめぐる国家間の競争は継続する．しかし，相互協力により生存を確実にできるのであれば，進んで他国に譲歩したり妥協したり，相手の反応を無視した一方的な行動を控えたほうが，むしろ国家の安全保障は高まるというのが，グレイサーら防御的リアリストの主張である．

> 構造的リアリズムは国際協力の展望に悲観的である．……（しかし）この悲観的見解は正しくない．……競争することが協力することよりも危険であれば，国家は自助の一環として，他国と協力しようとするはずである（Glaser 1994/95, pp. 51-52, p. 60）．

 したがって，これまでのリアリズムとは対照的に，防御的リアリストたちは国家間の協力関係の構築に楽観的である．彼らがそう考えるのは，無政府世界であっても，国家は安全さえ確保できれば，あえてパワーを拡大する必要はないからである．安全保障を得ている国家がいたずらにパワーを伸長すれば，かえって自身の安全を危うくしてしまう．相手に不必要な脅威を与え，本来なら避けられたはずの軍拡や不注意の戦争などを招きかねない．こうした危険を避けるには，相手と協力するのも1つの方法なのである．
 こうした防御的リアリズムの利点は，様々な安全保障協力を説明できることである．たとえば，アメリカとソ連／ロシアは，この数十年間，核兵器の軍備管理・軍縮に協力してきた．アメリカもロシアも相手より多く強力な攻撃用の核兵器をもとうとすれば，軍拡競争が起こり，核戦争の可能性が高まるので，かえって危険である．むしろ抑止を機能させるのに最低限必要な量まで核兵器を削減し，戦略的安定（お互いに先制核攻撃の誘因をもたない状態）を保った方が，米ロともに安全でいられる．その他，冷戦が戦乱を招くことなく幕を閉じ

たことや，ヨーロッパやアジアなどで様々な安全保障協力が進展していること，国家間戦争が減少していることなどを説明するにも，防御的リアリズムは有効だろう．

攻撃的リアリズム

攻撃的リアリズム（offensive realism）と呼ばれる学派は，ネオリアリズムから発展した，もう1つの新しいリアリズム理論である．このリアリズムもネオリアリズムや防御的リアリズムと同様，国際的無政府状態が，国家の行動を強く拘束しているという仮定に立っている．しかし，攻撃的リアリズムの論理は防御的リアリズムとは全く異なる．すなわち，国家を安全保障ではなく，パワーをより大きくすることを目指すアクターだとし，国家間の権力闘争の不可避性を強調する悲観的な見方をとっている．

ただし，国家がより大きなパワーを求める理由については，リアリストの間で意見が分かれている．1つは，ミアシャイマーらに代表される「元祖」攻撃的リアリズムとも呼べるアプローチである．このリアリズムは，国際構造の国家に対する影響力を重視するネオリアリズムのロジックをさらに発展させたものである．もう1つは，シュウェラー（Randall L. Schweller）やレイン（Christopher Layne）らに代表される，ネオクラシカル・リアリズム（新古典派の攻撃的リアリズム，neoclassical realism）である．このリアリズムは攻撃的リアリズムとは異なり，国内要因を重視するクラシカル・リアリズムにより回帰しているところに，大きな特徴がある．

攻撃的リアリズムの最大の特徴は，国家をパワーの極大化を目指すアクターだと想定することである．前に説明したとおり，防御的リアリズムは安全保障さえ確保できれば，国家のそれ以上のパワーの伸長は，かえって逆効果であるという．したがって，現状維持が安全保障に寄与するのであれば，国家はすすんで他国と協力しようとすると主張する．しかし，攻撃的リアリストはこうした考えに同意しない．彼らは，防御的リアリストたちが国家の現状打破およびパワー拡張の動機を見過ごしていると主張する．歴史的に見れば，大戦争の多くは，勢力を拡張して覇権を得ることこそが安全につながると考える現状打破国（revisionists）が引き起こすというわけである．

攻撃的リアリズムの「御大（おんたい）」ミアシャイマーは，国家は常に現状を自らに有

利に変革しようとする動機をもつと主張する．地球規模であれ地域レベルであれ，国家は他国を威圧できる覇権を確立しない限り安全になったと考えないからである．したがって，無政府世界における国家は，あくまでも覇権を目指してパワーを拡大しようとすることになる．すなわち，国家の目標はいかにして他国よりも大きなパワーをもつかにあり，無政府状態下において，大国同士が覇権的地位を目指して，互いに競うのは避けられなくなる．

　大国……の最終目標は「覇権国」になることであ（る）．……国家は世界権力からの自国の取り分を最大化することを求めており，これが安定した国際秩序を創造し維持させる目標と衝突する．（ミアシャイマー 2014, p. 17, p. 79）．

　こうした世界観に従えば，国際政治の本質は安全保障のジレンマでもなければ，現状維持か現状打破かという区別でもない．無政府世界において，あらゆる国家は覇権を確立しない限り，究極の安全は得られないので，この目標に向かって常にシステムを変えようとする動機をもつからである．したがって国際政治は，国家と国家がたえず相手を圧倒できるより強いパワーを求めて激しく争う世界にほかならない．そして，国家は自らの地位を向上させる機会があれば，戦争の危険を冒してもパワーを拡大しようとする．一方，妥協や譲歩は競争相手に弱みを見せることにつながるので，国家が国際秩序の構築のために協力し合うことなど，極めて難しいということになる．
　他方，ネオクラシカル・リアリズムは，攻撃的リアリズムと同じように，国家はパワーを極大化するアクターとみなす．その一方で，このリアリズムは攻撃的リアリズムとは異なり，同じような環境におかれても国家が時に違った行動をとるのは，国内政治に原因があるとみなしている．ネオクラシカル・リアリズムはネオリアリズムから派生した理論であるが，ネオリアリズムとは異なり，国家は国際システムの要因よりも，国内政治要因に影響を受けることがあると主張しているのである．この点において，ネオクラシカル・リアリズムはネオリアリズムと明らかに一線を画している．その反面，ネオクラシカル・リアリズムはモーゲンソーらのクラシカル・リアリズムにより鮮明に回帰している．両理論は国際政治理論の構築において，国内要因の重要性を訴えているところが共通している．

表5-1 主要なリアリズム理論

	クラシカル・リアリズム	防御的リアリズム	攻撃的リアリズム	ネオクラシカル・リアリズム
国家にパワーを求めさせる原因は？	国家に備わっているパワーへの欲望	システムの構造（無政府状態）	システムの構造（無政府状態）	国内に内在する諸要因
国家はどれだけのパワーを欲しがるのか？	最大限得られるだけ。国家は相対的なパワーを最大化し、最終的な目標は覇権達成にある	安全保障さえ確保できれば、持っているもの以上のものは求めない。国家は既存のバランス・オブ・パワーの維持に集中	最大限得られるだけ。国家は相対的なパワーを最大化し、最終的な目標は覇権達成にある	最大限得られるだけ。国家は相対的なパワーを最大化し、最終的な目標は覇権達成にある

出典：ミアシャイマー 2014, p. 43の表を筆者が加筆・修正

　シュウェラーは，国家が外からの脅威に直面した際，政策決定者たちは，対抗措置をとった場合とそうしなかった場合，どのような国内政治上のコストを払うことになるのかに注意を払っていると主張する．そして，政策エリート間に深刻な分裂がある国家は，たとえ脅威に対抗する必要性があったとしても，リスクの高い対抗措置を講じることに，エリートの意見を集約させるのが難しくなるため，無難な宥和政策などをとってしまうことがあるという．戦間期，イギリスはバランス・オブ・パワーの観点からすれば，ナチス・ドイツの台頭と膨張に対抗しなければならなかったにもかかわらず，結局，ドイツを宥和してしまったのは，この端的な事例なのである．

　攻撃的リアリズムと他のリアリズムの違いを整理すれば，表5-1のようになる．第1に，攻撃的リアリズムは防御的リアリズムと同様，世界の無政府性を国際事情の原因と想定している．しかし攻撃的リアリズムは，無政府状態が国家をパワーの極大化へ導くと考えるのに対し，防御的リアリズムは，国家は安全保障の確保にとどまると説く．第2に，攻撃的リアリズムは無政府状態が国家に現状打破の動機を与え，覇権の追求を強いると考える．他方，防御的リアリズムは国家に現状維持の誘因を与え，バランス・オブ・パワーの追求を強いると考える．したがって，第3に，攻撃的リアリズムはクラシカル・リアリズム同様，国際政治を悲観的に見る一方，防御的リアリズムは楽観視している．

ただし，国家間の権力闘争の源泉を攻撃的リアリズムは無政府状態に求めるのとは対照的に，クラシカル・リアリズムは内政要因や人間の権力欲に還元している．

攻撃的リアリズムは，ナポレオン戦争や第一次世界大戦，第二次世界大戦など，国際政治の世界で起こった血なまぐさい戦争をうまく説明できるだろう．そして，彼らにいわせれば，現代も過去と同じく，大国同士が権力闘争を繰り広げている世界にほかならない．にもかかわらず，現在の国際関係が安定しているのは，ミアシャイマーにいわせれば，ヨーロッパではアメリカとロシアの2極構造，アジアではアメリカがバランサーの役割を果たすことで，バランス・オブ・パワーが保たれているからである．

5 ポスト冷戦期とリアリズム

リアリズムはこれまで，多くの批判にさらされてきた．特に冷戦の終焉は，リアリストに大きな打撃を与えた．ウォルツらは米ソ2極世界の継続性と耐久性を強く主張していたにもかかわらず，冷戦はあっけなく終わっただけでなく，リアリズムは，冷戦の終焉という世界の激変を予測できなかったからである（ただし，他の学派も予測に失敗した）．では，リアリズムは今や時代遅れの理論なのだろうか．ここでは，主なリアリズム批判を簡単にまとめるとともに，冷戦後の国際関係分析におけるリアリズムの有効性を考えてみたい．

リアリズムの最大の欠陥は，国際関係の変化を説明できないことであろう．確かにリアリズムは，戦争や軍拡，同盟など，繰り返し起こる国際関係の諸事象を簡潔に説明できる．しかし，リアリズムは一般的に，国際関係がどのようなメカニズムで，どのようなプロセスを経て変容するかについて，必ずしも明らかにしていない．リアリズムの悲観的な世界観も，現代世界の「現実」と相容れないようにみえる．リアリストによれば，国際関係は「権力闘争」（モーゲンソー）にほかならず，「無政府世界における平和は脆い」（ウォルツ）はずである．しかし，実際は，各国が常に他国を支配しようと権力闘争を繰り広げているわけではない．ましてや，大国同士の大戦争がいまにも起こりそうな気配はない．さらに，リアリズムによれば，無政府世界ではバランス・オブ・パ

ワーの原理が働くため，各国は覇権国の台頭を抑えようとするはずである．だが冷戦後の「反米覇権連合」を形成する動きは極めて緩慢である．

理論と現実のギャップは，リアリストに理論の再構築を迫った．防御的リアリストは，それまでのリアリズムの悲観主義を克服し，無政府世界における国際協力について，楽観的な見通しを示した．別のリアリストは，国家はパワーではなく脅威に対してバランスをとろうとすると，リアリズム理論を修正して脅威均衡理論を打ち出し，アメリカに対抗する同盟が形成されないことを説明しようとした（Walt 1987）．しかし，こうした修正は場当たり的に理論を取り繕うもので，リアリズムは既に効力を失った「退行プログラム（degenerative program）」であり，単に理論を修正するだけでは救済できないという批判も強い（Vasquez and Elman 2003）．政治哲学者のフクヤマ（Francis Fukuyama）は卓越した比喩を用いて，次のようにリアリズムを痛烈に批判する．

　その医者は，ある癌患者に苦痛をともなう長期の化学療法をほどこし，ついには癌を完治させた．だがその後も彼は，患者に対して，いままでこんなに効果があったのだから，今後もずっと化学療法を続けるべきだと必死に説得しているのだ．もはやどこにも存在しない疾病のあれこれをいじりまわしてきた現実主義者も，いまでは自分たちが健康な患者に対して高価で危険な治療法を提案していることに気づいている（フクヤマ 1992, pp. 134-135）．

戦争が国際社会の病理だとすれば，われわれはこれを克服しつつあるのだろうか．理由は必ずしも明確ではないが，大国同士の戦争は70年近く起こっていないし，近い将来も起こりそうにない．国家間戦争そのものの数も，ここ数十年では極端に少なくなっている．こうした現実を受けて，リアリズムの批判者たちは，リアリズムが時代遅れになっている証拠だと主張するだろう．

逆にリアリストは，無政府世界，国家の重要性，自助原則など，国際関係は本質的に変わっていないと反論する．冷戦後も湾岸戦争やイラク戦争，クリミア併合が起こったこと，アメリカが自らの優越的地位を維持しようとしていること，ヨーロッパ諸国がアメリカが暴走を抑えようとしてイラク戦争に反対したこと，中国がひたすら軍備拡張に走っていること，北朝鮮が約束を破って核兵器を保有したこと，国連の限界などは，依然として世界がリアリズムの想定

> Box 5.3 科学的リアリズムと倫理
> 国内問題を扱う政治学では,国家が市民の権利を守る手段を講じ,不正義を最小限にとどめているから,……価値自由で純粋に客観的な分析が可能なのである.……しかし,国際政治学(国際関係論)においては,単純にそうはいかない.いかなる国際問題であれ,そこには常に暴力と不正義が付きまとうからである.だからこそ,われわれは価値の意味を常に考え,明確な規範的意識をもって,(国際問題に)取り組まなければならない.
>
> —— Hoffmann 1998, pp. 62-63

通りに動いている証拠だと主張するだろう.リビアやシリア,イエメンなどの統治能力を失った「破綻国家」において内戦が激化することも,リアリズムでいうアナーキー状態が国家内部に出現したことで説明できる.さらに,リアリズムが時代遅れだとしても,それに匹敵する別のパラダイム(支配的な見方)が現在の国際関係論に存在するわけではない.

リアリズムが道義を軽視していることには,かねてから根強い批判がよせられている.そもそも国際構造が国家の行動を強く制約しているのであれば,国家は自らの責任において主体的に行動するのではなく,いわば国際構造の「操り人形」のような存在になってしまう.そうであれば国際事象の責任は,つかみどころのない国際構造に帰せられてしまい,国家の道義的責任は問えなくなってしまう.さらに,リアリズムは国家を損得勘定で行動する合理的アクターであるとみなすため,道義や倫理の議論はほとんど出る幕がない.クラシカル・リアリズムでは,国益を追求することは中庸につながるため,道義的に正当化できるといった議論もあった.しかし,ネオリアリズム以後,リアリズムが実証科学志向を強めれば強めるほど,道義や倫理,正義などを扱う規範論からはますます離れるようになっている.

最後に,冷戦後世界や9・11後世界の道案内として,リアリズムは役に立つかどうかを検討してみよう.リアリズムは冷戦の終焉を予測できなかった.また,9・11同時多発テロは,リアリズムではアクターとみなされないテロリストという非国家主体が,世界最強のアメリカの安全保障を脅かした.こうした事実はリアリズムに痛手を負わせた.このようにリアリズムは,国際関係のガイドブックとして確かに完全なものではない.しかし,世界がどう動いている

かを読み解く際，リアリズムの視座は依然ゆるぎない．戦略理論家であるグレイ（Collin Gray）は次のように主張している．

> 9・11とその直接的重要性を，世界政治の仕組みに照らして吟味しなくてはならない．……リアリストの教理は，自立国家つまり主役たちが必然的に国益を求めて力と影響力の増大を追求する，構造的な無政府世界を想定している．……なるほどアルカイダはみごとな国際組織だが，その繁栄は，国家が……公式に黙認するという多少重大な措置があってこそのものだ．国家とその領土権がおよび主権が依然として世界政治を支配し続けていることは……リアリストにとっては全く驚くにあたらない（グレイ 2003, pp. 262-270）．

世界は今でも中央政府を欠いた状態である．国家は非国家主体に主役の座を簡単には明け渡しそうにない．アメリカや中国，ロシアなど，諸大国は自らの安全のためにできることは，何でもやっているようにみえる．外交の場では，相変わらず各国の熾烈な駆け引きが続いている．こうした現実を最もうまく説明できるのは，やはりリアリズムである．国際システムの無政府構造が根底から変わらない限り，リアリズムは今後も国際関係の分析に役立つだろう．

要点の確認　Questions

① リアリズムとは，どのような国際関係理論なのだろうか．リアリズムの利点と欠点は何か．
② なぜリアリストは国家安全保障を重視するのか．安全保障のジレンマを克服することは可能か．
③ 単極／覇権システム，2極システム，多極システムのうち，どのシステムがより安定的だろうか．
④ 攻撃的リアリズムと防御的リアリズムの違いは何か．どちらが国際関係の様々な出来事をより説明できるだろうか．
⑤ リアリズムは，9・11テロ事件後の世界を分析するのに役立つか．

リアリズムをもっと知るために

Guide to Further Reading

カー，E. H.（2011〔原著1939〕）『危機の二十年——理想と現実』（原彬久訳）岩波書店．

▷リアリズムのみならず国際関係論という学問体系の土台となった文献である．理想主義に基づく第一次世界大戦後のベルサイユ体制の脆さを鋭く指摘し，パワー・ポリティクスとその帰結を冷厳に分析するリアリズムの重要性を訴えた．

モーゲンソー，ハンス・J．（2013〔原著1948〕）『国際政治——権力と平和』上中下巻（原彬久監訳）岩波書店．
▷クラシカル・リアリズムの最も重要な文献である．人間の権力欲から国家間の権力闘争や平和の条件を説明しようとした．また，法律や道義を指針とする外交を徹底的に批判し，パワーの観点から割り出された国益に基づく外交の効用を説いたことでも，本書は有名である．国際関係論が科学的志向を深めるにつれ，モーゲンソーの影は一時薄くなったが，最近，リアリストのみならずその批判者たちからも，モーゲンソーは再評価されている．

ウォルツ，ケネス（2010〔原著1979〕）『国際政治の理論』（河野勝・岡垣知子訳）勁草書房．
▷ネオリアリズム学派を確立しただけでなく，国際関係論を科学的に発展させた「現代の古典」である．本書でウォルツは，国際的無政府状態（とパワーの分布状況）が，いかに国家行動に影響を与えるかを明らかにした．その後も，無政府性とパワーから国際政治の出来事を簡潔に理路整然と説明する彼の姿勢はゆらぎがない．まさにリアリズムの重鎮といった貫禄である．

レイン，クリストファー（2011〔原著2006〕）『幻想の平和——1940年から現在までのアメリカの大戦略』（奥山真司訳）五月書房．
▷ネオクラシカル・リアリズムの理論書であると同時に，アメリカの大戦略を分析する政策指向の学術書．オフショア・バランシングがアメリカのとるべき戦略だと説いている．

ミアシャイマー，ジョン・J．（2014〔原著2014〕）『大国政治の悲劇——米中は必ず衝突する！』改訂版（奥山真司訳）五月書房．
▷クラシカル・リアリズムのエッセンスとネオリアリズムの科学性を融合することにより，戦争と平和の壮大なリアリズム理論を構築しようとした．本書は，覇権を求める国家同士のあくなきパワー追求が国際政治の本質であることを説く，攻撃的リアリズムの「バイブル」とでもいうべき文献である．

第 6 章
リベラリズム

はじめに	184
1　リベラリズムの国際政治観	185
2　リベラリズムの思想的起源	187
3　戦間期における理想主義の興隆と没落	190
4　リベラリズムの国際関係理論の展開	194
5　ポスト冷戦期とリベラリズム	204
要点の確認	209
リベラリズムをもっと知るために	209

第6章 リベラリズム

はじめに

　国際関係におけるリベラリズム（liberalism）とは何を意味するのだろうか．国際関係におけるリベラリズムのアプローチとは，どのような分析的観点を重視しているのだろうか．リベラリズムの国際関係理論とは，いったい何を示すのだろうか．

　国際関係論におけるリベラリズムのアプローチは，その基盤となる思想的要素が多岐にわたる．国家と社会との関係を重視するロック，功利主義の立場から国家間の関係を論じるベンサム，個人の経済活動と国家との関係について論じるスミス，コブデン，リカード，世界平和の構築を模索するカントなどがその代表としてあげられる．これらの思想は，個人の自由・権利や権力の多元化，そして国家の役割について，ある程度の共通した要素を前提としているが，1つの統一的な思想の流れに沿っているのではない．

　このようなリベラリズムの思想を基盤として，国際関係理論が展開されてきた．歴史的には，リベラリズムは第一次世界大戦後，国際法や国際機構，世論などを重視した理想主義として発展した．しかし，第二次世界大戦や冷戦の現実に直面し，カーやモーゲンソーらがリアリズムの立場から理想主義を批判する．もっとも，リアリズムも第二次世界大戦後の西ヨーロッパの統合や資本主義諸国間の経済的相互依存関係を十分に説明するには限界があった．そして，リアリズムのパラダイムに対し，新たな視点として安全保障共同体に関する議論，相互依存論，国際レジーム論，ネオリベラル制度論といったリベラリズムの潮流が登場する．その争点領域も，戦争と平和をテーマとした国際安全保障だけでなく，国際貿易や国際通貨，国際金融などの国際政治経済分野や環境，人権問題にまで拡大している．

　この章では，はじめにリベラリズムの国際関係理論の特徴について言及する．そして，個人と国家，経済活動，平和に焦点をあて，リベラリズムの思想的起源を紹介する．その後，戦間期の理想主義について考察し，そのうえで冷戦期のリベラリズムの国際関係理論の変遷について見ていくことにする．特に，相互依存，国際レジームや国際制度，民主主義がどのように国家間に信頼や協調を醸成し平和を築いていくのかについて検討する．最後に，ポスト冷戦期の国際政治とリベラリズムについて考察していきたい．

1
リベラリズムの国際政治観

リベラリズムの国際政治観によれば，無政府状態（アナーキー）にあっても国家は必ずしも武力行使を前提とした権力闘争を常に行っているわけではない．国家は互いに協力しあうことが可能であり，共存しあい繁栄することができる．国際問題についても，国家は軍事問題を常に優先的に取り扱うのではなく，争点領域は貿易問題や環境問題など多岐にわたる．そして，国家以外の行為主体（アクター）が，国家の対外政策に影響を与え，国際政治において重要な役割を果たす．国際政治と国内政治は密接に関連しており，国際政治の性質を理解するには，国内政治にまで目を向ける必要がある．今日の国際関係理論と関連づけながら，リベラリズムの視点に立った国際政治の特徴について見ていくことにしよう．

争点領域の多様性

リアリズムは，軍事や安全保障問題を高次元の政治問題，経済や環境問題などを低次元の政治問題ととらえ，国際問題の重要性について暗示的に優先順位をつけている．これに対して，リベラリズムの国際政治観では，安全保障，経済，環境，人権など様々な争点領域が個別に存在する．異なる争点領域を関連づけて交渉することはあるが，それらの争点領域には必ずしも優先順位が存在するわけではない．安全保障以外の重要な国際問題に直面し，リアリズムによるパワー・ポリティクスの研究から，第4節で見ていくように多元的安全保障に関する議論，相互依存論，国際レジーム論，ネオリベラル制度論の議論といったリベラリズムへと多様化していくのである．

アクターの多様性

リベラリズムは，国際機関や多国籍企業，非政府組織（NGO）といった非国家主体（non-state actor）の役割を，国家と同様に重要とし積極的に評価している．もっとも，リベラリズムのなかでも国際レジーム論やネオリベラル制度論は，国際レジームや基本的には合理的で単一なアクターとしての国家の行動を分析対象としている．しかし，基本的にリベラリズムは，非国家主体が単なる脇役ではないという立場をとっている．

例えば安全保障の分野についても，非国家主体の存在は決して小さなもので

はない．**多国籍企業**や**グローバル企業**が国境を越えた活動を展開し，経済的相互依存が深化した国際社会では，国家間に懸案事項が生じたとしても，交渉が決裂し，武力行使へエスカレートする可能性は低いと思われる．また，今日，アルカイダの例にみられるように世界の紛争地域において国際テロ組織の軍事行動は，国家の安全保障政策に大きな影響をおよぼすと考えられる．アムネスティ・インターナショナルや地雷禁止国際キャンペーン（ICBL）のような国境を越えたアドボカシー（政策提言）機能をもつ**国際非政府組織**（国際NGO）は，諸国家間の対話や信頼の醸成，条約締結に向けてのキャンペーン活動等を行い，軍縮問題において極めて重要な役割を果たしてきた．そして，国連や地域の国際機関は，安全保障についての具体的な問題や課題について，国家間の理解と対話をうながし，国家が協力しあい平和構築に向けて具体的な政策を進めていく上で不可欠な機能をもっている．

　国際政治において，もっとも基本的かつ中心的なアクターは，依然として主権国家であるかもしれない．しかし，以上のように国際機関，多国籍企業・グローバル企業，NGOなど非国家主体の活躍や国際世論の影響も無視できない．国際テロ組織も国家や地域の安全を脅かす存在でもある．このようにリベラリズムでは，国際政治を主権国家が競争しあうシステムとのみとらえず，幅広く，多面的に国際政治を分析していくアプローチがとられている．

国際システムと国内政治

　第5章で見たように，ネオリアリズムは国際システムにおける無政府状態に焦点をあて，国際システムにおけるパワー分布から国際システムを分類し，国家の対外行動や国際政治の性質を議論する．国家は，国際システムでは合理的な単一のアクターとされ，政治制度や経済アクター，政治文化や歴史的経験などの国内要因は研究の対象となっていない．ネオリアリズムは，攻撃的リアリズムであれ，防御的リアリズムであれ，国際システムの安定を，単極／覇権システムであるか否か，あるいは2極または多極のシステムで勢力の均衡が保たれているか否かというシステム・レベルの要因を中心にして考える（第5章「リアリズム」を参照）．

　これに対し，リベラリズムは，国内政治の諸要因が国家の行動に影響を与えると考える．たとえば，第4節で検討するように，国内の**デモクラティック・**

ピース論では民主主義国家が共有する規範や理念，政治制度や規範，アイデンティティ，政治指導者の認識などの要素が，民主主義国家間の危機を平和的解決に導くことが指摘されている．

2 リベラリズムの思想的起源

国際政治を分析する上で用いられてきたリベラリズムの思想的起源は，17世紀にまでさかのぼるといえよう．国際関係におけるリベラリズムのアプローチの特徴が多様であることからもわかるように，その思想的系譜は必ずしも系統だっているわけではない．以下では，個人と国家，経済，平和といった着眼点から，リベラリズムの思想的起源を考察していくことにしよう．

リベラリズムと国家と個人

リベラリズムの思想は，17世紀における個人と国家との関係から発展してきた．リベラリズムは，国家や宗教組織をはじめとするそれまでの共同体の権威や強制から，すべての個人に対し自由を保障し，かつ自由をもつ個人が互いに他者といかに共存していくのかについて模索してきた．リベラリズムによれば，国家は人々の自然権を保障する契約によって成立する．人々は，全員一致の合意と契約により政府を設立し，政府に自然権を信託する．政府が自然権を犯すようなことがあれば，抵抗権または革命権により，人々は契約を破棄することも可能なのである．

ロック（John Locke）は，神の作品であるすべての人間は，生まれながら平等に生命や身体また財産に対する権利を神によって与えられていると主張する．個人は，生命，身体，財産を固有のものとして所有し，その権利は不可侵である．このような自然権は，神から与えられた自然法によって定められている．自然法にもとづいて自然権が行使される限り，人々は平和を享受することができる．そしてまた，理性ある個人は，互いに自然権を尊重しあい，共存する義務をもっている．

もちろん，人により自然法の解釈が異なり，人々の間で争いが起きる可能性もある．そのような状況を克服するために，人々は全員一致の契約によって政

府を設立し，政府に各々の所有する自然権を信託する．自然状態で個人がバラバラに自分の権利を主張するよりも，統一的なルールに基づいて，一元的に政府が市民の権利を保障する方が確実であると考えられるからである．そのため，政府は，市民の権利を保障する統治を人々から期待される．そして，政府が市民の信託に反し，市民の権利を侵害するようなことがあれば，市民は，政府を解体することができる．このようにロックは，個人の自由と国家の役割について論じた．

　これに対し，ベンサム（Jeremy Bentham）は，功利主義の立場から国家間の関係のレベルにまで議論を発展させた．すなわち，功利主義では，人間が幸福を求め，不幸を回避するという原則を前提とし，個人の幸福の総和が最大化することを善とする．そして，個人が政府の権威や法律に服する理由は，それによって得られる功利がそれに反抗することによって得られる功利よりも優越しているからである．これを国家間のレベルで考えると，国際法や国際組織といったルールを国家が受け入れ，互いの偏見や誤認を取り除き，情報を分かち合い，利害調整をすることで，最終的に利益を分かち合うことが可能なのである．このようにリベラリズムは，国家と個人との関係という視点において論じられた．

リベラリズムと経済

　18世紀から19世紀になると，リベラリズムは，イギリスの思想家たちにより，国家と市場，国家と経済活動という観点から論じられるようになる（詳しくは第7章「国際政治経済論」を参照）．その当時，ヨーロッパでは絶対主義国家が植民地貿易の独占のために，経済活動に積極的にかかわり，富を築くという**重商主義**の思想が主流であった．そのような重商主義では，国家は常にゼロサム的な権力闘争をするという前提があった．これに対し，スミス，コブデン，リカードらは，国家が市場に介入することは必ずしも経済活動の基本的単位である個人にとって利益にならず，市場を自由放任にしておくことにより，国家，社会，個人は，それぞれが繁栄を享受できることを主張した．アダム・スミス（Adam Smith）は『国富論』において，消費者と生産者はそれぞれ合理的に行動し，最低の費用で最大の利潤を得ようとすると論じた．そして，競争的な市場においては，個人の利益追求は経済の効率化を促進し，市場経済の拡大化を

進め，社会の福利厚生の増大をもたらす．国家は市場や個人の経済活動に対し干渉するのではなく，自由放任主義でいることが望ましい．見えざる手の導きで，個人がそれぞれ自己の利益を追求することで，自然と利害調整は可能になるのである．さらに，コブデン（Richard Cobden）はこのような立場から，国家が重商主義をとり，植民地を独占しようと争うからこそ，戦争が起きると指摘した．そして，経済活動を市場にまかせ，自由貿易が拡大することで，国はそれぞれ利益を享受することができ，戦争勃発の危機を防ぐことができると説いた．

また，リカード（David Ricardo）は，『貿易論』において，国家の相互利益を比較優位の観点から論じた．各国がそれぞれ，生産性の優位を考慮し，互いに得意な分野に特化し，生産した商品を交換しあえば，生産性や所得水準の異なる国家間の貿易においても，双方が利益を得ることが可能になる．自由貿易は一国の富の構築だけでなく，他国の繁栄も可能にし，相互にとって利益であり，それは平和の構築と維持につながっていくと考えられた．

リベラリズムと平和

リベラリズムは，戦争と平和をどのように考えているのだろうか．リベラリズムの考えでは，世界平和を達成するには，どうすればよいのだろうか．この

Box 6.1　カントの『永遠平和のために』

この（平和）連合がもとめるのは，なんらかの国家権力を手にいれることではなくて，もっぱらある国家そのもののための自由と，それと連合したほかの諸国家の自由とを維持し，保障することであって，しかも諸国家はそれだからといって（自然状態にある人間のように）公法や公法の下での強制に服従する必要はないのである．──連合制度は次第にすべての国家の上に拡がり，そうして永遠平和へと導くことになろうが，連合制度のこうした理念の実現可能性（客観的実在性）は，おのずから証明されるのである．なぜなら，もし幸運にもある強力で啓蒙された民族が一共和国を形成することができたら，この共和国がほかの諸国家に対して連合的結合のかなめの役をはたすからで，その結果諸国家はこの結合に加盟し，こうして諸国家の自由な状態は国際法の理念に即して保障され，連合はこの種の多くの結合を通じて次第に遠くまで拡がっていくのである．

──カント 1985, p. 43

問いに取り組んだのがカント（Immanuel Kant）である．『永遠平和のために』において，カントは共和政治の国家による平和連合設立の必要性を強調する．カントによれば，世界平和の構築と維持のためには選挙により代表を選ぶ代議制や権力分立が確立している共和国が存在しなければならない．市民にとって戦争とは，税金や人命など負担の多い政策と考えられ，その市民が代表者を選ぶ共和政の国家であれば，政府は国際的危機に直面しても，市民に負担のかかる戦争を安易に遂行できない．むしろ，危機を回避するために慎重な外交交渉をし，平和的解決を模索することが考えられる．

さらに，このような制度的制約にくわえ，共和政の国家同士は，互いの自然権を自然法の範囲内で尊重しあうというリベラリズムの考えを共有している．そのような共和国同士であれば，対立が生じても，その状況を即，自国の安全が脅かされる**安全保障のジレンマ**の恐怖に陥ったとは考えない．また，強い猜疑心をもちながら相手と交渉し，相手に対して恐怖を感じ，紛争解決の手段として，すぐに戦争に訴えるということはしない．リベラリズムの価値観を有した国家間であれば，たとえ危機的な対立が起きたとしても，互いに信頼しあい，平和的解決を探ろうとする．そして，このような共和国が，平和連合体制を築き，戦争を紛争解決の手段としない平和条項を締結することで，平和が可能になるとカントは主張する．より多くの共和国の参加は，平和連合の拡大となり，それは平和の拡大を意味する．そして，平和連合を機能させるために，世界市民法の確立が必要であるとした．

以上，リベラリズムの思想について紹介してきた．これらのリベラリズムの思想は，1つの系譜的な流れに沿っているというよりも，個人と国家，国家と市場，国家間の関係のそれぞれについて，様々な側面から議論されてきたといえよう．

3 戦間期における理想主義の興隆と没落

リベラリズムは，国際法や国際組織，経済的相互依存や民主主義によって，国家間の平和が構築されていくことを積極的に評価する．特に，ヨーロッパやアメリカでは，第一次世界大戦前後において，バランス・オブ・パワー（勢力均衡）の国際

政治を批判し，自国のパワーのみにより安全を確保するといった自助原則のみでなく，国際法や国際組織を通じて国家が集団で安全を追求することが論じられた．そして，第一次世界大戦後には，ヨーロッパやアメリカの対外政策にもその思想が反映されていった．以下では，リベラリズムの思想的発展として戦間期の理想主義を検討する．

ウィーン会議から国際連盟創設まで

　近代国際政治史上，国際関係の組織化を中心とした集団安全保障体制の試みは，ナポレオン戦争後の荒廃したヨーロッパに秩序を構築するために1814年から1815年にかけて開催された**ウィーン会議**（Congress of Vienna）に見ることができる．この会議においてロシア，オーストリア，プロシア，イギリス，そしてフランスは，ナポレオン戦争によって荒廃したヨーロッパに平和を取り戻すと同時に，国王や皇帝の支配する秩序を再建しようとする正統主義の原則を重視した．ヨーロッパの主要国の指導者たちは，それぞれの国内における革命勢力の台頭を恐れ，国内的秩序の安定と国際的な平和を維持する必要性を互いに確認しあった．そして，ウィーン会議後，この原則に基づき，ヨーロッパの列強諸国は短期的な利益を一方的に追求するのではなく，会議により意見交換をし，互いに利害調整を試みる．そして，対立する事項についてもできる限り平和的解決によって事態を収拾する行動パターンを慣習化していった．

　現実には，ヨーロッパ列強諸国は，それぞれの国での革命勢力の台頭やラテンアメリカのスペイン植民地領の独立やギリシャの独立などをめぐり，対立が鮮明になったことによって，19世紀半ば頃までにはウィーン会議当初の精神は尊重しなくなった．しかし，短期間ではあったものの軍事力に頼らず，共通の理念のもと，会議外交を通じて平和を模索する国際政治が展開された．その後，国際法規形成への関心が高まり，万国電子連合や万国国際郵便連合など非政治分野での国際機関も設立された．国際会議による国家間の利害調整の慣習化により平和を構築することへの限界はあったものの，ウィーン体制下でのヨーロッパ列強の協調は，無政府状態にありながらも，国家間の協力による平和構築の可能性を示したといえよう．

　事実，ウィーン体制が崩壊し，ヨーロッパがバランス・オブ・パワーの国際政治を繰り広げるようになっても，国際会議，国際機関，国際法による平和構

築への模索に終止符が打たれたわけではなかった．1899年および1907年の2回，オランダのハーグにおいてハーグ平和会議が開催され，戦争法や紛争解決法についての骨格を定め，国家間の紛争仲裁のための裁判所が設立された．特に，第2回の会議では，ラテンアメリカ諸国を含める44カ国が参加し，大国，小国，非ヨーロッパ諸国が同等の資格において参加した．ハーグ平和会議は，それまでの国際政治の性質を変えるようなインパクトをもつ会議ではなかった．しかし，様々な国家が平等に参加する国際紛争処理の制度づくりを模索した意義ある会議であったといえよう．

そして，第一次世界大戦後，それまでの秘密外交，軍拡競争，他国への侵略行為などに終止符を打ち，戦争を違法化し，主権国家が国際機関の下で，集団的に平和を維持していこうとする理念が強まっていった．この理想主義は，国際連盟の設立やワシントン会議での軍備管理，軍備縮小への動き，戦争の違法化を規定するパリ不戦条約といった現実に反映されていく．

戦間期の理想主義

国際機関を通して平和を構築していこうとする理想主義の思想は，イギリスを中心として発展した．そして，第一次世界大戦後のパリ講和会議において，アメリカのウィルソン大統領が主導的な役割を果たし，**国際連盟**（League of Nations）設立の作業が進められた．戦間期の国際政治を中心としたリベラリズムの思想は，**理想主義**（idealism）と呼ばれ，その思想は多岐にわたる．そのなかには，後にカーがユートピア的思想として鋭く批判する思想も存在した．

国際機関の役割については，ウルフ（Leonard Woolf）が『国際政府（*International Government*）』において，国際連盟の構想となる理念に言及し，ディキンソン（Goldsworthy Lowes Dickinson）が，「国際連盟」という用語を用いて，より具体的に第一次世界大戦後の国際的平和維持機構としての国際連盟に関する考察をした（ロング＆ウィルソン編著 2002, pp. 142-150）．ノエル＝ベーカー（Philip John Noel-Baker）は，国際紛争における仲裁裁判所の概念をさらに発展させ，より強制力のある国際裁判所の必要を説いた．そして，各国が戦争に訴える権利を廃止し，戦争を違法化し，それに反した国家は他国からの要請に基づいて召喚されれば，裁判所に出廷する義務を課すことで，将来の国際紛争が法的な権利義務に則って解決できると主張した（ロング＆ウィルソン編著 2002,

pp. 39-52).

　イギリスにおいて，このような理想主義の思想が論じられる一方，アメリカではウィルソン大統領が1918年の一般教書において，第一次世界大戦の戦後処理と戦後世界の構築に関連し，14ヵ条原則を示した．そして，ウィルソン大統領はパリ講和会議において，国際連盟創設にむけての連盟規約づくりを主導する．連盟規約には，各国の領土保全と政治的独立を尊重した上で，侵略行為や戦争は国際連盟全体の利害関係事項であると記され，違法な武力行使を行った国は，すべての連盟国に対して戦争行為をしたと考えられ，その行為に対して制裁を加えるということが明言された．

　国際連盟に加えて，市民や世論の力を重視したのも戦間期の理想主義の特徴であろう．ジマーン（Alfred Zimmern）は，各国がそれぞれの国民に対して責任をもつことを前提として，主権国家の独立を保持しつつ，定期的に会合をするフォーラムの場としての国際連盟の重要性を指摘した．そして，**ナショナリズム**が戦争を引き起こすという観点から，平和教育と世論の役割を強調した．ジマーンは，国家の枠組みを超えて市民らが互いの民族的特質を理解しあうといった教育的交流が進み，戦争に反対する価値観が世論に広く浸透することによって，平和の基盤が構築されていくとし，国際主義の教育を推進した（ロング＆ウィルソン編著 2002, pp. 94-96）．

　また，エンジェル（Norman Angell）は，『大いなる幻想（*The Great Illusion*）』において，相互依存発展の観点から，利益獲得のための工業大国間での戦争の非合理性について論じた．エンジェルによれば，産業や通商が発達した国家では，軍事力は社会的にも経済的にも無用の長物である．通信手段の発達により，工業国間での国際的な信用取引が増え，相互依存が高まりを見せる．このような状況にあって，隣国を武力で征服しようとすることは自国の利益にはならない．また，植民地経営にしても，植民地の開発や植民地行政にコストがかかるだけである．戦争により領土を拡大し，富を築くという考えは，非合理的で時代遅れなのである（ロング＆ウィルソン編著 2002, pp. 114-119）．

　これらの理想主義の思想は，新たな国際政治の時代に対し，大きな期待を表すものであった．しかし，戦間期の国際政治は，その期待に応えるものではなかった．1932年には，日本主導による満州国建設が進められた．1935年，イタリアはエチオピアへ侵攻し，1939年にはヒトラーのポーランド侵攻に始まる第

二次世界大戦が勃発する．

さらに，第二次世界大戦後登場したアメリカとソ連の2つの超大国は，東西陣営の代表として対立し，バランス・オブ・パワーの国際政治が続くことになる．そのようななか，理想主義の思想にかわり，カーやモーゲンソーに代表されるリアリズムの考えが国際関係理論の主流として論じられるようになった．しかしそれは，リベラリズムの思想や理想主義が，全くの誤りであったことを意味するわけではない．リベラリズムの考えは，相互依存論，国際レジーム論，ネオリベラル制度論，デモクラティック・ピース論などに発展し，リアリズムを批判する理論として，リアリズムとの対話を繰り返していく．次節で詳しく見ていこう．

4 リベラリズムの国際関係理論の展開

> 冷戦期，リアリズムの視点から国際政治が論じられるようになった．実際，リアリズムは，時代をこえて変わらぬ国際政治の性質を説明しようとした．これに対し，リベラリズムの思想を系譜した国際関係理論は，変化する世界情勢を考察しながら発展していった．特に，相互依存，国際制度，民主主義といった視点を取り入れたリベラリズムの国際関係理論が国際社会の変化を分析するようになった．
> 以下では，リベラリズムの国際関係の諸理論について考察する．

相互依存の国際関係理論

経済的相互依存と平和についてのリベラリズムの視点は，貿易や投資などの経済交流が盛んになれば，国家間の平和が促進されるというものである．国家間の経済的相互依存が深化することで，その2つの国家は，共に経済厚生を増大することができる．国家間に緊張関係が高まっても，貿易や投資に携わる企業などの経済アクターは，貿易や投資による自らの利益に反するような状況には強く反対する立場をとると考えられ，国家はそのような経済アクターの立場や経済的利益を考慮し，武力行使にエスカレートする前に，問題を平和的に解決するよう試みる．このようなリベラリズムの考えは前節でみたように，18世紀から19世紀にかけては，スミス，コブデン，リカードらにより唱えられ，20

世紀初頭には，エンジェルが論じてきた．これが20世紀，どのように発展していったのであろうか．

2つの世界大戦を経て，米ソの対立が激化した冷戦期がはじまった．しかし，1950年代にはいると西ヨーロッパ独自の地域統合が進み，ヨーロッパ経済共同体が発足した．ドイッチュは，このような地域における交流の増大と統合の動きについて，多元的安全保障共同体という概念を用いて議論する．

ドイッチュ（Karl Deutsch）によれば，西ヨーロッパや北米の地域において，国家間の様々なレベルでコミュニケーションや交流が進み，社会のレベルにおいて統合が深化すると「われわれ意識」が芽生えてくる．「われわれ意識」を共有した国家間では，対立があったとしても武力行使により解決を図ることは考えられず，平和的な手段による解決が期待される（Deutsch 1957）．ドイッチュは，このような不戦共同体を多元的安全保障共同体と呼ぶ．この**安全保障共同体**（security communities）という概念は，後になって，アドラー（Emmanuel Adler），バーネット（Michael Barnett）らがヨーロッパの事例をとりあげて，国家のエリート層がアイデンティティや規範を共有することで安全保障の共同体が形成されるというコンストラクティビズムの議論に受け継がれることになる（Adler and Barnett, eds. 2000）．

そして1970年代には，国際政治におけるパワーの性質の変化が相互依存に関連づけられて論じられるようになった．この背景には，それまで圧倒的なパワーを有していたアメリカの経済力が相対的に低下したことや，石油危機が起こり，軍事力以外のパワーに注目が集まったことがある．

1971年，アメリカは金とドルとの交換を停止すると突然発表し，1973年にはそれまでの固定相場制から変動相場制に移行することになった．同じ時期に勃発した第四次中東戦争下では，アラブ諸国が，アメリカをはじめとするイスラエル支援国への石油の全面あるいは部分的禁輸を決定し，イスラエルを孤立させようと試みた．石油価格は高騰し，海外の石油に依存していた国々の経済は混乱した．この石油危機（オイルショック）は，国際政治におけるパワーは多元であり，石油が諸外国に対し影響力を行使するための政治的な手段となりうることを示すこととなった．このような現実の変化を踏まえ，リベラリズムの相互依存論がリアリズムを批判することになる．以下，その内容をもう少し詳しく見ていこう．

国際関係における相互依存とは，国と国とが，国境を越え，相互に関連しあっている状況にあり，ある国で起きた出来事や政策の変化が，他国に影響を与えることを示す．そして，コヘインとナイは，敏感性と脆弱性(ぜいじゃくせい)という概念を用い，国家間の相互依存関係についての議論を展開する．敏感性（sensitivity）とは，ある国の対外政策の変化が，他の国に対し，どのくらいの速度で，どのくらいの範囲にわたり影響を与えるかという反応の度合いを示す．脆弱性（vulnerability）とは，相互依存の関係に変化が生じたとき，その変化に適応するためにかかるコストの程度を示す．国家同士が同等に依存しあい，その脆弱の度合いも同程度の場合，対称的な相互依存状態にあると考えられる．対称的相互依存の場合，国際交渉において対立的状況に陥っても，双方が相互依存関係を絶つことのコストが高いため，利害調整をし，協力関係を維持することが考えられる．これに対し，非対称的相互依存関係とは，依存関係にある2つの国が，相手国に対する依存の程度に差があり，ある国が，他国に対し，一方的に依存しているような状況を指す（コヘイン＆ナイ 2012）．

　このような敏感性と脆弱性を踏まえて，コヘインとナイによる相互依存論は，それまでのリアリズムによる国際政治観を次のように批判する．第1に，経済やエネルギー資源の分野における国家間の関係について言及しながら，国際政治におけるパワーとは軍事力に限定されるものではなく，経済やエネルギーなども諸外国に対して影響力を行使しうるパワーの源泉となりうることを指摘した．第2に，パワーが多元的であるように，国際政治における争点領域も多様である．そのため，軍事面を中心とする安全保障問題を高次元の政治として国際関係の中心的課題とし，経済や環境問題を低次元の政治としてとらえるのは間違いである．争点領域には，ハイアラーキーは存在せず，時に重複しあいながら存在していると思われる．第3に，国際関係におけるアクターは主権国家だけでなく，貿易や投資，環境や人権問題などの様々な争点領域における非国家主体も重要である．実際，多くの争点領域の諸問題については，多国籍企業やグローバル企業による生産や販売活動，NGOによる問題提起といったアドボカシー活動や現状改善に向けてのキャンペーン運動，メディアによる報道，国際問題についての対話や協議の場としての国際機関など，様々な非国家主体が取り組んでいる．

　このように国際関係には，様々な争点領域が存在し，国家と国家以外のアク

ターがつながりをもちながら依存しあっている．さらに，経済的相互依存の度合いが高ければ，その関係を変化させ断ち切ることの費用が高くつき，国家が対立関係にあっても，武力行使をして関係を断絶するようなことは回避し，協力関係を築いていく可能性が高くなると考えられる．コヘインとナイは，このような状況を複合的相互依存（complex interdependence）と呼び，国家中心，軍事力中心のリアリズムを批判した．

相互依存論は，相互依存の概念について詳しく言及しているが，相互依存と平和との因果関係については直接的には考察していない．しかし，それ以後，経済的相互依存の観点を踏まえた戦争と平和に関する国際関係理論の発展の基本的枠組みが提示されることになった．

たとえば，ローズクランス（Richard Rosecrance）は，国家は利益極大化を合法的に求めるアクターであるとしたうえで，パワーと富を支配するために領土的拡大を目指す領土国家と，貿易を通じて経済的な富を築き国益を追求する通商国家に分類する．通商国家同士は，その経済的依存関係が高まれば，武力衝突の可能性を低下させると指摘する（ローズクランス 1987, pp. 54-59）．

2国間や多国間における貿易関係だけでなく，資本の相互依存や生産のグローバル化と紛争の可能性についての研究（Gartzke, Quan, and Boehmer 2001; Brooks 2005）や，アジアやラテンアメリカ，中東地域に限定し，地域間における経済的相互依存と国家間の協力関係についての議論（Solingen 1998），デモクラティック・ピース論と経済的相互依存や国際組織を連携させた研究などが進められている（Russett and Oneal 2001）．さらに，リアリズム，リベラリズムのいずれかの立場をとるというよりも，双方の立場を検証するという問題意識に基づき，相互依存と紛争の可能性の相関関係について，定量的分析も進められている．これらの研究では，経済的相互依存や紛争をどのように定義するかにより，経済交流と平和の関係についての評価も異なることが指摘されている（Mansfield and Pollins, eds. 2003）．

レジームや制度による国際関係理論

ネオリアリズムは，国家の対外行動は国際システムにおけるパワー分布の制約を受けるが，国際制度などによる制約は重要ではないと考える．国際制度は，覇権国が自らの都合の良いように世界秩序を構築し，国際政治を運営するため

の枠組みであり，覇権国が国際的に影響力を行使する際の道具といった意味合いをもつと考えられてきた．これに対し，国際レジーム論やネオリベラル制度論では，国際制度は自律的な機能を有し，国家間の協力関係の構築に影響を与えると考える．以下では，国際レジーム論とネオリベラル制度論について見ていくことにしよう．

クラズナー（Stephen D. Krasner）によれば，国際レジーム（international regime）とは，「国際関係の特定の領域において，アクターの期待が収斂するような黙示的あるいは明示的な原則，規範，規則，政策決定手続きのセットである」と定義することができる（Krasner 1983a, p. 2）．より具体的には，国際レジームは，政治，行政，経済，文化などの国際関係の様々な分野において主要関係国が承認しあった条約のような行動規則や準則，慣行，行動規範などを意味する．厳密には，国際レジームの有用性や機能について，国際レジーム論者のなかでも意見が一致しているわけではない．しかしネオリベラリズムの視点では，国際レジームは，たとえ，それが大国や覇権国が自国の利益を考慮し，大国や覇権国の主導により構築されたとしても，いったん構築されると，それ自体が大国の利害関係から離れ，自律した影響力をもつ．そして，大国や覇権国の行動に対しても制約を与えると考えられる．また，大国や覇権国のパワーが衰退したとしても，国際レジームの機能が低下するわけではない（コヘイン 1998）．

たとえば，国際通貨基金（IMF）や関税と貿易に関する一般協定（GATT）は，アメリカの圧倒的なパワーを背景に構築された．しかし，IMFやGATTが設立されると，必ずしもアメリカの利益を実現するための「道具」とはならず，むしろアメリカの行動を制約する機能をもつことになる．1970年代以後，アメリカの相対的な経済的衰退により，金・ドルの兌換停止，変動相場制への移行を経ながらも，IMFを通して，国際金融政策についての協議や政策調整が続けられている．同様に，自由貿易体制についても，GATTは国際貿易の国家間の利害調整と協力関係構築の場として機能し，現在，世界貿易機関（WTO）にその役割は受け継がれている．

安全保障分野における国際レジームとしては，安全保障レジーム（security regime）がある．貿易や通貨などの分野と異なり，安全保障の分野は，国家の死活に関わり，機密性の高い問題を扱う争点領域であるため，国際レジームは

構築されにくいと思われる．しかし，国際政治史上，安全保障レジームが全く構築されなかったわけではない．たとえば，ナポレオン戦争後のウィーン会議では，ヨーロッパの大国がそれぞれ短期的な**相対利得**を得ようとするのではなく，互いに譲歩しながら対立を避け，利害調整を行うという協調が見られた．ウィーン会議以後の約十年は，ヨーロッパ協調（The Concert of Europe）と呼ばれる安全保障レジームが機能したのである（Jervis 1983, pp. 173-191）．

　国際レジーム論の主張に経済学における新制度論やゲーム理論の要素を取り入れ，国際制度が国際協調を生み出すメカニズムについて論じたのが，**ネオリベラル制度論**（neoliberal institutionalism）である．ネオリベラル制度論は，国際レジーム論同様，国家間の制度的枠組みが国家間協調を可能にすると主張する．しかし，ネオリアリズム同様，国際システムは無政府状態であり，国家は合理的で単一の主体として自国の利益を最大化するために合理的選択を行うとの前提に立っている．ただしネオリベラル制度論は，国家は短期的な**相対利得**を追求する行動ばかりとるのではなく，制度が取引費用を低減して国際協調を促すとの立場をとる．そして，国際システムが無政府状態だからといって，常に国家間で武力行使の可能性が存在するわけでもないことを重視している．ネオリベラル制度論は，国際制度の役割を高く評価し，国際協調の可能性を肯定的にとらえているといえよう．

　コヘインによれば，国際制度は国家間において協議の場を設け，各国が互いに情報を提供，交換しあい，協議，交渉を重ねることで，政策調整を進めることを可能にする．国際制度は，情報の非対称性，互いの行動の監視と裏切り行為の防止，政策調整の促進といった機能を果たし，国家間の協力を促進するの

Box 6.2　制度と国際協調

　制度のあるなしによって，政府が共通の目的のためにうまく協調できるかどうかが決まることがあるからである．なぜなら，それを維持するのに必要な努力は，新しい制度を構築するのに必要な努力よりも少ないからであり，そしてもし制度がなかったならば，その多くが創設されなければならないからである．また，情報の豊かな制度は，不確実性を低下させ，将来の危機において合意を可能にする．制度はその創設時にはかんがえられなかった問題領域において協調を促すこともあるので，国際レジームはその具体的な目的以上の潜在的な価値がある．

――コヘイン 1998, p. 294

である（コヘイン 1998）．

　また，ネオリベラル制度論は，制度に焦点をあて，以下のように国際関係理論の発展や外交政策に影響を与えることになる．

　第1に，ネオリベラル制度論が示唆する国際制度や国際法，国家間で共有しあう規範の重要性は，コンストラクティビズムの議論と共通し，その理論的発展に寄与したと考えられる．コヘインによるネオリベラル制度論は，国家を合理的選択をするアクターとしてとらえつつ，国際制度を通じて交渉と政策調整を繰り返し行うことで，国家が互いに協力しあう規範が生まれていくことを示唆している．コンストラクティビズムは，国家は合理的なアクターだという前提に立っていないが，国家が共に問題意識や課題を共有し，相互のアイデンティティの形成に影響を与え，信頼や協力関係を醸成していくと論じた．両者の議論は，無政府状態にあっても国家が互いに交渉を続け，作用しあうことで信頼や協力の基盤を形成していくことを指摘する点は共有しているのではないだろうか．

　第2に，ネオリベラル制度論の論理は，ヨーロッパにとどまらず，アジア太平洋地域や東南アジア，南アメリカ，アフリカなど，地域における国家間協力や地域的安全保障の枠組みについての議論を発展させることになり，多国間協力についての政策提言も示唆している．たとえば，アジア太平洋地域における安全保障については，従来の日米同盟，米韓同盟などの2国間関係を基盤とした同盟に加え，多国間の安全保障協力についての制度的枠組みや多国間主義の重要性が強調されるようになってきた．現在，アジア太平洋地域では，北朝鮮の核開発問題，大国として台頭する中国とアメリカとの競争関係，テロリズム，東シナ海や南シナ海の領有権問題，大規模自然災害への対処など様々な安全保障問題を抱えている．アジア太平洋地域における安全保障の諸問題について対話を通し協力関係を築いていく国際制度的な枠組みとして，1994年にアセアン地域フォーラム（Association of Southeast Asian Nations Regional Forum: ARF）が発足した．もともと東南アジアでは，1967年，東南アジア諸国連合（ASEAN）が設立され，加盟国の間で，対等，対話，コンセンサス，内政不干渉，武力の不行使の原則が共有され，信頼醸成が進められた．ASEANは，東南アジアにおける政治経済協力を中心的課題として発展したが，ARFでは，加盟国間における安全保障に関する対話，軍部関係者の交流，国防白書の公開などにより

信頼を醸成し,予防外交の展開を目指している.この他,ASEAN に日本,韓国,中国を加えた ASEAN + 3 やアジア太平洋経済協力(APEC: Asia-Pacific Economic Cooperation)では,地域経済の統合強化や地域の安定にむけての協議や政策が進められている.

民主主義による平和の国際関係理論

ネオリベラル制度論は,制度的側面から国家間の協力関係の可能性を強調している.しかし,ネオリベラル制度論も,国家は単一の合理的アクターであるという前提に立って議論が進められている.これに対し,国内の政治制度や規範に注目し,民主主義国家同士であれば,その制度的,規範的制約により互いに戦争をしないと主張したのが**デモクラティック・ピース論**(democratic peace theory)である.

デモクラティック・ピース論の先駆的研究として,1986年,『アメリカ政治科学レビュー』に掲載されたドイル(Michael Doyle)の「リベラリズムと世界政治」と題する論文がある(Doyle 1986).その後ポスト冷戦期になって,民族主義国家と戦争や平和に関する議論が展開された.ドイルが,カントによる『永遠平和のために』のリベラリズムの政治思想を議論の基盤としているのに対し,ラセットは,カントの思想を受け入れながらも定量的手法を用い,民主主義国家間の不戦構造についての理論研究を行った(ラセット 1996, pp. 51-70).ラセットの研究以後,統計データ分析や理論面での問題が指摘され,デモクラティック・ピース論は理論研究とデータ分析の両面において,一層の拡大をし,アメリカの外交政策にまで影響をおよぼすことになる.

デモクラティック・ピース論は,国際政治史上,民主主義国家と非民主主義国家との間では戦争も十分起こりうるのに,民主主義国家同士の戦争は極めて稀であることに着目する.なぜだろうか.その説明として,規範や文化的側面を重視するアプローチや国内の政治制度的側面を重視するアプローチがとられてきた.

民主主義の規範,理念,文化を重視する説明は以下の通りである.リベラリズムを基盤とした民主主義の規範が国家間に浸透していれば,危機的な国際問題がおきても,基本的には相手国の権利を尊重し,相手国も自国に対してそのような態度をとることを期待する.このような前提に立つことで,武力行使へ

エスカレートすることを回避し，危機的状況を乗り超え，平和的解決をすることができる．言い換えれば，民主主義の規範が定着している国家同士であれば，無政府状態であっても，常に武力行使を前提とする緊張関係にはなりえず，戦争勃発の可能性が極めて低いと考えられる．

政治制度面を重視する説明では，民主主義国家では，武力行使のような重大な政策については議会の承認が必要であり，政府による情報の独占や情報操作も困難である．また，言論や報道の自由により，メディアや野党は政府の政策選択が妥当か否かについて十分議論することができる．そして，与党は次の選挙でも勝てるよう，政策の成果や世論の動向を考慮する必要がある．このような民主主義国家にとって，武力行使を選択する場合の政治的コストは非常に高い．そのため，民主主義国家間であれば，平和的解決によって危機を乗り切ろうとする．

デモクラティック・ピース論は，民主主義や戦争の定義が曖昧であるとか，アメリカ的価値観を強く反映した理論だといった批判はあるものの，以下3つの点で国際関係理論の発展に貢献してきたといえよう．

第1に，戦争と平和を考えるにあたって，国内政治の重要性を指摘している．ネオリアリズムでは，無政府状態の国際システムこそが，国家を安全保障のジレンマ状況に陥れ，国家は相対利得や相対的優位を目指した競争を繰り広げるとする．そして，国際レベルでのパワー・ポリティクスにおいて国家がどのような対外行動をとるのかについては，民主主義国家，独裁国家，全体主義国家，社会主義国家などの国内の政治システムやイデオロギーなどは問題とされない．ネオリベラル制度論も，国家を単一の合理的アクターとしてとらえ，国際制度がどのように国際協調を促進するかを考察している．

これに対してデモクラティック・ピース論は，国内政治を重視する．戦争をするかしないかという国家安全保障上の重要な選択を迫られているときであるからこそ，その国の政治制度上の制約や世論の動向，国家の安全保障に関する理念や規範，歴史的経験などが，安全保障政策に影響をおよぼすのである．国内政治要因を考察することで，国家の安全保障上の政策選好についてより詳細な説明が可能となり，戦争と平和の原因や国際政治の全体像がより良く理解できるといえよう．

第2に，無政府状態の国際システムは，必ずしも常に国家間の権力闘争を意

味するものではないことを指摘する．互いに相手国をどのように認識し，どのようなアイデンティティや理念，規範を共有するかにより，相手に対する敵対視の度合いも変化するのである．これまで，国際システムの性質は常に対立的であるとのリアリズムの考えが受け入れられてきた．それに対し，デモクラティック・ピース論は，国際システムの性格は必ずしも対立的ではなく，リベラリズムの規範を共有している民主主義国家間では，それと異なる国際政治の特徴がありうると指摘する．このような考えは，国家間で共有される規範が国際政治の性格に影響をおよぼし，同時に国際システムで共有されている規範が，国家のアイデンティティや行動に反映されていくという**間主観**性を重視したコンストラクティビズムの議論や安全保障共同体の議論にも繋がっていく（第9章「コンストラクティビズム」を参照）．

第3に，デモクラティック・ピース論は，リアリズムやリベラリズムといった立場を意識せず，ミクロ・レベルでの戦争の原因や安全保障についての研究を深める重要な契機となった．特に，なぜ民主主義国家間では戦争が起きないかについて，国家が発するシグナルの効果や戦争に対する覚悟といった変数を考慮し，方法論的にも非常に洗練されたミクロ・レベルでの戦争と平和の研究が進められた．

フィアロン（James D. Fearon）は，観衆コストという観点から民主主義と戦争との因果関係についての分析を試みる．観衆コスト（audience cost）とは，国の政治指導者が相手国を攻撃すると脅しておいて，それを実行に移さなかったときに政府が直面する国内政治上でのコストを示す．通常，民主主義国家であれば，政府が武力行使の威嚇をし，それを撤回することは，政策の一貫性を欠き，世論の支持率低下に繋がりかねず，大きな観衆コストに直面する．そして，そのような観衆コストの高い民主主義国家から武力行使の威嚇を受けた場合，相手国は，武力行使の可能性の高さを考慮し，戦争を回避し，平和的解決の道を探ろうとすると思われる（Fearon 1994, pp. 577-592）．選挙で国の代表が選ばれる民主主義国家において，政府は世論に対して政策の説明責任があり，この民主主義の制度的特性が相手国へのシグナル伝達効果や情報の効率性を高め，外交交渉での不確実性を低下させるのである．

フィアロンの観衆コストに関する研究以後，国内の政治制度と戦争についての様々な理論研究が展開される．たとえば，シュルツ（Kenneth Schultz）は，

民主主義の基盤となっている政党間の競争こそが，武力行使を警告する政府のメッセージの信憑性を高め，戦争回避を可能にすると指摘する．民主主義の制度が確立している国家では，政府が私的情報を独占し操作することが難しい．言論の自由が保障されているため，マスメディアや野党は政権に対し，自由に批判することができる．言論の自由や政党間の競争の存在は，野党や世論から批判を受け，次期選挙での勝利のコストをあげてまで武力行使をする可能性や，政府の武力行使に関する政策決定の意図を，より明確に相手国に示唆することになる．そして，本来，政府与党の政策には批判的であると考えられる野党が，政府の武力行使の可能性を支持した場合，国が団結して武力行使を行う準備があることを意味するのである（Schultz 2001, pp. 59-83）．

さらに，なぜ民主主義国家は戦争の際，勝利することが極めて多いのかについても研究や議論が進められた（Brown, Coté Jr., Lynn-Jones, and Miller, eds. 2009）．民主主義国家の政治指導者とは，選挙で当選した政治家を意味する．政治家は，有権者の支持を獲得し，選挙で勝つことが常に求められ，敗戦による政治的コストが極めて高いことを熟知している．そのため，勝算が確実な場合にだけ戦争をする傾向がある．そして，民主主義国家では，個人が自らの責任と権利で行動するといった「個」が確立しているため，戦場において兵士たちは積極的に行動し，優越したリーダーシップを発揮することが考えられる（Brown, Coté, Jr., Lynn-Jones, and Miller, eds. 2011）．

このように，デモクラティック・ピース論は，戦争研究の質的レベルを一層高める契機となった．また，民主主義国家の政治制度と戦争についての研究では，定性的アプローチ，定量的アプローチ，ゲーム理論的アプローチなどが用いられ，政治学の方法論の発展にも多大な貢献をしているといえよう．

5 ポスト冷戦期とリベラリズム

ポスト冷戦期の国際政治とはどのようなものであろうか．ポスト冷戦期の安全保障と平和の課題は何であろうか．国際社会や国家は，そのような課題にどのように取り組んでいるのであろうか．ここでは，ポスト冷戦期における国際政治の特徴を考察し，リベラリズムの視点に立った国際関係理論の趨勢について見ていくことに

しよう.

ポスト冷戦期の国際政治

ポスト冷戦期の国際政治の特徴の1つとして，グローバリゼーションがあげられる．冷戦終結後，東欧諸国をはじめとする旧共産主義諸国では民主化が進み，市場経済が導入され，グローバルな規模での経済活動が深化していった．情報通信の分野では革命的な進歩が見られ，世界各国の社会や市民生活にコンピュータが普及し，インターネットによって世界各地の情報の発信・受信が瞬時に可能となり，グローバル企業やNGOは活動範囲を広げていった．グローバルな規模でモノ，カネ，人や情報の交流が進むとともに，国々は，時に国際機関や企業，NGOなどと連携しながら民主主義の実践と定着，地球環境や開発，人権の尊重，国境を超えたテロリズムなどの課題にも取り組むようになった．

ポスト冷戦期の国際政治の第2の特徴として，国際社会における平和構築のためのグローバルな取り組みの強化があげられる．ポスト冷戦期になるとアメリカのカルドー（Mary Kaldor）が「新たな戦争」と名づけたような内戦や民族紛争が勃発するようになった．旧ユーゴスラビアやアフリカ，中東などでは，民族，氏族，宗教，言語などの特定のアイデンティティに基づき，特定の集団が国家権力の掌握を目指した．その過程では異なるアイデンティティの人々や異なる意見をもつ人々に対する虐殺や強制移住，追放など様々な形の政治的暴力が起きた．また，「新たな戦争」において，戦闘集団は，略奪や闇市場，麻薬や武器，石油，ダイヤモンドなどの不法取引，周辺諸国からの援助や海外か

Box 6.3 ポスト冷戦期と民主主義

アメリカは，「なぜ彼ら（テロリスト）はわれわれを憎むのか」と問うている．彼らが憎むのは，今この議場にあるもの，すなわち民主的に選ばれた政府である．彼らの指導者は，自らを指導者の地位につけた者である．彼らは，われわれの自由，つまり宗教の自由，言論の自由，選挙，集会の自由，そして異なる意見を述べる自由を憎む……これはアメリカだけの戦いではない．また，アメリカの自由だけが脅かされているのでもない．これは世界の戦いであり，文明の戦いである．進歩と多元主義と寛容と自由を信奉するすべての人間の戦いである．

——2001年9月20日アメリカ上下両院合同議会でのブッシュ大統領演説

らの送金などの外部資金により内戦や民族紛争の資金を調達するようになった（カルドー 2003）．

このような国際情勢に対し，国際社会も平和のために積極的に関与するようになった．1992年，当時の国連事務総長のブトロス＝ガリ（Butros Butros-Ghali）は，『平和への課題』のなかで，国連が予防外交，平和創造，平和維持，紛争後の平和構築にむけて大きな役割を果たしていくことに言及した．また，1994年の国連開発計画（UNDP）は，人間の生命と安全の確保と人間の能力開発・強化の観点から，人間の安全保障は，飢餓・疾病・抑圧などの恒常的な脅威からの安全の保障と，日常生活から突然断絶されることからの保護であることに言及し，これまでの国家を単位とした安全保障の概念とは異なる**人間の安全保障**の概念を提示した．

さらに，21世紀にはいると，それまで国連憲章上の武力行使の禁止と主権国家への内政不干渉の原則を尊重してきた国連は，著しい人権侵害が起き，当該主権国家による事態収拾が困難な場合，国連安全保障理事会の決議を経て国際社会が介入し，市民を保護する責任（Responsibility to Protect: R2P）があるとの立場をとるようになった．このような新たな安全保障の概念を提示するとともに，国連は，人間の安全保障の確保と平和構築のための諸活動を世界各地で進めることになった．

ポスト冷戦期の国際政治の第3の特徴として，圧倒的な国力を有するアメリカの存在があげられる．冷戦期にアメリカは，ヨーロッパ地域ではNATO，アジアでは日本や韓国などとの同盟関係を通して軍事的に主導的立場にあった．そして，1990年のイラクによるクウェート侵攻と1991年の湾岸戦争以後，アメリカは中東地域においても軍事的に関与するようになっていった．ポスト冷戦期の国際システムにおいてアメリカは，軍事面において唯一の超大国として存在した．このようなアメリカに対し，2001年9月11日，ビン・ラディン（Osama Bin Ladin）率いるテロリスト集団，アルカイダがテロ攻撃をする．これに対し，アメリカは，対テロ戦争として，2001年にアフガニスタン戦争，さらには大量破壊兵器の開発と保有の疑惑から2003年にはイラク戦争を主導する．アメリカは，これらの戦争において軍事的に勝利したものの，反米テロはなくならず，自称「イスラム国（IS）」の台頭もあり，中東地域も不安定な状況のままである．

ポスト冷戦期とリベラリズムの国際関係理論のゆくえ

　第1節において言及したように，リベラリズムの視点は，国際政治における争点領域の多様性やアクターの多様性を重視している．ポスト冷戦期は，まさに地球規模の様々な課題に直面し，主権国家以外の国際機関，多国籍企業やグローバル企業，NGOなど多様なアクターがそれらの課題に関与している．このような時代においてリベラリズムはどのような議論を展開していったのであろうか．ポスト冷戦期のリベラリズムの視点はどのようなものであろうか．

　逆説的ではあるが，ポスト冷戦期に入り，グローバル・ガバナンス論や平和構築論，立憲的秩序論が出てきたものの，リベラリズムの視点に立った議論はあまり活発化することはなかった．以下では，まず，ポスト冷戦期におけるリベラリズムの理論的発展の限界の背景を考察し，次に立憲的な秩序論について見ていくことにしよう．

　ポスト冷戦期のリベラリズムの理論的発展の限界の背景の一部として，コンストラクティビズムによる議論の発展があると考えられる．第9章でも紹介されているように，コンストラクティビズムは，無政府状態の国際システムにおける国家間の間主観性を重視する．コンストラクティビズムによれば，特定領域において新たな理念やアイデンティティが提示され，それを諸国が受け入れ内部化し，規範形成のプロセスをへて国際規範として共有することで新たな行動パターンが見られるようになるのである．

　コンストラクティビズムの視点に立った事例研究のなかには，リベラリズムの流れを組む国際レジーム論を発展させたような議論も見られた．もともと，国際レジームは，「アクターの期待が収斂する理念，規範，ルール，手続きの束」として捉えられ，国際レジーム論はネオリアリズムを批判する議論として発展した．しかし，ネオリベラル制度論が，合理的選択をする国家を前提とし，国際制度による情報の非対称性や監視機能，取引費用の軽減といった側面に焦点を当てたこともあり，コンストラクティビズムの議論が展開される過程において，リベラリズムとの共通性はあまり意識されることはなかった．実際，コンストラクティビズムの議論も，競合する議論としてリアリズムを意識することはあったが，リベラリズムを批判的に検討したり，リベラリズムの視点を評価する姿勢はあまり見られなかった．

　また，リベラリズムや理想主義の視点を分析に入れつつも，リベラリズムの

国際関係理論のなかでの位置付けをせず，政策分析を指向する議論も見られるようになった．グローバル・ガバナンス論や平和構築論が，このような例と言えよう．グローバル・ガバナンス論は，グローバル化が進む国際社会において，特定領域やそれを横断するグローバルな課題について，公的制度としての国際法や公的アクターとしての国家や国際機関に加え，企業，NGO，市民など多層なレベルにおける多様なアクターが，問題意識を共有し，国際的規範や秩序の形成を進め，課題解決に取り組む過程を検討している（渡辺・土山編 2001；遠藤編 2010；吉川・首藤・六鹿・望月編 2014）．

平和構築論は，ポスト冷戦期における世界各地の紛争後社会の平和の定着にむけた国連，主権国家，NGO などの様々な分野の取り組みに焦点を当てている．平和構築の概念の検討に加え，平和構築論では，紛争後社会における経済復興，社会開発，人間の安全保障，法の支配や民主主義の確立，治安部門改革，移行期正義などの諸分野における取り組みや諸政策の成果を検討する（篠田 2003；大門 2007）．グローバル・ガバナンス論や平和構築論は，グローバルな課題や紛争後社会の平和構築に向けての国際社会による様々な分野での取り組みと多様なアクターの参加といった点において，リベラリズムや理想主義と分析的に重なる部分もあると思われる．しかし，これらがリベラリズムの国際関係理論の文脈で論じられることはあまりない．

このようにポスト冷戦期においてリベラリズムの議論は活発とは言えないが，リアリズムとリベラリズムの視点からアメリカの圧倒的優位と国際システムの単極化と安定についての考察がみられる（Brown, Coté Jr., Lynn-Jones, and Miller, eds 2009）．特に，アイケンベリー（G. John Ikenberry）は，リベラリズムの流れを汲み，ポスト冷戦期におけるアメリカの単極システムを意識しながら，歴史を踏まえた立憲的な秩序論を展開する（アイケンベリー 2012）．アイケンベリーによれば，アメリカはその圧倒的な国力を背景として，リベラルな国際秩序を主導してきたのではない．今日に至るまでの国際秩序の安定は，民主主義や開放的で多国間主義的な制度とその正統性，諸国間の利益によって支えられ，維持されてきた．また，そのような国際秩序のなかでは，超大国の行動も，立憲的秩序に沿うように期待・制約され，国際的な権力の濫用ができないシステムであった．

アメリカとソ連の対立という冷戦構造のなかで，リアリズムとリベラリズム

の国際関係理論が展開されたが，ポスト冷戦期になると，新たなグローバルな課題への取り組みを背景に，リベラリズムの潮流を含んだ議論も，コンストラクティビズムやグローバル・ガバナンス論や平和構築論の枠組みで展開されるようになった．国際社会がグローバル規模の様々な課題に取り組むなか，それらの取り組みを対象とした研究も細分化の傾向にある．このようななか，今後，どのようにリベラリズムの国際関係理論が展開されていくのか注目していきたい．

要点の確認　*Questions*
① リベラリズムの思想の特徴は何だろうか．
② カントによれば，永久平和はどのように達成することができるのだろうか．
③ 戦間期の理想主義の特徴は何だろうか．
④ 冷戦期のリベラリズムの国際関係理論にはどのようなものがあるだろうか．
⑤ ポスト冷戦期の国際政治の特徴とリベラリズムの国際関係理論は何だろうか．

リベラリズムをもっと知るために

Guide to Further Reading

カント，イマヌエル（1985〔原著1796〕）『永遠平和のために』（宇都宮芳明訳）岩波書店．
　▷共和政治を行う国家の連合を基礎とし，世界市民法の確立が恒久的平和につながることを説いた古典．
ロング，デーヴィッド & ピーター・ウィルソン編著（2002〔原著1995〕）『危機の20年と思想家たち——戦間期理想主義の再評価』（宮本盛太郎・関静雄監訳）ミネルヴァ書房．
　▷20世紀初頭から戦間期にかけての理想主義の思想について学ぶことができる．カーの『危機の二十年』と対比しながら読むとおもしろい．
コヘイン，ロバート・O. & ジョセフ・S. ナイ（2012〔原著2001〕）『パワーと相互依存』（滝田賢治監訳）ミネルヴァ書房．
　▷相互依存論の先駆的著書．原著が出版されたのは1977年だが，現在の国際政治やグローバルな課題を考える上でも有益である．
アイケンベリー，G. ジョン（2012〔原著2006〕）『リベラルな秩序か帝国か——アメ

リカと世界政治の行方』上下巻（細谷雄一監訳）勁草書房.
▷ 歴史を踏まえ，国際秩序形成と維持の過程と大国の行動と制約が論じられている．リアリズムとリベラリズムの理論的系譜も学ぶことができる．

第Ⅲ部　国際関係の政治経済理論

第 7 章
国際政治経済論

はじめに	212
1　国際政治経済論の起源	213
2　政治力と経済力の関係	216
3　国際市場の特質	219
4　現在の国際政治経済論	224
5　国際政治経済論の行方	236
要点の確認	237
国際政治経済論をもっと知るために	238

はじめに

国際政治経済論は International Political Economy（IPE）と呼ばれ，今日では国際関係理論の1つの研究領域として確立されてきている．前章まで述べられた国家間の政治的関係を分析，説明する国際政治理論に対し，国際政治経済論は国家と国際市場との関係，貿易相手国との政治的関係，国際関係がおよぼす国内市場への影響，またはいくつかの国家が国際市場を通してもつ政治的関係を分析し，国際関係を理解，説明しようとする理論である．

第6章で説明されたリベラリズムの理論，とりわけ理想主義には，第一次世界大戦後に人類が同じような惨劇を繰り返さないためにはどのようにしたらいいのであろうかという問題意識と目的があった．また，リベラリズムの思想から生まれた国際経済学の理論は，リベラリズムの政治理論と同様に，世界の市民の福利厚生を向上させることを目的として発展してきた理論である．さらに，国際経済理論はどのような経済・金融政策を用いれば，望ましい国際経済体制をつくりだすことができるかを考えるための道具としても発展してきた．

しかし，第二次世界大戦の勃発により，リアリズムの理論はリベラリズムの理論の限界を指摘し，実際に起こった国際現象を分析する実証理論として発展し，「あるべき姿」を求める規範理論からは距離をおくようになった．この点では，国際経済学と異なり，国際政治経済論はリアリズムと同じである．国際政治経済論は1970年代に国際社会に起こった様々な経済問題，また世界経済に影響を与えた政治問題を説明するために発展してきた理論である．つまり，このような歴史的過程をへて，国際政治経済論もリアリズムと同様，まず現実を客観的に説明するところから始まっている．今日の国際政治経済論は他の様々

Box 7.1　国際政治経済学

現代の世界では，「国家」と「市場」が並存して，相互に影響を与えている．この様な状況で「政治経済学（ポリティカル・エコノミー）」が成立する．すなわち，国家と市場がなければ，政治経済は存在しえない．国家が存在しなければ，価格メカニズムと市場の力が経済活動のすべてを決定することになり，経済学の世界になる．また，市場が存在しなければ，国家または国家に相当する権力が経済資源を配分し，政治学の世界になる．

——ギルピン 1990, p. 7

な理論の影響を受け，ただ国際関係を説明するためだけの理論ではなくなり，望まれる国際政治経済体制をつくるための指針としても発展してきており，政策決定に貢献するようになっている．

また，次の章で紹介される，国際政治経済論の一部として扱われる従属論と世界システム論も，「もの」がすべての人々に均等にわたるような社会を目指す理論として発展してきている．

1 国際政治経済論の起源

はじめに，現在の国際政治経済論がどのようにつくられてきたかを知るために，その系譜を追ってみることとする．国際関係を政治経済の両面から考察し，実際の国策の指針とされていたのは，15世紀半ばから18世紀半ばまでヨーロッパ諸国の主流の考え方であった重商主義である．**重商主義**（mercantilism）とは，国家が貿易を保護し，輸出を増やし，富を得て，その富を国力の強化に使い，必要な時にはその国力をもってさらに輸出を促進し，富を増大するという考え方である．また，18世紀末以降のフランス，アメリカ，ドイツ等の新興勢力の国策も重商主義に類似した外交政策であったために，新重商主義（neo-mercantilism）と呼ばれている．明治期における日本の「富国強兵・殖産興業」の国策も，その内容の類似性から新重商主義と呼ばれることが多い．しかし，これらの経験は国際政治経済の理論構築には直接結びつかなかった．

スミス，リカードといった**正統学派**（古典学派）の経済学者の登場により，国際経済は国際政治から離れ，独自の理論を確立してゆくことになる．1776年にアダム・スミス（Adam Smith）によって著された『国富論』は，絶対王政下または制限君主制下で行われていた国家（政治的）介入の重商主義政策および貿易政策を強く批判した．また，1817年にはリカード（David Ricardo）によって書かれた『経済学および課税の原理』は，貿易相手国よりも自国のほうが生産性の高いものを生産し，政府介入のない自由貿易を行うことにより，貿易当事両国ともに富を得ることができるという**比較優位説**（theory of comparative advantage）を説いた．現在でも経済学の基調になっているこれらの自由経済理論の登場により，経済理論は政治的状況をあまり考慮に入れない独自の学問

として発展してきた．

　政治と経済の両方の観念が1つの理論として構築されるのは，1849年にマルクスとエンゲルスにより書かれた『資本論』まで待たなくてはならない．マルクス主義（marxism）は，国内の資本家（ブルジョアジー）と無産階級である労働者（プロレタリアート）との階級闘争を資本主義の政治経済構造によるものだと説明した．また，レーニンはマルクスの理論を発展させ，19世紀末のヨーロッパの列強諸国とアメリカによって構築された世界の資本主義体制を**帝国主義**（imperialism）によるものであるとして痛烈に批判した．この思想はマルクス＝レーニン主義（Marxism-Leninism）と呼ばれ，（第8章「従属論と世界システム論」で説明される）従属論，世界システム論という国際関係の政治経済理論として発展し続けている．

　では，スミスやリカードなどの経済学者により発展してきた自由経済理論と国際政治理論の融合は，どのようにして起こったのだろうか．ウェーバー（Max Weber）やシュンペーター（Joseph Schumpeter）といった社会科学のスターたちは，マルクス＝レーニン主義とは異なった政治経済のアプローチを試みる．しかし，これは，第一次世界大戦後に開花した理想主義のような世界秩序を構築するための国際関係理論としては発展しなかった．第一次，第二次世界大戦後に経済理論が政治理論と融合して国際関係理論として発展しなかった理由は，両世界大戦を経験した人たちにとって，経済事情が国際関係に与える影響は，政治の与えるものに比べ，はるかに小さいものであるように感じられたからであろう．両世界大戦を軍人として経験したフランスのドゴール大統領（Charles de Gaulle）は，経済活動は補給部隊が行うようなことであり，普通の人ができるロー・ポリティクス（低次元の政治）であるが，戦争と平和といった政治に関するハイ・ポリティクス（高次元の政治）は彼のような国家の指導者しか扱えないとさえ言っている（Jackson and Sørensen 2013, p. 160）．

　実際に国際政治経済の重要性が見直されはじめ，理論として構築されはじめたのは1970年代になってからである．第1に経済が国際関係において重要であるという認識を与えた出来事は，アメリカ大統領ニクソン（Richard Nixon）が1971年8月にアメリカの金本位制を終わらせ，戦後アメリカの覇権の上に成り立ってきたブレトンウッズ体制が終焉を迎えたことである．この出来事はベトナム戦争（1960-1975）により多大な出費を強いられていたアメリカが，政治的

理由により一方的に国際経済のルールを変え，世界経済に多大な衝撃を与えたものである．また，1973年には第四次中東戦争でアメリカやオランダなどの西欧諸国がイスラエルを支持したことにより，アラブ産油国はその報復として原油の減産による値上げを断行した．第一次**オイルショック**である．これらの一連の出来事は国際経済のルールが政治的意思によって変えられ，その結果が経済的にも政治的にも国際社会に大きく影響することを明確にしたのである．

第2に国際経済の重要性が国際政治の分野において認められはじめた要因は，国際社会の大多数である開発途上国が，1960年代後半から南北間の経済格差の問題を国際政治の舞台にもちだしてきたことである．開発途上国は自国資源の主権（**資源ナショナリズム**），一次産品の**交易条件**の改善，開発途上国内での**多国籍企業**（MNC）への規制などといった様々な要求を国際政治の場で行った．これらの要求は開発途上国の経済改善をうながすものであるが，経済学者が望む自由市場構築のための条件ではなく，南北間の経済格差を是正する政治的要求であった．そして，1974年には，このような要求を取り入れた**新国際経済秩序**（NIEO）が国連の特別総会で採択された．実際には開発途上国の政治力は弱く，NIEO宣言にあるほとんどの条項が達成されるにはいたらなかった．しかし，これを機に，先進諸国は開発途上国の政治的要求を無視できなくなったのである．

このように1970年代以後，国際政治と国際経済は多くのところで接点をもっていることが顕著になるのだが，国際政治経済学が1つの学問領域として最終的に確立されるのには，冷戦の終焉を待たなければならなかった．1990年代以降，旧ソ連，東欧諸国の自由市場経済体制への移行，そして，その自由経済体制をつくるための政治体制の改革が続いている．また，それらの国々はほとんどの国際取引を国際自由市場で行うことを余儀なくされた．さらに，この時期に中国も鄧小平の下で国際自由市場に参入するために，経済体制，政治体制を変える改革開放政策を行った．

このように，この30年の間には，国際関係を分析，理解するためには政治面と経済面の両面を考慮しなければいけないと認識させる出来事が頻繁に起こり，国際政治経済論の体系化を急速に進行させた．これらの一連の出来事には，政治分野だけに着目した既存の国際関係理論だけでは説明できないことも多い．すなわち，国際政治経済論は政治と経済が相互に作用する今日の複雑な国際関

係を理解するために，必要に迫られて体系化されてきたといっても過言ではない．同時に第6章でみたように，今日ではコヘインやナイといったリベラリズムの政治学者が，国際政治経済論を政策決定の指針として利用できる理論としても発展させてきている．

2 政治力と経済力の関係

　国際政治経済論を理解するためには，政治学と経済学ではあまりふれられない国際政治と国際経済の接点を明確に整理する必要がある．ここでは政治力と経済力の関係を説明する．国際政治経済論では，国家の経済力は重要であるとされているが，どのような意味で重要なのだろうか．軍事力に裏づけされた政治力には他国の意思を有無をいわせずコントロールできる力がありうる．しかし，経済力にはそのような即効性はない．ではなぜ，この経済力が政治学のなかで重要性を高めてきているのであろうか．

経済力は補完的なのか

　これまで国際関係論では，前節で記したフランスのドゴール大統領の引用にあるように，政治（軍事）力をハード・パワー（hard power）と呼び，経済力はソフト・パワー（soft power）とされていた．そして，経済力は，政治力を補完するもの，あるいは政治力のように他の国をコントロールするには取るに足らないものであると理解されてきた．今日でも一般的に**経済制裁**（economic sanctions/embargo）に比べて，核弾頭をつんだミサイルで他国を威嚇することのほうが，即座に多大な影響を与えられるのは事実である．

　政府の目的が自国の生存，安全保障の確立だけならば，軍事力は直接，国を守るためのものであり，いくら経済力があっても軍事力がなければ他国軍が攻めてきた場合，自衛することすらできない．また，リアリストであるマキャベリが『君主論』で意図したように，確かに国家の安全保障が確立されなければ，一般の人々が被害を受けることになる（第5章「リアリズム」参照）．すなわち，安全保障が第一に考えられなくてはならず，生存なくしては経済，文化の発展などはありえないということである．政治学でいう国益の確保（＝安全保障の確立）は確かに重要である．しかし，今日の世界情勢においては経済力がなけ

れば，自国を守る最低限の防衛力をもつことすらできない．また，今日の近代国家においては，政府に求められているものは国家の安全保障だけではない．ここではいくつかの例をあげ経済力の重要性を考察してみよう．

国家の安全に必要な経済力

　今日の世界状況を考慮すると，経済力がなければ自国を守るような軍事力をもつことも難しい．今日では貧しい国と富める国の経済格差は甚だしい．実際に経済力がないために，ほとんど軍事力をもてないような国も多く存在する．冷戦時代，このような経済力のない国は，ソ連かアメリカのどちらかの傘下に入り，「保護条約」を結んだり，武器の調達をそれぞれの2大国から行ったりすることにより，最低限の自衛の軍事力をもつことができた．しかし，今日のような世界状況において，自国の経済力がなくては，自衛力をもつこともできなくなってきている．現在，アフリカにはこのような国が多く存在する．

　また，北朝鮮のような軍事独裁国家は，ある程度の軍事力をもっていても，食糧不足に象徴される経済基盤の弱さから，世界からの食糧・経済援助に頼らなくてはならない状態である．したがって，先制攻撃はできても，歴史が示すように経済力がなければ，自国を守ることは不可能であろう．

　また，政府にある程度の経済力がないと，国家として国内を統治することもできず，国家が内部から崩壊しかねない．1年間の1人当たりの所得（GDP）が1000ドルにも満たないコンゴ，ニジェール，マリ，ソマリア，中央アフリカといったアフリカの国では，国境と領土はあっても，政府があまりにも貧しいので機能していない．政府に資金がないために，内乱を鎮圧する警察力すら保持できないような国も存在する．このような国では，一般の国民が食糧不足や略奪等に常に悩まされ続けている．つまり，政府に経済力がなければ，それは国に政府がないのに等しい．その結果，リアリストのホッブズが『リヴァイアサン』で語るような無政府状態（アナーキー）ができあがってしまう．このような国では他国から攻められるより以前に，すでに国内から自国の安全保障が崩壊してしまっている．いうまでもなく，このような国では自衛のための統制のとれた軍隊をもつことなど不可能である．経済力がある程度ないと，その国の政府は国内を整備する統治能力はなく，統治権を行使することもできない．国内の統治権（sovereignty）をもつこと自体が海外に主権（sovereignty）を示

すことであり，これは経済力がないと不可能である．

国民の福祉に必要な経済力

前述したように国家の存在のためには経済力が必要である．しかし，今日のほとんどの国家は単に生存することだけを求めているのではない．安全保障の確立と国民の福祉の充実というのは，どちらも重要な近代国家の目的である．安全保障を確保することと国民の福祉の充実を図ることは，国民から期待されている現代の政府の重要な役割である．政府が福祉の充実を図る努力を怠ると，国民の政府に対する不満が増し，それが革命や内乱を導くこともある．

国民の福利厚生向上に対する政府への要求が高まったのは，第一次，第二次世界大戦を通し，人権の重要さが確認され，各政府が国民の経済権を認めてきたからにほかならない．今日では「人間開発」，「社会開発」，**「人間の安全保障の確立」**といったスローガンを目標にしている国もでてきている．このような目標を達成するためには，経済力が不可欠である．

国際社会の安定に必要な経済力

歴史的にみても，経済力のない国は国際社会において覇権をもつことができない．キンドルバーガー，ギルピンなどの様々な経済学者，政治経済学者は，19世紀の国際情勢の安定は経済力に支えられたイギリスの覇権があったために維持できたのであり，第一次世界大戦の原因は経済力に支えられた覇権の欠如であると述べている．19世紀末からドイツやアメリカが台頭してくる国際状況のなかで，当時のイギリスの経済力は相対的に低下し，拡張しすぎた勢力を維持することができなくなった．このイギリスの経済力の衰退，それに伴う覇権

Box 7.2　経済政策と政治的な不満

社会が一人当たり所得を増加させる方向に向かってうまく進歩しているように思われる場合には，一般的な経済改革を要求する圧力は，たいしたものではないでしょう．秩序も進歩もともに存在していても，金持と貧乏人との間に大きな格差が存在するか，あるいは，なんらかの階級あるいはグループ間の差別待遇が存在するような社会においては，政治的不満は主として，社会的公正を要求するという形態をとることでしょう．

——ボールディング 1975, p. 395

の欠如により，世界の政治経済体制を管理するものがなくなり，国際秩序の崩壊につながったのである（ギルピン 1990, pp. 73-81）．19世紀末までのイギリスの経済力は，当時の国際秩序の安定に寄与していたものと考えることができる（本章第4節の「覇権安定論」の項を参照のこと）．

上記したように，政治力と経済力はその力の優劣を比べられるものでもない．国際関係においては，どちらの力も重要であり，どちらの力も主導的なものになったり，補完的役割を果たしたりするようである．歴史的に見ても，ある1国の政治力により，国際関係が変わることもあった．また，国際関係が経済力によって変わったこともあった．さらに，実際の国際関係においては，経済力と政治力の両方が混在して互いに影響を与えていることも多く，政治力によるものなのか経済力による影響なのかが明確にならない国際現象も多く見られる．国際関係を説明するためには政治力，経済力に優劣をつけるべきではなく，両方が補完・相関関係にあると見たほうがよい．その関係を理解することにより，今日の複雑な国際関係を明確に把握できるのであろう．

3 国際市場の特質

この章の冒頭でも述べたように，国際政治経済論は国家と国際市場との関係，国際関係がおよぼす国内市場への影響，またはいくつかの国家が国際市場を通してもつ政治的関係を説明するための理論である．では，国際市場とはどのようなもので，どのようにして国家と政治的関わりをもっているのだろうか．国際市場には国際見本市や国際証券取引所のように実際に見える市場もあるが，国際市場のほとんどは実際に存在する特定の場所ではなく，買い手と売り手が取引を行う関係を国際市場と呼んでいる．たとえば，国際間でのインターネット上の取引，国際電話による取引，労働者の移住（経済学では労働も市場での取引として扱っている）など様々な国際市場が存在する．国際市場は世界の政治経済体制，技術進歩，世界の規範の変化等の様々な要因によって，その性質を変えるものであるが，ここでは今日の代表的な市場の特質をあげ，それらがどのように国際関係，特に国際政治に影響しているのかを考えてみよう．

政府介入の原因となる国境を越える民間活動

第1の特質は、国際市場は世界中の人々の接点になっており、無数の取引がそこで行われているということである。国際市場では四六時中取引が行われており、その取引が国境を越えた民間人の接点となっている。このような取引で被害にあった人々は、自国の政府に救済を求める。たとえば、外国からの粗悪な輸入品により、不利益または被害を被った業界・市民団体は政府に助けを求めるだろう。

また、労働者の移住により、雇用機会が減った場合も、その国の労働組合は政府に移民法を変えるよう政治行動を起こすであろう。このようになると、関係国の間での外交（政治）問題となる。要するに、国際市場での民間の接触が国際間の政治に影響を与えている。国際市場での取引が多ければ多いほど、その2国間での接触が多くなるわけであり、そのような多くの接触により、国家間での相互依存（協調）関係、摩擦、一方的依存関係など様々な関係が生まれる。コヘインは多くの接触をもつ相互依存関係が実際は摩擦を生む原因となると言及している（コヘイン 1998, pp. 289-290）。従属論者は、このような国際市場での取引が従属関係をつくる原因となっていると主張している（第8章を参照）。

政治によりコントロールせざるをえない見えない取引

第2の特質は、ある特定の国際的な商品市場や株式市場を除いて、実際にその取引を見ることができないということである。取引を行う者たちが連絡を取り合うオープン・マーケットの方法が一般的である。どのような参加者であろうと、国際市場で取引をするためには、それぞれの国際市場のもつ慣習に従い、取引相手と決められたルールを自主的に守って、財・サービスの取引を行わなくてはならない。つまり、今日の国際市場は物理的、地理的、さらにはイデオロギーといった思想などの制約をもほとんど受けることがない。国際市場には物理的な形も、枠組みもない。このような国際市場、特にブラック・マーケット（闇市場）と呼ばれる非合法な取引を行う市場では、ある国から特定のグループに核弾頭つきのミサイルを売ることも可能である。また、ある国の一企業が、その国と敵対する政府へ武器輸出を行ったり、テロリスト・グループに武器を売ったりすることも可能である。

このような政治的無秩序状態を政治的に統制するために、様々な国際政府機

関(IGO)や覇権をもった国家が国際市場の活動を管理しようとしてきた。これらの国際市場の取引をどのようにコントロールするのかは，政治的決定そのものであり，市場における取引の当事者間での自主規制などありえない。たとえば，自由主義経済諸国間で1949年に共産・社会主義国の国力を増すために役立つもの（たとえば軍事力強化の技術）の輸出を禁止するために対共産圏輸出統制調整委員会（COCOM, 1994年解散）が設置され，自由主義経済諸国から共産国への輸出を規制していた。国際市場が不透明なために実際にCOCOM協定がどのくらい効果があったのかは明確ではないが，ともかく国際市場を管理するのは政治であり，経済力では不可能なのである（詳しくは本章第4節の「覇権安定論」，「国際レジーム論」の項を参照）。

政府介入を受けない企業活動

第3の特徴は国際市場でのアクター（行為主体）は国を代表してはおらず，その国の政府によってコントロールができないということである。個人が国内で取引する場合，自国との関係，たとえば納税者，または公共サービスを受ける国民としての関係が常にあるために，自国の制約を無視できない。しかし，**多国籍企業**（MNC）や**グローバル企業**といったアクターは，ほとんど政府の介入を受けずに行動できる。企業の行動理念は利潤の最大化であり，その利益がどの国のためになるかなどということは問題ではない。

国際経済学の権威であるバーノン（Raymond Vernon）が1970年代に歴史的研究に基づいて実証したように，多国籍企業に対して国家はほとんど何をすることもできない。また，自らの利益を優先する多国籍企業はその本国に経済的損失を与えることさえもある（バーノン 1973）。しかし，その利益は国の税金として，その多国籍企業の本国に還元されるとは限らず，最も利潤が期待できる国へ投資される。また，先進国の多国籍企業は生産費用を抑えるために，開発途上国へ女性，子供を含む安い労働を求めて進出する。これらの労働者は賃金が安いだけでなく，一般的に**スエットショップ**（sweatshop）と呼ばれている過酷な労働条件の搾取工場で働かされている労働者もいるが，ほとんどの場合，何の対処もされないままの状態である。工場の現場は開発途上国であるが，過酷な条件で生産させているのは先進国の企業であるため，先進国の横暴さとして見られることが多い。

このような場合，政治的介入が必要なのであろうが，先進国政府が他国での企業行動に干渉することは不可能である．しかし，このような事実とは逆に，自国政府の干渉を無視した多国籍企業の行動が，好結果を生む場合もある．多国籍企業は政治的関係をほとんど考慮せず，利益の最も上がりそうな国に投資をするために，その投資によって実際に開発，発展した国もある．このような国はより多くの多国籍企業からの投資を受けようとするために，多国籍企業の本国となる工業先進国と政治的にも友好関係を保つ努力をする．その努力が，それらの国家間の安定した関係を保つ要因となることもある．

今日のように変化し続ける国際市場において，様々な形態の多国籍企業・グローバル企業が生まれてくるであろうが，多国籍企業・グローバル企業はこれからも，より一層巨大化され，数も増えることが予想される．そのような状態になると国際政治経済の舞台では国家と共に最も重要なアクターになるであろう．

政治的衝突にも発展する様々な思惑と利害関係

第4の特質は，国際市場は様々な異なった考えを持った多くの人々が1つの市場に参加し，その思惑も様々であるということである．今日では自給自足（autarky）の国家は存在しない．すべての国の人々または国家が，様々なかたちで国際市場に参入している．現在，社会主義・共産主義を唱える国の人であろうと大国の人であろうと，他国から財・サービスを得るため，または他国へ自国の財・サービスを売るためには，国際市場へ参入しなくてはならない．このために市場での利益，利権をめぐって政治的な争いが起こることもある．

たとえば，太平洋戦争勃発の原因はいろいろあるだろうが，当時の中国という国際市場を，アメリカを代表とする西洋諸国は誰でも参入できる市場として開放しておきたかったにもかかわらず，日本はその市場を独占しようとした．この衝突が太平洋戦争を引き起こした大きな原因の1つであろう．

政治的課題をつくる富の不均等分配

第5の特徴は，国際市場は富を均等に分配しないということである．今日の国際関係で重要性を増している各国の所得格差の問題も，この国際市場の特質に起因するところが大きい．国際市場のメカニズムは，取引をするアクターに

富を均等に分配するわけではない．経済学者は，比較優位に基づいた貿易をすることにより，貿易を行わない場合と比べると，交易国はより多くの財・サービスを消費することができると言っているが，その消費量，すなわち利益が均等に増えるとは言っていない．また，第1の特質のところで述べたように，現実の国際取引では，自国の国民を保護するために様々な関税・**非関税障壁**が設置されており，貿易による利益の均等分配などには程遠い．

アルゼンチンの経済学者であるプレビッシュが1949年にすでに証明したように，長期では農産物と工業製品との**交易条件**が変わるために，貿易を行っていても農産物を輸出し，工業製品を輸入している国は，実質上の利益（純益）が得られない（Prebisch 1962）．今日でも，先進国と開発途上国での取引は，従属論者が明言しているように開発途上国が搾取されるような貿易がいまだ現存する（第8章「従属論と世界システム論」を参照）．このような富の不均衡分配は経済力の格差を広げ，その結果として政治力の格差拡大につながる．また，開発途上国が貧しいがゆえに起こる問題もその当事国の問題だけでなく，国際政治の問題として発展してきている．たとえば，開発途上国から先進国への労働移民の問題，開発途上国で発生する伝染病の問題，所得格差から起こる地域の政治不安などは，先進国にとっても重要な政治問題である．

新たな政治舞台となる地域市場の統合

ここであげる最後の国際市場の特質は，多くの地域で独自の地域市場ができあがってきているということである．欧州連合（EU）に代表されるような地域統合された市場は，前述したような，国際市場においてコントロールできなかった不確定要因，たとえば取引の不透明性，利益の国外流失，他国の悪質な労働条件などをかなり改善することができる．市場の地理的範囲が限られているため，国内・地域市場の透明性は確保できるであろう．また，EU内の貿易ではその富が域外へ流失することがなく，労働者の移動が地域内にとどまれば，労働条件をほとんど統一できるので，前記したスエットショップのような問題もおこらない．しかし，地域経済市場の設立が盛んになると，そのメンバーとメンバーでない国・地域の経済格差が増大することは避けられない．北米自由貿易協定（North American Free Trade Agreement: NAFTA），東南アジア諸国連合（ASEAN），中南米統合連合（Association Latino-Americana de Integración:

ALADI) の存在を考えると，名目上の地域連合でしかないアフリカ諸国は，それぞれが独自で国際市場に参入せざるをえないので，自国の**幼稚産業**を守ることもできず，比較優位のある産業を育てることも難しいであろう．また，東ヨーロッパの旧社会主義国家の一部はEUのメンバーにはなれず，自由市場経済構造に思うように改善できず，経済発展が遅れている．このような地域や国は，地域統合のメンバーの国々との経済格差がより一層広がる可能性がある．すでに，とり残された国々では先に述べた貧困の弊害が顕著に表れはじめており，深刻な国際政治問題になってきている．このような国々からEU内に流入している違法移民の問題などは，その顕著な例であろう．

また，市場の地域統合は経済的な統合としてだけではなく，政治的な統合としても発展してきている．EUのような共同体をつくり，すべてのメンバー国に仲間意識を育てることにより，共同体内での紛争を起こさないようにする協調的安全保障（cooperative security）という政治的なメリットもある．

ここでは，代表的な国際市場の特質とそれに関連する政治との接点を述べてきた．しかし，今日の国際市場はある一定のかたちに決まったものではなく，様々な国際市場が限りなく存在している．そのため，国際市場は色々なかたちで国際政治とのかかわりをもっている．多くの政府や世界貿易機関（WTO），国際通貨基金（IMF）などの国際政府機関は，政治的制度により国際市場をコントロールしようとしているものの，それがどのくらい効果をあげているのかは定かではない．また，前述したように世界のすべての国や人々が国際市場から一様な利益を得ているわけでもない．このような国際市場の特質とそれにともなう国際関係への影響を理解しておくことが，今日の複雑な国際政治経済の諸問題を理解する鍵になるであろう．また，世界の国々や企業，個人が国際市場をどのように管理していくのかが，これからの国際政治経済問題の中心になっていくことは間違いないであろう．

4 現在の国際政治経済論

これまで，現在の国際政治経済論が構築されてきた歴史的背景や政治力と経済力

との関係，また，国際市場の特質について述べてきた．ここでは，この前述したことを踏まえ，今日の国際政治経済論を解説する．

様々な国際経済現象や国際政治経済問題を分析し，それを国際政治経済論としている書物が数多く出版されているが，それらは理論ではない．すべての国際政治と国際経済の現象を考慮に入れ，国際関係を分析し，すべての国際関係現象を解き明かせる理論は現在，存在しない．もし，そのような理論が構築されたとしても，あまりにも複雑になりすぎてしまい，簡潔性が失われてしまうであろう．今日のダイナミックな国際政治経済を理解するために，多くの理論が生まれ，発展し続けている．ここですべての理論を紹介することは不可能なので，国際政治経済論を生み出した理念・思想を説明し，そこから生まれた代表的な理論を紹介する．

国際政治経済論の理念と思想

国際政治経済論を生み出した理念・思想は，一般的に次の3つに分けることができる．経済的ナショナリズム，リベラリズム，マルクス主義である（ギルピン 1990, pp. 25-43）．この章では国際政治経済論をこのように分けて説明する（経済学の分野では「リベラリズム」という表現は一般的ではなく，「自由主義」が一般的であるが，ここでは同義で使っている）．

経済的ナショナリズム，リベラリズム，マルクス主義という思想は，過去2世紀近くにわたり相互に対立し，否定しあってきた．これらの「イデオロギー」は，それぞれの考え方を反映した理論を生んだ．経済的ナショナリズムは，その経験から国際市場での取引を有利に運ぶためには政治力が必要であり，貿易はその政治力の基礎をつくる経済力を拡大する手段であると考えている．リベラリズムは比較優位に基づく**国際分業**による生産を各国が行い，その生産物を貿易により取引することで世界の富が増大され，そのような経済的交流が国際間の円滑な関係をつくりあげると考えている．マルクス主義は，中心国と呼ばれる先進資本主義国が周辺国と呼ばれる後進国を搾取するメカニズムが存在し，何の制約もなしに貿易を行うと所得格差が一層激化すると考えている．このようなイデオロギーを背景にし，経済的ナショナリズムは覇権安定論を生み，またリベラリズムは相互依存論や国際レジーム論をつくり出し，マルクス主義は従属論，世界システム論という理論を構築した．

マルクスが言った資本主義と呼ばれる自由経済市場をもつ国に住む私たちは，マルクス主義とは無縁であり，リベラリズムから導かれた理論だけを知ればよ

いと思うだろう．しかし，国際関係はどれか1つの理論ですべての国際関係現象を説明できるものではない．時と場合により，どの理論を使い事象を分析するのかを考えなければならない．3つのイデオロギーの背景とそれらから生まれた理論を対比しながら学ぶことによって，国際関係をより一層深く理解できるからである．

経済的ナショナリズムの考え方

　経済的ナショナリズムは，政治力と経済力の補完性を重視することを考慮すれば，15世紀半ばから18世紀半ばまでヨーロッパ諸国の国策の主流であった重商主義の考え方に近い．経済的ナショナリズムによれば，どのようなイデオロギーの国家であろうと，それぞれの国家は経済資源獲得競争のために国際市場に参入せざるをえない．そのために国家はその国際市場において最大の利益を得ようとする．その究極的なものは市場を独占しようとする政治行動であろう．この場合，市場への参加者が個人であろうと企業であろうと，国家の介入が必要となる．先に述べたように，国際市場は基本的には取引者同士が交渉してできた条件により成り立っているのであるから，国家が自国の利益に沿うものとして支援し，取引のルールを自国の参加者に有利なように変えない限り，その国の経済は発展しないということになる（ギルピン 1990, p. 33）．このように経済的ナショナリズムでは各国が自国の利益を追求するために，国家間の経済資源獲得競争は普遍であると考え，また，競争に勝つためには国際市場への国家の介入が必要であると考えている．

　人間の行動原理を利己心に求めたアダム・スミスが，市場において取引をコ

Box 7.3　重商主義

　この（東印度）貿易はそれ自體かように盛大なものでありますが，さらに進んで，それは我が王國にあらゆる種類の印度商品を供給し，我國自身の使用に当てるばかりでなく，特に他國民の必要な需要を充たし，それによって我國の取引と力を増大せしめ，また他國民の必要な需要する印度商品を我國からトルコやイタリアや当方諸國その他の地方へ輸出するために，我國の軍艦数を激増せしめてきたのであります．

——マン 1948, p. 73

ントロールするものは需要と供給という「見えざる手」によるものだとした.これに対して,経済的ナショナリズムは,市場は利己心による行動の競争の場だと考えるが,経済力・政治力のあるものが市場をコントロールできると考えている.経済的ナショナリズムはある特定の場合を除いて,このような国際関係は不変であると考えており,この点で国際政治論のリアリズムと共有する部分がある.そのため,経済的ナショナリズムはリアリズムの理論として紹介されていることが多い.

経済的ナショナリズムにおけるアクターは,基本的には国家である.自国の安全保障を確立するための国際政治経済社会での優位性と,国際市場で利益をあげるための市場の支配力は,国家が政治力,経済力を使って獲得するものなのである.今日のアジアの多くの国の対外政策は,経済的ナショナリズムを基本にしたものである.輸出を促進し,富を築き,その富により軍事力を高め,自国の国際的な立場を確固たるものにしようとしている.中国,韓国,インド,インドネシアなどはその代表的な国であろう.また,日本は軍事力が制限されているという点では他の経済的ナショナリズムの国々と異なるが,政府の行政指導による経済活動への介入・管理,また,近年までの政府指導による輸出促進,保護貿易政策などの経済政策を考えると,経済的ナショナリズムに基づく経済政策をとってきたといえるであろう.

これらの思想がどのように理論に反映されているかを知るために,ここでは経済的ナショナリズムの代表的な理論である覇権安定論を以下で説明する.

覇権安定論

覇権安定論(単極安定論)は経済学者であるキンドルバーガー(Charles Kindleberger)により定義され,ギルピン(Robert Gilpin)により確立された.覇権安定論(hegemonic stability theory)は,ただ1国が単独で,他国が追随できないほどの政治力と経済力,すなわち**覇権**(hegemony)をもっていれば,世界中の国が自ずと覇権国に従い国際社会が安定し,世界中の国々の関係が安定するといっているのではない.この理論では,1国の覇権により世界が安定し,繁栄するためには次の3つの条件が必要であるとされている.

①ある1国に傑出した政治力および経済力があること.ある1国が覇権をも

っていること．
②覇権をもった国家が自由市場の概念を理解し，実際にその概念を実現する国際レジームをつくりあげる意思があること．
③多くの国が自由主義のイデオロギーを共有し，覇権国によってつくられた国際レジームのなかで利益を得られること．

このような状態ができあがると，多くの国にとってその状態が利益になるため，覇権国がつくった国際レジームを維持するためにそのルールを守り，国際間の安定が続く．このルールを守らない国に対して，覇権国はその国際レジームをつくっているグループから外し，制裁を加えることもできる．また，覇権国が自由主義を共有する国から，輸入することにより，それらの国々の経済成長を刺激することにもなる．さらに覇権国の多国籍企業が自由主義を共有する開発途上国へ投資することにより，その投資はそれらの国々の成長に必要な資金供給となる．多国籍企業による技術移転を媒体として技術，専門知識が供給され，開発途上国の経済発展に寄与する（ギルピン 1990, p. 77）．覇権国は自国の経済力，政治力を使えば，自国だけがより多くの利益を得ることもできるのであろうが，そのような行動をとると他の国々が覇権国の決めたルールに従う理由がなくなるので，そのようなレジームは長続きしない．

歴史的にこの覇権による安定があった時代をあげると，第1の覇権安定期はナポレオン戦争から第一次世界大戦までのパクス・ブリタニカ（Pax Britannica）と呼ばれるイギリスの覇権により世界が安定した時期である．当時，政治的に国内で勝利をおさめた**中産階級**は，リベラリズムのイデオロギーの下に自由貿易の国際体制をつくりあげた（ギルピン 1990, p. 75）．第2の覇権安定時代は第二次世界大戦後のパクス・アメリカーナ（Pax Americana）といわれるアメリカの絶対的な経済力とスーパーパワーと呼ばれた軍事力によって安定した近年までの時期である．国際金融システムの取り決めであるブレトンウッズ協定は，1944年にアメリカの覇権によりつくられ，そこで取り決められたドルの金本位制をアメリカが1971年に放棄し，世界金融レジームが固定相場制から変動相場制へと移行するまで，その協定に参加した自由主義の国々の経済は順調に成長した．

覇権国が国際経済秩序をつくり，安定させるという国際**公共財**（international

public goods) を常に他の国々に提供するためには，莫大な経済力と各国を従わせる軍事力が必要である．他の国（非覇権国）はこの国際公共財をただで使うことができ（ただ乗り理論），自ら国際経済秩序を保つために資金を使わなくとも，安定した国際社会において経済活動が行える．そのため，非覇権国は覇権国に挑戦して，この安定を壊そうとはしない．それゆえに国際社会は比較的長い期間，安定すると考えられる．しかし，このような状態が長く続くと，非覇権国は自国の安全保障にあまり資金を使う必要がなく，ほとんどの経済利益を投資にまわすことができるので，経済力が強まる．その結果，覇権国の経済力は相対的に低下する．これは，覇権国が世界を安定させるだけの政治・経済力がなくなるということである．前記したような理由で経済力が相対的に低下したイギリスは国際金融体制を維持できなくなり，1929年から始まった大恐慌を導いてしまい，そのために世界経済は混乱し，第二次世界大戦に向かってしまったと考えられる（キンドルバーガー 1982, pp. 263-274）．また，パクス・アメリカーナもベトナム戦争で出費がかさむなかで，日本やドイツのような安全保障をただ乗りしていた国々の経済力がアメリカの経済を脅かすまでになり，アメリカの覇権は次第に弱まってしまったと考えられる．つまり，歴史的に見ると，どのような国であっても半永久的に覇権を保つことは非常に難しいということである．

　次に説明するリベラリズムでは，アメリカが覇権を失ってしまったにもかかわらず自由主義社会がそれなりに繁栄し続けているのは，レジームと呼ばれる国際的な規範や制度が確立され，その体制に参加する国々が共通の利益を考え，行動をしているからだと言っている．しかし，経済的ナショナリズムを信じるギルピンはこのレジーム論にも懐疑的である．ギルピンによれば，これまでの国際レジームはグローバル経済を管理するのに重要な手段であるが，覇権に代われるものではなく，国際市場において自国の優位を求める国を制御するには十分でないと説明している．自国の優位を求め，自国の国内市場を保護しようとする国の行動により，国際市場の円滑さは失われる．その例として，アメリカが1990年代の後半に行った，輸出自主規制を他国に受け入れさせようとする圧力外交，農産物の品質管理を理由に行った非関税障壁の設置などをあげている（ギルピン 2001, pp. 329-336）．

リベラリズムの考え方

　リベラリズム（自由主義）の概念は前章で説明されたように，17〜18世紀の封建制・専制政治からの個人の解放と，国家の干渉から逃れた自由な経済活動という2つの柱を中心に発展してきた思想である．リベラリズムにおける国際政治経済論の起源は，この章の文頭で述べたように，国家が対外貿易に介入する重商主義を批判するものとして，スミス，リカードといった経済学者によって打ち立てられた経済理論を基にしている．**市場**では需要と供給による「見えざる手」と呼ばれる自動調整機能により，もっとも妥当な価格と供給量が決められる．また，このような市場で複数の供給者（生産者）が自由競争を行うことにより，より低価格で高質の財・サービスを提供するようになる．市場のメカニズムは政府が介入することによって妨げられるので，政府介入は市場が効率的に機能するのに役立つものだけにすることが必要である．

　また，この市場のメカニズムは国際市場においても同じである．現在でも国際市場についてのリベラリズムの考え方は，リカードが1917年に提唱した**比較優位説**に基づいている．各国が自国での**生産性**の高いもの（他の財の生産に比べ少ない労働力で生産できる財）を生産，輸出し，自国での生産性の低いものを他の国から輸入することにより，両国の国民はより多くのものを消費できるという考えである．このような国際市場をより効率的に機能させ，競争原理に基づいて個人や企業の生産性を高めさせるためには，特定の企業や個人に加担しないように，各国政府は貿易に介入すべきではないとしている．

　リカードの貿易理論によれば，国際市場に参加し取引をすることにより，両国の国民が相互利益を得ることができるため，国民は自由に貿易ができる状態を維持しようとする．リベラリストは，このような状態にある国家同士は，相互利益を得るために協調的な関係を築くと考えている．さらに，このような国際協調は国際平和を導くものであるとしている．第二次世界大戦後，1947年に設立された**関税および貿易に関する一般協定**（General Agreement on Tariffs and Trade: GATT），また，GATT（ガット）に代わって1995年に発足した世界貿易機関（World Trade Organization: WTO）は世界の貿易障壁を減らし，貿易の自由化を促進し，世界の国が貿易により利益を得て，国際協調，国際平和が導かれることを最終的な目標としている．

　貿易により，その双方の国民がより多く消費できるようになるという相互利

> Box 7.4 WTO 10番目の利益：平和
>
> 　歴史には貿易摩擦が実際の戦争に発展した多くの例があります．最も鮮明に記憶に残っている例は各国が自国の生産者を保護するために貿易障壁を引き上げ，それに対して相手国も報復として貿易障壁を引き上げた1930年代の貿易戦争です．これが世界恐慌を悪化させ，ひいては第二次世界大戦を勃発させた要因の1つとなってしまいました．
> 　第二次世界大戦の直後に，大戦前のような貿易摩擦が再び起こるのを避けるために2つの新展開がありました．欧州においては石炭および鉄鋼に関する国際協調が進展しました．そして世界的には，関税および貿易に関する一般協定（GATT）が設立されました．
> 　双方ともに成功し，そのために今日ではこれらの機関が大幅に拡大されました．前者は現在の欧州連合（EU）となり，後者は世界貿易機関（WTO）となりました．
> 　　　　── WTOウェブサイト（http://www.wto.org）より

益は疑いなく存在する．他方，貿易により発生した富が貿易当事国に均等に分配されないということも事実である．経済的ナショナリズムはこのような貿易において，国際市場は常に競争になるので，優位になるためには国家の保護が必要であるとしている．しかし，リベラリズムでは国際市場において，参加者すべてが何らかの利益を得られれば，競争せずに協調関係がつくられると考えている．たとえば，各国の同意により設立されたGATTやWTOという貿易レジームではそのルールを各国が守って，自由貿易を行うことにより，各国の国民の福祉が程度の差こそあれ向上することが分かっているのであるから，そのルールに違反することは各国とも避けるということである．

　リベラリズムは経済的ナショナリズムとは異なり，人類の理性の進歩を前提としている．すなわち，争ってまでも他人より「もの」を多く取るという行為は必要なことではなく，協調して，現在より良い生活を得ることのほうが得であると判断できるようになったと考えている．このような人類の理性の進歩を前提にしているため，経済的ナショナリズムで繰り返し使われる歴史的な事実による判断は，必ずしも現代の国際現象には当てはまらないとリベラリストは主張する．ここでは，このようなリベラリズムの考え方が最もよく表れ，その視点から現実の国際関係を説明している相互依存論と国際レジーム論を紹介する．

相互依存論

今日の国際社会では「モノ，カネ，人，情報」が頻繁に国境を越え，多くの国が複雑な相互依存関係をつくっている．コヘインとナイはこのような相互依存関係を分析した結果，今日の頻繁な接触は衝突・紛争を生む原因にもなるが，相互依存の関係が深まると，当事国家間ではその関係を壊すコストを考えるようになり，協調する可能性が高まるという相互依存論（interdependence theory）を発表した（コヘイン＆ナイ 2012）．コヘインとナイは相互依存論ですべての国際関係を説明しようとしたのではない．リアリストたちによる，国際社会は無政府状態であり，各国が争う場所であるという前提では，国際関係を十分に理解できないということを相互依存論で示したのである．ここで，リアリズムの3つの基本的前提と相互依存論の前提を対比してみよう．

①リアリズム：国家は唯一の主要な主体である．
　相互依存論：国家は唯一の主要な主体ではない．国境を越えて行動する脱国家主体も主要な主体である．
②リアリズム：軍事力がただ1つの主要な手段である．
　相互依存論：軍事力はただ1つの主要な手段ではない．経済操作と国際制度の利用が支配的な手段となる．
③リアリズム：安全保障が第一義的な目標である．
　相互依存論：安全保障が第一義的な目標ではなくなる．福祉が第一義的な目標となる．

（ナイ＆ウェルチ 2013, p. 327）

ナイは上述の反リアリストの相互依存を「複合的相互依存（complex interdependence）」関係と呼び，国際紛争を避けられる状態の関係であるとしている．しかし，このようなリアリストの世界も複合的相互依存関係も，現実には存在しない仮想的な概念であるとしている（ナイ＆ウェルチ 2013, p. 327）．このリアリズムの国際関係と複合的相互依存関係は両極端な世界観であり，どちらの理論でも説明できる国際関係も存在するが，どちらの理論でも説明できない国際関係も存在する．たとえばリアリズムの理論で説明しやすい2国間の関係はイスラエルとシリア，またはインドとパキスタンであり，これらの国は生存のた

めに軍事力でパワー・バランス（勢力均衡）を保っている．これに対し，複合的相互依存論で説明しやすい2国間の関係はアメリカとカナダ，そしてフランスとドイツであり，これらの2国間では政治（軍事）問題が常に他の経済・社会問題などを優越することもなく，軍事的に対立することなく協調関係が保たれている（ナイ&ウェルチ 2013, p. 328)．たとえば，アメリカとカナダの関係では軍事的にも経済的にもアメリカはカナダに対して優位であるが，政府間，私企業間，民間で様々に相互に依存しあっているので，そのような力の差はこの2国間ではあまり問題になることがない．また，このような2国間の交渉は軍事力の優劣に影響を受けないので，カナダはアメリカと同等な立場で交渉できる．このような高度な相互依存関係は，リアリストたちのいう政治力（軍事力）だけの関係では計れないものであるとされている（コヘイン&ナイ 2012, pp. 23-24)．

　コヘインとナイはこの2国間の相互依存関係による不利益（コスト）を2つの関係で説明した．短期的に影響のある敏感性と長期的に影響のある脆弱性である．敏感性（sensitivity）とは相互依存している一方の国がもう一方の国に対する政策を変えた場合，その国にどの程度の影響があるかということ，そして，どのくらいの速度でその影響が現れるかである．たとえば，アラブ諸国が原油の価格を15%上げた場合，それを輸入している日本はどのくらいの期間で反応するか，どの程度の影響を受けるかということである．現在の日本を考えると，すぐにガソリンの値が上がるだろうが，1973年のオイルショックで起こったように人々がパニックになって，政府が対策を施すほどのことにはならないであろう．

　脆弱性（vulnerability）というのは相互依存関係に変化が起きたとき，一方の国が，どのくらい適応できるかということである．たとえば，アラブ諸国が日本への原油の輸出を停止しようとした場合，日本はその報復措置として工業製品の輸出を止め，イギリス，インドネシア，メキシコから原油を輸入するので何の問題も起こらなければ，日本のアラブ諸国に対する脆弱性は低いといえる．しかし，その反対に何の手立てもなく，ただ輸出を続けることを求める場合，日本のアラブ諸国に対する脆弱性が高いといえる（コヘイン&ナイ 2012, pp. 17-20)．つまり，脆弱性が高いような相互依存関係をつくっていると，不測の事態が起きたときのコストが多くなってしまう．実際に日本は1973年の第

一次**オイルショック**前は，国内の77％のエネルギー供給を石油に頼っていた．この石油輸出国に対する脆弱性を下げるために政府指導のもとに天然ガスと原子力によるエネルギー供給の増加を促進してきた．2013年現在では石油による１次エネルギー供給が46％に下がり，石炭による供給が24％，天然ガスによる供給が23％となり，また，電力供給となると1973年当時石油による火力発電に75％程度依存していたものが，2013年現在，原子力発電がほとんど行なわれていない状態でも，石油による発電の割合は12％しかなく，石油供給国に対する脆弱性を弱めている（資源エネルギー庁ホームページ〔http://www.enecho.meti.go.jp/〕参照）．

　このように相互依存論は様々な国際関係事象を説明できるし，政策決定にも有益な理論である．しかし，この理論の構築者といっても過言でないコヘインとナイが自ら言っているように，相互依存論では説明しづらく，リアリストの理論に頼ったほうが分析しやすい国際関係があるのも事実である．

国際レジーム論

　ベトナム戦争のための多大な出費に苦しむアメリカは，1971年にニクソン大統領が自国のドル防衛のため（ドルの価値を下げないようにするため）に金本位制を一方的に終わらせ，世界の為替市場は固定相場制から変動相場制に移行した．変動相場制への移行は為替市場を「見えざる手」の調整機能にゆだね，アメリカが世界の金融市場をコントロールした時代に終焉をもたらした．また，1980年代に入り，日本や西ドイツの急激な経済成長に伴いアメリカへの輸出が増大した．アメリカは恒常的な貿易赤字に悩まされることになり，アメリカに輸出をする先進諸国に対し，輸出自主規制などをうながし，非関税障壁を高くした．アメリカ自らが様々な国と貿易摩擦を起こし，世界貿易の安定性が崩れはじめた．このようにして第二次世界大戦後にアメリカは自らつくった国際金融と国際自由貿易レジームを弱体化させてしまう．つまり，これらの一連の事件は，第二次世界大戦以後アメリカが保ってきた覇権がなくなり，国際レジームを結束させていた力がなくなった結果ということである．

　先に述べた経済的ナショナリズムの理論である覇権安定論では，アメリカの覇権がなくなると国際協調が保てなくなるとされる．しかし，リベラリストは1980年以降の国際情勢を観察すると，それぞれの分野において国際協調がもた

らされていることを指摘するようになり、覇権安定論の限界を示した。貿易レジームにおいては、アメリカの覇権下の関税および貿易に関する一般協定(GATT)では成しえなかった多くの協調事項が加えられて、世界貿易機関(WTO)が1995年に設立され、貿易レジームはより一層堅固な協調体制になってきている。

　覇権後にも、なぜこのようなレジームがそれなりに安定しているのかを説明したものが、国際レジーム論(international regime theory)である。コヘインによると、1980年代からの国際金融・貿易レジームはアメリカの覇権によって拘束されているのではく、国際金融・貿易レジームが自ら機能して安定が保たれていると結論づけた。世界政治経済の頻繁な交流が対立を生んでいるにもかかわらず、世界政治が戦争状態でないのは、レジームにより各国の政策・思惑のぶつかり合いが調整されているからであろうとコヘインは説明している(コヘイン 1998, pp. 289-309)。

　クラズナーの定義によると、「国際レジーム」とは「国際関係の特定の領域において、アクターの期待が収斂するような黙示的あるいは明示的な原則、規範、規則、政策決定手続きのセットである」(Krasner 1983b, p. 2). すなわち、レジームとは多くの国が、協調するために決まったルールを自主的に受け入れた制度である。国際政治経済の領域においては、自由貿易という原理を実現化するためにできたWTOを基に成り立っている貿易レジームや、IMFを中心にして成り立っている国際金融レジームなどがある。

　レジームがどのように今日の世界情勢の安定に寄与しているのかについては、様々な議論がある。一般的にはレジームには明確なルールがあり、その規則を各国が守っていれば、その特定の問題に関しての秩序が保たれる。多くのレジームが機能していれば様々な分野で秩序が保たれ、衝突がなくなり、世界全体での安定が保たれるということである。レジームをつくる段階においては覇権国の力が必要とされる場合が多い。しかし、いったんレジームができあがってしまうと、レジームに参加する国々はお互いに拘束しあうようになり、レジームは覇権国なしでも存続し、安定が保たれるということである。

　たとえば、今日の貿易レジームは第二次世界大戦後にアメリカの覇権により設定された。ほとんどの自由経済諸国はGATTに加盟し、貿易のルールを共有してきた。GATTは今日のWTOに代わることになるのだが、WTOのル

ールを基にできている貿易レジームは，すでにアメリカの覇権がなくても，加盟国を協調させ拘束する力をもっている．WTOは貿易摩擦の調整を行い，これまでに何度もアメリカに不利な調整が行われてきた．それにもかかわらず，貿易摩擦が過熱して武力衝突になるような例はまだ見受けられない．

5 国際政治経済論の行方

　国際関係は複雑である．現代の国際関係を理解するためには，経済が政治におよぼす影響，また政治が経済におよぼす影響を考慮しなくてはならない．そして，これらの関係は動態的である．リアリストは前提として，人間の思考は変わらないとしている．もし，これが真実であったとしても，国家の行動を決める他の要因が変わるので，行動は自ずと変化する．たとえば，技術の進歩，これまでは必要だったが今は必要でないといった資源の有用性，国民が期待する国家の役割，宗教観の変化，多国籍企業・グローバル企業の動向，開発援助などがその要因となり人間の行動は常に変化している．もし，人間・国家の行動の基になる思考が独立変数であれば，上記したような要因が媒介変数であり，人間・国家の行動が従属変数であろう．つまり，思考が変わらなくても，媒介変数である要因が変わるので，人間・国家の行動も自ずと変わってくる．それゆえに国際関係は動態であるといえる．

　これは政府が介入しなければ最も効率のよい経済体系をつくれるという経済理論を基にしているリベラリズムの理論についても同じことがいえる．レッセフェール（laissez-faire）の経済体系に従って，無駄のない，最も生産効率のよい経済体制をつくれるということは真実なのかもしれない．しかし，それを取り巻く環境の変化によっては，レッセフェールの経済体系をつくることで最もよい結果を得られるとは限らない．また，リカードのいう比較優位説は理論的に正しいのであろうが，プレビッシュが証明しているように生産要素や1国の技術の変化があると，特化して貿易を行っていても，長期では**交易条件**が変わってくる．したがって，貿易をしても利益を得られない国も出てくる（第8章「従属論と世界システム論」を参照）．つまり，ここでも普遍の経済理論を応用しても環境が変化するのであれば，その結果は常に異なるということである．

つまり，「全く同じ歴史は2度と繰り返さない」ということである．これからの国際政治経済論を発展させていくためには，歴史または現実の分析だけでは動態である国際関係を理解するには十分ではないのであろう．歴史・現実を分析し，未来に向けて多くの変数を考慮に入れて発展させないと，国際政治経済論は過去を理解するためだけの道具になってしまう．

しかし，ここで問題なのはあまりにも多くの変数を同時に考えようとすると，本質が見えなくなり，普遍的な理論ができなくなってしまうということである．このように考えると，国際政治経済論の発展には限界があるのかもしれない．もし，そのような限界があるのなら，ストレンジ（Susan Strange）が自由貿易を理解することよりも，国際協調がどのような状態でおこり，どのようにしたら確立できるのか考えるために世界の構造を研究していたように，視点を変えてみる必要もあるであろう（ストレンジ1994）．また，現在の仕法（しほう）を発展させ複雑かつ動的な国際関係を説明するためには，各媒介変数の影響力（比重）を考慮に入れて，理論構築を行う必要があるのかもしれない．たとえば，現在では石油の世界的需要（有用性）は高いので，石油獲得という媒介変数の値は非常に高いものである．それに比べ，（不幸にも）先進国の開発援助努力は国際社会での評価は低く，その影響も低いので，媒介変数としては比重を低くしなくてはいけない．このようにして，理論構築をしていけば，動的な国際関係を説明でき，政策決定に役立つ理論が構築できるかもしれない．

国際政治経済学は1970年代に体系化されはじめ，学問の一研究領域として認められはじめた，まだ新しい学問分野である．国際政治経済学が学問の一領域として確立され，定着するかどうかは現在の複雑かつ動的な国際関係をどれくらい説明でき，どれくらい政策決定に役立つ国際政治経済論を構築していけるかどうかにかかっているのであろう．

―― 要点の確認　*Questions* ――
① 国際政治経済論とはどのような国際関係理論なのだろうか．国際政治経済論の利点と欠点は何か．
② 国際社会に対して，政治力は経済力よりも影響力があるのだろうか．政治力，経済力とは何に裏づけされた力なのだろうか．
③ 国際市場は国際関係のなかでどのような役割を果たしているのだろうか．

④　経済的ナショナリズムとリベラリズムの根本的な違いは何であろうか．対照できるものを列挙してみよう．
⑤　既存の国際政治経済論は今日の様々な国際間の政治経済問題を有効に分析できるのだろうか．

国際政治経済論をもっと知るために

Guide to Further Reading

ナイ，ジョセフ・S & ディヴィッド・A. ウェルチ（2013〔原著2012〕）『国際紛争——理論と歴史』原著第9版（田中明彦・村田晃嗣訳）有斐閣．
　▷国際関係を学ぶ学生にまず，はじめに読んでもらいたい文献である．著者はリベラリストであるが歴史的な現実を踏まえ，リベラリズムとリアリズム理論を明確に説明している．

ギルピン，ロバート（1990〔原著1987〕）『世界システムの政治経済学』（佐藤誠三郎・竹内透監修，大蔵省世界システム研究会訳）東洋経済新報社．
　▷出版されてから25年以上経っている文献であるが，国際政治経済学におけるリアリズム（経済的ナショナリズム）をリベラリズムやマルクス主義と比較し，論理的に説明がなされている名著である．

キンドルバーガー，C. P.（1982〔原著1973〕）『大不況下の世界1928-1937』（石崎昭彦・木村一朗訳）東京大学出版会．
　▷第一次大戦から大恐慌までの経済史であるが，なぜそのような恐慌が起こるのかを経済的側面からだけではなく，政治的側面からも明確に分析した文献である．覇権安定論を構築するもとになった文献でもある．

ストレンジ，スーザン（1994〔原著1988〕）『国際政治経済学入門』（西川潤・佐藤元彦訳）東洋経済新報社．
　▷様々な国際現象に国際政治と国際経済がどのように関わっているのかを分析し，現存する理論にとらわれない国際政治経済の見方＝理論を展開している．

コヘイン，ロバート（1998〔原著1984〕）『覇権後の国際政治経済学』（石黒馨・小林誠訳）晃洋書房．
　▷この本の題名どおり，アメリカの覇権後の世界政治経済社会を分析し，理解しようとした文献である．国際安定における国際レジームの役割が書かれているが，同時に国際レジームだけに頼りすぎる危険性も考慮し，覇権の重要性も見落としていないバランスの取れた文献である．

第 8 章
従属論と世界システム論

はじめに	240
1　従属論の確立	242
2　従属論の発展	253
3　世界システム論	261
4　従属論と世界システム論の意義	268
要点の確認	269
従属論と世界システム論をもっと知るために	269

はじめに

21世紀の日本では多くの食べ物に囲まれながら,少しでも痩せたいという願望から,また健康上の気づかいから多くの人がダイエットに励んでいる.一方で,地球上のある地域では国家的な経済破綻のために,政情不安におびえ,衣食住すらも満足に得られない人々がたくさんいる.政情不安や飢餓に苦しんでいるこれらの地域は,資源に恵まれない日本と違い,多くの資源に恵まれている.それにもかかわらず,食べるものすら欠乏している.なぜ,地球上にこの恵まれた地域と貧しい地域ができてしまったのか.多くの資源に恵まれながら,なぜ経済発展がなされなかったのか.これらの問題に開発途上国の視点から真剣に取り組んだのが,国際政治経済論(IPE)に属する従属論であり,世界システム論である.

この新たな視点から経済発展の格差を考察した多くの学者は,開発途上国に属するラテンアメリカやアフリカの出身であった.自らが直面している閉塞的な政治・経済状態を打破するために,この新しい政治経済理論の確立を目指した.彼らの視点の特徴は,国益中心の分析手段と解決方法をもつリアリストとも,相互依存や国際レジームなどを分析し解決手段とするリベラリストとも違い,国と国との間の支配―従属関係に注目したことである.この支配―従属関係は,「もてる者」と「もたざる者」の間に横たわるヒエラルキーをもった重層的な構造に注目するマルクス主義的な分析方法を援用している.

マルクス主義(marxism)とは,ドイツ出身のマルクス(Karl Marx)とエンゲルス(Friedrich Engels)により確立された経済,政治,社会に広くかかる思想体系である.多くの従属論者は,マルクス主義思想のなかにある労働者階級(プロレタリアート)と資本家階級(ブルジョアジー)との間にある階級闘争の理論を,開発途上の国々と先進諸国にあてはめて,先進国のさらなる経済発展のために開発途上国が搾取される垂直な支配―従属関係を描きだしている.さらに,開発途上国が資本主義システムに組み込まれることが,この支配―従属関係を決定づけていると説いている.すなわち,資本主義システム内では先進国が商品の生産を独占的に主導し,そこから生み出される富を蓄積している.その一方で,開発途上国はその商品の原材料や労働力を安価で提供し,先進国でつくられた商品を消費することによりその富を先進国に流出している.このように資本主義システムに組み込まれた開発途上国は,先進国経済の補完的役

割を担うという従属的な立場に置かれ,自国の経済的自立と発展を実現できずにいる.自立と発展を可能にする処方箋は,この従属関係から脱却することであり,そのための理論が,従属論(dependency theory)である.

さらに,支配―従属の2重構造を1国対1国の関係だけに当てはめるのではなく,世界を支配する富める先進国を中心国グループに,その支配に対して従属せざるをえない貧しい開発途上国を周辺国グループに分類し,より規模の大きい支配―従属の2重構造を描き出した.この分析方法をさらにグローバルに拡大精緻化し,中心グループ,周辺グループ,その中間に位置する準中心グループという3重構造を描き出し,この3つのグループの葛藤と変化を描き出したのが「世界システム論(world system theory)」である.この章では,富める先進国と貧しい開発途上国の間に現存する経済格差の問題や地球規模の貧困の問題を解き明かした「従属論」と「世界システム論」を解説する.

従属論には,他の国際関係理論にはない政治的重要性がある.それは先進国,特にアメリカ型近代化をモデルとして開発途上国の問題を考察する近代化論への挑戦である.欧米先進国の学界から誕生した近代化論や他の国際関係理論とは違い,従属論は鉱物資源や農産物のような第一次産品輸出に依存している開発途上国の不利な立場を解明しようとした経済理論から生まれた.それは国連のラテンアメリカ経済委員会や国連貿易開発会議の舞台で発表され,1960年代にラテンアメリカやアフリカの低開発性を資本主義システムと結び付けて解明する国際政治経済論の一分野としてはじまり,従属論に発展した.

従属論の発展の過程は,植民地状態から独立して国際連合に加盟したアジアやアフリカの新興国が増加した時期にもあてはまる.また,従属論は開発途上国が政治の場においても,また学問の場においても力を発揮するための理論的裏づけとして重要視された.さらに,「自力更生」「自力成長」を解決策の1つとした従属論は,1980年代の開発途上国の工業化を促進する新国際経済秩序(NIEO)の基礎的理論にもなった.これらの点で,従属論は単なる学問の場における国際政治経済論ではなく,政治の場での政治実践理論となったといえる.

しかし,従属論は70年代に入ると徐々に,そして80年代には急速に衰退していった.従属論は国際政治経済論として注目を集めた時期は短かったためか,またその分析手法のせいか,従属論イコールマルクス主義という誤解を生み,冷戦構造が崩壊した21世紀では,その役割はすでに終えたという誤解が広まっ

ている．21世紀の現在でも先進国と開発途上国間の経済格差はグローバルな貧困問題につながり，その重要性はますます高まっている．従属論がもっていた政治実践的な学問としての役割は終えてしまったかもしれないが，後述するように，従属論や世界システム論がもつ地球規模の垂直的な従属関係を解き明かす学問的視点としての有効性はいまだ失われていない．

　本章では，前半部分において従属論の成り立ちやその分析方法を解説し，後半部分で「世界システム論」を説明する．前半部分ではまず，「未開発と低開発」，「従属と依存」といった言葉の意味を説明し，その上で，従属論が登場した背景を考える．その後，多種多様な従属論を考察する．さらに，この従属論が世界システム論にいかに変容し，精緻化されたのかを説明する．最終節では，従属論と世界システム論が21世紀の社会を説明する可能性を考えてみたい．

1 従属論の確立

　従属論を解明するにあたり，まず従属論で使用される言葉と従属論が誕生した背景を説明し，その後に従属論の多様な内容を詳述する．従属論には，様々な手法が内包されている．本章では，分析方法，内容，解決方法が多岐にわたり混沌としている従属論を，マルクス主義的な分析・解決方法を採用しているか否かにより，大まかに2つのグループに分類する．
　第1グループの代表は，近代経済理論から発展し，開発途上国と先進国の従属関係を資本主義システムのなかで説明しようと試みた国連ラテンアメリカ経済委員会の経済学者たち（ECLA派）である．そして第2のグループは，階級対立概念を20世紀のラテンアメリカやアフリカに適応するように変容させたネオ・マルクス主義の視点から低開発性を考察するフランクやアミンである．フランク自身も，特にプレビッシュの系統を組むECLA派理論と区別するために，持論を「新従属論」と呼んでいる．上記のような理由から第1節では，①非マルクス主義派，特にプレビッシュ理論が代表とされるECLA派理論を紹介し，第2節では②ネオ・マルクス主義派，とりわけフランクの低開発性理論とアミンの周辺資本主義理論に分類して紹介する．

従属論のキーワード
　多岐にわたる従属論を理解するには，誤解を生みやすい言葉の定義を明確に

し，これらの言葉がもつ意味を知ることが重要である．この項では，従属論でよく使用されるキーワード，「未開発と低開発」，「従属と依存」について考えてみたい．「未開発」は1950年代に政治経済学の分野で主流であった近代化理論のなかで頻繁(ひんぱん)に使用された言葉である．近代化論とは，どの国もある時期までは伝統的な社会により構成される，未だ開発されていない「未開発」状態にあり，近代化された時点からその国は「未開発」から脱却できるという考え方である．この近代化論では，「未開発」と開発のレベルが低い「低開発」は同じ線上に存在し，開発途上国は先進国をモデルに近代化されれば，自然とその未開発性からも低開発性からも脱却できると考えられている．

しかし，従属論者はこの近代化パラダイムに挑戦し，新たな考え方を発表した．たとえば，フランクは現在の開発途上国の「低開発」は「未開発」とは関係なく，先進国により低い開発レベルである「低開発」の状態に滞留させられているという意味で使用している．すなわち，この「低開発」は世界規模の資本主義の発展の副産物であり，そして開発途上国と先進国との従属的な関係の結果であると説いている．ゆえに，資本主義システムの中心にある先進国は未開発であったことはあるが，低開発であったことはなく，未開発と低開発が同じ線上にもないことを主張し，近代化論を否定した．

この従属論による未開発と低開発の定義は後述する様々な従属論に通じる重要な言葉であり，近代化理論による定義との違いを十分に理解することは，従属論を理解する上で不可欠である．

次に，従属という言葉に注目したい．従属論を意味する英語の単語はdependency theoryである．このdependencyは単なる依存（dependence）と混同されやすいが，より深い意味をもっている．従属とは，他者により深く依存することにより自己の自主性・自律性が欠如した状態を指す．たとえば，

Box 8.1 未開発と低開発

……低開発とは原始的な段階でも伝統的なものでもないこと，そして低開発諸国の過去や現在は，現代先進諸国の過去とはいささかも似ていないことは明らかである．現代の先進諸国は，かつて未開発だったということはあるかもしれないが，低開発だったということは決してないのである．

——フランク 1976, p. 15

dependence の対語は interdependence，相互依存となる．dependence は2国間の不均等，または非対称な依存関係を表し，貿易関係のある国が他国に大きく依存している状態をさす．この依存関係の解決方法は相互依存の状態をつくりだすことである．たとえば，dependence はカナダ経済のアメリカ経済への依存構造を表すときに使用されるだろう．しかし，dependency の対語は autonomy，つまり自立・自律となる．従属からは相互依存は生まれないし，そこから逃れるには自立・自律しなければならないのである．したがって，カナダの対米依存構造とラテンアメリカ諸国の対米従属構造とは，必然的に違ったものになる．

さらに従属論では，開発途上国が貿易を通して先進国に依存せざるをえない自主性・自律性が欠如した状態を従属とする．これは世界規模の資本主義システムに組み込まれる過程で起きるため，単に政治的あるいは経済的支配に基づいて形成された二国間的な支配―従属パターンではない．ゆえに，従属論では単なる国家間の関係のみを考察するのではなく，世界的な資本主義システムにおける先進国や開発途上国の位置関係も重要な視点となる．たとえば，従属論のルーツの1つともいえるレーニンの『帝国主義』では，資本主義特有の過度の競争は企業の利潤を低下させ，追いつめられた企業は新たな市場を求めて海外へ展開し，この企業の海外進出に国家権力が結びつくとき，帝国主義的侵略が起こり，従属関係が生じると主張している．レーニンはロシアの例をとりあげ，西ヨーロッパの国々にとっていかにロシアが単なる安価な労働力と商品の市場となり，政治経済面での従属的な立場がロシアに多大な不利益を与えているかを説明している．

このレーニンの帝国主義への反駁は従属論に引き継がれた．開発途上国が直面している問題は，植民地時代に植えつけられた特殊な経済構造にあることに着目しているのが従属論である．ドス・サントスは従属を Box 8.3 のように説

Box 8.2 レーニンの従属概念

植民地領有国と植民地という，国の二つの基本的グループの存在だけでなく，政治的には形式上独立国でありながら，実際には，金融上および外交上の従属の網でおおわれている，多様な形態の従属国が存在するということである．

―レーニン 1956, p. 140

> **Box 8.3　従属論者の従属概念**
> ……従属とは，ある一群の国の経済が他国経済に従い，他国の発展と拡大により条件づけられた状態をいう．
>
> ―― Dos Santos 1970, p. 231

明している．

　このようにして，従属（dependency）は単なる依存（dependence）とは違い，より深化し複雑に絡み合った支配─従属関係であると理解することが，従属論解明への第一歩である．

　また，従属論はラテンアメリカをはじめとした開発途上国の開発問題を扱う理論だが，この開発途上国をさす言葉としては，後進国，低開発国，第三世界など数多く存在している．1950年代までは「後進国」という言葉が一般的に使用されてきた．しかし，1960年代前後，植民地から独立し国連に加盟した新興国が国際社会での責任を分担するようになると，進歩に関しての価値判断を内包する「後進国」という言葉をそのような国々に対して使用することに疑問が出された．その代わりに一般化された言葉が「低開発国」であり，国内の様々な資源の開発度が低いことを表す言葉として使用されるようになった．そして同じ時期にフランスの人口学者ソービィ（Alfred Sauvy）は，西欧資本主義とも**社会主義**工業国とも異なる経済構造をもち，自らの低開発性についての意識を共有している「南」の国々を，フランス大革命時の身分議会で革命を担った第三身分になぞらえて，「第三世界」と呼ぶようになった（西川 1977, pp. 83-84）．

　さらに，アメリカのケネディ大統領の主唱で始まった国連の「開発の10年」を契機に，国連では「低開発国」を「発展途上国」または「開発途上国」と呼ぶようになる．また，非同盟諸国への呼びかけである1962年の「開発途上国の経済開発会議」でも「開発途上国」という言葉が使用された．本章でも先進国との相対的な開発レベルを表す「低開発国」や「後進国」ではなく，「開発途上国」を使用する．

従属論誕生の背景

　従属論とは，なぜ開発途上国は先進国が歩んだような開発・経済発展の道を歩めないのか，また，なぜ開発途上国は対外貿易が増えるに従って貿易赤字と

対外債務が増加するのかという疑問に答えようとした理論でもある．この疑問の背景には，先進工業国に対する開発途上国の不信感と不満感があった．そして，この不信と不満の矛先(ほこさき)が欧米の主流政治理論である近代化論と，それに基づいた自由貿易体制に向けられた．

この自由貿易体制は第二次世界大戦後，自由で多角的な貿易により各国が経済的疲弊から復興し，経済成長することを主な目的にして制定された．その基本的理論となったのがヨーロッパの近代化の過程である．この考え方の基礎は19世紀から20世紀にかけて発表された社会学理論である．その代表格であるウェーバー（Max Weber）は，その著書『プロテスタンティズムの倫理と資本主義の精神』のなかで，社会を伝統的なものと近代的なものに分類し，その歴史的変遷過程を通して，西ヨーロッパやアメリカで発展したプロテスタントの禁欲的な勤労精神を近代化促進の要因としている（ウェーバー 1994）．

第二次世界大戦後の1950年代になると，近代化は様々な理論によりとりあげられた．その中心は1960年に出版されたパーソンズ（Talcott Persons）の『近代社会の体系』である．その著書のなかで，パーソンズはローマ帝国から20世紀のアメリカまでの西洋の歴史を通して，伝統的行動価値基準からの脱却を近代化とし，アメリカを最も近代化された社会としてあげている（パーソンズ 1977）．これらの近代化論に共通することは，欧米の歴史を通して伝統的な社会と第二次大戦後の最強国アメリカの価値観や規範を比較することにより，近代化への道を構築したことにある．

これらの近代化理論は政治経済学に大きな影響を与え，多くの経済発展論が展開された．1955年に出版されたルイス（W. Arthur Lews）の『経済成長の理論』は，開発途上の国々の経済発展の問題にはじめて焦点をあて，これまでの先進国中心の経済学とは異なる新しい分野を開拓した．また，伝統的社会とみなされた開発途上国が近代化し，当時の唯一の経済大国であるアメリカのような経済成長を遂げるための道を示す段階的近代化理論も登場した．アメリカを中心とした先進国にとって，開発途上国の経済発展や生活水準を向上させる政策が**共産主義**運動の封じ込めのために重要視されはじめたことが，このような近代化理論や開発理論の登場に大きな影響を与えている．

段階的近代化理論では，「伝統社会」や「前資本主義経済」の内在的特性がその社会の発展を阻害するとし，その前近代的な経済社会が近代化すれば自ら

発展すると主張される．特に，ロストウ（Walt W. Rostow）は1960年に発表した『経済成長の諸段階』のなかで，開発途上にあるということは前近代化社会の伝統的社会の段階にあることであり，知識，技術，価値観，技能，資本が近代化された先進国から開発途上国に拡散すれば，一様に近代化され発展すると主張している（ロストウ 1974）．そして，すべての社会は必ず農業社会から工業社会に移行する．この農業国から工業国への転換する時点をテイク・オフ（離陸）と名づけ，テイク・オフ後には，永続的な自立的成長過程が現れ，投資率が上昇し，工業製品の産出高は絶えず増加し，発展が規則的に生まれるような政治的・社会的・制度的な変化を内包する社会が成立するとしている．そして，発展過程における非平等性などが問題になることなく，開発途上国が近代的工業国へテイク・オフするためには大規模な財政的・技術的援助が必要だと強調している．

ロストウの段階的近代化論は国際経済体制の形成に大きな影響を与えている．

この近代化理論を基にして，経済を近代化すれば必然的に経済発展をするというマクロ経済政策として登場したのが，資本の自由市場の開放，貿易の自由化を求める経済近代化政策である．この経済近代化政策は，**ブレトンウッズ協定**に基づいて，国際通貨基金（International Monetary Fund: IMF）の米ドルを基準とした各国通貨の基準値である平価を維持し，資本の自由化を進め，世界銀行により各国の「復興開発」のための融資を行い，**関税および貿易に関する一般協定**（General Agreementon Tariffsand Trade: GATT）により貿易の自由化を促進しようとしたものである．このブレトンウッズ協定とGATT（ガット）を中心とした自由貿易体制は，戦後の国際経済の中心となった．

1950年代，多くの開発途上国は自由貿易体制が経済発展を導くという近代化理論に則り，GATTに加盟した．すなわち，輸出の増加が資本の蓄積と国内産業市場の確保を導き，その代償としての資本財や技術，知識の輸入がもたらされ，経済発展を推進すると考えた．しかし，GATTの貿易自由化の拡大とともに，開発途上国の世界貿易に占める割合は減少し，貿易赤字が目立つようになる．1950年に開発途上国の世界輸出に占める割合は31.2％であったが，1962年になると割合は20.4％に減少している．また，1950年には16億ドルの貿易黒字が1964年には14億ドル以上の貿易赤字となっている（国連貿易年鑑1964年版）．さらに追い討ちをかけるように，先進国からの援助により膨大な対外

債務が開発途上国にのしかかっていった.いうなれば,近代化理論の経済政策は,貧しいものがますます貧しくなる貧困の悪循環を開発途上国に引き起こしたのだ.このようにして,開発途上国は貿易赤字・対外債務の増大によってGATT体制への不満を募らせていった.このGATTへの不満と反論を一番明確に表したのが,アルゼンチンの経済学者であり,国連ラテンアメリカ経済委員会(ECLA)のプレビッシュであった.

従属関係を明確にしたプレビッシュ

プレビッシュ(Raúl Prebisch)は欧米主流の近代化論に対して,開発途上国から疑問を呈し,開発途上国の視点からの新しい理論を展開した最初の経済学者である.アルゼンチン生まれのプレビッシュは,ブエノスアイレス大学を卒業した後,経済学者として同大学で教鞭をとった.その後,官界に入り,大蔵次官からアルゼンチンの中央銀行の初代総裁に就任し,第二次世界大戦前までアルゼンチン経済の舵取りをしていた.経済学者としてのプレビッシュは,1920年代から30年代のアルゼンチンの大恐慌を経験して「大中心地でつくられた理論的説明と現実の差はあまりに大きい」(プレビッシュ 1964, p. xii)ことに気づき,新しい発展理論の形成に力を注いだ人物である.

このプレビッシュの新理論は,ラテンアメリカの経済状況の分析から生み出された経済理論である.ラテンアメリカでは植民地時代から,ヨーロッパが望む金・銀・ダイアモンドなどの貴金属や砂糖などの食料の輸出が経済開発の要として考えられてきた.19世紀にヨーロッパ諸国から独立した後も,一次産品の輸出が経済の中心であった.これは各国が相対的に安い生産費用で生産できる比較優位にある商品に特化し,その商品を輸出しあうことで分業の利益を得ることができるという古典派経済学者の考え方を継承した**国際分業論**(international division of labor theory)に従い,比較優位にある商品生産への特化を推し進める経済政策であった.ラテンアメリカ諸国の一部では,20世紀のはじめから欧米諸国への一次産品の輸出を中心に急速な「外向きの発展」といわれる経済成長を遂げ,アルゼンチンも例外ではなかった.反面,一次産品の生産・輸出を基盤とした経済は対外的に脆弱であり,不安定な**モノカルチャア**(monoculture)型経済構造が形成された.その結果,他国の不況がもろにラテンアメリカの経済不況を引き起こした.

たとえば，1929年にアメリカから発生した世界大恐慌はラテンアメリカ諸国を苦境に陥らせた．1929年当時，アルゼンチン大蔵次官の職にあったプレビッシュは国際生産性で優位と思われていた作物しか栽培しないモノカルチャア経済がもたらした大きな問題に直面した．世界大恐慌でイギリスからの輸入が激減し，輸入製造品価格が急騰し，農産物・鉱産物の生産を中心に形成されたラテンアメリカの一次産品に依存した経済に決定的な打撃を与えた．それにともない輸出用農園・鉱山企業ならびに，その拡張とともに発展した脆弱な工業企業は縮小と倒産を余儀なくされ，国内の失業の増大と賃金所得の低下が起こり，国家財政の大幅な赤字化などによる社会不安が激化した．

さらに，アルゼンチンの金融がイギリス系の銀行に握られて，大蔵官僚であったプレビッシュらは金融政策が自由に行えないことに気づいた．プレビッシュはこの事態を打開するために，アルゼンチンの未成熟な工業化を支援することを目的に1935年，アルゼンチン中央銀行を設立し，初代総裁に就任した．さらに，外資系企業の国有化と輸入代替工業化策（import-substituting industrialization）の積極的な推進により，世界市場への依存度を減らす試みにより，この大恐慌を乗り切ろうとした．

プレビッシュはこの1920年代，30年代の経験から「一次産品長期的交易条件悪化説」を唱えはじめた（この説は同時期に同様な結論を導き出したドイツの経済学者ハンス・シンガーの理論と併せて**プレビッシュ＝シンガー・テーゼ**［Prebisch-Singer Thesis］とも呼ばれている）．露骨な植民地的収奪がなくても，工業化製品と一次産品との自由な交易体制が先進国に有利に，開発途上国に不利に働き，両者間に所得の不平等な分配構造を定着させてしまうと考えたのだ（Prebisch 1959, p. 264）．そして，「輸入代替工業化が対外貿易赤字問題の唯一の解決策である」と結論づけた（Prebisch 1959, p. 253）．すなわち，輸入している製品を国産化することである．この仮説がプレビッシュ理論の中心となり，さらに従属論や世界システム論の基本理論となる中核国―周辺国説の背景となった．

プレビッシュ理論

国連貿易開発会議（United Nations Conference on Trade and Development: UNCTAD）の政策はプレビッシュが提唱した一次産品長期的交易条件悪化説を基に作成されているが，プレビッシュの理論が従属論に属するということに

> **Box 8.4 技術進歩と不平等な経済発展**
> 歴史的に，技術進歩の波及は不均等であり，世界経済を工業中心地域と一次産品生産を行なう周辺国とに区分することに貢献したが，この両地域における所得の成長にはその結果差異が生じた．
>
> —— Prebisch 1959, p. 251

対して疑問を呈する向きもあるだろう．しかし，主流の従属論を理解するためには基本的かつ不可欠な理論であることは確かである．このプレビッシュ理論の核心となっている一次産品長期的交易条件悪化説と，その端緒となる中心（中核）―周辺説をここで説明する．

プレビッシュは，開発途上国の膨大な対外債務の原因を解明するために，世界全体を先進国と開発途上国という2極化された地域に分類し，その2つの地域間の不平等な格差に注目した．国際分業体制の下，世界経済は中心地域（工業化された先進国）と周辺地域（工業化されていない開発途上国）に分けられ，中心地域が工業製品を供給し，周辺地域は工業製品を輸入消費し，原料・食料の一次産品を中心国に供給する役割を担っていることに注目した．この中心―周辺説を基に，周辺地域の経済発展が阻害された原因を一次産品と工業製品との間の**交易条件**の悪化に求めた．

プレビッシュによると，この一次産品の交易条件が悪化する主な理由は，中心地域での技術進歩にある．産業革命以後，中心地域で起きた技術進歩は生産性の向上とあいまって，中心地に富の蓄積を促進し，周辺地域に中心地域の技術進歩を輸出するというかたちで波及する．さらに，中心地域の製造品の技術進歩より生産性が高まり，新製品も続々登場し，結果的に常時値上がり傾向にある．一方，周辺地域の一次産品（砂糖，コーヒー，小麦，食肉，綿花，硝石，銅，銀など）は国際価格競争にさらされ，むしろ値下げの傾向にある．その結果，周辺地域は同一量の製造品を輸入するためにはより大量の一次産品である原料・食料を輸出する必要がある（図8-1参照）．この悪循環をプレビッシュは，ECLAに入った直後に「ラテンアメリカの経済発展とその主要問題」のなかで，1876年から1946年までのイギリス商務省の統計を使用して，一次産品価格の対製造品価格比は1880年前後から第二次大戦時まで一貫して低下したこと，同一量の一次産品で購入できる製造品は大戦終了時には69％でしかなくなったこと

図8-1　貿易における従属関係

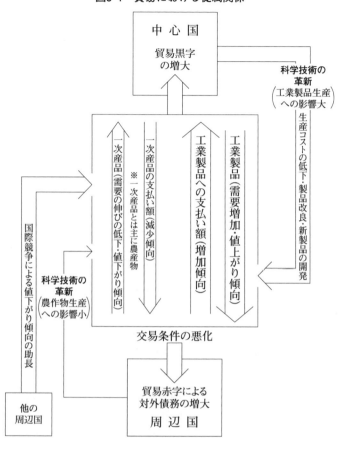

で証明した（西川 1976, p. 237）．このように一次産品の単位あたりの価格はますます下落するのに対して，工業製品の単位あたりの価格は上昇する悪循環が発生し，一次産品の対製造品交易条件はますます悪化することを証明したのだ．すなわち，一次産品国は絶えず貿易赤字に悩まされ，輸出主導型の経済成長が不可能になったわけである．

　プレビッシュは従属という言葉を使用していない．しかし，この中心―周辺説と一次産品交易条件悪化説を用いて，「たとえ第一次生産における技術改善に努力が集中されようとも，それが工業の力強い発展と工業面の技術進歩を伴

わなければ，また国際市場力の自由な動きに注意深く介入して主要一次産品の価格を支えることがなければ，一層の経済悪化を生じるだけであろう」と述べている（Prebisch 1959, p. 264）．欧米主流の近代化理論を基にした輸出主導型成長論や比較優位財への特化による国際分業論に対抗して，プレビッシュ理論は先進国に対して不均等な貿易条件を是正し，政府主導の輸入代替工業化により国内に資本を蓄積，中産階級を育成，そして対外貿易をコントロールすることで国全体の経済成長を目指したのだ．このプレビッシュ理論がUNCTADの基本的理論にもなった．

プレビッシュ理論の実践

プレビッシュの一次産品交易条件悪化説から導かれる経済政策の最初の実践の場であり，また従属論の誕生の場であったのは，ラテンアメリカ経済委員会（Economic Council for Latin America: ECLA）であった．ECLAは1948年，国連により設立され，ラテンアメリカのエコノミストたちが集まり，プレビッシュが事務局長に就任した．ECLAは当初，開発途上国の一次産品の先進国への輸出と先進国からの工業製品の輸入を促進する自由貿易論を基にした自由経済政策を推進していたが，この政策は予期したような結果をおさめられなかった．むしろ開発途上国において，一次産品の国内産業を独占する多国籍企業の増加と膨大な貿易赤字を生みはじめた．そのころからプレビッシュは1920年代，30年代に編み出した一次産品交易条件悪化説に沿った途上国の工業化政策をECLAの中心的政策とするようになった．

この厳しい状況のなか，アフリカの旧植民地から多くの新興諸国が独立し，1960年だけで17カ国の新興国が国連に加盟している．対外債務に悩むラテンアメリカの国々にとって，この新たなメンバーの増加は開発途上国のイニシアチブで新しい貿易体制の成立を目指すことへの追い風となった．ECLAは開発途上国の代表として，国際協調により開発途上国の発展を実現するための新たな組織づくりを目指し，国際会議の開催を求めた．これは，先進国主導による先進国の利益を優先するような不均等な貿易体制に対抗し，新たなルールづくりを開発途上国の結束により実現しようとしたものであった．

国連もまた，アメリカ大統領ケネディの主唱のもと，1960年代を「開発の10年」と名づけ，開発途上国の経済問題に真剣に取り組もうとしていた．1961年

に,開発途上国グループは国際貿易問題についての国際会議の開催を求める決議案をはじめて提出した.この決議案は僅差で賛成票が反対票を上回り,62年に「経済開発途上国の経済発展会議」が招集され,36カ国が参加した.波に乗った開発途上国側は同年8月,国連経済社会理事会 (UN Economic and Social Council: ECOSO) 第2委員会で,「国際貿易の拡大に関する諸方策を実行する方法と機関」を議題にする国際会議を1964年に開催することを決議した.その結果,1964年3月23日から6月16日まで,120カ国がジュネーブに集まり,UNCTADが開催され,国連総会直属の一常設機関として設立された.

UNCTADの事務局長に就任したプレビッシュは,この会議に『開発のための新しい貿易政策を求めて』と題する報告書を提出した.このプレビッシュ報告書では,プレビッシュの一次産品交易条件悪化説を基にした新しい貿易政策が必要であると述べられ,開発途上国の赤字を解消するために先進国と開発途上国とが一体となる必要性を説いた.そして,UNCTADのとるべき政策として,①一次産品に関する国際商品協定,②開発途上国製品・半製品に対する一般特恵,③外資ギャップを補塡するための国民所得1％の援助などという先進国に譲歩を求める重要な提言を行った(プレビッシュ 1964, pp. 66-99).

しかし,プレビッシュ理論にも限界が指摘された.一次産品交易条件悪化説を打ち出すことにより,市場メカニズムに基づく先進国と開発途上国間の経済格差には注目したが,中心国による経済支配,周辺国の経済従属という支配—従属構造にまで踏み込むことがなかった.さらに,従属関係を補強している市場メカニズムや資本主義システムにはふれずに,開発途上国の工業化を促進することを勧めた.その結果,先進国からの資本の流入による工業化政策は,むしろ先進国への経済・政治的従属を深め,対外債務や貿易赤字を増加させ,また国内産業を衰退させることにより経済発展を阻害することになったと非難されたのである.

2
従属論の発展

この節では,1949年に発表されたプレビッシュ゠シンガー・テーゼといわれる「一次産品長期的交易条件悪化説」を出発点とした従属論が,いかに支配—従属関

係構造や世界規模の資本主義システムとの関係にまで着目する国際関係理論に発展したのか，また，なぜその影響力を喪失したのかを順を追って説明する．プレビッシュ理論を従属論へと展開させたのは，ECLAの経済学者やラテンアメリカの経済学者であった．そして，先進国も経験した未開発と，未経験の低開発の相違に注目し，従属関係を原因とする低開発を世界規模の資本主義システムという視点から解き明かしたのがフランクである．フランクの従属理論をさらに先鋭化させたのがエジプト出身のアミンであった．さらに，このような従属関係を考慮し，1970年代になってルイスは開発途上国の発展を容易にするための「新国際経済秩序」案を想起する．しかし一方で，アジアの新興工業国諸国はヨーロッパ諸国の経済を凌ぐような急激な工業化をとげ，従属していた国の発展についての説明力を失っていった従属論は次の節で説明される世界システム論へと発展してゆく．この節では従属論の発展を説明しながら，その各理論の内容や長所・短所をも分析し，その後の従属論のもつ将来への展望にまで触れていく．

非マルクス主義的従属論

プレビッシュ理論よりもさらに支配―従属関係構造まで踏み込んだ理論を展開したのは，ECLAの経済学者であるチリのスンケル（Osvaldo Sunkel）とブラジルのフルタード（Celso Furtado）であった．このECLA派従属論の特徴は，プレビッシュ同様，低開発は経済発展への一過程という近代化理論を批判し，プレビッシュの「中心（中核）―周辺説」を援用しながらも，資本主義システムとの関係に注目し，しかもラテンアメリカ特有の経済社会構造にまで踏み込んで低開発性を解き明かそうとしていることである．その点で，スンケルやフルタードの従属論は単なる経済理論から脱却して，国際関係理論のなかの国際政治経済論としての従属論を成立させたといえる．

ECLA派は，ラテンアメリカのインフレや対外債務の増加の原因はGATT

Box 8.5 スンケルの低開発と開発

　この低開発―開発という全システムの進展は，一定の時期を経たのち，地理的にいうと二つの大きな分極化を生み出した．まず世界諸国間の分極化である．富裕な，工業化され進んだ発達国，（中心部＝北）と，他方では貧しく従属した（周辺部＝南）の開発途上国の両極への分化である．……先進的近代的な集団，地域，活動と遅れた前近代的，限界的，従属的集団，地域活動間への分化である．

――スンケル 1978, p. 165

やIMFが指摘するような国内財政問題ではなく,中心国による周辺国の経済支配が周辺国の中心国への経済従属という支配—従属関係をつくりあげていることが原因であり,中心国の支配に沿うように周辺国の国内経済や社会経済構造がつくりあげられていると主張している.プレビッシュとともにECLAでIMFのインフレ政策に反対したスンケルは,開発途上国の経済的窮状の原因は,低開発と開発という2つの側面を持つシステムのなかにあり,単に開発途上国の経済・財政が問題ではなく,周辺国が中心地域に従属している関係を解き明かす必要性を強調している.さらに,この国際的支配—従属関係が国内にも従属関係を生み出し,「……経済発展の過程は,特権階級の富の蓄積と下層階級の固定化した存在の促進を助長する傾向にある」と述べている(スンケル1978, p. 152).

途上国には,植民地時代に一次産品の輸出・製造品の輸入の流通拠点であった都市を基盤とする地主・商人・官僚等の特権エリート階級が存在し,周辺国内でさらにその周辺部を搾取するような国内の従属関係が存在している.その結果,この国内の従属関係が国内の生産構造を対外的な従属関係につくりあげている.その解決策として,この重工業への政府の関与や輸出産業の国有化が必要である.このようにスンケルは主張している(スンケル1978, p. 168).

ブラジルの元経済企画相であったフルタードは「低開発性とは,開発と同時的な現象で産業革命以来進展してきた.……低開発経済では,総生産物と1人当たり生産物の長期的な上昇は実現するが,その特徴たる外国への従属性と国内構造の複合性は減少しない」と述べている(Furtado 1970, pp. 149-150).フルタードは発展と成長を区別し,低開発経済における成長現象が低開発性を克服しないばかりか,むしろ進めることを指摘している.その上で,周辺国が技術の革新を生み出す生産的基盤を導入できないうちに経済成長政策として輸入代替工業化を促進した結果,資本財や中間財を中心国からの輸入に依存することになり,国際収支に不均衡が生じたとして,このことが低開発の原因であることを明らかにしている.そこには国内資本の形成の失敗と余剰資金の中心国への流出による循環的な従属関係がより強化されて表れている.

ここで,ブラジルのカルドーゾ(Fernando Henrique Cardoso)が,従属と発展が両立すると考える外資提携・従属的発展論を展開したことを加えておきたい.後述するフランクの「低開発の発展」論への批判として,カルドーゾはブ

ラジル、メキシコのように国内市場向けの工業力をもちえた国は、外国資本や技術に従属しながら、一定の経済発展が可能であると主張し、外資提携・従属的発展論（associated-development theory）を発表した（Cardoso 1973）。その背景には1950年代に発展したブラジル経済の実情があり、60年代に入ってからのブラジル経済の陰りは発展のなかの一局面としてとらえていた。カルドーゾは社会的、地域的格差や不公平性の拡大には批判的であったが、従属関係が国内に問題を残しても、一定の経済発展の可能性があることを指摘したのだ。1995年にブラジルの大統領に就任したカルドーゾは自由競争を容認する経済の開放を行い、外国資本を積極的に誘致して、ブラジルの経済発展を進めようとした。しかし、その結果はカルドーゾが一番批判していた社会的、地域的格差や不公平性の拡大につながったのも事実である。

　社会主義革命を目指さない非マルクス主義のECLA従属論学派であるスンケルもフルタードも、従属関係からの脱却はプレビッシュの書いた処方箋に近い政府主導による代替工業化に求めているが、国ごとに従属経済構造を是正することは可能であると考えている。このECLA派の従属論は、プレビッシュ理論の中心―周辺説を使用しながらも従属関係をより明確にし、資本主義システムにふれながら、ラテンアメリカの経済発展の困難さを解き明かしている。これらの従属論の共通点は、低開発経済は単に遅れた経済ではなく、むしろ資本主義的発展の結果であり、その産物であることを強調し、従属と発展は両立しない概念であることを指摘していることにある。

　ECLA派従属論に疑問を呈し、新たな従属論を生み出したのがフランク（Andre Gunder Frank）である。フランクは、ベルリンに生まれ、後にアメリカで大学教育を受け、1962年にラテンアメリカへとわたりブラジル、チリで経済学者として活躍した。その後、チリのクーデターにより西ヨーロッパに逃れるという数奇な運命を送っている。フランクはチリとブラジルでの輸入代替工業化政策の失敗により、ECLA派理論の破綻が実証されたと主張し、自説をECLA派従属論と区別し、「新従属論」と呼んでいる。ラテンアメリカの経済学者から生まれ、国連の一委員会で発表された従属論が世界の学界に広がった契機は、英語で書かれた1969年のフランクの主著、『世界資本主義と低開発――収奪の《中枢―衛星》構造（*Capitalism and Underdevelopment in Latin America: Historical Studies of Chile and Brazil*）』の出版にある（フランク1976）。

フランクの理論は，ラテンアメリカの低開発性は近代化理論が唱えるような「前近代的」状態にあるのではないと批判したプレビッシュに同意し，低開発の問題は世界資本主義システム（capitalist world system）にあるという点でスンケルとフルタードに同意している．その上で，現在の開発途上国の低開発は未開発とは違い，世界規模の資本主義の発展の結果であり，そして開発途上国の先進国に対する従属的な関係の結果であると説いている．そして，低開発から脱却するためには，資本主義または先進国との関係を見直す必要があるとしている．言い換えると，フランクは，この世界資本主義の発展過程における先進国と開発途上国の貿易関係を不等価交換というネオ・マルクス主義的分析方法により説明しようとした．「低開発は，経済発展が生み出しているのと同じ歴史的過程，つまり資本主義の発展そのものによって創出され」，資本主義システム内では国際貿易により開発途上国の生産者余剰は先進国に流れ，開発途上国は低開発状態に絶えずおかれ，「低開発の発展（development of underdevelopment）」が起きているというのだ（Frank 1970, p. 19）．

フランクはラテンアメリカ経済史の検証により，中核地域（先進諸国）が周辺地域（開発途上国）と接触すると中核地域では経済発展が，周辺地域では貧困化が進み，この貧困な状態が低開発であり，この状態が後進性を再生産していると「低開発の発展」説を解き明かしている．この中核—周辺説は，工業化の有無により地域を単純に区分していたプレビッシュの中心—周辺説に対して，支配—従属関係を絡ませて区分しているのが特徴である．世界資本主義の中核（中枢 = Metropolis）地域とその支配を受けた周辺（衛星 = Satellites）地域が1つの世界を構成し，周辺地域であるラテンアメリカが生み出す余剰は垂直的に世界資本主義の中核地域に送り出される．フランクはさらに，「中枢国は自己の衛星国から経済余剰を収奪し，それを自己の経済発展のために流用する」と述べている（フランク 1976, p. 35）．その中核地域はその経済余剰によりさらに繁栄し，衛星地域はますます貧困化が進み，中核地域に従属していくというネットワークが成立しているというのだ．このネットワークをもった世界資本主義の発展こそが，周辺地域であるラテンアメリカのさらなる低開発を生み出す原因となっていると説明している．

この中核（中枢）—周辺（衛星）説では，周辺国と中核国との関係が非常に弱い時は周辺国が目覚しい経済発展をし，両者の関係が密接だった場合は衛星

国が低開発状態になることを証明することで，この両者の従属関係を詳説している（フランク 1976, pp. 37-38）．たとえばフランクは，アルゼンチン，ブラジル，メキシコ，チリのような国の工業発展が，まさしく中核地域が不況であった両大戦時と大戦中に起きたことを実証した．また，中核国が周辺国の余剰を搾取した低開発の発展ケースとして，砂糖の輸出地域であった西インド諸島とブラジル東北部，鉱業で栄えたペルー高原，ボリビア，メキシコなどが全面的な周辺状態となり現在も極端な低開発状態にあることを例としてあげて自説を証明している．すなわち，衛星地域は中核国に対して最も重要な第一次産品輸出国であったと同時に，中核国にとって資源の最大の源泉にもなっていた．何らかの理由により景気が減退すると，中核国によりこの周辺国は見捨てられてしまい，搾取されないために独自の発展が可能になるわけである．すなわち，近代化理論が主張するように「遅れた地域」は「先進地域」との接触が多ければ多いほど発展するのではなく，ますます遅らせられているということである．この説では，歴史的に外国の衛星になったことのない社会と衛星であった社会とでは発展の経路が違い，また周辺国は中核国との接触度合いによって従属の度合いに相違が出てくる．たとえばフランクは，日本のように徳川時代，明治時代を通じて先進資本主義国の周辺になったことのない国は，未開発から開発へと進むことができ，低開発の障害に立ち向かう必要がなかったと述べている（Frank 1970, pp. 10-11）．

　フランクの中核（中枢）—周辺（衛星）説は，さらにこの2分極化が周辺地域でも存在していることを指摘している（フランク 1976, pp. 142-144）．周辺地域のなかでも，中核地域との関係を利用して利益を得ようとする周辺内の中核と，この周辺地域内の中核に搾取されてしまう衛星内の衛星地域が存在している．この重層的な中核（中枢）—周辺（衛星）説が，プレビッシュ理論の単層的な中心—周辺の2極化との大きな違いである．フランクは，周辺国がこの重層的構造をもっている従属関係から脱するには，全く新たな解決策が必要だと主張している．プレビッシュ理論が提唱する輸入代替工業化では，周辺地域の中核に富が蓄積されるばかりで，周辺内の従属関係は全く変化しない．周辺地域の「低開発の発展」から脱却するには，外部や内部の中核による搾取から脱する必要があり，そのためには自給自足化するか社会主義革命を起こすしかないと結論づけた（フランク 1976, p. 45）．

2　従属論の発展

　しかし，この実現可能性が低い解決策には批判が集中した．さらに，従属的低開発構造は単に中核―周辺関係だけでは説明ができず，ラテンアメリカ各国の資本の蓄積や従属関係の成立の歴史的考察の必要性が指摘された．フランクへの批判として，ドス・サントス（Theotonio Dos Santos）はラテンアメリカの低開発性は，従属的で輸出に基礎をおいた「従属資本主義」として知られる資本主義の発展的な特殊な形態であり，「国際的従属関係によって」つくられていると主張した（Dos Santos 1973, p. 110）．また，先進国と開発途上国の貿易は不等価交換であるというネオ・マルクス主義的分析方法も，東南アジアの新興工業国の登場を前に説明力を失う結果となった．

　ECLA派従属論に疑問を呈したもう一人の従属論者がアミン（Samir Amin）である．エジプトに生まれ，パリに留学し，マルクス主義およびフランソワ・ペルーの支配理論に深い影響を受けた経済学者である．後に，エジプトの経済開発局を経て，国連アフリカ経済開発・経済研究所所長も務めている．アミンはアフリカ諸国の事例研究から，第二次大戦後に展開された開発途上国に対する大規模な投資・援助を国際的資本の蓄積としてとらえ，ここに新たなる従属関係が構築されたと考えた．そして，世界経済の周辺地域の従属関係に注目しながら，「周辺資本主義説」と「不均等発展説」を編み出した．

　著書の『周辺資本主義構成体論』のなかで，アミンはマルクス主義の発展段階説（原始共同体―奴隷制―封建制―資本制）を，非西欧地域，特にアフリカ地域に当てはまるように再構築を行った．原始共同体の次に村落共同体を置き，そのなかで特定の君主に共同体や家臣が貢納(こうのう)をし，君主に保護を保障させるという貢納的生産様式という搾取システムである．この貢納的生産様式は，西欧起源の資本主義と結びつき，中核地域は資本主義と結合して周辺地域を形成し，世界的に単一の生産体制，すなわち「資本主義」を成立した．この周辺地域は中核地域の国際分業制により，世界市場で原料輸出に特化して成長している．しかし，中核において成長は世界資本主義システムに「統合」されているから発展といえるのであり，一方周辺部では世界資本主義システムに接合していないため，成長は簡単に発展につながるわけではなく，この周辺部の経済発展は世界資本主義システムの周辺部への移行であり，さらには国内市場を自国の資本が独占できない周辺資本主義への移行であると主張している（アミン 1979, p. 37）．

その結果，中核―周辺諸国間に，そして周辺国内にも「不均等発展」が起こる．周辺地域は農産物・鉱産物など**モノカルチャア**の輸出が中心となり，価格の変動の激しい世界市場の影響を受けやすい．さらに，この世界市場を独占している外国資本と結びついた国内の富裕特権階級の権力が強化され，国内経済の余剰は消費財の輸入により海外に流出し，投資を必要とする国内市場も育たない．資本の不足により工業は輸入代替的な軽工業中心となり，重工業化は起きない．そして，富裕特権階級のみの繁栄は貧富の差の拡大を招き，大衆の貧困化を導く．都市にも失業・潜在失業が増加する．このように周辺国では輸出部門や耐久消費財部門を中心に一定の経済成長は起こるが，周辺国経済の中核国経済への従属性は促進され，自力更生（self-reliance）的発展はますます困難になる．この周辺資本主義体制では，フランクの説いた「低開発の発展」か，または必然的に独創的な自力更生的発展の道，すなわち周辺部からの離脱（delinking）のどちらかしかない．そして，アミンは離脱を意味する社会主義革命への道を推奨している．アミンの最大の貢献は，世界資本主義システムが不均等発展を特徴とし，現体制の変動がその中心部ではなく，周辺部から起こると主張したことにある．

従属論から NIEO（ニエオ）へ

このようにして従属論は開発途上国の経済発展について，開発途上国の経験を踏まえた説得力のある説明を提供し，さらなる理論構築のための基礎的なロジックを提供する役割も担っている．経済的自立の必要性を説いた従属論は新たな国際経済秩序を生み出す基礎ともなった．すなわち，1974年国連資源特別総会において，「**新国際経済秩序**（New International Economic Order: NIEO）樹立に関する宣言」が採択されたのだ．経済自立，国際分業体制の変革がこの新国際経済秩序の中心的主張となり，西インド諸島出身の経済学者ルイスの国際経済秩序の考え方などがNIEOの理論的主柱となった．同時に，ECLA派の従属論者も開発途上国の工業化の必要性を提唱し，この新国際経済秩序の必要性を政治実践の場に押し上げる原動力となった．

また，従属論は1976年国連総会の場で採択された「発展権」という新たな人権概念を支える理論にもなっている．発展権とは，ある国，民族，個人が低開発状態にあるのは内部的問題ではなく，低開発状態におとしめている国際・社

会関係に原因があり，すべての民族，個人は自らの発展を実現する権利をもち，さらに，国際社会はこのような権利を尊重しなくてはならないという概念である．従属論がその論理的および倫理的根拠を提供したため，ラテンアメリカをはじめとする開発途上国が要求した発展権が基本的人権として認められたといえる．「発展権」を国内に向けると，開発途上国の経済発展は輸出産業の育成だけではなく，国内経済の充実による国全体の経済発展を目指すことをも意味し，従属論は国家にこれらの新たな役割を与える理論的基礎ともなった．さらに，構造改革，所得再分配，平等性等を重視する従属論は，1990年代になると人間開発論，人間中心型発展論へと発展した．従属論の国際政治経済論におよぼした影響は決して少なくない．

ではなぜ従属論は衰退してしまったのだろうか．第1に，1960年代後半以降，輸出志向型工業化によって急速に輸出を伸ばし，経済成長してきたアジアの新興工業経済地域（Newly Industrializing Economies: NIES）のような周辺資本主義の発展の可能性を予期できなかったことである．第2に，従属論的開発政策の現実社会での失敗である．この従属論的開発政策を採用し，外国資本に頼らず，農村開発に重点をおいたタンザニア，カンボジア，ジャマイカ，毛沢東時代の中華人民共和国などが，ことごとく経済発展に失敗した．第3に，上記の国々が証明したように，フランクやアミンの処方箋は決してそれらの国々の低開発性を取り除くことはなく，むしろ社会主義国の経済が世界資本主義システムに取り込まれてしまったことである．第4に，一次産品交易条件悪化説を基に積み上げられた従属論は，一次産品の石油カルテルである中東の OPEC（石油輸出国機構）をはじめとした開発途上国による**資源ナショナリズム**の高まりを予期できなかったし，また明快な説明も提示できなかった．1970年以降のこれらの批判に答えて登場したのが世界システム論である．従属論をより精緻化し，この NIES の登場をも解き明かすことに挑んだ世界システム論を次節で説明する．

3
世界システム論

従属論では，ブラジルやアルゼンチンを国家ごとに自立した1つのシステムとし

て考え，先進国との従属関係もしくは世界資本主義システムにおける位置を考察した．経済学者の中心—周辺説や従属論者の中核—周辺説も世界の国々を2分化して，この2つのグループの関係を分析したが，これらはあくまでも主権国家中心の理論であった．それにくらべ，世界システム論は従属論の世界資本主義システムアプローチにマルクス主義理論の階級闘争の視点をより多く加味し，さらに世界を1つのシステムと考えることでより，国際関係論の1つのグランド・セオリーとなった．1974年にウォーラーステインが発刊した『近代世界システム』のなかで世界システム論を展開して以来，この理論が国際関係論の分野に与えた影響は計り知れないほど大きい．

世界システム論の誕生

従属論の問題意識は開発途上国の低開発性の解明という比較的狭い分野に限定されていたが，世界システム論を誕生させたウォーラーステインは「現代社会における政治紛争の背景には，どのような社会的背景があるのか」という開発途上国問題だけにとどまらない世界的規模の問題意識をもっていた（ウォーラーステイン 2013a, p. 2）．政治紛争の原因や形態，およびその構造を解き明かそうとし，その手がかりとしてヨーロッパ史を分析し，世界システムの変化がダイナミックに社会変動を起こしていることに注目した（ウォーラーステイン 2013a, pp. 6-7）．世界は1つのシステムだという概念は，フランクの中核—周辺関係を世界全体におきかえる概念を受けついだものと考えれば，世界システム論は新従属論から発展した新理論といえる．

このように世界システム論の特徴は，主権国家中心ではなく，世界全体を1つのシステムとしてとらえ，1国をそのシステム内の1地域として考えていることである．どの国の経済も世界システム内の中核，周辺，半周辺の3層構造のどこかに属し，システムの一部分として機能しているわけである．そして世界システム論は，開発途上国の低開発性や国際経済活動上の不公平性は，従属論者が考察したような1国と資本主義システムの関係が問題ではなく，1国が1部となっている近代世界システム全体に問題があると考察する．すなわち，中核—周辺や中枢—衛星の従属関係を歴史的な視点を通して，よりグローバルなシステムのなかで明らかにしようとする理論なのである．

世界システム論がマルクス主義理論の影響を受けていることは，ウォーラーステイン自身が認めている（ウォーラーステイン 1987, pp. 1-2）．たとえば，国

> **Box 8.6 社会システムとは？**
> 世界の歴史においては，今日にいたるまで三種類の社会システムが存在してきた．互酬的ミニシステム，再分配的世界帝国，そして資本主義世界経済である．最後の資本主義世界経済だけがいまも残るただひとつのシステムで……
> ──ウォーラーステイン 1993, p. 385

家が中核，周辺，半周辺のどこかに属するという概念は，マルクス主義理論の「生産手段をもつ者 対 生産手段をもたざる者」の概念の影響による国家の階層別序列である．しかし，従属論者のフランクやアミンが強く影響を受けている「すべての歴史が階級闘争の歴史である」というマルクス主義特有の問題意識に対して，ウォーラーステインは否定的であった．むしろ，社会変動の原因を世界システムのダイナミックな動きと相互作用のなかに求めた．そして，主権国家中心の社会主義運動は国家権力を志向する傾向があったと批判し，世界システムの構造的問題の克服のためには，世界規模で展開する脱資本主義を目指す運動が必要だと指摘している．このようにウォーラーステインの世界システム論は，マルクス主義の影響を受けながらも，新たな含意を持つ新理論を展開したのであり，共産主義国家の崩壊後においても，地球規模の構造的な開発・貧困問題を考察する力は決して失っていないといえる．

世界システム論のキーワード

世界システム論を理解するにはまず，「システム」とは何かを解き明かしていきたい．広辞苑にはシステムとは「複数の要素が有機的に関係しあい，全体としてまとまった機能を発揮している要素の集合体．組織．系統．仕組み」とある．この抽象的な概念はネオリアリストのウォルツ（第5章「リアリズム」を参照）をはじめ，多くの国際関係論学者により使用されているが，なかなか正確には理解されにくい．たとえば，国民が構成する経済的，政治的，文化的な1つのシステムとして国民国家を考えた場合，その枠組みの外部にある他のアクターが外部要因となり，その国民国家のシステムはその外部要因により変化していく．また，ネオリアリストは複数の国民国家の集まりをシステムと見なし，それらのパワー関係を解き明かそうとしている．一方，ウォーラーステインは，国民国家は自律的に変化するシステムではないと仮定し，システムの

中心的単位となることを否定した．そして，国民国家という枠を越えて世界的に展開してきた世界システムがあり，このシステムのなかでは国民国家はシステムを構成する様々な要素の1つにすぎないと見なされた．そのうえで，システムを構成する国民国家間の関係，この国民国家とシステムとの関係が重要であると主張している．

世界システム理論によると，歴史的に生成，発展，消滅するシステム・パターンがあり，一定の周期で拡大と停滞を反復しながら発展し，現在は資本主義世界経済を中心とする近代世界システムが存在している．

この近代世界システムは16世紀から始まり，労働力も含むすべてのものを商品化する資本主義的生産様式をもつ資本主義世界経済システムであるゆえに，「不平等な発展」と「不平等な交換」と「余剰価値の搾取」が存在し，しかも3層の階層序列的システムをもつことが特徴となっている．次の項ではこの垂直な3層の構造を説明する．

中核―半周辺―周辺理論

ウォーラーステインは資本主義世界経済システム（capitalist world-economy）には階層序列的な3層構造が存在すると説いている．広辞苑によると，構造とは「いくつかの材料を組み合せてこしらえられたもの．また，その仕組み．組み立て」とある．フランクの中核―周辺の2層構造論では世界は中核と周辺により組み立てられ，国際的・国内的連鎖関係にあると見なしている．周辺の衛星国で生み出された生産者余剰は中枢により収奪され，中核の発展を促進しながら衛星国では低開発の発展が起こるとされる．

これに対して，ウォーラーステインの「世界システム論」では，資本主義世界経済システムは中核（core）―半周辺（semi-periphery）―周辺（periphery）地域という垂直的な分業関係にある3層構造をもつものととらえられている．中核はその時代の高利潤・高賃金を生み出す先端産業を擁する地域であり，そのうちの1国が絶対的な経済力をもち，他をよせつけない圧倒的な権力をもつ覇権（hegemony）を確立する．この覇権に反発する現象として，「反システム運動」がある．これは近代世界システムの部分的修正や漸進的改良による現状改善を否定して，なんらかのレベルでシステム自体の変革を要求する社会的，政治的，知的運動を指す．ウォーラーステインによれば，社会主義運動と民族

解放運動はこの反システム運動にあたる（アリギ，ホプキンス，& ウォーラーステイン 1998）．さらに，周辺地域の西インド諸島出身のルイスにより理論的に裏づけられた周辺地域の国々による国際経済システムの変革，すなわち経済格差をなくす「新国際経済秩序」の樹立要求も世界システム論の反システム運動の1つとして説明することができる．

一方，周辺地域は中核地域への原材料・食料の一次産品の供給地となり，その余剰は不等価な交換により中核地域に吸収され，周辺地域は低開発の状態に固定化される．周辺地域では先端技術へのアクセスも閉ざされているため，技術進歩の恩恵には与れず，モノカルチャアと単純労働中心の産業しか育成されない．準周辺地域は中核や周辺部の中間に位置し，中核に対する直接的な反抗をそらす緩衝地帯としての役目を果たす．

この3層構造論を世界経済の歴史的進化にあてはめると，中核，半周辺，周辺の変遷を次のように歴史的に解き明かすことができる．

第1段階（1450-1640年）
　資本主義世界システムの誕生時期であり，中核地域の国はハプスブルク王朝，北イタリア諸都市国家から西欧諸国へ交代．前者の準周辺地域への転落と北東ヨーロッパおよびラテンアメリカが周辺地域を形成．

第2段階（1650-1815年）
　オランダの覇権継承をめぐり，フランスと争ったイギリスによる中核地域覇権の確立．

第3段階（1815-1917年）
　イギリスの覇権の下，フランス，ドイツ，ベルギー，アメリカ，ロシア，日本などの準周辺諸国の形成，ラテンアメリカ，アフリカ全域の周辺地域への編入．

第4段階（1917-1965年）
　イギリスの覇権継承をめぐるドイツ，アメリカの争い．2つの大戦でのドイツの敗北とアメリカの覇権の確立．

第5段階（1960年代末-）
　アメリカの覇権の衰退と，アメリカ，EU，日本，ロシア4極構造の出現．

ウォーラーステインによれば，この世界システムは一定の周期で拡大と停滞を繰り返しながら発展する．中核，準周辺，周辺地域の構成国家の変動は世界的な景気の循環の下降局面において起こり，上昇局面ではその序列的地位は固定化され，さらに格差が拡大される．

このように，世界システムは覇権の資本の蓄積と極大化を第1の目的として機能し，そのなかに存在する資本家は自己の利益を追求するために国境を越えて活動を行い，国家機構は時として単なる道具でしかなくなる（ウォーラーステイン 1985）．国家は領土の支配権，課税権により，インターステイト・システム（国家間システム）の一部として資本主義世界システムを調整するが，分析単位としてはその有効性は否定されている．さらに，国家を中心とした国際分業体制の概念も否定され，近代世界全体を1つの分業システムと見なした．そして，いかなる国民経済もその一部分として機能しているに過ぎないとみなし，主権国家を「分析単位とする着想を完全に捨てた」と述べている（ウォーラーステイン 2013a, p. 6）．

世界システム論の応用

この世界システム論は国際政治経済分野の分析だけでなく，他の現象を分析する手法としても活用されている．ミース（Maria Mies）は『世界システムと女性』において，世界システム論の分析手法を用いながら男女の役割分担を解明している．インドやメキシコでの調査を通して，女性たちは衣食住にかかわる既存の活動に加え，レース編みのような低賃金の労働に従事し，また男性たちは賃金労働者となることで，両者が資本主義に組み込まれていくことを明らかにしている．この現象を世界システム論の低開発地域の分析と結び付けると，中核地域の資本家は利潤の極大化を求め，無賃または低賃金労働者（女性）が存在する周辺地域に進出し，女性を無賃金労働者として「主婦化」させ，男女の役割分担を定着させる．その結果，世帯の収入を得る男性は無賃金または低賃金の女性より高い価値と権力を得ることになり，性差別が制度化される．ミースはこの差別性が資本主義世界システムの本質であると指摘している．ミースの言う性差別と資本主義システムの関連性は，文化・社会的要因を全く無視しているという批判を受けた．しかし，この分析手法は，19世紀から20世紀にかけて資本主義の波に飲み込まれた周辺地域に属していた日本の「主婦の誕

生」を，国際政治経済学的な視点から説明することが可能であることを示している．

　また，世界システム論はグローバリゼーションの重要な問題である地理的不平等の固定化・拡大を説明する理論としても有効である．国を分析単位とする既存の国際経済学では，先進諸国との関係が希薄な国々を理論的分析枠組みから排除しがちであるが，世界システム論の視点を用いれば，周辺地域を多国籍企業の原材料や労働力を供給する基地とみなし，企業内国際分業に組み込まれた経済アクターとして分析できる．また，多国籍企業が短期的利益獲得のために周辺地域を一次産品輸出地域に固定化し，低開発状態を招くことも分析できる．さらに，周辺地域の低開発性の固定化に異議を唱える反グローバリゼーションの運動は，資本主義システムに対する反システム運動の一環としても説明ができる．このようにして，周辺部または中核で生起する問題はその地域のみを考察していては全体像を見られず，他の地域との関係性や地球規模で生起している経済現象と共に分析する必要性を世界システム論は示している．

　さらに，従属論のモデルでは，中核地域の経済が周辺地域の経済を搾取する固定的な構造しか説明できず，「貧しきものはますます貧しき」のパターンの理論的裏づけを行っただけだったが，世界システム論はこの搾取のパターンから脱却し，自律的に発展し，中核近くまで変動可能な序列階層的な3重構造の理論を提唱した．「半周辺」という概念を使用したこの3重構造理論は，従属論が説明しきれなかった1970年代以降の世界不況下でのアジア諸国の経済発展であるNIES現象を解き明かすことができる．くわえて，中核と周辺の2極化に固定化した従属論が社会主義革命の道しか処方箋として示すことができなかったのにくらべ，周辺部から半周辺への可動性を示唆する世界システム論は，周辺地域の国々に経済発展の可能性を示す政治的な意味合いをもっている．その結果，急激な1国の社会革命を求める従属論より，緩やかな変化を説明する世界システム論の方がより安定した世界を描くことに成功したといえよう．このように世界システム論による国際関係理論への理論的貢献は無視することができない．

4 従属論と世界システム論の意義

　従属論の誕生の背景には，第二次大戦後，欧米先進国の経済発展をモデルとした自由主義的な経済理論に基づき，GATTへの参加などの自由貿易制度を取り入れたラテンアメリカ諸国がむしろ貿易赤字と対外債務を増やし，経済の自立と発展へ不安をもちはじめたことにある．なぜ開発途上国は欧米諸国と同様な経済成長を達しえなかったのか．そして，貿易量が増大するほど，赤字と対外債務が増加する負の悪循環へなぜ落ち込んでしまったのか．その原因は先進国の学者たちが主張するような開発途上国の前近代性にあり，単に社会や経済を近代化するだけで解決されるのだろうか．従属論と世界システム論はこれらの開発途上国の疑問に答えるために，全く新しい視点を提供した．

　この新しい視点とは，経済の停滞の原因を単なる国内レベルの経済・財政・社会問題に求めるのではなく，グローバルな視野から開発途上国がおかれている先進工業国への従属的経済関係にその原因を求めていることである．従属論では，先進国グループと開発途上国グループの2極化した分析方法が提唱された．世界システム論は主権国家を単位とする分析の有効性を否定した上で，このグローバルな視野を拡大化・精緻化した分析方法を提示した．このシステム論は世界を1つのシステムと考え，主権国家を世界の1階層の1部分と見なし，この階層間の従属的関係に低開発性の原因を求めようとしている．このように分析の視野を拡大することにより，開発途上国の低開発性への固定化がより鮮明になり，先進諸国との関係性を明確に読み取ることができる．

　しかし，グローバルな資本主義に積極的に組み込まれることで経済成長を成し遂げた中国の登場により，「世界システム論」に関する論争が1990年代になると活発化した．特に，ウォーラーステインの共同研究者とも言える新従属論を唱えたフランクが，ウォーラーステインの「世界システム論」を「ヨーロッパ中心的な世界経済／世界システム」であると自著の『リオリエント』の中で批判している．18世紀までの世界経済／システムの中心的存在は中国であり，世界経済を欧米のみに限定することを否定し，世界経済の中心がアジアに戻りつつあるという意味を込めた題名となっている（フランク 2000）．しかし，フランクの研究が開発途上国の経済問題という従属論や世界システム論が持つテ

ーマからは乖離していることも確かである．

　従属論と世界システム論がマルクス主義の影響の下に構築された，またはネオ・マルクス主義的なものであると断定し，共産国家の崩壊と冷静構造の消滅を経た現在，その分析能力は喪失したと考えることは早計(そうけい)であろう．グローバリゼーションの功罪がとりざたされている今，従属論や世界システム論の分析手法はまだ有効である．反グローバリゼーションの運動は，従属論を適用すれば，グローバル企業や多国籍企業を通して余剰利益を搾取されている衛星地域からの問題提起であり，ウォーラーステインの理論でいえば，地球規模のシステム，すなわち資本主義システムそのものへの反システム運動ともいえる．最後に，この2つの理論が世界の目を開発途上国の問題に向けさせ，その低開発性，貧困の問題の重要性を気づかせた功績は計り知れないことを忘れてはならない．

要点の確認　*Questions*

① なぜ，ラテンアメリカ，アフリカ，アジアの開発途上国は北米・西ヨーロッパモデルの経済発展ができなかったのか．
② なぜ従属論はラテンアメリカから誕生したのだろうか．
③ 世界システム論によると現在の準周辺地域はどこを指すのだろうか．そして，その地域がいつ，どの地域から準周辺地域に移動したのだろうか．
④ ウォーラーステインは，1970年後半から80年代のアメリカを覇権の衰退期にあると説いたが，21世紀初頭のアメリカもやはり衰退期にあるのだろうか．

従属論と世界システム論をもっと知るために

Guide to Further Reading

今井圭子編（2004）『ラテンアメリカ――開発の思想』日本経済評論社．
　　▷ラテンアメリカの代表的な15人の思想家をとりあげ，欧米の影響を受けながらも育(はぐく)んだ固有の思想を詳説している．15人のなかには，プレビッシュやカルドーゾが含まれ，両者の理論と政策にふれられている．
フランク，アンドレ・グンナー（1976〔原著1969〕）『世界資本主義と低開発――収奪の《中枢―衛星》構造』（大崎正治他訳）柘植書房．
　　▷チリ大学の社会経済研究センターをベースとして，チリとブラジルの経済史を研究し，

ラテンアメリカ経済は「前近代的」状態にあるのではなく,特殊な低開発状態にあり,しかもこの低開発状態は進行しているという「低開発性の発展」説を提唱した.

川北稔（1996）『砂糖の世界史』岩波ジュニア新書.
▷ウォーラーステインの『近代世界システム』の翻訳者である川北稔氏が執筆した初学者向けの新書.モノを通して歴史を見る「世界システム論」の手法を使用し,嗜好品である砂糖が「世界商品」となり,世界に流通していく過程を通して,先進国と開発途上国間の格差が生じる原因を明確化している.国単位の歴史では見えてこない世界のつながりが見えてくる.

アミン,サミール（1979〔原著1970〕）『周辺資本主義構成体論』（野口祐・原田金一郎訳）柘植書房.
▷アフリカ諸国の分析から,世界経済の周辺地域では,独自の歴史の過程で資本主義システムに統合され,中心部との間の「不等価交換」を特徴とする「周辺資本主義」が成立すると論じている.

ウォーラーステイン,I.（2013〔原著1974〕）『近代世界システムⅠ——農業資本主義と「ヨーロッパ世界経済」の成立』（川北稔訳）名古屋大学出版会.

ウォーラーステイン,I.（2013〔原著1980〕）『近代世界システムⅡ——重商主義と「ヨーロッパ世界経済」の凝集1600-1750』（川北稔訳）名古屋大学出版会.

ウォーラーステイン,I.（2013〔原著1989〕）『近代世界システムⅢ——大西洋革命時代1730s-1840s』（川北稔訳）名古屋大学出版会.

ウォーラーステイン,I.（2013〔原著2011〕）『近代世界システムⅣ——中道自由主義の勝利1789-1914』（川北稔訳）名古屋大学出版会.
▷16世紀以降の歴史を近代世界システム論により具体的に叙述する大作.16世紀に西ヨーロッパを中核として生起した大規模な地域間分業体制（近代社会システム）がその後世界を吸収し,世界規模のシステムとなる.この近代社会システムの中心が資本主義世界経済であり,国別の分析を否定した.世界を1つの近代社会システムとし,資本主義的生産様式をもつゆえに,「不平等な発展」と「不平等な交換」と「余剰価値の搾取」を基盤とする中核—準周辺—周辺という分業された3層構造をもつものととらえる.

第Ⅳ部　多様化する国際関係理論

第9章
コンストラクティビズム

はじめに	272
1　コンストラクティビズムとは何か	272
2　コンストラクティビズムの位置づけ	278
3　コンストラクティビズムの国際政治分析	282
4　コンストラクティビズムの展望	288
要点の確認	291
コンストラクティビズムをもっと知るために	291

第9章 コンストラクティビズム

はじめに

　国際関係理論にコンストラクティビズム（構成主義, constructivism）が登場してから20年以上経ち，現在では国際関係理論の代表的分析枠組みの1つとして認識されるようになった．この章ではコンストラクティビズムの基礎を紹介し，分析方法としての可能性を考察していく．第1節では，コンストラクティビズムを理解するうえでの重要用語（理念，間主観，アイデンティティ，構造）を説明する．ここでは，主流とされるリアリズムやリベラリズムとは概念の理解のしかたが異なることを明らかにし，コンストラクティビズムの新しいアプローチとしての立場を説明する．第2節では，コンストラクティビズムの特異な存在論と認識論を国際関係理論のなかに位置づけることにより，コンストラクティビズムが何をどのように理解するのかを明確にしていく．さらに第3節では，多面性のあるコンストラクティビズム分析のなかから，2つの重要な分析（ウェントによるアイデンティティを中心とした分析とオヌフ等による規範に焦点を置いた分析）を具体的に紹介する．最後に，コンストラクティビズムの国際関係理論上での意義を考え，むすびとする．

1 コンストラクティビズムとは何か

　この節では，はじめにコンストラクティビズムがどのような背景で国際関係理論に出現し，台頭していったのかを説明する．次にコンストラクティビズムはどのような特性をもったアプローチであるかを説明していく．特にここではコンストラクティビストとして知られる数多い国際関係論学者のなかから，最も貢献が大きいとされるウェント（Alexander Wendt）を引用し，コンストラクティビズムの定義を理解することからはじめる．ここではウェントの定義自体がアイディア（理念），間主観，アイデンティティ等の難しい概念を多く含むことから，これらの概念を1つずつ説明し，最後にこれらの概念をつなぎ合わせることで，コンストラクティビズムの概要を理解していく．

コンストラクティビズムの出現

　コンストラクティビズムは，国際関係理論におけるネオリアリズム対ネオリベラリズム論争が落ち着きを見せ，学者たちの関心が**合理主義**（rationalism）

1 コンストラクティビズムとは何か

対リフレクティビズム（省察主義，reflectivism）論争に移行した1990年代以降に注目を集めるようになった（序章第4節を参照）．特に冷戦の終結はコンストラクティビズムの台頭に一役買うことになった．当時論争の上で優勢であったネオリアリズムは，冷戦がなぜ突然終焉をむかえたのかについて，説得力のある説明を与えられなかったため，新たな理論的枠組みが模索されていた．そこに，ネオリアリズムの構造の概念に一捻り(ひとひね)を加え，それまでネオリアリズムでは軽視されてきた文化的・社会学的見地，特に理念に焦点を与え（理想主義にもある視点），ネオリアリズムより冷戦終焉の理解に役立つと主張するコンストラクティビズムは新風を巻き起こすことになった．したがって，コンストラクティビズムは既存の国際政治理論（ネオリアリズム，理想主義など）を土台に発展したとも言える．

コンストラクティビズムの定義

まずはじめに，コンストラクティビズムとはどのような理論であるのか，その定義を理解していこう．コンストラクティビズムの最も顕著な学者ウェントはコンストラクティビズムを下記のように定義している．

> コンストラクティビズムは次の主張を根幹とする国際システムの構造理論である．(1) 国家が国際関係理論の主要な分析主体である．(2) 国際システムの鍵となる構造は物質的現象ではなく，間主観的要因により構成される．(3) 国家のアイデンティティと利益は人間の本性や国内政治という外的に与えられたものというより，社会構造によって構成される重要な構造の一部である（Wendt 1992, p. 396）．

ウェントの定義を説明していこう．この定義にはコンストラクティビズムを理解するうえで，いくつかの重要な概念が含められている．ここでは，理念，間主観，アイデンティティ，アイデンティティと利益の関係，構造などの基礎用語を解説することから始めよう．

コンストラクティビズムにおける理念

コンストラクティビズムを理解する上での最重要用語，ここでいう理念（アイディア）とは何を意味するのであろうか．簡単に言うと，アクター（行為主体）がどのように物事を理解しているかを指している．すなわち，理念は客観

的なものではなく，主観的なものであるといえる．本来，理念は個人に帰属する精神的な現象や対象と考えられる．しかし，コンストラクティビズムで重要なのは，ただ単に個々の主観的理念ではなく，アクターが共有する認識，つまり「間主観的」理解である．自分特有の理念と思いがちなものも，実は人々により共有される経験で構成された社会的行為の一環と理解することができる．個人がどのように世界を認識するかは**国際システム**という大きな構成体系のなかで他人と共有されている．そして社会において構築される集団的理解が間主観的理解となる．すなわち，「**間主観**（intersubjectivity）」が意味するところは，アクターの行為は共通理解により構成され，この共通理解は社会における相互作用によって生まれてくるということである．

この集団で共有される理解は，国際社会における規範（norm）と捉えることができる．また，この集団的理解は，それを共有するものにとって「リアリティ」となる．たとえば「自助（self-help）」や「権力政治」といったリアリストが普遍的な国際システムの客観的事実ととらえる事象は，ウェントによると実はある特定の時間と場所において，集団的に理解され構成された理念なのである．ここで1つ留意しておきたいのは，理念は固定された概念ではなく，流動的で，時間とともに変わりうるということである．アクターがどのように国際社会を理解し，また他の行為者をどのように認識するかは時間と状況が変わるにつれ，再定義されていくことになる．

コンストラクティビズムにおけるアイデンティティ

それではアイデンティティとは何であろう．一般的には個人がもつ自分自身に対するまたは他者に対する認識を指す．たとえば，個人は文化，性別，社会的地位，宗教などをもとに様々なアイデンティティをもつ．国家もまた自国をどのように認識するか，また国際システムのなかで，他国との関係上どのように自分と他者を認識するかで多様なアイデンティティをつくりあげる．ウェントはアイデンティティには間主観的な特性があると説明している（Wendt 1999, p. 224）．すなわち，アクターが自己理解するアイデンティティは，他者が理解するアイデンティティと共有されることによって成立すると理解できる．ここで大切なのは，アイデンティティもまた単に主観的なものではなく，アクターが他のアクターと共有することによって成り立つということである．この相互

理解の重要性は次の例で容易に説明できる．「ジョンは自分を教授だと認識している．しかしジョンが信じている教授というアイデンティティは彼の学生によって共有されていなければ，学生との相互関係において成り立たない」(Wendt 1999, p. 224). ここでウェントが意味するアイデンティティは，必然的に間主観的な性質をもっていることに留意したい．つまり，このアイデンティティもアイディアと同様，流動性があり，時間とともに変化しうる．

　この間主観的なアイデンティティの概念を国際関係に適用してみよう．たとえば，ここでアメリカのイランと中国に対するアイデンティティを例にとって，コンストラクティビズムがいうアイデンティティがどのように用いられるかカフマン（Joyce P. Kaufman）の分析を引用し，説明してみよう．まずイランの核兵器の所持はアメリカにとって脅威となる一方で，国家の規模においても，軍事力，経済力においても巨大な中国が核兵器を所有することは大きな懸念を引き起こしていない．それはなぜであろうか．コンストラクティビズムではこの疑問について，アイデンティティの相互関係に着目し，次のように分析する．アメリカと中国の関係は経済的相互依存が確立され，相互協力の関係に基づいている．一方，アメリカとイランは1979年のイラン革命から，相互依存とは程遠い，敵対的な難しい関係にある．イランはまた国際関係上，規範から離れた存在とアメリカは理解している．この両者の関係とそれに基づくアイデンティティが核兵器の所有という状況に対し，イランは脅威，中国は非脅威と位置づけられている．このように国家の行為は社会的に構成された要因によって形づくられている（Kaufamn 2013, pp. 60-61）．

コンストラクティビズムにおけるアイデンティティと利益の関係

　アイデンティティがどのように国際関係に適用されるか簡単に説明したところで，もう1つ国際関係理論において大切な「利益」という概念を加えて考えてみよう．リアリズムでは，国家はパワー，防衛，生存，富という普遍の国益を追求すると理解している．これに対し，コンストラクティビズムは，国益を与えられた客観的なものとはとらず，社会的に構成されたアイディアであると説明する．そしてさらに，コンストラクティビズムのロジック（論理）によると，アイデンティティがアクターの利益をかたちづくると理解している．ウェントはこの点を「利益とはアイデンティティが前提となっている．なぜなら，

アクターは自身が誰であるかを理解するまで, 何を欲しているかを理解することができないからだ」と説明している (Wendt 1999, p. 231). アイデンティティが利益の前提になるならば, 利益も相互関係から成り立っていると考えられる. たとえばアメリカの国益はアメリカの国際社会におけるアイデンティティからつくられると理解できる. アメリカ独自の主観的利益というものではなく, 他者との関係で成り立つ利益である. アイデンティティも利益も間主観的要素によって成り立っている. コンストラクティビズムはアクターがどのように利益をとらえ, どのように政策決定をなしているかを分析する.

コンストラクティビズムにおける構造

次に, もう1つの基本用語「構造」がどのように上記の用語に関係しているのかを理解しておこう. コンストラクティビズムは構造理論とも言われるように, 構造 (structure) に重きを置いている. ここでいう構造とは, 国際システムの構成を指し, 国家が相互作用する国際関係のアリーナにはある種の構造があると理解する. しかし, その構造は物質的, 客観的現象ではなく, アクター (主に国家) が共通所有する理念によってつくられる現象である. コンストラクティビズムのいう構造とは, 国際行動の文脈をつくりあげる制度であり, 共通理解である. 構造がどのように働くかを国際関係理論での重要用語「アナーキー」と「バランス・オブ・パワー」を使って考えてみよう.

一般的にアナーキーとは主権を欠く社会システム, または国際社会が世界全体を統制する制度を欠いている状態を指している. これは客観的そして物質的環境を意味しているとされている. しかし, コンストラクティビズムの見解からは, 国際関係におけるアナーキーという現象は現実に存在する状態ではなく, われわれが間主観的に共有している理念であると理解することができる. アナーキーとは国家が共有するアイディアである. また同様に, リアリストの代表的な用語である「バランス・オブ・パワー」は客観的に存在する現象ではなく, 国家がバランス・オブ・パワーの定義づけをして, 直面する状況にどのように対応するかを表した概念である. すなわち, バランス・オブ・パワーは社会的に構成されたアイディアであると理解する. コンストラクティビズムはアイディアが国際関係システムを定義すると説く. そして, この社会的に構成されたアイディアが往々にして客観的真実として理解されることになる. コンストラ

図9-1 ウェントのコンストラクティビズムの政策決定過程

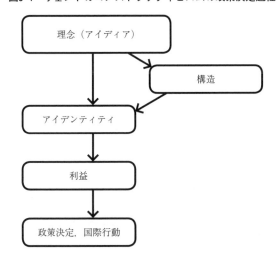

クティビズムの観点から見ると，われわれが客観的真実（objective reality）と捉える現象は，もとはといえば社会的につくられた実在性（socially constructed reality）なのである．

コンストラクティビズム基礎用語のつながり

最後にコンストラクティビズムの基本用語を簡単に図式でまとめてみよう（図9-1）．理念，構造，アイデンティティ，利益はすべて社会的に構成された間主観的概念である．しかしウェントの議論のなかで，アクターが政策決定し，国際行動に至る過程に概念構成の順序のようなものが見えてくる．まず，コンストラクティビズムは，すべての国際関係は物質的なものではなく，理念で構成されていると理解することからはじまる．ゆえに，理念が最重要概念である．またこの理念は社会によって構成される間主観的要素をもつと理解する．次に，間主観的アイディアによって，ある種の構造が共通理解され，前から存在する支配的な理念と共通に理解された構造によって，アクターのアイデンティティが形づくられる．そのアイデンティティに基づき，アクターの利益が決められ，政策決定と行動に結びついていく．この政策決定の過程については，第3節の国際政治分析で具体的な例をもって説明していく．

2 コンストラクティビズムの位置づけ

　前節ではコンストラクティビズムの基本用語とそのつながりをみてきたが，ここではコンストラクティビズムを存在論と認識論の見地から，他の主要理論と比較し位置づけることにより，より理解を深めていく．コンストラクティビズムは国際関係論において，合理主義とリフレクティビズムの中間に位置すると一般的に理解されている．コンストラクティビズムは合理主義とリフレクティビズムの間に位置し，両者とは少し距離を置いている（Box 9.1）．両者の一部をとり入れ，新しい分析枠組みとして成り立っているともとれる．どのように2つの相反する存在論と認識論の立場の架け橋になっているのか．コンストラクティビズムのスタンスを理解し，その重要性，特異性を学んでいく．この節では，はじめに，コンストラクティビズムと合理主義の共通点と違いを説明し，次にコンストラクティビズムとリフレクティビズムの比較をしていく．

反合理主義としてのコンストラクティビズム

　まず，コンストラクティビズムは国際政治概念に対する理解がネオリアリズムやネオリベラリズムの土台である合理主義と全く異なる．**合理主義**（rationalism）は客観性を重視し，アクター，利益，アイデンティティ，パワーといったものをすでに与えられたものとして，それを掘り下げることはなく，当然の共通概念してとらえることが前提となっている．合理主義ではもちろんアクターの利益やパワーが何によって決まってくるのか，またはそれらが何をもたらすかといった疑問には答えるが，それは因果関係のなかでの原因と結果という枠組みで答えが示される．しかし，利益，パワーという概念の実体は何であるか（**存在論**，ontology），行為者によってどのように認識されているか（**認識論**，epistemology）といった質問やその答えは合理主義の分析ではあまり必要とされていない．

　これに対し，コンストラクティビズムは合理主義によって国際政治の真実とされるものはどのように社会的に構成されているのか，どのようにして国際政治における現在の状態が生じたのかを追究する．**ポストモダニズム**（post-modernism）と同様，コンストラクティビズムは国際関係理論の基本概念を固定されたものとは認識せず，生活形式，社会，文化などによって変化する相対

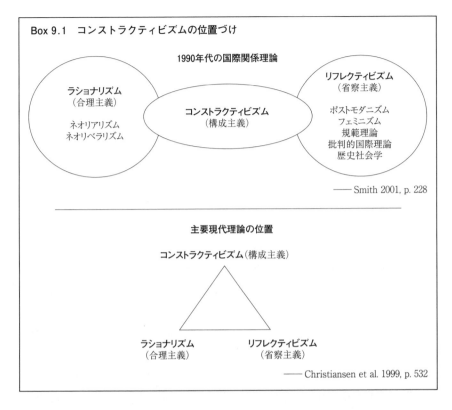

―― Smith 2001, p. 228

―― Christiansen et al. 1999, p. 532

的なものとして理解し，基本概念を吟味し，1つ1つ紐解いていく．

反省察主義としてのコンストラクティビズム

　それでは，コンストラクティビズムと，ポストモダニズムに代表されるリフレクティビズムとの違いはどこにあるだろう．端的に言えば，コンストラクティビズムはポストモダニズムほど懐疑的ではない．ポストモダニズムはすべての概念を掘り下げ解体していくが，コンストラクティビズムは国家を分析の単位とし，国際システムを既存の現象として見ることが多い．これは，分析をはじめるにあたり，ある程度のことは与えられたものとせざるをえないという立場をとっているからである（Onuf 1997, p. 7）．ポストモダニズムはたとえばウォルツ（Kenneth N. Waltz）のテキストから，ネオリアリズムにおいて国家という概念がどのように構築されているかを解体していく．ネオリアリズムにお

ける国家は現代性(modernity)という文化のなかで,国際システムという設定された境界内で合理的な行動をする単位として存在する.ポストモダニズムによると,ネオリアリズムは国家という単位(空間)を1つの境界として定義して理解することにより,自己と他者,国内と国外という限界を定める.この空間の設定と分離により生ずる相互関係,そして行動を独特の国際関係理論(ポストモダニズムが呼ぶところのネオリアリズム言説)として繰り広げているのがネオリアリズムである.

　コンストラクティビズムは,国家の利益やアイデンティティという概念を解体していくが,「国家」自体を解体することはない.この点が,明らかにポストモダニズムと一線を画するところである.しかし,理念,アイデンティティ,利益といった主要分析要因を与えられたものととらず,紐解いていく点で存在論上,コンストラクティビズムは反合理主義の立場をとると総括される.そしてコンストラクティビズムは,主流の国際関係理論において真実とされている事象や概念(たとえば,パワー,国益,バランス・オブ・パワー,無政府状態など)を分析しながら,理念,特に間主観的理解を通して国際政治を理解しようとする.コンストラクティビストにとって,真実というものは客観的に存在するものではなく,真実はアクターのつくりあげた間主観的知識によって形づくられているものである.人々と社会が知識をつくりあげ,結果的に国際システムも間主観的意味をもつようになる.ウェントの有名な言葉,「無政府状態は国家がつくりあげるものである(Anarchy is What States Make of It)」という論文のタイトルが,この点を端的に表現している.

　それではなぜコンストラクティビズムはリフレクティビズムと立場を別にするのであろうか.哲学の1つであり,物事の本質をどのようにして知ることができるかを考察する認識論に,その答えがある.基本的にコンストラクティビズムは,客観的世界や一般的法則がどこかに存在し,社会学者の使命はそれを見つけることにあるという考えはもっていない.コンストラクティビズムは,社会上意味のある事象(研究対象)というのは常に構成された世界の解釈にすぎないと理解している(Onuf 1989, p. 38).しかし,解釈は単なる主観的見解ではない.コンストラクティビズムの解釈は象徴,言語,社会慣習の共有されたシステムに基づいていると考える.そして,その間主観的要因がアクターの行動に影響を与えると考えるという点で,合理主義がとる認識論の考え方に極め

て近い立場にあると理解される．

合理主義の認識論である**実証主義**（positivism）は，事実と価値観を明確に分け，客観的に実証されることのみを知識または真実としてとらえる．それゆえに社会事象もまた自然科学同様，科学的分析（観察，仮定，演繹法）によって解明でき，因果関係を「理論」という形式で論理的に説明できると論じている．ウェントによって強調されるように，コンストラクティビズムは国際関係において，何が起こっているのかを説明（explain）することを目的としている点で，ある意味で実証主義に同意する部分がある（Wendt 1995, p. 74）．このような説明をすると，次のような疑問が出てくるであろう．コンストラクティビズムが，理念や共通理解といった概念に焦点を当てているならば，実証主義ではなく，**ポスト実証主義**の立場をとるというのが自然な選択ではないか．しかし，ウェントは言語や理念のみによって社会が構成されるというポスト実証主義に反論し，社会は物質的そして理念的要素の両方によって構成されていると考えている．部分的に実証主義の哲学も取り入れているということができる．因果関係の説明では，因果関係のメカニズムを描写することが必要になってくる．つまり，単に「なぜか」という疑問に答えるだけでなく，「何がどのように」という疑問にも記述的に答えることを要求される（Wendt 1999, p. 83）．そのためコンストラクティビズムは，意味ある社会構成の解釈は因果関係の説明と一致しないわけではないと考える．コンストラクティビズムは間主観的要素がアクターの利益（再）構築，さらに行為自体に「影響を与える」と理解するように，合理主義の好む因果関係を含んだ説明に共感を示している．

このように合理主義とリフレクティビズムに橋を架けるコンストラクティビズム（特にウェント派）は哲学的に曖昧な立場に立っていると両者から批判されていることも無視できない（Jackson and Sørensen 1999, pp. 239-240）．しかし両者を巧みに結びつけることは，国際政治を考える魅力的な方法ともいえる．リアリズムやリベラリズムが他者の行動を論理的（合理的）なものとして想定した理論に基づいている一方，コンストラクティビズムは共通社会認識に基づいた理論（社会理論）であるということを踏まえると（両者は理論において違うスタンスをとっている），国際関係理論における1つの分析方法として貢献していることには間違いない．

3
コンストラクティビズムの国際政治分析

それではここから，コンストラクティビズムがどのように国際政治を分析していくのか検討していこう．ここで多様な形態をもつコンストラクティビズムをすべて紹介するのは不可能であるが，2つの代表的な分析を紹介する．1つはウェントによるアイデンティティに着目した分析方法，もう1つは規範（行為の基本となる共通社会理解）に着目した分析方法である．

ウェントのコンストラクティビズム

はじめに，ウェントの分析の最大の特徴は理念，特に集団的に共通理解された理念である．この集団的共通理解はアクターが社会で習得するアイデンティティの基礎になると論じている．ゆえにウェントのコンストラクティビズムを理解するうえで，このアイデンティティが鍵となる．第1節で説明したように，コンストラクティビズムのアイデンティティには理念，特に間主観的理念が大きく関係している．アイデンティティを単にアクターに与えられるラベル（たとえば，民主主義国家，社会主義国家，資本主義国家など）として捉えるのではなく，アイデンティティは各アクターに他者の動機，利益，可能な行為と態度，そして与えられた政治立場での役割を理解させる産物であると理解する（Hopf 1998, p. 193）．ネオリアリズムが国家のアイデンティティを固定化された，自国の利益を最大化するために合理的選択を行う単一の主体と理解する（第5章「リアリズム」参照）のとは違い，コンストラクティビズムはアイデンティティを国家間の間主観的理解によって社会的に構成される，多様性をもった事象であると理解する．第1節で説明したように自分と他者の理解と期待を含むアイデンティティはまた，アクターが利益を判断する基礎ともなる．基本的にアクターのアイデンティティと利益は学習されたものであって間主観に基づいた行為によって維持されていると考えられ，国際政治の日常は他者との関係によってアイデンティティを確立する過程であるといえる（Wendt 1999, pp. 316-336）．

ウェントによると，他者との関係で形成されるアイデンティティは大きく3種類に分けられる．(1) ホッブズの世界観にみられる制限のない敵対関係（アンタゴニズム），(2) ロックの世界観にみられる制限のある競争関係（ライバル），

表9-1 コンストラクティビズムのタイプ別推定行為

タイプ	国家関係	推定される行為
ホッブズの世界観	敵対関係	パワー・ポリティクス,ゼロサム・ゲーム,国益としての自助と防衛
ロックの世界観	競争関係	武力と和解を使い分ける政治,規範による相互拘束,国際条約にもとづく防衛
カントの世界観	友好関係	相互協力をもとにした政治,規範としての非暴力,すべての国による集団防衛

出典:Wendt 1992, 1999

(3) カントの世界観にみられる友好関係(パートナーシップ)の3つである(表9-1参照).これらの世界観(または制度的文化)が,たとえば無政府状態(アナーキー)という概念にそれぞれの意味をもたせ,その意味に基づき行動が決定していくのである.「唯一の無政府状態の理論というものは存在しないのである」(Wendt 1999, p. 308).これらの世界観を応用し,たとえば,1970年代の南アフリカとアンゴラは敵対関係,冷戦中の米ソ関係は競争関係,アメリカ・カナダ間は常に友好関係に基づくアイデンティティで国際関係が理解できるであろう.ウェントはこれらの制度的文化(アイデンティティに基づく関係)が移行することで国際関係の変化をも説明しようと試みている.ウェントのコンストラクティビズムは,このように類型を用いることで,複雑な国際関係の理解を簡略化している.

ウェントの分析はこの類型を念頭に,アイデンティティと利益の関係を次のように説いていく.たとえば,国家は国際組織やレジームを構成することにより,または国際組織やレジームに参加することによって,国家にある種のイメージや性格をもたらし,他者から国際的認識を得ることにより,他の参加者との関わりをパターン化することができる.ウェントの分析では規範もアイデンティティをつくる要因として重要であると考えられている.ある争点に関して国際制度ができると,参加国家にアイデンティティが付与され,国家の利益と行動が多かれ少なかれ規制される.たとえば,世界貿易機関(WTO)という集団のメンバーとして,日本はWTOの規則に従って,できるだけ関税を低くし,貿易障壁をなくしていく行動をとらなければならないし,他国からもそれを期待される.集団のメンバーとしてのアイデンティティ,すなわち経済政策上の自由主義と自由貿易を目指したWTOの規範に日本の国家の利益と行動は

常に影響されている．また他の例をとると，日本は地球温暖化防止レジームの京都議定書を承認したことにより，気候変動という地球環境問題においては，環境保全に対する肯定的なアイデンティティが付帯され，国際レジームにより日本の地球環境改善・保全に反する行動が制約されることになる．このようにウェントは国家利益もまたアクターが自身をどのように理解しているか，他者が自分をどのように認識し，自分に何を期待しているかに由来していると言っているのである．

また，コンストラクティビズムは，アイデンティティが持続し，変化する過程を分析すれば，冷戦の終結という大きな国際構造の変動を説明できることを証明した．ウェントによると，構造的変動は，アクターが自分は何者であるか，また何を望んでいるか（すなわちアイデンティティと利益）を再定義したときに起こる（Wendt 1999, pp. 336-337）．たとえば，冷戦の過程ではソ連もまた自分のアイデンティティを再考察・再構築し，冷戦の終結により，ソ連は新しいアイデンティティをロシア共和国として設立し，それにより利益もまた変化していったと解釈する．また同時にソ連傘下の東ヨーロッパ諸国もアイデンティティの再構築を経験することになった．具体的には，ゴルバチョフ（Mikhail Gorbachëv）はそれまでの東ヨーロッパ諸国の主権を制限するブレジネフ・ドクトリンを放棄し，共産主義による国内支配を緩める決断をし，また東ヨーロッパとの帝国主義的な関係を終焉に導き，非共産主義の台頭を容認していった．このゴルバチョフの「新思考（new thinking）」は，ソ連とアメリカ両国を敵対国の思考枠組みから，パートナーシップの枠組みへと移行させていくことになった．このようにして，国際社会は国際システムの2極対立という思考の構造からの脱却と，新たな構造へと変化してきた．ソ連の新しいアイデンティティは，他者の新生ロシアに対する期待と認識をも変え，国際構造の変動をもたらし，国際政治というゲームの規則を敵対がもたらす規則からパートナーシップに基づく規則へと変えることになったと解釈できる．

規範に焦点を置いたコンストラクティビズム

ウェントはアイデンティティを最重要概念として，コンストラクティビズムを展開していったが，オヌフ（Nicholas Onuf），クラトチウィル（Friedrich V. Kratochwil），コスロウスキィ（Rey Koslowski），ラギー（John Gerard Ruggie）

らは，規則や規範（行為の基本となる共通社会理解）といった間主観概念をもとに，ウェントとは違った観点からコンストラクティビズムを発展させている．国際関係において規範という概念は，規範理論において研究が進んでいる（第10章「規範理論」を参照）．しかし，コンストラクティビズムの規範の扱い方はこれらの既存の理論とは違った理解に基づいていることをここで簡単に説明しておこう．

まず**規範理論**では，規範を正義と公正に重きを置いた道徳的規定と定義する．そして規範理論は，一般的に事実と価値の分離を唱える客観的科学主義を否定し，事実と価値は切り離すことは不可能であると論じている．規範理論において規範，たとえば規則，制度，慣習といった概念は正当性の価値観を含んでいる．これらの規範に焦点を当て，国際関係の道徳的，倫理的争点，たとえば国家に核兵器をもつ権利はあるのか，国家は他国で横行する人権侵害を阻止するための国際介入をするべきであろうかという疑問に「理論的説明」を与えようと試みている．ゆえに規範理論は，事実が何であるかということだけではなく，正義や公正に基づいてアクターは「どうすべきか」「どう行動すべきか」という疑問を理論的に分析していくものである．

これに対し，規範を中心に展開するコンストラクティビズムは，まず規範という間主観的理解がどのようにアクターのアイデンティティと利益を構成し，ある特定の時と場所においてアクターがとるべき適切な行動を定義するのかをとらえる．コンストラクティビズムは，国際関係全般を社会構成ととらえ，規範が政治的行動に影響を与えるもの，そして，政治的決定を形づくるものととらえる．クラトチウィルとコスロウスキィによると，「国際政治における基本的な変化は，アクターの信念とアイデンティティが変わり，それによってまた，アクターの政治的行動を構成する規範を変えるときに起こる」としているように，規範が媒体になり，間主観的な文脈においてアクターの行動に意義をもたせることになる（Koslowski and Kratochwil 1994, p. 216）．ゆえに，規範は人間の行動を決定づけるものではないが，社会的営みにおいて影響を与える重要な役割を果たす．規範の役割は人々に行動のガイダンスを与えるだけでなく，また行動の選択（たとえば，規範に従う行動をとるか，規範に反する行動をとるか）も与えることになる．わかりやすい例として，第1章で説明されたウェストファリア条約（1648年）を用いてみよう．ウェストファリア条約は主権国家とい

う理念を確立させ，国家間の不干渉（non-interference）が国際システムにおける制度化された規範となり，アクターはその規範に基づいて，政治的決定をなすという国際関係が成り立つと考えられる．

また，規範理論と違い，コンストラクティビストは複雑で詳細にわたる社会事象を包括的に，また明確に説明するという意味での「理論」という概念に対して懐疑的である．コンストラクティビストの扱う規範は規範理論と違い，正義，公正といった正当性の理論で審判を下すことはない．規範は，どのように行動が社会的に構成されているかを暴いていくための国際関係分析の媒体なのである．まず，規範は政治的決定を行うにあたり，問題が何であるかという状況を把握する基盤となる．いうなれば，規範が複雑な状況を把握，理解するのを助け，ある種の行動に合理性を与えることになる．ある特定の行動がある規範において規範内であり，他の行動が規範から外れるということになる．政府が特定の規範を適用するかどうかがコンストラクティビストの分析の中心となる．

ここで規範という概念によって，間主観がどのように分析に組み込まれているか，アパルトヘイトとアメリカの南ア政策の事例研究からみていこう．奴隷制度や人種差別制度が慣習としてアメリカ社会に浸透し，その世界観もそれほど問題にならなかったころのアメリカの南アフリカに対する外交政策は，経済面での利点を優先し，アパルトヘイトは南アの主権にかかわる内政問題であるとし，それに対して干渉しないことを正当化していた．ところが，アパルトヘイトの人種差別が国際的に問題になり，人種平等の理念が広まり，それが優勢な国際的規範になると，アメリカの南ア政策は，国家主権による内政不干渉の理念が抑えられ，アパルトヘイト廃止に圧力をかける経済政策に一転する．ここで人種平等という国際規範が，国境を越えた運動（transnational movements）により，アメリカ社会に影響をもたらし，アメリカの南ア政策が変化したと解釈できる．経済での利点にそれほど変化のない状況で，アメリカの政策転換を説明するには，規範が格好の分析焦点となるのである．

クロッツ（Auidie Klotz）は南アフリカに対するアメリカ政策の変動を次のように説明している．この事例は，規範が国際システムと国家の利益の両者を構成する要素であるという国際関係のコンストラクティビズムの主張を経験的に説明する．規範は単に倫理的選択や自分の利益の抑制となるだけではない．

むしろコンストラクティビストの見地から，システム・レベルの規範は説明の役割も果たす．競合するグローバル規範の変化は，利益の（再）構成に理論的説明を与える．したがって，「国際アクターは——アメリカのような大国でさえ——本質的に社会的に構成されているのである．すなわち，人種平等などの普及するグローバル規範が部分的に国家の利益を定義する．たとえばアメリカの国内政治は，グローバル人種平等がますます1960年代に受け入れられていくにつれ，変化していった．この広い意味での変動は，南アフリカとその地域に対するアメリカの利益を査定するための新しい文脈となったのである」(Klotz 1995, p. 460)．ここで強調したいのは，規範が行為者の利益を（再）定義するということである．人種平等という国際規範は，アメリカがどのように国家利益を理解するかを再定義したといえる．

アパルトヘイトは国際規範が明らかに変わり，支配的な共通理解がはっきりと現れた例であるが，すべての事象で理念の変遷が明確に起こるわけではない．相反する理念がグローバル規範という共通理解をつくりあげない場合もある．この例は理念を部分的に構成する知識と言説でうまく説明できる．知識を理念の狭い意味での一部，社会学的に言う「アクターが真実と信じるもの」ととらえたり，または言説を規範に近い解釈でとらえ，国際政治における競合する理念を分析するコンストラクティビストも多い．たとえば，温暖化という現象が社会の脅威であると信じるのも1つの知識であり，温暖化という現象が科学的に証明されていない1つの言説であると信じるのも，また知識である．国際政治においては，この2つの理念が温暖化政策において，一種の競合関係にある（後者の理念は大国アメリカの保守派によっていまだに根強く支持され，つくりあげられている）．

たとえば，日本は後者の知識から徐々に前者の知識を政策の基本とするようになった．これもまた，地球環境言説の出現とその波及によって，かなり説明することができる．それまで日本政府の政策文書，演説等では地球環境という言葉は見られなかったが，この言説が国際社会で浸透するにつれ，1980年代後半日本でも政策の課題として重要視され，1990年代以来1つの社会共通理解となった．これが日本の国際政策に現れたということであろう．コンストラクティビストによる日本の国際政策の1つの解釈である．

さらにここで次のことに留意しておきたい．規範に焦点を置いた分析には，

国際規範が政府の政治的決定に影響を与えるという方向性でまとめる研究が多いが，国際規範と国内規範の相互分析は，より興味深い分析を可能にする．国際規範と国内規範の対立は，たとえば，ドイツや日本がアメリカ主導のイラク攻撃をなぜ支援したのかを分析する上で，とても有用である．ドイツや日本では，「軍事的参加の拒否」と「国際治安維持に対する国際責任の受け入れ」という規範の対立がみられた．そこで，国際安全保障に軍事協力することがまず一般的国際規範となり，アメリカ主導の同盟に参加することが，どのように政府の主流の規範となっていったのかを追究するのが，コンストラクティビズム流の分析といえよう．このようにコンストラクティビズムでは，規則，知識，言説といった規範の観念的概念が政策決定，政策転換の説明に役立てられている．

4 コンストラクティビズムの展望

> 本章では，コンストラクティビズムの特徴と重要概念（理念，アイデンティティ，構造）を説明し，その分析アプローチの国際関係論における位置づけをした．コンストラクティビズムの最も重要な特徴は，国際関係論上主流であるリアリズムやリベラリズムが取り上げる国家，アナーキー，利益，パワーといった事象を，既存の物質的存在ととらず，社会的に構成された流動性のあるアイディア（理念）と理解するところにある．アクターがどのように社会的真実をつくりあげ，解釈しているか，また理念が変化していく過程を分析することによって，アクターの政策行動に説明を与えているところに特徴がある．また，前節では，多種のコンストラクティビズム分析方法の中から，2つの代表的な分析方法（ウエントの分析と規範に焦点を当てた分析）を紹介した．最後に，まとめとして，コンストラクティビズムを批評し，国際関係論における意義と挑戦を考えていく．

理論の架け橋としてのコンストラクティビズム

国際関係理論におけるコンストラクティビズムの最大の貢献は，新しい分析枠組みを提示することにより，合理主義とリフレクティビズムのコミュニケーションをはかっていることである．これは観念的要因，特に間主観という概念に重きを置いて，それまで物質的に理解されていた構造に観念的な再定義を与

え，合理主義とリフレクティビズムの両方の論点を1つの分析枠組みに入れることを可能にしている．しかし，相反する両面をもつということは，ウェントのように，あるところで「私は実証主義者である」(Wendt 1999, p. 39) と断定し，一方で「私はポスト実証主義者に賛同する」(Wendt 1999, p. 90) と主張し，矛盾した立場に立ってしまうことも見逃せない．

　近年コンストラクティビズムは合理主義をとる著名な国際政治学者からも容認され始めている．コヘイン（Robert Keohane）やクラズナー（Stephen Krasner），ウォルツでさえ，ある程度コンストラクティビズムを合理主義の要素をもつ枠組みとして認めている (Smith 2000, p. 389)．しかし，実際ポストモダニズムとの距離はコンストラクティビストが期待するほど縮まってはいない．これはコンストラクティビズムが中間を行くというよりは，認識論と方法論を合理主義と分かち合うことによるものと解釈できるであろう．

コンストラクティビズムの挑戦

　コンストラクティビズムは理念の役割やアイデンティティという概念をうまく取り入れ，利益や行為の変化を解釈するのにも貢献しているが，現実の国際社会における事象を理解するにあたり，国際規範やその変遷によって，すべての政策や行為が変化するとは限らない．最近の研究はこの国際規範の影響を国別に分析し，それぞれの国が違った反応をしていることを突き止めている．たとえば，前述の地域温暖化のケースでは，日本がかなり国際規範に影響を受けているのに対し，アメリカの政策には今のところ国際規範の影響は，あまり見られない．それでは，いつ理念が重要になるのか，なぜアクターによって規範から受ける影響が違うのかについては，コンストラクティビストは明確な答えを与えていない．特にグローバル規範に影響を受けないケースの研究は，ほとんどなされていない．

　この弱点については，国による国際規範の影響の違いは，国内政治の分析と国内代理者（たとえば国内 NGO や科学者，専門家，活動家，企業など）の国家を超えた活動の分析にも焦点を当てることによって，理解できると考えられる．これらの研究はコンストラクティビズムのなかでも，国内政治過程を理解せずには国際システムの影響を語ることはできないという立場をとっている．コンストラクティビズムはアイディアという観念的媒介を通し，国際政治と国内政

治の相互分析も可能にする枠組みなのである．

　もう1つの課題は分析レベルが国際レベルに集中しているところにある．アクターが解釈するところのアイディアが国際システムの構造の理解につながり，またこの観念的な要素が国家のアイデンティティや政策決定に影響をもたらす過程の分析は，国内政治と国際政治を1つの枠組みに入れる可能性をもっているが，今までの研究では国内政治が分析に組み入れられていないことが多い．これは多くの研究が国際構造に重きを置き，国家を1つの単位と考え，国内政治を軽視するためである (Checkel 1998, p. 347)．今までの研究，特にウェント派は集団アイデンティティの構成過程にのみに焦点を当てがちであるが，その過程で競合するアイディアが，国内政治においてどのように浸透するかを分析せずには分析枠組みとしては不十分であろう．

　国内政治と国際政治は相互的に構成される関係にあると考え，国内と国際の領域は認めた上で，どのように両者の社会現象が国際規則の形成変化に影響を与えているかを分析することは，コンストラクティビズムを用いれば十分可能である．実際に冷戦の終焉構造の分析や，ソ連また東ヨーロッパ諸国の国内社会変化を分析する研究，また，ヨーロッパ統合（集団国家のアイデンティティ形成）をヨーロッパ諸国の国内政治や競合する国家内のアイデンティティによって理解する研究もなされている（たとえば Hopf 2002 がよい例である）．さらに，国境を越えた運動を媒介としてグローバル規範の国内行為者への影響と国内での言説の競合と変遷を分析に組み込み，国際政治と国内政治を1つの枠組みに入れる研究もなされている．

国際関係理論としてのコンストラクティビズム

　最後に，序章で説明された理論の定義を踏まえ，コンストラクティビズムは国際関係理論であるかという点について言及しておこう．厳密に言うと，「理論」というものはすべての事象を因果関係で説明することを前提としているので，狭義での国際関係理論とは別物である．しかし，コンストラクティビズムは有用な分析の枠組み（アプローチ）を提示している．端的にまとめると，アクターが国際政治のアリーナにおいてどのような政策決定をなし，どのように行動するかという疑問に社会的に構成されたアイディア（理念）を用い，それまで既存の概念として取り扱われていた主権国家，アナーキー，バランス・オ

ブ・パワーなどに新たな見地から社会学的解釈と理解を与えている．この点を踏まえれば，コンストラクティビズムは，社会学的アプローチで国際政治に臨み，これまで主流とされてきたリアリズムやリベラリズムに匹敵する理論の1つとして，意義のある解釈を国際関係理論に吹き込むことに成功していると言えよう．

要点の確認 *Questions*

① コンストラクティビズムの基礎となる社会的に構成された理念とは何か．
② コンストラクティビズムはなぜ合理主義とリフレクティビズムの「架け橋」または「中間的立場」と理解されるのであろうか．
③ ウェントのコンストラクティビズムにおいて，アイデンティティはどのように国際政治を理解するのに使われているのか．アイデンティティの役割を述べよ．
④ 規範を中心に展開するコンストラクティビズムの分析方法とはどのようなものであるか，簡単に説明せよ．
⑤ コンストラクティビズムは国際関係理論全般にどのような貢献をしているであろうか．また国際政治の代表的な「理論」となりうるだろうか．

コンストラクティビズムをもっと知るために

Guide to Further Reading

大矢根聡編（2013）『コンストラクティヴィズムの国際関係論』有斐閣．
　▷コンストラクティビズムのみに焦点を当てたテキストである．はじめにコンストラクティビズムの分析枠組みを説明し，そのアプローチを使い，多様なイシューを実際に分析している．安全保障，地域統合，地球環境といった国際関係に定番の題材から，市民社会，遺伝子組み換え食品とWTO等比較的新しい事象も分析している．
重政公一（2006）「国際関係理論におけるコンストラクティヴィスト・アプローチの再評価――メタ理論からみたウェント，オヌフ，クラトクウィルの論考を中心に」*NUCB Journal of Economics and Information Science*, Vol. 50, No. 2, pp. 71-86.
　▷コンストラクティビズムをメタ理論から考察し，様々なコンストラクティビズムのアプローチを紹介している．代表的なコンストラクティビストの立場を存在論，認識論に基づいて図式化し，多様なコンストラクティビズムを説明している．
前田幸男（2006）「国際関係論におけるコンストラクティビズムの再構築に向けて――

アレクサンダー・ウェントの批判的検討を中心として」『社会科学ジャーナル』第57号, 149-171頁.
　▷ウェントのコンストラクティビズムの分析方法と問題点を説明している。「権力」の概念を読み替えることによって国際関係理論において主流であったパワー・ポリティクスに代わる, 新しい「権力」概念を用いたコンストラクティビズムの可能性を示唆している.

渡邊智明 (2003)「研究諸事例におけるコンストラクティビズム——方法論としての可能性」『九大法学』第86号, 341-364頁.
　▷コンストラクティビズムをリアリズム・リベラリズムと比較しながら説明し, コスロフスキー, クラトチウィル, フィネモアなどの代表的分析を事例として紹介, 批評している。コンストラクティビズムの分析における焦点が簡潔にまとめられている.

Wendt, Alexander (1999) *Social Theory of International Politics* (Cambridge: Cambridge University Press).
　▷コンストラクティビズムを論ずる際に, 最も頻繁に引用されている書の1つである。相反する構造と理念, 物質主義と観念主義の架け橋としての理論をアイデンティティ, 共通理念を通してまとめ上げている。ウェントはコンストラクティビズムの第一人者として知られるので, この書は必読である。

第10章
規 範 理 論

はじめに	294
1　なぜ規範理論が必要なのか	295
2　「カント主義的伝統」と「功利主義的伝統」	297
3　国内倫理と国際倫理	300
4　規範理論としてのリアリズムとリベラリズム	302
5　理想と現実のバランス	313
6　ポスト冷戦期と規範理論	318
要点の確認	322
規範理論をもっと知るために	323

はじめに

「国際関係論における規範理論」というと，その存在自体に疑問をもつ向きも少なくなかろう．国際関係において何が正しいのか，何がなされるべきなのか．こうした善悪の判断にかかわるのが**規範理論**（normative theory）だといえようが，それは少なくともこれまで国際関係理論の中心に位置するものではなかった．

もちろん，われわれが国際関係においても日々善悪の判断を迫られているのは事実である．アメリカ陣営諸国との「多数講和」を優先させるべきか，ソ連・中国陣営諸国も含めた「全面講和」を目指すべきか．アジアにおけるかつての敵国や被占領国との「戦後処理」「賠償」の問題を，どう解決すべきか．ベトナム戦争に対して，どのような態度をとるべきか．湾岸戦争にどのように協力すべきか．国民総生産の何パーセントを対外援助に割り当てるべきか……第二次世界大戦後の日本外交を見ただけでも，こういった数々の「～べきか（ought）」をめぐる倫理的問題にわれわれは直面してきた．

しかし，そうした問題は，政策提言や時事評論が対象にすべき問題であり，国際関係理論とはさほど関係のないものとして考えられるのが普通であった．たとえ先達（せんだつ）の理論家たちがそれらを考察の対象にしていても，それを理論の一部とみなして体系的にとりあげる研究者はそれほど多くなかった．その傾向は，いまなお続いているといってよかろう．

本章は，そうした国際関係理論研究の隙間を少しでも埋めようという試みである．いま「存在する選択肢のうち，どれが正当化しうる行為なのか」という判断を下すうえで，われわれを助けてくれる知的道具を規範理論と呼ぶならば，国際関係の規範理論とは一体何なのか．その存在意義は，どこにあるのか．その特徴は何か．そこにはどのようなアプローチが存在するのか．われわれが生きるポスト冷戦期にあって，規範理論の研究はどのような意義をもっているのか．国際関係論における最も重要な論点の1つである武力行使の問題を特に意識しながら，順に考察してみたい．

1
なぜ規範理論が必要なのか

　最初に，なぜ規範理論が必要なのかという「そもそも論」を少し述べておこう．国際関係論は科学だから「客観的」「価値中立的」であるべきであり，善悪の判断にかかわるべきではないという意見もありえよう．しかし，物理学のように物の動きを観察しようとするならともかく，国際関係論は人間の行為を理解しようとする学問だから，「判断」という作業は不可避的につきまとう．実際それは，「理解」「説明」「記述」とともに社会科学の主要な作業の1つであるといってよいであろう（Aron 1966, pp. 8-11）．

倫理的「判断」で把握する

　たとえば，サッカーという人間の行為について考えてみよう．いま仮に，このスポーツを全く知らない人がワールド・カップを見ているとしよう．その人は，どのようにしてサッカーを理解しようとするだろうか．

　その人は，まずゲームの基本ルールを知ろうとするだろう．1チーム11人とか，手を使ってはダメとか，ボールを相手ゴールに入れたら1点とか，そういったことである．それから，個々の選手の配置を理解し，それぞれのポジションの選手がどのように動けば効果的なのかを知ろうとするだろう．

　次に，実際のゲームをいくつか比較して基本ルール以上の何かを見出そうとするだろう．その人は，ヨーロッパのサッカーとラテンアメリカのサッカーの違いを見つけて，どちらが強そうか，強さの秘密は何かを見つけ出すかもしれない．

　しかし，その人は，こうした一般的結論だけには満足せず，個々のゲームを詳細に見たいと思うだろう．というのも，一般的な原因だけでは，個々のゲームの内容と結果は予測できないからだ．たとえば，誰かが予想以上の大活躍を見せるかもしれない．

　最後に，その人は，様々な倫理的（よいか悪いかの）判断を下そうとするだろう．レフェリーは公正だったか．選手はフェア・プレーをしたか．そして，そもそもサッカーは，よいスポーツなのか．こうした判断を下して，（次回はどの選手やチームを応援するか，あるいは次回もワールド・カップを見るかどうかといった）自分の将来の行動を決めようとするであろう．

以上のような4つのレベル，つまり，

① 基本的ルールの「理解」
② 一般的原因の「説明」
③ 個々の出来事の「記述」
④ 倫理的な「判断」

を組み合わせながら人間の行動を把握しようとする点で，国際関係もサッカーと何ら変わりはない．主なプレイヤーが国家（国家を代表して行動する政治家や外交官や軍事指導者）に置き換わるだけだ．つまり，国際関係論は，

① 国際関係の基本的ロジックの「理解」
② 国際関係の現象の一般的原因の「説明」
③ 国際関係の歴史の「記述」
④ 国際関係の出来事に対する倫理的「判断」

を試みる学問なのであり，規範理論は主として4番目の作業にかかわっているのである．

規範理論と経験的理論

それでは，「判断」という作業は，社会科学者が目指すべき「客観性」や「真理」などと，どのような関係にあるのだろうか．自分の思い込みや偏見を排して，できるだけ客観的に具体的事象を観察しようとすること，いわゆる「経験的理論 (empirical theory)」を構築しようとすることが大切な作業であることは疑いない（序章「国際関係理論の構図」を参照）．本書の第Ⅱ部で見てきた「リアリズム」や「リベラリズム」は主に経験的理論であり，第Ⅰ部の「定性的研究方法」や「定量的研究方法」はその方法論である。しかし他方で，われわれが行う観察はどうしてもわれわれ自身がもつ価値観に影響されてしまうものであり，完全な客観性を得ることは事実上不可能である．

そうなると，われわれに残された道は何だろうか．それは，一方で具体的事象をできるだけ客観的に観察するように努めながら，他方で自分のもつ価値観

をできるだけ明確に提示することだと思われる（ホフマン 2011a, pp. 90-91）．自分のもつ価値観を自覚してこそ，真理への道は開かれる．つまり，規範理論は「経験的理論」をよりフェアーなものにしてくれる．

　逆に，「経験的理論」がないと「規範理論」は存在しえない．"'ought' implies 'can'"（「……すべき」という言明は，「……できる」という言明を含意している）といわれるように，できもしないことをすべきだと言っても始まらない．また，後述するが，行動の「予測しうる結果」を考量することなく倫理的判断を下すことも政治の世界においては適切ではない．アクター（行為主体）にとって何が「できること」で何が「できないこと」なのか，行動の「予測しうる結果」は何なのか．これを教えてくれるのは，ほかならぬ「経験的理論」である．具体的事象を観察することなく，ものごとを「判断」することは不可能なのである．

2 「カント主義的伝統」と「功利主義的伝統」

　さて，本論に移ろう．筆者の見るところ，現在市販されている国際関係論のテキストのうち最良の入門書は，ハーバード大学のジョセフ・ナイが大学 1 年生向けに行った講義をまとめた『国際紛争――理論と歴史』であろう（ナイ＆ウェルチ 2013）．このなかでナイは，他の多くのテキストが看過する規範理論を正面からとりあげ，実に手際よいやり方で，その基礎を説明している．まず道義論の 2 つの伝統である「カント主義的伝統」と「功利主義的伝統」について，次に倫理の果たす役割が国内政治に比べて国際政治で小さい理由について，そして最後に現代の国際規範理論における 3 つの潮流である，①懐疑主義者（リアリストを含む），②国家中心的道義主義者，③世界市民主義者について述べている．図式化すれば図10-1のように，a. 原則を重視するか結果を重視するか，b. 国家を重視するか個人を重視するか，の 2 つの軸を使って規範理論を整理しているといってもよかろう．

　本論では，この順番を踏襲しつつ，ナイの解説を補足してみたい．

　道義論の基盤は，不偏性（impartiality），すなわち「すべての利害が同一の基準で判断されているか否か」である．そしてこの基準をできるだけ論理的に

図10-1　2つの軸による規範理論の整理

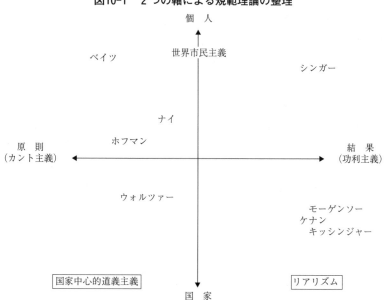

明示するのが規範理論の目的だといってもよいであろう.

　ナイがいうように，道義論には大きく分けて「カント主義的伝統（Kantian tradition）」と「功利主義的伝統（utilitarian tradition）」の2つが存在してきた. 前者は18世紀のドイツの哲学者カント（Immanuel Kant）に発するもので，後者はベンサム（Jeremy Bentham）をはじめとする19世紀のイギリスの功利主義者たちにさかのぼるものである.

　もちろんカントについてもベンサムについても，その哲学全体を把握するのは容易ではない. しかしここではとりあえず, 前者を「義務論」, 後者を「帰結論」と理解しておくことにしよう.

　「**義務論**（deontological theories）」とは内在的価値のある規則の存在を認め，それに従おうとすることを正しい行為だとみなす議論である（フランケナ 1975, pp. 27-28）. ここでは, 規則に従おうとする意図が問題にされ, 行為の結果は二の次とされる. たとえばカントは，

・君の行為の格率が君の意志によって，あたかも普遍的自然法則となるかのように行為せよ．
・君自身の人格ならびに他のすべての人の人格に例外なく存するところの人間性を，いつでもまたいかなる場合にも同時に目的として使用し決して単なる手段として使用してはならない（カント 1976, p. 86, p. 103）.

といった義務の存在を認め，各人がこうした規則を自らに課すことを説いている．

　これに対して「**帰結論**（consequentialist theories）」は行為の意図よりも結果を問題にする．「最大多数の最大幸福」というベンサムの言葉にあるように，正当化しうる行為かどうかを判断する際に「利益」や「幸福」を考慮に入れようとする．

　少し考えてみればわかることだが，われわれは，日常生活のなかでも，しばしば「義務論」か「帰結論」かの選択を迫られている．たとえば，筆者がアメリカの大学の講義で聞いた話を紹介してみよう．日本のように狭いアパートが少ないせいか，アメリカの学生の多くはリビングルームとキッチンが1つずつでベッドルームが複数あるアパートを何人かで一緒に借りて生活している．(携帯電話がまださほど普及していなかった当時は) 電話もアパートに1つしかなく，近くにいる者がとって本人に取り次ぐのが普通だった．

　そこにアパートメント・メイトの親から試験期間中に電話がかかってくるという話だ．その友人は最近になって怠け癖がついてしまい，勉強もせずに悪友と映画を見に行っている．あなたなら友人の親に何というか．

　「嘘をついてはならない」という義務論に基づけば，正直に本当のことを話すべきだということになろう．

　しかし友人の「利益」や「幸福」などを考慮する帰結論の立場にたてば，違う行動をとるべきだということになるかもしれない．試験期間中に勉強もせずに映画に行っているということがバレれば，友人は仕送りを止められるかもしれない．たとえそうならなくても，「余計なこと」を言ったと友人にとがめられ，友情にヒビが入るかもしれない．アパートメント・メイトとの関係がギクシャクしてしまい，「幸福な」学生生活が望めなくなるかもしれないのだ．こういった「予測しうる結果」を考慮に入れれば，友人の親に「彼（女）は図書

館に行っています」という程度の嘘をつくことは許されるということになるのかもしれない．せめて「映画に行きました」と言う代わりに「どこかに行きました」と言うべきだという結論になろう．

こうして，われわれは日々「義務論」と「帰結論」の狭間(はざま)に立たされているわけだが，この例え話に即して少し考えてみると，「義務論」と「帰結論」の弱点もある程度明らかになってくる．

「義務論」の第1の弱点はもちろん，それが必ずしもよい結果をもたらさないということであろう．

「帰結論」の弱点は，教室にいる数人の学生たちに「あなたなら友人の親に何と言いますか」「それはなぜですか」と訊(き)けば，普通明らかになる．というのも「帰結論」の立場にたつ学生のなかにも「映画に行きました」と本当のこと言う，と答える学生が必ず現われるからだ．「アパートメント・メイトは友人だから本当のことを言う．彼（女）は一時的には不幸になって，自分にも冷たくするかもしれないが，この事件を機に心を入れ替えて，また勉強に励みはじめるかもしれない．それで彼（女）がよりよい人生を歩めば，自分にとっても幸いだ」，という考えも十分成り立ちうるからである．

「幸福」「利益」といってもその中身は曖昧(あいまい)で，すべての人が同じ定義をするわけではない．ここに「帰結論」の大きな弱点があると思われる．これは後で見るように，国際関係における倫理を考えるうえでも重要なポイントであるから，心に留めておこう．

3
国内倫理と国際倫理

あらゆる国際関係の理論は，国内政治と国際政治の相違を前提にしているが，規範理論も例外ではない．国際政治においては国内政治におけるよりもはるかに道徳的選択の余地は小さく，それを認識することが国際関係における規範理論の出発点となる．

なぜ国際政治においては倫理の果たす役割が小さいのだろうか．大きく分けて2つの理由が存在するであろう．

1つは，個人の行動と集団の行動の相違である．われわれは個人のレベルで

は利他的な行動がとれるし，それはしばしば美徳として称賛される．「彼はわが身を投げ打って他人のために尽くした」とか「殴られても蹴られても非暴力を貫いた」とかいう話は，たいてい美談として語られる．しかし，「彼」を個人ではなく国家の指導者にして言い換えると，どうなるであろうか．「首相は自分の国を犠牲にして他国を救った」，「大統領は他国から攻撃されても侵略されても武力を行使しなかった」といった話は，決して美談にはならない．指導者だけでなく，数千万という国民の生活が脅かされることになるし，また将来の世代にも大きな影響をおよぼす．集団の代表者はその集団の利益を守るように期待されているのであり，その期待から極端に外れた行動をとることは道徳的とはみなされない．集団の代表者は，集団間の関係においては，ある程度利己的になる義務を負っているのである．

　もう1つの理由は，これと密接に関連しているが，国内秩序と国際秩序の違いである．偉大な社会学者であるウェーバー（Max Weber）も述べているように，国家とは「ある一定の領域の内部で正当な物理的暴力の独占を（実効的に）要求する共同体」といえよう（ヴェーバー 1984, p. 79）．たとえば，いま私が授業中に目の前にいる学生に突然暴力をふるいはじめたとする．私は警察の力（暴力）によって逮捕され，強制的に収監されるだろう．この事件を目撃した人，そしてこの事件のニュースを聞いた人びとは，どう思うだろうか．多くの人は，私の学生に対する暴力行為は許されないもので，警察（国家）の私に対する暴力行為は正しいものだったと考えるだろう．こうした「正当な物理的暴力」を所有しているのは国家だけである．そしてそれゆえに国内における秩序は維持されるのである．

　国際関係の場合，世界全体において「正当な物理的暴力の独占を（実効的に）要求する共同体」，つまり世界国家は存在しない．もちろん国際連合をはじめとする国際機関は存在するが，それは「正当な物理的暴力を独占」しているわけではなく，主として諸国家が集まるフォーラムを提供しているにすぎない．国際関係においては，究極的には，各国家が「何が正義かを決定する権利」と「戦争に訴えるかどうかを決定する権利」を留保しているのである．

　どのような行動が正しく，どのような行動が正しくないかをめぐっては文化的・宗教的にかなり大きな相違があり，コンセンサスを形成するのは容易ではない．たとえ「平和」の保持とか「人権」の遵守といった言葉を共有できたと

しても，言葉の中身（価値）を共有しているとはかぎらない．実際，冷戦時代には，アメリカもソ連も「平和」を訴えたが，その中身はかなり異なっていた．つまるところ，アメリカにとっての平和とは，世界中にアメリカのような体制をもつ国ができることだったし，ソ連にとっての「平和」とは世界中にソ連のような国ができることだった．

また戦争の危険がつきまとう国際関係においては，各国は常に「生き残りの不安」に脅かされる．条約や慣習など諸国家の合意を基盤とする規範は存在するが，「生き残りの不安」が完全になくなることはない．たとえ自国に武力で攻撃をしかけてくる国や組織があったとしても，頼るべき警察が存在しないからだ．こうして国家を代表する政治家は，まず自国の生き残りを保障してくれるような国際秩序を建設しようとするのであり，どうしても道徳について考えるのは二の次になってしまうのである．

4 規範理論としてのリアリズムとリベラリズム

　それでは国際関係における倫理のあり方について，どのような見方が存在するのであろうか．ナイは，懐疑主義，国家中心的道義主義，世界市民主義の3つに分けて解説しているが，ここではまず「リアリスト」と「リベラル」に分け，さらに前者を「懐疑主義」と「帰結主義」に，後者を「国家中心的道義主義」と「世界市民主義」に分けて説明してみたいと思う．

　周知のように，リアリズムとリベラリズムは国際関係の経験的理論における2大アプローチとして発展してきた（第5章「リアリズム」と第6章「リベラリズム」を参照）．どちらのアプローチについても，様々な論者がニュアンスに富んだ主張を展開しているが，思い切って単純化していえば，2つのアプローチは下記の3つの問いに対照的な答えを出しているといってよかろう．すなわち，国際関係の経験的理論が設定してきた中心的な問いは，

・国際関係におけるアクターは何か
・国際関係のアクターが用いる手段は何か
・国際関係のアクターの目的は何か

であり，これらに対して以下のような相対立する答えが存在してきた．

	アクター	手段	目的
リアリズム	国家	軍事力	安全保障
リベラリズム	脱国家的主体	経済力	福祉

そして,たとえば図10-2のようにリアリズムとリベラリズムを理念型として使用し,現実を測る物差しの両極にすえるというやり方がとられてきた.

規範理論における「リアリズム」と「リベラリズム」もこうした経験的理論の定式に,完全にではないにせよ,密接に関連している.順に見ていくことにしよう.

規範理論としてのリアリズム

国際関係においては国家が主要なアクターであり,主たる手段は軍事力であり,目的は安全保障である.人間は邪悪な存在だから,個人や国家が権力を追求することは不可避である.こう仮定するリアリズムは,規範的には2つの側面をもっているといえよう.

1つは「懐疑主義(skepticism)」である.国際関係は本質的に無政府状態(アナーキー)であり,そこでは諸国家間のゼロサム的な権力闘争が繰り広げられる.世界全体が1つの共同体であるという意識も弱いため,そこに権利や義務は事実上存在しない.政治指導者は,しばしば「正義のため」とか「自由のため」といった言葉を使って外交行動を正当化するが,それらは権力欲と国益を覆う「隠れ蓑」にすぎない.トゥキュディデスが描いた古代ギリシャの歴史のなかで,大国アテネの代表がメーロス島民に言い放ったように(第5章「リアリズム」を参照),「弱肉強食」こそが国際関係の基本原則だというわけである(トゥーキュディデース 1966, p. 202).

もう1つは「帰結主義」である.周知のように,国際関係論という学問は,平和への強い願いが必ずしもよい結果をもたらさないのはなぜか,という疑問から始まった.「戦火は自ら燃え尽くすまで猛威を振るった」といわれる第一

図10-2 現実をはかる理論

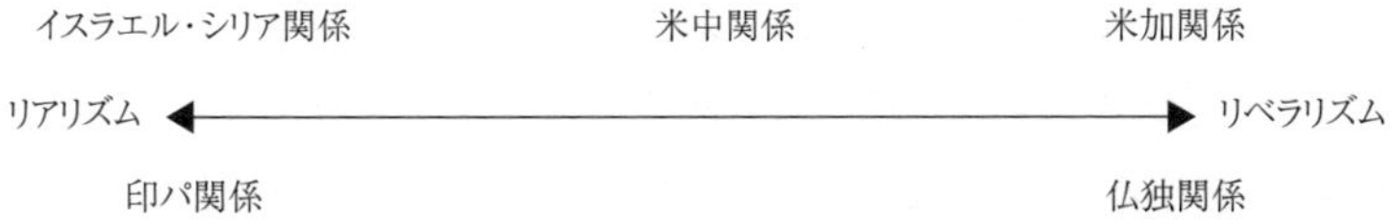

```
イスラエル・シリア関係        米中関係              米加関係
リアリズム  ◄─────────────────────────────────────►  リベラリズム
    印パ関係                                    仏独関係
```

出典:ナイ&ウェルチ 2013, p. 328

次世界大戦を経験した人びとは,「二度と同じ悲劇を繰り返すまい」という固い決意のもとに,ベルサイユ条約を結び,国際連盟を創設し,不戦条約まで締結した.しかし,そのたった20年後には第二次世界大戦の危機を迎えることになった.なぜであろうか.

この原因を分析したのがイギリスの外交官で歴史家のカー（E. H. Carr）が書いた『危機の二十年』（カー 2011）である.カーによれば,その原因は,人びとの「外交政策に対する基本的な誤解」にあった.国際世論に依拠すれば平和がもたらされるはずだという信念.すべての国が「平和」に同一の利益をもち,その利益は自然に調和するはずだという信念.こうした〈ユートピア〉的な信念に固執するあまり,各国間の権力の不均衡,「もてる国」と「もたざる国」の間の不均衡という〈現実〉を看過してしまったところに「二十年の危機」の根本原因がある.平和を熱望するあまり現実を見ようとしなかったために第二次世界大戦の危機は訪れた.カーはこう主張して,国際関係論という学問を,そして現代の「リアリズム」を創始したのである（第5章「リアリズム」参照）.

「リアリズム」に関する優れた著作を書いたマイケル・スミス（Michael J. Smith）が主張しているように,こうした考え方は,古くはトゥキュディデスにまで,そして20世紀にあってはウェーバーにまでさかのぼることができるであろう（スミス 1997）.第一次世界大戦敗戦後のドイツで,ウェーバーは「職業としての政治」（ヴェーバー 1984）と題する講演を行った.そのなかで彼は,戦争そのものに悪の原因を求めて「敗者のルサンチマン」を爆発させる平和主義者と,敗戦を「神の審判」のように受け取り,自虐的な負い目の感情のなかでひたすら革命後の「至福千年」を夢見る社会主義者に警鐘を鳴らした.不確実性と暴力の潜む政治の世界においては,「純粋な心情の炎」を燃やすだけでは必ずしもよい結果は生まれない.そうした〈心情倫理〉よりも「予測しうる結果」を冷徹に見きわめ,それに対して責任を負う〈責任倫理〉が不可欠だとウェーバーは訴えたのである.

パワー・ポリティクス（権力政治）という〈現実〉と予測しうる〈結果〉を直視すべきだという考えは,第二次世界大戦後,アメリカのリアリストたちによって継承されることになる.ナチスドイツから亡命したモーゲンソー（Hans J. Morgenthau）は,自分を救ってくれた「新しい超大国」にヨーロッパ

> **Box 10.1 〈心情倫理〉と〈責任倫理〉**
> 　まずわれわれが銘記しなければならないのは，倫理的に方向づけられたすべての行為は，根本的に異なった二つの調停しがたく対立した準則の下に立ちうるということ，すなわち「心情主義的」に方向づけられている場合と，「責任倫理的」に方向づけられている場合があるということである．心情倫理（Gesinnungsethik）は無責任で，責任倫理（Verantwortungsethik）は心情を欠くという意味ではない．……しかし人が心情倫理の準則の下で行為する――宗教的に言えば，「キリスト者は正しきを行い，結果を神に委ねる――か，それとも，人は（予見しうる）結果の責任を負うべきだとする責任倫理の準則に従って行為するかは，底知れぬほど深い対立である．
> 　　　　　　　　　　　　　　　　　　　　　　　　──ヴェーバー 1984, p. 89

が長い経験のなかで体得した外交の真髄(しんずい)を教え込もうとした．第二次世界大戦直後のアメリカは，国際連合を権力政治の代替物とみなして，東欧など重要な地域の戦後処理をそれに委ねようとしていた．そしてソ連が東欧を勢力圏にする意思を明らかにすると，一転してトルーマン・ドクトリンを宣言し，それを「自由」という普遍的な道徳的価値のもとに謳(うた)いあげた．モーゲンソーは，こうしたアメリカのアプローチを「ユートピアニズム」「センチメンタリズム」として批判した（モーゲンソー 1954, 第4章）．そして次のように説いたのである．
　われわれは，あらゆる国の動機の背後にある「権力への渇望」を直視しなければならない．そして，19世紀のヨーロッパに見られるような「国益」に基づく「鋭敏で柔軟な外交」を，すなわち「現在の権力関係の内実から将来の（権力関係の）発展の芽を発見する」創造的な構想力に基づいた外交をしなければならない．重要なのは，意図よりも結果であり，熱情よりも「慎慮」である，と（モーゲンソー 2013上巻, p. 374）．
　他にも，外交官でソ連に対する「封じ込め」政策の立案者でもあったケナン（George F. Kennan），後にニクソン大統領の下で国家安全保障担当補佐官を，フォード大統領の下で国務長官を務めたキッシンジャー（Henry A. Kissinger）などが代表的なリアリストとして数えられよう．彼らもモーゲンソーと同様に，アメリカの陥りがちな「法律家的・道徳家的アプローチ」「大義による政策」を厳しく批判した（ケナン 2000; キッシンジャー 2009, pp. 564-566）．正義の原則は人びとの頭を熱くし，冷徹な「国益」の計算を狂わせてしまうからである．

19世紀ヨーロッパの古典外交を理想にするリアリストたちにとって，「国益」の中核にあるものは「生き残り」だった．そして，国際秩序は「他国のなすがままにならないこと」を原則とする**バランス・オブ・パワー**（勢力均衡）によって維持されるべきものであった．諸国家が軍事力を手段にして安全保障を追求する世界，そうした世界においては，自由や民主主義といった道徳原則よりも安定した秩序を優先させるべきだとリアリストたちは主張したのである．

リベラリズムとその復権

リアリズムと同様に，リベラリズムも先に見た「経験的理論の定式」に密接に関連している．元来，政治思想の分野においては，リベラリズムとは「個人の自由に関心をもつイデオロギー」であり，①（国家の設立による）個人の自由の保護，②国家権力の制限，③合意に基づいた個人の基本的自由を尊重する権力だけが正当性をもつという確信，の3つの要素から構成されてきた．そして，リベラルな思想家たちの多くは，個人の自由と国際秩序の関係に関心を抱いてきた．個人の自由を促進するような国際秩序は存在するか，そしてそうした秩序を発展させていくために何がなされるべきか，という問いに取り組んできたのである．

世界国家のない無政府状態において，果たして個人の自由は促進されうるのであろうか．

リアリズムの創始者に数えられることもある17世紀半ばのイギリスの思想家ホッブズは，国家が設立される以前の状況を「自然状態（state of nature）」と呼び，そこでは「万人の万人に対する闘争」が行われると説いた．人間は「自己保存の本能」と「予見能力」をもつがゆえに「あの死において已むところの，不断の已むことのない権力への渇望」が生まれる．今より多くの権力を得なければ現在の地位すら確保できないという不安から「生き残り」をかけた闘争が展開される，と主張した（ホッブズ 1966, pp. 168-169）．現代のリアリストたちは，こうしたホッブズの考えを（世界国家が設立される以前の状態である）国際関係に適用したのだともいえるだろう．

これに対して，17世紀の終わりにイギリスで活躍したロックは，「自然状態」をホッブズほど過酷には描かなかった．「自然状態」と「戦争状態（state of war）」を区別したのである．「戦争状態」は，ある人間が他の人間の生命を

狙うことを宣言したときに訪れる．しかし，それさえしなければ，「自然状態」は「自然法」によって支配される．「その自然法たる理性は，それに耳を傾けようとしさえすれば，全人類に対して，すべての人間は平等で独立しているのだから，何人も他人の生命，健康，自由あるいは所有物を侵害すべきではないということを教える」．そこには「万人の万人に対する闘争」どころか，「生命，健康，自由あるいは所有物」に関する契約さえ存在しうるのだとロックは主張したのである（ロック 2010, pp. 298-299）．

　現代のリベラリストは，こうしたロックの考えを国際関係に適用しているのだといってよかろう．彼らは，国際関係のエッセンスを「権力闘争」よりも「自己抑制，穏健化，平和」に見出そうとする．国家は法に従って権力を行使すべきであり，いかなる個人も集団も互いの自由を不法に侵害してはならない．そして社会生活における争いは暴力よりも理性で解決されねばならない，と訴えるのである（第 6 章「リベラリズム」参照）．

　興味深いことに，現代において，こうしたリベラルな考えが台頭しはじめたのは，冷戦が最も険悪な段階を経て「デタント」期に入った1960年代になってからであった．厳しい冷戦下にあっては，「生き残り」をかけた「権力闘争」が国際関係を特徴づけていた．しかし米ソ間の緊張が緩和し，民族自決権が普及して国境が武力行使を躊躇させる一線として神聖化されると，「生き残り」以外の道徳的原則にも注意を向ける余裕が生まれてくる．そして，それと同時に，国家間の「経済的相互依存」が飛躍的に高まり，西欧諸国間や日米間のようにリベラリズムの「経験的理論の定式」に近い国際関係さえ出現するようになった．

　相互依存は拡大・深化を続け，1970年代になると「歴史上前例のないレベル」に到達する．そしてそれにともなって，世界は「慎慮」や「バランス・オブ・パワー」や「外交交渉」だけでは管理できないほど複雑になり，富裕国と貧困国の関係，国際金融システム，貿易収支，武器輸出，そして地球温暖化などの「新しい問題」が浮上した（シンガー 2005, 第 2 章）．

　こうして現実的な要請から，リベラリズムの規範理論が台頭してくる．いかなる武力行使が正当化されうるのか．人権について何をなしうるのか．富の配分や環境に関する，われわれの責務は何か．こうした問いに答えるべく，精力的な研究が行われる．そのなかで，ウォルツァーの『正しい戦争と不正な戦

争』(1977年),チャールズ・ベイツの『国際秩序と正義』(1979年),スタンレー・ホフマンの『国境を超える義務』(1980年)など本格的な著書が上梓されるのである.

規範理論としてのリベラリズム①:国家中心的道義主義

それでは彼らは,どのような議論を展開しているのだろうか.リベラルたちが構築してきた規範理論は,「国家中心的道義主義」と「世界市民主義」の2つに分けられるといってよかろう.

ウォルツァー(Michael Walzer)に代表される**国家中心的道義主義者**(state moralists)は,国際社会を諸国家からなる社会とみなす.そこにおける最も重要な原則は諸国家の権利,つまり国家主権であり,ある国による他国への内政干渉,とりわけ侵略行為は許されないと考える.

これは,国家を国際関係の主体とみなし,「他国のなすがままにならない」ためのバランス・オブ・パワーを重視するリアリストたちの考えに,ある程度類似している.しかし国家中心的道義主義者の関心は,自国だけでなくすべての国に,そして行為の結果よりも原則にある.たとえば,リアリストなら正当化しうると考えるかもしれないバランス・オブ・パワー維持のための武力行使も,国家中心的道義主義者から見れば,それが侵略行為なら許されない.

あるいは,国家中心的道義主義者はリアリストのいう「国益」や「生き残り」の中身をより明確に定義しようとしている,ということもできよう.

そもそも「国益」という言葉は曖昧である.それは確かにリアリストたちが理想にした19世紀ヨーロッパの古典外交時代においては,容易に認識されうるものだった.諸国家は,限定された目的,類似した目的をもつほどに類似した政治体制,限定された手段,国内世論のファナティシズム(狂熱)や圧力から解放された外交政策をもち,バランス・オブ・パワーの慣行に従っていた.戦争も適当なところでほどほどに止める君主間のゲームのようなものであった(永井 1973, pp. 63-70).しかし,冷戦時代のように諸国家が相反する価値に訴え,「敵国」を「政治的敵対者」として嫌悪する国際システムにおいては,「国益」の中身はその国が掲げる理念によって大きく異なってくる.「国益」の中核にあるとされる「生き残り」ですら,国民の生き残りなのか,政治体制の生き残りなのか,言語や文化の生き残りなのか等々,国によってその内容は異なって

> **Box 10.2 国家の権利と個人の権利**
> 　問題となっている権利は，法律書においては，領土保全と政治的主権として要約されている．これら2つは国家に属するのだが，究極的には個人の権利から導出されたものであって，だからこそこの2つは実効的なのだ．「国家の義務と権利はそれを構成している人びとの義務と権利以外の何ものではない」．これは典型的なイギリスの法学家の見解であり，彼らにとって国家は有機的全体でも神秘的合一でもない．そしてそれは正しい見解である．国家が攻撃されるとき，脅かされるのは，その構成員たちであり，それは，彼らの生命だけでなく，彼らが形作ってきた政治的結社を含め，彼らがもっとも尊重しているものすべてである．
> 　　　　　　　　　　　　　　　　　　　　　　——ウォルツァー 2008e, p. 139

くる（Aron 1960, pp. 87-89）．

　そこで，国家中心的道義主義者は，「国益」の中核に人権という価値をすえて，より明確な実践規範をつくろうと試みるのである．

　彼らによれば，国際社会のメンバーである国家の義務と権利は，国家のメンバーである個人の義務と権利の集合にほかならない．領土保全と政治的独立という国家の基本的な権利も，究極的には国民の権利から引き出される．

　そして重要なことに，国家中心的道義主義者は，国家の内部で長年にわたって蓄積される共通の経験や活動から成る「共同生活（common life）」がなければ個人の権利を守ることも難しいと考える．というのも，個人の権利は，その国の文化や宗教や集団的記憶によって構成される社会的な意味空間のなかで解釈されてはじめて適用可能になる（ウォルツァー 2004, 第1章）．たとえば，「傷つけ殺してはならない」というミニマルで普遍的な道徳原則も，その国で共有されている文化（たとえば儒教文化）や宗教（たとえばイスラム教）の影響下で，それなりに解釈され，多くの国民に納得されてはじめて力をもつようになると彼らは考えるからである．

　こうして国家中心的道義主義者は，国家の権利を国民がその共同生活に認めている価値の反映と考える．共同生活の自立性を保障する民族自決権を国際関係の構成原理とみなし，共同生活を守る国境に道徳的意義を認めるのである．

ウォルツァーの正戦論

　以上のような前提から，ウォルツァーは国際倫理の問題が最も先鋭に表れる武力行使の問題に取り組んだ．若き日にベトナム戦争に直面したウォルツァーは，それに反対しながらも戦争そのものを否定することはしなかった．日本では第二次世界大戦の経験からか，憲法への信仰からか，すべての戦争を正当化できないものとみなす傾向があるように思われる．しかし，ヒトラーのような人物が隣国に現れても，武力の行使を拒否し続けることができるものであろうか．たとえ戦争の多くが悪であるとしても，正当化されうる戦争もあるのではないか．

　こうしてウォルツァーにとっての課題は，武力行使自体の正否を論じることではなく，その条件を論理的に判断する基準を提示することであった．彼は，世界で最も体系的な戦争倫理の1つであるヨーロッパ中世の正戦論に着目する．そしてその精神を生かしながら，現代の主権国家システムに適用可能な新しい戦争倫理を構想したのである．

　ウォルツァーの正戦論は，いわゆる「**戦争への正義**（jus ad bellum）」と「**戦争における正義**（jus in bello）」の2つの主柱から構成されているが，ここでは彼の国家中心的道義主義の特徴が顕著に出ている戦争への正義に着目してみよう．

　それは，2つの層からなっている．第1の層は，彼が「法律家のパラダイム（legalist paradigm）」と呼ぶもので6つの命題を含む．繰り返しになるが，見ておこう．

①独立した諸国家からなる国際社会が存在する．
②国際社会は，その構成国の諸権利——とりわけ領土保全と政治的主権（両権利とも究極的には，共通の生を営み，自由な選択としてのみ自らの生命を危険にさらす個人の権利に基づいている）——を規定する法をもつ．
③他国の政治的独立と領土保全に対する武力の行使あるいは武力による差し迫った脅威（imminent threat）の行使は，すべて侵略行為であり，犯罪行為である．
④侵略行為に対しては，2種類の武力による対応が正当化される．被侵略国による自衛のための戦争と被侵略国および国際社会のメンバーによる法律

執行のための戦争である.
⑤戦争を正当化しうるのは,侵略のみである.
⑥侵略国を軍事的に撃退した後は,その侵略国を罰することもできる
(ウォルツァー 2008e, pp. 151-152)

第2の層は,「法律家のパラダイム」の修正で,ウォルツァーは以下の3つの場合も武力行使は正当化されうるとする(ウォルツァー 2008e, p. 199).

a.民族自決権の実現を目指した軍事闘争(民族解放闘争)への介入.
b.ある国が他国の内戦の当事者の一方を支持するかたちで介入した場合に,民族自決権の回復をはかるために,もう一方の内戦当事者に与して介入する「対抗介入」.
c.隷属や大虐殺が起きた国への介入.

少し考えてみればわかることだが,こうした修正は,決して国家中心主義的道義主義の論理から外れたものではない.というのも,国家の領土保全と政治的独立が「究極的には共通の生を営み,自由な選択としてのみ自らの生命を危険にさらす個人の権利に基づいている」(ウォルツァー 2008e, p. 151)のだとすれば,その基盤である民族自決権や人権を著しく侵害して国民との「適合性(fit)」を失っている国家の主権は弱められねばならない,と考えられる.しっかりした基盤によって支えられている国境は,外からの介入に対する高い壁となる.しかし,その基盤が弱まると,国境の壁はそれだけ低くなるのである.

規範理論としてのリベラリズム②:世界市民主義

国際社会を諸国家からなる社会とみなす国家中心的道義主義者に対して,チャールズ・ベイツ(Charles Beitz)やピーター・シンガー(Peter Singer)らに代表される**世界市民主義者**(cosmopolitans)はそれを諸個人からなる「1つの世界(One World)」だと信じる.国境に大きな道徳的意義を認めず,それをできるだけ取り払って世界正義を考えようとする.つまり,諸国家ではなく人間たちが権利の受益者であり,義務の担い手だとみなす.彼らによれば,政治指導者が促進すべきは,自国民の利益のみならず,全世界の人びとの福祉なので

> **Box 10.3　国家の自律性と個人の自由**
> 　政府は，人々がその願望と利益のおもむくままに自由に組織し，参加し，離脱し，解散できるという意味では，自発的組織とは言えない．むしろ政府は社会構造の動かしがたい一部とみなされるべきであり，人々はその中で生を享け，ごく幸運な人々以外，連合体に参画する条件に同意を表明しようとしまいと，連合体の中に閉じ込められ続ける．
>
> 　　　　　　　　　　　　　　　　　　　　　　　　――ベイツ 1989, p. 115

ある．

　そこでは当然，民族自決権よりも個人の人権に重きが置かれる．そして共同生活がなくてもすべての人間の権利は守られるべきこと，そして「共通の生の営み」（common life）の名の下に個人の権利が圧迫されうることが強調される．

　たとえば，ウォルツァーの国家中心的道義主義に対する世界市民主義者たちの批判を参照してみよう．すでに見たように，ウォルツァーは国家を国際関係の主体とみなす「法律家のパラダイム」から出発しながらも，国民との「適合性」を失っている国家の主権は，それだけ弱められるべきだと論じた．これは内政不干渉の原則を絶対視する厳格な国家中心主義者から見れば，まぎれもない世界市民主義への譲歩である．ところが，興味深いことに，ウォルツァーの議論に最も強く反発したのは，ほかならぬ世界市民主義者たちであった．それは依然として「共同体主義的（communitarian）」であり，十分に「世界市民主義的」でないとみなされたのである．

　ベイツをはじめとする世界市民主義者たちは，『正しい戦争と不正な戦争』が出版されると間もなく次のように問うた（ベイツ 1989, 第2部；Doppelt 1978; and Luban 1980）．民族自決（self-determination）を支援するための武力行使は正当化されうるのに，なぜ自治（self-government）や民主主義を支援するための武力行使は許されないのか．ウォルツァーのいう「3つの例外」以外にも，人間が自由を奪われた状況は存在しうるのではないか．そうしたいわば自国民を「侵略」した国家にも主権を認めるべきなのか．自国に「侵略」された国民が他国に軍事介入を求め，実際に彼らの自由のために介入が必要な場合においても，われわれは彼らの求めを無視すべきなのか．国際関係においては，国家は正当性をもつと仮定されるべきであり，それが基本的人権を極度に侵害して

いると疑われる場合の証明責任は外部にあるとウォルツァーは指摘するが，逆ではないのか．つまり，国家は常に国際社会に対して自らの社会正義の促進や人権状況の改善を証明し，国際社会の一員として正当性を獲得していく義務を負っているのではないか．

経済資源の適切な配分を扱う，いわゆる「配分的正義（distributive justice）」の問題についても，世界市民主義者たちは，国家間の富の不平等な配分よりも，個人間の貧富の格差を重視する．ベイツら（ベイツ 1989, 第 3 部）によれば，ここでもわれわれは「国家による配分は正当性をもつ」などと仮定してはならないのであり，全人類に普遍的な義務を負っていることを絶えず確認して行動しなければならない．「あらゆる人間が道徳的には同じ地位に立っている」．豊かな国は自国の発展に資源を用いる前に，自分たちより貧しい人びとにそれを提供しなければならないのであり，特に世界で「最低の状況にいる人びと」の地位を最大限に高める義務を負っている，と世界市民主義者たちは主張するのである．

5
理想と現実のバランス

われわれはリアリズムとリベラリズムを，どう位置づけるべきであろうか．さほど困難なく理解できるのは，双方のアプローチが互いに排除しあうものではないということであろう．

一方で極端なリアリズムは適切ではない．先に見たように，「国家が軍事力を手段として安全保障を追求する」という構図だけで国際関係を把握することは，もはやできなくなっている．国家，社会，個人のレベルで深化する相互依存は，国際関係におけるアクター，手段，目的に日々修正を迫っている．スタンレー・ホフマン（Stanley Hoffmann）が巧みに述べているように，相互依存は「卵」のような存在であった国家を割って巨大な「オムレツ」にしてしまった．それは個々の「卵」の間の競合や紛争を終わらせたわけではないが，にもかかわらず「皆，結局，同じオムレツの上にいる」という事実は否定できなくなっている（Hoffmann 1978, p. 117）．

そしてこれは道徳的な観点から見ても真実であろう．第二次世界大戦時にお

ける「人道に対する罪」を経験した国際社会は，世界人権宣言，国際連合規約，国連ジェノサイド条約，拷問禁止条約などを制定して国際人権法を整備してきた．そのうえ，冷戦の終焉にともなって代理戦争も終わり，われわれの眼前に「普遍的な犠牲者」が見えるようになっている．かつての冷戦のさなかにおいては，テレビの画面で戦死者・戦傷者の画像を目にしても，われわれはそれを「アメリカ側についた者」あるいは「ソ連側についた者」の死傷としてとらえがちであった．ところが冷戦が終わると，死傷者がほかならぬ1人の人間であることに改めて気づかされる．われわれは，自分と同じ人間が苦しむ姿をテレビなどで見て「何とかしてあげたい」という気持ちを以前よりも強く感じている．「倫理的国際主義」とでもいうべきものが形成されて，国家という「卵」の殻を破って広がりつつある（Vincent 1986, pp. 123-124; イグナティエフ 1999, pp. 19-37）．

　こうしたことも手伝って，国際社会は冷戦の終焉以降，イラク北部のクルド人居住地域，ソマリア，カンボジア，ユーゴスラビアなどで人道的支援というそれまでのタブーに挑戦してきた．日本における「現実主義」の旗手のひとりだった高坂正堯も1990年代半ばに述べたように，惨状を知ることは責任をともなうと考えられるようになったのである（高坂 1995, p. 77）．

　こうして「国家・軍事力・安全保障」というリアリズムの定式を絶対視する見方も，国際道徳の役割を極端に懐疑的にとらえる考え方も適切ではない．しかし他方で，「予測しうる結果」を考慮しないリベラリズムも，およそ存在しえないであろう．国家中心的道義主義に基づくにせよ，世界市民主義に基づくにせよ，「何が正当化されうる行為か」を決定したからといって，ただちに「それを実行すべきだ」ということにはならない．

　たとえば，人道的介入を正当化しうるケースに直面しても，その実行がありとあらゆる介入に免状を与えて国際秩序を破壊してしまうことにならないかどうかを，われわれは考量しなければならない．たとえチベットやチェチェンで大規模な人権侵害が行われていようと，ロシアや中国の同意なしに武力介入を遂行することは賢明とはいえないだろう．ハイチや東ティモールのような小国には介入しやすいが，ロシアや中国のような大国へは介入しにくい．残念ながら，これは国際政治の現実として認めるしかない．国際関係においては，正義の追求が秩序の崩壊をもたらして，受け入れがたい損害をもたらすような事態

> **Box 10.4 「政治的な道徳家」と「道徳的な政治家」**
> 法概念を政治と結びつけることがどうしても必要であり,それどころか法概念を,政治を制限する条件にまで高めることがどうしても必要であると考えるならば,両者の合一の可能性は認められなければならない.ところでその際,私は,道徳的な政治家,つまり国家政略の諸原理を道徳と両立する形で採用する政治家は考えることができるが,政治的な道徳家,つまり道徳を政治家の利益に役立つように焼き直す道徳家は考えることができないのである.
> ——カント 1985, p. 80

が生じうるのであり,われわれはそのジレンマを直視しなければならないのである(ブル 2000, 第2章).

正当化できるか:「原則のレベル」で判断する

こうしてわれわれは,リアリズムとリベラリズムの間に横たわるアンチノミー(二律背反)を直視しながら,両者を妥協させることになろう.原則と結果,理想と現実をバランスさせて,判断を下していくしかない.その際,筆者自身は,「政治的な道徳家」よりも「道徳的な政治家」の立場にできるだけ近づきたいと願っており,その手順を以下のように考えている.

まず「原則のレベル」での判断を行う.ここで設定しているクェスチョンは「何が正当化されうる行為か」であって「何をなすべきか」ではないことに注意すべきであろう.問題になるのは,国家中心的道義主義に依拠するか世界市民主義を採用するかということだが,ここでも理想と現実のバランス,すなわち「なすべきこと(ought)」と「できること(can)」の対話が必要になる.現実からあまりにもかけ離れると,原則は有効性をもちえない.道徳原則はわれわれが守れる範囲内のものであると同時に,われわれを少しずつ向上させてくれるものでなければならない.

では「向上」とは,いったい何であろうか.わが国における最も優れた国際政治学者の1人である永井陽之助は,1985年にすでに次のように述べている.

> 現代の国際社会は,二つの秩序観が並存し,過渡的な混合形態の様相をこくしている.ニュールンベルク=東京裁判も,伝統的な国際法と国際秩序観から見れば,

事後法で，罪刑法定主義に反し，不公正きわまる「勝てば官軍」思想にほかならない．だが，世界秩序もまた徐々に成熟するという立場をとれば，国境をこえたグローバルな規範意識とコンセンサスが熟成されつつある過渡期の立法過程にあるとみなすことも可能である．……「人権」思想であれ，核戦争反対の平和運動であれ，米ソ間の軍備管理交渉であれ，現在，辛抱強い努力がつみ重ねられている．その歩みは，多くの矛盾をはらみ，じれったいほどノロいが，グローバルなコンセンサスとあらたな規範意識が成熟していく立法過程にあるとみなすことは不可能ではない．東京裁判におけるＡ級戦犯もまた多くのＢＣ級戦犯も，その立法過程で支払われた貴い犠牲であったと考えることで，はじめてその霊もうかばれるのではあるまいか．

　国内の「憲法」も，国民の世論，規範意識，コンセンサスというものが徐々に変化するものだという前提に立つからこそ，社会党も，自衛隊の「違憲合法」を主張せざるをえなくなっている．おなじことは，国境をこえた規範意識（グローバル・コンセンサス）の成長についてもいえるのではあるまいか（永井 1985, pp. 27-28）．

　われわれは「グローバル・コンセンサス」の所在を絶えず確かめながら，しかもそれを徐々に世界市民主義的方向に引き上げていくように努力しなければならない．ユートピアの世界へと遊離しないようにしっかりと地に足をつけながら，他方で「グローバル・コンセンサス」の行方を見定めるべく，「つま先立ち」して少し遠くを見るようにしなければならない．

　もとより，環境問題についてか，貧富の格差の問題についてか，武力行使の

Box 10.5　批評家がとるべきスタンス

　批評を執筆する際には常に「批評家は政策決定者の立場に身を置かねばならない」というアロンの忠告を思い出した．しかし，私は政策決定者の立場にとどまることはなかった．ユートピアの空間へ無重力で飛び上がることなく，いわばつま先立ちになって政治家よりも少し遠くを見る権利と義務が批評家にはあると考えたからである．こうしたスタンスをとることは，それほど容易ではない．批判される政策決定者からは嫌われるし，ラディカルな知識人からは権力に近づきすぎていると攻撃される．しかし，改革を目指す者にとっては，最適なスタンスである．

　　　　　　　　　　　　　　　　　　　　　　　　——ホフマン 2011b, p. 17

問題についてか等，争点ごとに「グローバル・コンセンサス」の位置は異なろう．その動きも速さも違おうが，全体的に見れば，「じれったいほどノロい」歩みのなかで，いまだにわれわれが「世界秩序」よりも「国際秩序」を，「世界市民主義」よりも「国家中心主義」を出発点にせざるをえない現実のなかに生きていることは確かであろう．

　国際社会は，依然として諸国家からなる社会である．諸国家は**主権**をもっており，内政不干渉の原則が広く承認されている．

　ただしウォルツァーも論じているように，諸国家の主権は究極的には国民の人権を基盤にしていると考えられるべきであろう．大虐殺などの著しい人権侵害が生じて，その国家の体制が国民の権利に「適合」しなくなれば，その国の主権は弱められるべきである．人権概念が普及し，「われわれは皆同じ人間である」という世界市民意識の萌芽が見られる現在，「他国の内部で何が起ころうが，それは当事国だけが管轄すべき問題である」という厳格な国家中心主義をとることもまた現実的ではなくなっているからである．

成功するのか：「結果のレベル」で判断する

　こうして「原則のレベル」において「正当化しうる行為」を決定した後，第2の手順として「結果のレベル」での判断を行う．正否を見きわめたら，すぐに成否の見込みをつけなければならないのである．

　いまある行動が「正当化しうる行為」だとしよう．その行為を実行に移すことによって，自国民の生活，自決権，人権，さらには他国民の生活，自決権，人権がある程度改善されそうであろうか．もしそうでない場合は，実行を見合わせなければならない．

　例をあげよう．1991年に湾岸戦争が開始されたとき，ウォルツァーは，それを明白な正戦だと認めながらも，戦闘の結果の不確実性を理由に多国籍軍の武力行使への支持を躊躇した（Walzer 1991）．同じように，ウォルツァーよりもやや世界市民主義的な立場をとるホフマンも，イラクへの武力行使が正当化されうることを認めながらも，戦争がもたらす「代償」を理由に経済制裁の継続を主張している（Hoffmann 1991）．彼らにとって，クウェートの国境を侵害したイラクを撃退することが原則的に正しい行為であることは明白だった．しかし他方で彼らは，いったん戦争をはじめると，法外なコストがかかる可能性が

十分にあると判断したのである.

　その「コスト」とは何だったのであろうか．ウォルツァーとホフマンは，サダム・フセインのイスラエル攻撃による戦争の拡大，中東における反アメリカ主義の噴出，地域的パワー・バランスの崩壊，目的に見合わないほどの民間人の死傷，戦争が長期化した場合の国連集団安全保障体制への信頼の低下などをあげている．彼らにとって，こうした結果は，クウェートからのイラクの撃退という「正当化しうる行為」を控えてでも回避すべき重大なものに思えたのである．

　周知のように，湾岸戦争は予想以上に早く終結し，開戦前にウォルツァーとホフマンが抱いた懸念の多くは杞憂に終わった．しかし，その12年後に第二次湾岸戦争ともいうべきイラク戦争が起こり，その後も中東地域で多くの問題が生じ続けているいま，20年以上前に彼らが懸念したことを振り返って考えてみるのも面白いかもしれない．彼らは完全に間違っていたのであろうか．

　いずれにせよ重要なことは，行動の善悪の判断を，原則をめぐる「第1レベル」と結果をめぐる「第2レベル」の2段構えで考えていくことであろう．そしてどちらのレベルにおいても，自分の判断基準をできるだけ明示していくことであろう．重大な選択を政策決定者だけに委ねてはならない．われわれ1人1人が判断基準を考え，それを社会全体で吟味していくことが肝要なのである．

6 ポスト冷戦期と規範理論

　最後に，ポスト冷戦期における規範理論の発展について簡単に触れて終わることにしよう．1970年代の終わりに台頭した国際関係の規範理論は，冷戦の終わりとともに，あらためて脚光を浴びるようになった．国際関係における「**道徳的機会**（moral opportunity）」と「**道徳的危機**」が劇的に増大し，規範理論に対する需要が高まったためである．

　そのきっかけの1つは民族紛争であった．

　冷戦後の世界を特徴づけたのは，何といっても各地で見られた国家の崩壊（の危機）である．それはある程度まで「帝国の崩壊」だったといってもよかろう．旧ユーゴスラビア，スーダン，ハイチ，コンゴなど，国家の崩壊の危機

に見舞われた国の大半は，かつての帝国の領土や植民地だった．こうした国々が独立した後，国家建設に成功しているのか否かは，すぐには明らかにならなかった．ところが冷戦が終わって米ソ勢力圏獲得競争の「タガ」が外れると，こうした国々が自己統治能力をもっていないことが白日の下にさらされた．

そしてこの国家の崩壊こそが，数々の民族紛争を引き起こした主因の1つであった．ヴェーバーからの引用を繰り返せば，国家とは「正当な物理的暴力の独占を（実効的に）要求する共同体」である．その国家の力，つまり「正当な物理的暴力」を独占する力が弱くなると，人びとは「生き残りの不安」を感じるようになる．彼らは自ずと平常心を失い，それまであまり意識しなかった他人との違いに敏感になっていく．そしてたとえば警察官がある人を逮捕する場合も，「警察官がクロアチア人でその人がセルビア人だから逮捕するのではないか」と多くの人が思うようになってしまう．警察や裁判所は公正でないと思われるようになる．こうなるとセルビア人たちは同じ民族で集まって，国家の行使する「不当な」暴力に武装して抵抗するようになるだろう．また国外のセルビア人にも助けを求めるようになろう．これが1990年にクロアチアで起きたことにほかならない（イグナティエフ 1999, 第2章）．

民族紛争は各地でエスカレートし，大規模な人権侵害が生じた．旧ユーゴスラビアのスレブレニッツァでは約7500人，ルワンダでは実に80万人以上の人が虐殺されたといわれている．ある地域から特定の民族を排除しようとする「民族浄化（ethnic cleansing）」が頻発し，スーダンのダルフール地方では200万人以上の人が追放されている．こうした現実を目の当たりにして，多くの人びとが「何とかしなければならない」と強く感じるようになった．そして介入の時期（when?）・実行者（who?）・目的（what for?）・手段（how?）をめぐって真剣な議論を展開するようになったのである．

規範理論が脚光を浴びるきっかけとなったもう1つの事件として，2001年9月11日の同時多発テロ事件があげられよう．この事件を受けてアメリカのブッシュ大統領は「テロリズムに対する戦争」の開始を宣言し，アフガニスタンのタリバン政権とイラクのフセイン政権を崩壊させた．この「戦争」が，その「新しさ」ゆえに，「原則のレベル」と「結果のレベル」の双方で激しい論争を引き起こしたのである．

「原則のレベル」から見てみよう．「テロリズムに対する戦争」は現代の世界

において最も広く受け入れられている「法律家のパラダイム」に想定外の問題を突きつけたといってよかろう．同時多発テロを起こしたのは国家ではなく「私的交戦団体」であり，60カ国以上にまたがる「ネットワーク」であった．国家による侵略行為だけを想定する「法律家のパラダイム」に依拠しても，アメリカの自衛権行使の正当性が自動的に導きだされるわけではない．

「法律家のパラダイム」は，もはや無効になったのであろうか．

異なる理由からではあるが，もともと世界市民主義者の多くは，そうした議論に傾きがちだった．

同時多発テロ事件の原因を冷戦時代のアメリカの政策に求め，「テロに対する戦争」そのものに異議を唱えるチョムスキー（Noam Chomsky）のような議論も喧伝された．アメリカが過去にフセインを支援したこと，ソ連を「アフガンの罠」に誘い込みイスラム狂信者によるテロリスト軍隊を組織したこと，オサマ・ビンラディンともつながりがあったこと，ソ連撤退後のアフガニスタンを見捨てたこと，イスラム原理主義国家のサウジアラビアを「顧客」にしてきたことなどをあげて，「アメリカに報復する資格はない」「アメリカこそがテロ国家の親玉だ」とチョムスキーらは強く訴えた（チョムスキー 2002）．

参考までに「法律家のパラダイム」の擁護者であるウォルツァーの議論を紹介すると，彼は「テロに対する戦争」を「人道的介入」のアナロジーで考えることを説いている（ウォルツァー 2008a）．同時多発テロ事件は3000人余りの民間人の命を一瞬にして奪うという未曾有のテロであり「人類の良心」に強い衝撃を与えた．また民族自決などを目的とする他の多くのテロと違ってその最終目的は不明瞭であり，民間人の殺傷という直接目的の明確さだけが際立っていた．

たとえ冷戦時代にアメリカが「悪事」を働いていたとしても，その「悪事」と民間人の殺傷そのものを目的とするテロとは質的に異なるとウォルツァーは指摘する（Walzer 2002）．そして，これ以上の大虐殺を止めさせるために同時多発テロの首謀者に武力を行使することは正当化されうると主張したのである．

2003年のイラク戦争についても一番問題になったのは，アメリカの武力行使の正当性であった．ブッシュ政権が設定したアメリカの戦争目的は，①大量破壊兵器の開発計画を破棄させる，②イラクと国際テロリズムとの結びつきを断つ，③イラク国民を圧政から解放する，の3つだった．イラクが大量破壊兵器を保有していることは明白であり，それをアルカイダにわたしかねない．これ

はアメリカと国際社会にとって（「法律家のパラダイム」のいう）「差し迫った脅威」以外の何ものでもないとブッシュ政権は訴えた．そしてそこにフセイン政権による圧政からのイラク国民の解放という世界市民主義的な理由を付け加えたのである．

　国家中心的道徳主義者にとって最大の争点は，ブッシュ政権のいう「先制攻撃」の正当性であった．もとより，「法律家のパラダイム」においては，差し迫った脅威に対する攻撃を「先制攻撃（preemptive strikes）」と，差し迫った脅威がないにもかかわらず後でしかけるよりも今しかけたほうがよいと政策決定者が判断して実行する攻撃を「予防攻撃（preventive strikes）」と呼び，前者を正当化されうるものと，そして後者を正当化されえないものとみなしている（ウォルツァー 2008e, 第5章）．だとすれば，一番問題になったのは，①ブッシュ政権がイラク攻撃を「先制攻撃」とみなしているのか「予防攻撃」とみなしているのか，②もし前者であるとすれば，実際に差し迫った脅威は存在したのか，ということだったといえるだろう．

　ブッシュ政権は「差し迫った脅威」の存在を主張したが，確固たる証拠を示せずにいた．たしかにイラクのような「非合理的な」体制が大量破壊兵器を保有し，それをアルカイダのようなテロリスト・ネットワークにわたすことは理論的には可能だった．しかし明確な証拠が示されないことを理由に，「差し迫った脅威」の存在を否定することも十分に可能であった．そこで，激しい論争が展開されたのである．

　「結果のレベル」においては，「慎慮」を説く様々な見解が提出された．

　穏健なリアリストであるハワード（Michael Howard）は「テロに対する戦争」が何よりも「人心を勝ち取るための戦い」であることを強調し，「大規模な血みどろの報復」と見られかねないような過剰反応を回避すべきだと説いた（ハワード 2002）．

　ホフマンは，テロ全体に対する戦争を仕掛けることの愚かさを指摘し，「差し迫った脅威」をつきつけているテロリストとそうでないテロリストを区別すべきだと論じた（ホフマン 2002）．

　ホフマンとともに「イラクは差し迫った脅威ではない」と見ていたウォルツァーは，アメリカ軍がイラク周辺に大規模に展開しはじめてからも①飛行禁止区域のイラク全土への拡大，②国連による査察の大幅強化，③イラクの港へ向

かう船舶の臨検の実施を説き，そのために必要な小規模な武力行使のみが正当化されうると論じた（ウォルツァー 2008b, 2008c, 2008d）．

アフガニスタン戦争についてはともかく，イラク戦争については，アメリカが「単独行動主義」と見られても仕方がない「外交の失敗」を犯したのだという意見も少なくなかった．

何といっても印象的だったのは，リアリストの大御所的存在であるケナンが遺した見解であろう．特定の政権に対して武力を行使した場合，そこには国家の再建という大きな責任が生じる．そしてそうした責任を安易に背負い込むことは，決してアメリカの国益にならない．「予測しうる結果」を重視するケナンは，長年にわたって，そうした信条を明らかにしていた．そして1世紀にわたる人生を閉じようとしていた最晩年にあって，イラク戦争後の「大混乱」に警鐘を鳴らしたのである（Mayer 2002）．

われわれは，具体的事象を観察するとともに，その観察対象の内部に生きる人間として，判断を下していかねばならない．様々な判断基準の可能性と倫理的ジレンマを見つめながら，人間の行為の善悪を自覚的に考えていかねばならない．

国際関係論における規範理論の構築は，まだ緒についたばかりなのである．

（なお，本章は，中本 2005b を修正したものである．）

要点の確認　*Questions*

① 国際関係論における規範理論とは何か．国際関係論において，なぜ規範理論は必要なのか．
② 国内政治における倫理と国際政治における倫理の類似点と相違点をあげなさい．
③ 規範理論におけるリアリズム，リベラリズムとは何か．それらは経験的理論におけるリベラリズム，リアリズムと，どのように関連しているか．
④ 国家中心的道義主義とは何か．世界市民主義とは何か．
⑤ 国際政治における具体的事件を1つとりあげ，そこに内在する倫理的ジレンマを明示しなさい．

規範理論をもっと知るために

Guide to Further Reading

永井陽之助編（1968）『政治的人間』平凡社．
> ▷日本を代表する「政治的現実主義者」が編んだアンソロジー．H. アーレントの『革命について』，C. シュミットの『パルチザンの理論』，D. リースマンの「全体主義権力の限界」，E. ホッファーの『情熱的な精神状態』などを読み解いた編者の「解説」は必読．20世紀が「戦争と革命」の時代であること，そうした時代を生きるためには「狂熱よりも冷徹で成熟した思惟」が必要であることを説く．

高坂正堯（2000〔1971〕）「現実主義の国際政治観」高坂正堯著作集刊行会編『高坂正堯著作集 第7巻』都市出版．
> ▷「現実主義」の規範的側面にも触れた邦語文献のうち，もっとも味わい深い論考の1つ．「『過慮』の排除」を現実主義の構成要素の1つとみなすとともに，レイモン・アロンなどを援用しながら「残された問題」を鋭く指摘している．高坂の問題提起を踏まえて，筆者自身は，中本（2005a）を書いてみた．

カント，イマニュエル（1974〔原著1784-1795〕）『啓蒙とは何か』（篠田英雄訳）岩波書店．
> ▷カントが1784年以降の10年間に発表した論文のうち，道徳，歴史，社会，政治について具体的に論じた5篇を収録．そのうち，特に「世界公民的見地における一般史の構想」（1784年）と，「理論と実践」（1793年）の第3章「国際法における理論と実践の関係」は，『永遠平和のために』（1795年）を理解するうえでも欠かせない論文である．人間の「非社交的社交性」と道徳性の結びつきに関するカントの洞察に，われわれは「幻想なきリベラリズム」の真髄を垣間見ることができよう．

ナイ，ジョセフ・S.（1988〔原著1986〕）『核戦略と倫理』（土山實男訳）同文舘．
> ▷冷戦時代ほどいわれなくなったが，核兵器をめぐる規範的問題も，依然として現代世界に重くのしかかっている．本書は『国際紛争――理論と歴史』の著者が，それを真正面からとりあげたものである．互いの国民を事実上，人質にする「核抑止」は道義的に正当化できるのか．核戦争は正戦論のモデルにかなうのか．非核保有国やテロリストへの核兵器の拡散が懸念されている現在，「核の倫理（nuclear ethics）」はもう一度，真剣に考察されるべき問題であり，本書はその出発点となるべき好著である．

カッセーゼ，アントニオ（1992〔原著1986〕）『戦争・テロ・拷問と国際法』（曽我英雄訳）敬文堂．
> ▷国際関係における規範的問題を考えるうえで，国際法を無視することはできない．それは「基本的な共存のための規則」を示し，その遵守をうながすのに役立っている．本書は，ヨーロッパを代表する国際法学者が，現代世界における正義（特に「戦争における正義」）について考察した論集である．ヒロシマ，ナガサキへの原爆投下，アリエル・シャロンの関与が問い質された1982年のレバノンのサブラ，シャティーラ難民キャンプにおける虐殺事件など，具体的な事件について緻密な判断が下されている．

第 11 章
批判的国際理論

はじめに		326
1	批判的国際理論の基盤	328
2	批判的国際理論の登場	336
3	批判的国際理論の展開	345
4	批判的国際理論の展望	354
	要点の確認	356
	批判的国際理論をもっと知るために	356

はじめに

　私たちが当然と思っていることに疑問を唱え,「あれっ」と感じ,自分が受け入れてきたことを修正することは,おそらく容易ではないだろう.そこには,新しい現実や考えを認め,受け入れることに対する葛藤(かっとう)があるのではないだろうか.ましてや,読者がここまでに国際関係理論の多様なアプローチやその特徴を読み進めてきて,自分がイメージする国際関係理論と異なるアプローチが提示されると,どのように受けとめるだろうか.

　この章の目的は,私たちがこれまでに見てきたいつくかの国際関係理論の前提に修正を迫り,うながすことである.当然のことのように受けとめてきた国際関係理論をここではリアリズムやリベラリズムと考え,そこから派生し,1980年代をとおして興隆したネオリアリズムとネオリベラリズム（ネオリベラル制度論）を主流理論（mainstream theory）とするならば,それらを批判し,異議申し立てを行うアプローチが批判的国際理論（critical international theory）なのである.

　主流理論の描く世界政治は,無政府状態（アナーキー）における国際秩序の前提や,国家を中心とするアクター（行為主体）の存在を当たり前のこととして出発している.とりわけ,中心的な位置を占めてきたネオリアリズムは,無政府的な国際システムのなかで国家の行動はバランス・オブ・パワー（勢力均衡）を形成し,必要によって同盟を形成し,生存を確保しようとする点ではみな同じであり,パワーを結集してシステム内で自国の自律性を維持しようとするとみなす（ウォルツ 2010; 第5章「リアリズム」を参照）.

　こうしたネオリアリズム理論に特徴的なのは,変化というよりも持続性の視点であり,競争的な国際システムの構造の不変性とシステム内の国家行動が似通っていることを説明するものである.ここでの視座は現状維持のそれである（Walker 1987）.しかし,国際政治の現実はこうした特徴で語りつくせるだろうか.たとえば,冷戦はアメリカとソ連との直接的な戦争行為を経ないまま終結した.ネオリアリズムの視点では無政府状態はシステムの普遍的な組織原理であり,ウォルツの考えでは米ソという2大国から成る2極構造が最も安定した国際システムであったはずなのに,ソ連は消滅した.彼の理論を敷衍(ふえん)すれば,2超大国のうちの一方の消滅などという事象は本来起こりえないはずなのである.

　また,リアリズムやネオリアリズムは国家中心的思考である.国家を単一の

アクター（unitary actor）とみなし，中央政府と中央意思決定機関を国家とみなすことで，国家を超えるアクター，非国家的アクターの役割，国内社会の様々な諸勢力を重要視していない．

　こうした世界政治の現状，われわれが世界政治を見るうえで立脚してきた認識，いわば，主流理論が与件として受け入れてきたものは批判，ないし再考の対象となってきている．主流理論が現状維持を説明することに対する異議申し立てとしての理論，つまり国際関係論の再考（ハリディ 1997）として，批判的国際理論が展開されてきている．マーク・ホフマン（Mark Hoffman）によれば，この国際政治における批判理論の発展はネオリアリズムの展開に対する反応であり，その結果批判理論は，主流の国際関係理論が立脚してきた認識論（われわれが知ろうとしている対象である世界政治をどのように理解したらよいか）への修正をせまる根拠を提示するのだ（Hoffman 1987, pp. 232-233）．

　本章では，われわれが与件として受け入れてきたこうした世界政治の認識に対する異議申し立ての一理論である批判的国際理論を紹介する．国際関係理論のなかでの批判的国際理論がどのように登場してきたか，批判理論が主流理論と見なすネオリアリズムをどのように批判しているのか．また，主流理論が十全な関心を払ってこなかったアクターをどうとらえればよいのか，という点にも批判的国際理論は関心をよせる．また，批判的国際理論は国際政治の現実をとらえる理論を理解，説明することに関心をよせるだけではなく，それを変容させるために批判することにも関心をよせる（Devetak 2001, p. 163）．このような批判的国際理論が必要とされる理由は，理論化の過程を自省し，理論が生み出す知識が人間の社会的政治的利益に結びついていたことを明らかにすることによって，これまで閉ざされていた現実の構成の論争の扉を開くからである（George and Campbell 1990, p. 283）．

　国際関係理論における批判的国際理論とは，これまで見てきたように他のアプローチと同様に何も依拠するものがないところから，つまり，ゼロの状態から構築されてきたわけではない．批判的国際理論は社会理論における批判理論から多くのことを学び，それらを援用している．したがって，批判的国際理論が前提として受け入れる批判理論の主要点をまずまとめる必要がある．批判的社会理論が国内での社会関係を説明していることと対照的に，批判的国際理論は国家間関係を批判理論の視点から分析している．つぎに，国際政治学におけ

る「第3の論争」のなかでこうした批判的国際理論の位置づけを説明することで，ネオリアリズムとネオリベラリズムの統合（いわゆるネオネオ統合）とは一線を画するリフレクティビズムの立場に立脚する批判的国際理論の視点が明らかになろう．

次に代表的な批判理論家のコックスとリンクレーターをとりあげ，彼らの理論を説明することで批判的国際理論の展開を見る．そして，最後に結びに代えて，批判的国際理論が実際の政策でどのような提案をできるのか，人間の安全保障論をとりあげ検討してみたい．

1
批判的国際理論の基盤

批判的国際理論の出自は，いくつかの社会理論のなかに見出すことができる．とりわけ，フランクフルト学派と呼ばれる社会理論家の考えや現実社会に対する批判は，国際社会の現状を批判し，改善を目指す批判的国際理論に深い影響をおよぼしてきている．この節では，フランクフルト学派の鍵となる概念や批判としての知識がどのようなものかを説明する．さらに，イタリア学派のグラムシについても，彼の中心的な概念である覇権という考えを中心に説明を加え，批判的国際理論に影響を与えた思想家としてとりあげる．

批判的社会理論の誕生

批判的社会理論の出自は，ドイツのフランクフルト大学附属の社会研究所を拠点に活躍した著名な社会理論家の一群に見出せる．**フランクフルト学派**（the Frankfurt School）とはこうした批判的社会理論を提唱した人々のことを指す．フランクフルト学派第1世代のホルクハイマー（Max Horkheimer），アドルノ（Theodor Adorno），マルクーゼ（Herbert Marcuse）らは，哲学理論と社会科学的な実証的研究を結合させて，独自の共同研究，文芸評論，心理学を含んだ総合的な社会研究を展開し，独特のマルクス主義思想の潮流を形成した（小牧・村上 2001, p. 22）．この点で，フランクフルト学派は西欧マルクス主義に連なると見なされる．

第2世代の代表的な理論家であるハーバーマス（Jürgen Habermas）は，第1世代の西欧マルクス主義に依拠しつつも，マルクス主義者が不可避だと考え

た階級闘争と，**社会主義**が資本主義に取って代わるという世界観に疑問を投げかけた．彼は，革命なき社会変容や，大多数の民衆が資本主義を受容している現実を理解することを目指し，脱マルクス主義へと指向性を変えた．

このようにフランクフルト学派における多種多様な知的営為を，「学派」というグループで一括り(ひとくく)にすることは誤解を生じるだろう（Held 1981, pp. 14-15）．しかしここではむしろ，フランクフルト学派のメンバーの考えの相違点よりも，共通して根底に流れる基本的な概念，理念，目標をとらえることにより，それらがいかに批判的国際理論へ影響を与えることになったかを理解することが重要である．同時に，こうした概念，理念，目標を想定された通りに目指せば，彼らの世界観が実現するはずであったのだが，なぜその世界観の実現が阻害(そがい)されてしまったのか．とりわけ，社会研究所が設立された1920年代と後に続く10年間は，批判理論家にとって，彼らの理論が予期した世界とはまったく別の世界になっていった．端的に述べると，スターリン主義の登場によるソ連のマルクス主義からの逸脱，ドイツ国内におけるワイマール共和国崩壊とナチスドイツの誕生である．フランクフルト学派の第1世代は失望を感じ，その主要メンバーはナチスの迫害から逃れるために（彼らがユダヤ系であったことと関係する）アメリカに社会研究所を移すことを余儀なくされた．したがって，こうした事情から彼らの著作，論考は悲観的なトーンである．第2世代のハーバーマスは，第1世代の陥った西欧マルクス主義を修正し，フランクフルト学派が考えていたパラダイム全体を再構成しようとしているのである（ピュージ 1993, p. 43）．

フランクフルト学派に流れる関心は，現代社会がどのように歴史的社会的に発展してきたかをたどり，また，現在におけるその矛盾点を探り，それを理解することで現代社会に埋め込まれた病理や支配の形態を超越する可能性を開こうとすることにある（Devatak 2001, p. 156）．したがって，マルクス主義を修正しつつも，マルクス主義に見られるいくつかの重要な視点を，フランクフルト学派は継承しているといえる．

マルクス主義とフランクフルト学派の共通点

まず第1に，重要な観点である批判（critique）は，現代社会における矛盾点——支配と被支配，抑圧，疎外——を浮き彫りにし，これらの矛盾を解消し，社会はこうあるべきであるという代替を提示する規範的な要因となる．批判は

知識(knowledge)として表出し,現状の秩序を批判し,支配のシステムを明らかにするのである.もっとも,マルクス主義は生産手段と生産関係という経済的基盤における批判(資本主義は労働者階級によって取って代わられるというテーゼ)を展開しているのに対して,フランクフルト学派は発展した資本主義を大衆が受け入れてきているという現実のなかで,経済的基盤に批判を向けるのではなくて,イデオロギーとしての批判を,高度に発展した資本主義を受容した現代社会そのものに向けるのである(Delanty 1997, pp. 70-71).

第2に,第1の視点と密接に関係するが,この批判は内在的であるということである.内在的批判(immanent critique)とは,批判の対象となっている事象は人間が社会的に構成した結果であり,この事象がなぜ生じたか,その原因を事象の内部に見出し,そこからの脱却,および社会的変容への可能性を導きだそうとするものである.

この社会的変容を導くための認識で,フランクフルト学派とマルクス主義との共通した第3の視点は,弁証法(dialectics)と呼ばれる思惟方式である.ピュージ(Michael Pusey)によると,この弁証法的社会観は次のようにとらえることができる.いま現存する社会(社会1)は,それに代わるよりよい社会(社会2)との間で,現存する社会の否定的なイメージを呼び起こし,さらにその矛盾が根本的であれば,両者の統合が行われる可能性(社会3)があり,その場合に人類は,合理的な自己実現につながる歴史において一歩前進すると考える(ピュージ 1993, p. 43).同様に歴史の弁証法においても,まず現実がいかに矛盾に満ちているかを露呈させ,その否定と現実と対照させ,現実のなかに変化の可能性の条件が含まれていることを導き出すのである.マルクス主義における弁証法は経済的な過程に重きをおいていたのに対し,フランクフルト学派は社会のすべての局面にこの弁証法をあてて,批判を貫いている(Delanty 1997, p. 73).

後述するように,批判的国際理論はこの内在的批判によって,主流理論を否定し,その否定から新たな視座が生まれ,現状維持指向の論理から変革をうながす可能性を導こうとする.批判理論の課題はしたがって,人間の自由に課された抑制のシステムを自省することを含むのである(Neufeld 1995, pp. 17-18).

この批判理論の弁証法は,実証主義批判につながる.後述するように,**実証主義**では社会科学における知識とは,自然科学の方法を用いたかたちで導かれ

る客観的な知識が妥当なものだと考えられている．これに対して，批判理論は主体と客体を峻別しない．社会科学が対象とする客体を自然科学的認識と手法をもって分析することを否定し，理論を展開する主体とその対象である客体とは相互構成の関係にあるとみなす．よりよい社会を形成するという社会変容のための理論と実践（実践する主体）との関係は弁証法的であり，不可分であるという主張である．

フランクフルト学派がマルクス主義から継承した第4の視点は，社会変容を導く実践としての**解放**（emancipation）という鍵概念である．ある現実が矛盾に満ちており，その現状を維持する考え方は自分たちが自らに課した抑制に由来していれば，そこから脱却するのが解放である．批判理論にとって，批判の規範的な根拠は，社会の変容に関心をよせる解放的な実践にあるのだ（Delanty 1997, p. 61）．

それでは，このフランクフルト学派が目指している解放とは，どのように実践できるのか．ここでの鍵となる概念は，啓蒙の計画（enlightenment project）と啓蒙の計画を再構築することによる解放である．啓蒙の計画に重要な思想的基盤を提供しているのはカント（Immanuel Kant）であり，この点，マルクス主義とフランクフルト学派はカント流の啓蒙の思想にも共鳴する．カントは，「啓蒙とは何か」と題する論文のなかで，啓蒙を「人間が自らが招いた未熟さから離脱すること」と定義し，18世紀の啓蒙の時代を，外部の権威に従うよりも，人間が自分の理性を発揮する能力や勇気を得る歴史的な過程の一段階であるとする（Knutzen 1992, p. 111）．この過程こそが解放であり，光が暗闇に取って代わるように，偏見，慣習，批判をよせつけない権威による迷信，無知，政治的な抑圧から，理性の力や科学的知識の適用，なによりも人間自らが思惟することで，人間を解放するということである（Brown 1994, p. 57; Brown 2001, p. 57）．

しかし，この啓蒙の計画が予期されていた通りに人間を解放したかということに対して，フランクフルト学派は否定的である．理性的で合理的な人間が科学的知識を追求し，政治体制を変革するという試みは，その後の世界政治に現れたいくつかの思想や政治体制と矛盾しているからである．ファシズム，スターリニズムという抑圧体制，科学的知識の発展で人間が解放されるどころか，反理性的で人間性を奪ったアウシュビッツでの体験，科学知識を押し進めてきた結実点としての原子爆弾の登場と市民への投下など，20世紀の世界政治のな

かで，啓蒙の計画は危機的状況にさらされた．これがフランクフルト学派の第1世代が感じた失望であった．

それでは，啓蒙の計画は失敗に終わったのだろうか．この問いには2つの回答がある．啓蒙の計画そのものを失敗と考えて放棄しようとする指向性（**ポストモダニズム**）と，啓蒙の計画を再構築しようとする指向性である（Brown 1994, p. 54; Brown 2001, p. 58）．フランクフルト学派の第2世代の代表であるハーバーマスは，こうした啓蒙の計画を再構築することに理論的関心を傾けてきた．彼にとって救出の対象となったのは理性（reason）である．18世紀の啓蒙の時代，人間が理性の力によって自然を支配できると考えるような発想が理性を狭(せば)めてしまった．理性とは，人間が自分の目的のために手段を首尾良く用い，結果を導く狭い意味での道具としての合理性を意味するのではない．ハーバーマスはこのように一連の方法論的な原理にまで狭められていない理性の包括的な合理性を救出しようとするのである（ピュージ 1993, p. 15）．解放的思考と実践を抑圧していたものは，実証主義に立脚する社会理論の力であり，本来自然科学の分野における原則であった道具的合理性（instrumental rationality）の論理が社会生活の分野にも介入したことと考えられた（George 1994, p. 153）．

ハーバーマスにとって，支配からの解放は依然人間にとってのプロジェクトであり続けた．道具的合理性に代わり，彼は社会における言語，コミュニケーションに解放を導く可能性が内在していると見て，コミュニケーション合理性（communicative rationality）を提唱する．彼の初期の代表作『認識と関心』において，解放への関心は次のように説明されている．自分の行為が暴力的な支配や盲目的な強制への無意識的な屈服の結果として認識することによって，この呪縛から解放され，自己反省という認識が解放への関心と一体となるのである．解放された世界では言語を媒介にして行われる意思疎通が可能で，万人が万人と自由に対話をすることによって合理的な合意に達することのできる社会なのである（小牧・村上 2001, pp. 106-108）．

ハーバーマスによれば，社会生活の場において人間に本来備わっている言語という媒介手段を通じてなされる発話，討論という相互行為のおかげで，これまで認識されなかった阻害要因が確認され，言語や発話のもつ力によって阻害要因が克服されるのであり，すなわち**解放**されるのである（ピュージ 1993, pp. 118-122）．ハーバーマスはアリストテレスのいう「実践知」を社会の基礎にお

き，コミュニケーション合理性という，自由に討議する主体によってなされる強制のない，また特定のイデオロギーによらない言述的な相互理解を，現代社会理論と実践の目標としている（ピュージ 1993, pp. 139-143; George and Campbell 1990, p. 279）．このようなコミュニケーション・パラダイムが批判的国際理論に与える影響は甚大である．後述するように，批判的国際理論家のリンクレーターは，すべての他者との開かれた対話によって，正当化されない疎外を分かつあらたな政治共同体の可能性を導く視点を見出している（Linklater 1996, p. 280）．

イタリア学派としてのグラムシ

マルクス主義の知的伝統を継承し，批判的国際理論に影響をおよぼした社会理論家として，イタリアの共産党指導者の1人であり，マルクス主義者のグラムシ（Antonio Gramsci）にも言及しておく必要がある（Gill 1993, p. 21）．グラムシの関心は革命を起こし，資本主義を打倒することであった．しかし，彼は1920年代になると，イタリアではある程度まで発展した資本主義を打倒することは難しいと考えるようになった．その理由として，資本主義が社会のあらゆる局面にいわば「常識」として浸透しており，この資本主義の**覇権**が社会の変革を著しく困難にしていると考えたのである（Brown 2001, p. 97）．

グラムシがマルクス主義に最も近い点は，史的唯物論（historical materialism）であり，生産手段と生産関係における社会の経済ベースの理論である．マルク

Box 11.1 フランクフルト学派を貫く社会理論の特徴

①批判理論は次の点で人間の行為に指針となる特別の位置づけをもつ．
　a）批判理論は行為主体のなかに啓蒙を呼び起こすことを意図している．すなわち行為主体に自分の利益が何であるかを認識させることを可能にする．
　b）批判理論は解放的である．すなわち行為主体が少なくともなかば自らが課した強制から解放し，意図的な人間の行動の挫折から解放する．
②批判理論は認識上の内容をもっている．すなわち知識という形態である．
③批判理論は認識論のうえで本質的に自然科学の理論とは異なっている．自然科学の理論は客観化を目指すが，批判理論は「省察的，反省的」である．このように，批判理論は行為主体に啓蒙と解放を内在的に生み出す知識を供給するのだ．
　　　　　　　　　　　　　　　　　　　—— Geuss 1981, pp. 1-2

ス主義は,社会における経済という下部構造と政治,法律,文化,イデオロギーという上部構造との弁証法である.とはいえ,下部構造と上部構造の関係は,一方が他方に還元されるというレベルではとらえられていない.グラムシによれば,この2つの構造は「歴史的ブロック(historic block)」と呼ばれるものを形成し,上部構造に表出する入り組んだ矛盾や不協和の総体は,下部構造における生産という社会的関係の総体の反映なのである(Cox 1993, p. 56).

　もう少し詳しく見ていこう.マルクス主義から継承した史的唯物論とは,経済的な力が歴史のなかでもっとも重要な力であり,経済的なベースの発展が社会全体の変容の触媒になると考える見方である(Hobden and Wyn Jones 2001, p. 204).マルクスは,社会を総体として考え,またそのなかで各要素が全体の性格と傾向によって広い意味で支配されている合成物としてとらえ,いかなる社会においても,その中心的活動は経済的生産にあると考えた(ハリディ 1997, p. 80).マルクスの社会科学の鍵となる考えは,矛盾から危機や闘争が生まれ,それらを通じて社会変革へとつながるというものである.資本主義社会は労働の搾取をもとにした階級構造に由来する矛盾を内包している.資本家は労働者の労力を利用し,利益や余剰価値を生み出す商品をつくる.生産手段を所有する資本家と労働力のみを所有する労働者の2つの階級では不平等が起こり,疎外が生じる.したがって,資本主義は矛盾を内包しており,この矛盾が危機なのである.危機は労働者階級の意識を高め,労働者階級による階級闘争へとつながり,社会組織の抜本的な変革をうながす(Delanty 1997, pp. 65-67).

　しかし,フランクフルト学派の第1世代が痛感したのと同様に,グラムシのイタリアでもこのマルクスのテーゼ通りには事態は進まなかった.この原因をグラムシは彼の中心的概念である覇権を導入して分析する.グラムシのいう覇権とは,覇権安定論で用いられる軍事,政治,経済的基盤をある1国が,その他すべての国が結集しても打ち勝つことのできないくらい保持するという状態のことではない.グラムシ流の権力とは,ギリシャ神話に登場する半人半馬のケンタウロスの姿に準えられる.権力の姿を半分が同意,残り半分を強制とみなし,権力はこれらを必然的に結合させたものとみなす.権力のうち同意の要素が全面に押し出されてくる場合,**覇権**(hegemony)が生じるのである.この場合,強制とは潜在的でごく限られた逸脱した場合にのみ行使される.覇権とはある時代のたいていのときにほとんどの人々に行動の画一性を確証するに

十分に足りていることを指す（Cox 1993, p. 52）．したがってこの覇権によってある社会の支配的な階層の道義や政治的文化的価値が社会全体に浸透し，従属する階層によっても異議申し立てなく受容されることが説明されるのである．

この覇権と対概念になる考えに対抗覇権（counter-hegemony）がある．もし支配階級の覇権がその階級の優位性を永続化する重要な要因であるならば，社会を変容できるのはその覇権に挑戦し，成功した場合である．この挑戦を対抗覇権と呼び，既存の制度，秩序の変革をうながす要因となる（Hobden and Wyn Jones 2001, p. 211）．この覇権と対抗覇権という概念を導入することによって，ある社会秩序を形成しているものがいかに生じたか，その覇権となっているものは何か，そして覇権に挑戦する対抗覇権にはどのような社会運動がなりうるのかといった分析が可能になる．後述するように，コックスはグラムシのこうした概念を導入することにより，マルクス主義の下部構造と上部構造の弁証法のなかで，生産関係に着目し，覇権が生じた理由を考察し，その覇権に挑戦する対抗覇権を社会的諸勢力のなかに見出す研究を展開するのである．

グラムシの歴史的ブロック，覇権，対抗覇権の関係をまとめると次のように説明できる．

①ある歴史的ブロックが存在する場合，そこには覇権的な社会階級が存在する．その覇権階級がある国や社会で支配的である場合，その国家は共通の文化の流布を通じてブロック内では結びつきとアイデンティティが維持される．新しいブロックが形成されるのは，労働者といった下部階級が他の下部集団に対して覇権を確立する場合であり，この２つのブロックの間では新たな覇権内で指導者と従う者との密接な対話が要求される．グラムシはレーニンに率いられた前衛的な政党がこの覇権内で指導的立場をとり，未熟な労働者階級を指導する責任があると考えた．

②覇権は，下部構造から複雑な上部構造へとある集団や階級の利益，制度やイデオロギーが流れることによって生じる．もしこうした利益やイデオロギーが覇権を反映していれば，これらはある特定の階級の固有のものとしては現れないし，下部集団は覇権的な階級のリーダーシップや重要な利益を弱めようとはせず，こうした利益，イデオロギーを普遍的なものとして受け入れる．したがってここでは対抗覇権は生じない．

(Cox 1993, pp. 56-58)

> **Box 11.2　グラムシのヘゲモニー（覇権）**
> 覇権とはコヘインの用いるある国家による支配という狭義の意味と，グラムシから由来した意味とに区別することができる．支配の構造としての覇権は……この構造と一致するイデオロギーや制度を受容することが広範囲に同意されることによって支えられる．このように世界秩序の覇権的構造とは，権力が第一義に同意の形態をとり，ライバルの権力同士が拮抗する非覇権的秩序とは区別される．権力がなければ支配の正統性を確立することはできなかった．覇権なき支配は可能である．覇権とは支配の一形態である．
>
> ——Cox 1986, p. 251, ft. 16

2 批判的国際理論の登場

　これまでに述べてきた批判的社会理論は，国際政治学の理論構築にどのような影響をおよぼしてきたのか．国際関係理論でそもそも「批判」の対象とされるものは一体何なのか．批判理論で強調される解放とは，国際政治学では何を指すのか．批判理論の理論的関心の射程は個々の社会であり，国家間，国家を超えた視点は射程内に入っていない．批判的国際理論の関心は，こうした批判理論の射程を国際政治学に投影するのである．では，こうした理論の射程の延長はどのように生じてきたのか，これらの重要な問いは国際政治学という領域のなかの論争，とりわけ1980年代からの「第3の論争」の展開のなかに回答を見出すことができるように思われる．この「論争」とは国際政治学という1つの独自の学問が表出してきているいくつかの自己イメージの1つである（Smith 1995, pp. 7-30）．こうした国際関係理論の哲学や知識の基盤をめぐって「第3の論争」という自己イメージのなかで，批判理論から批判的国際理論への橋渡しが展開されたのである．

「第3の論争」再訪問

　国際政治学の学問の自己イメージを探るうえで，国際政治とは何から成り立っているか，その基になっている知識とは何か，その知識をどのように理解したらよいか，という視点をそれぞれ，**存在論**，**認識論**，方法論と呼ぶ．国際政治学の自己イメージの確立のため，こうした存在論，認識論，方法論をめぐっていくつかの「論争」が展開されてきた（序章「国際関係理論の構図」を参照）．

「第1の論争」とは，第一次世界大戦と第二次世界大戦の間の平和な20年間がなぜ崩壊したかという，戦争と平和をめぐる理想主義とリアリズムとの間の論争であった．「第2の論争」は，1960年代に国際政治の理論の構築の方法をめぐって，歴史的・哲学的アプローチを重んじる伝統主義（特にイギリス）と行動科学主義革命の影響を受けた科学的アプローチ（特にアメリカ）との間で行われた（Knorr and Rosenau 1969）．これによって北米を中心に実証主義研究が盛んになってくる．

国際政治学は1980年代になると，「第3の論争」の段階に突入したとみなされている．「第3の論争」は，パラダイムごとに細分化された知識を再構築する試みである「パラダイム間の論争（inter-paradigm debate）」である．このパラダイムとは思考のための準拠枠組みのことである．ラピッド（Yosef Lapid）によれば，この論争は歴史的かつ知的に多様な反実証主義的な哲学と社会学的な趨勢が合流して，実証主義に挑んだものである（Lapid 1989, p. 237）．さらにいうと，この論争は「パラダイム間の論争」の段階までに国際関係理論の根底に流れていた実証主義的な認識論と方法論に疑問を呈し，社会学などの他の社会科学が実証主義への批判を経ているのと同様な行程を国際関係理論にも歩ませようとする試みである（Lapid 1989, p. 250）．

この論争には大きく2つの局面がある．第1は国際関係理論の主流を占めていた実証主義への挑戦に対する実証主義理論家の巻き返しであり，これはネオリアリズムとネオリベラル制度論との統合となって現れた．いわゆる「ネオネオ統合（neo-neo synthesis）」である．これは，従来の国際関係理論における実証主義の優位性を追認したうえで，ネオリアリズムとネオリベラリズムはもはや相反する2つの異なったアプローチではなくて，「**合理主義**（ラショナリズム）」の名の下に統合できると考える．ここでは科学的手法の概念，無政府状態の前提の共有，国際政治における協調とその過程で国際制度が果たす役割に理論的関心が向けられた（Wæver 1996, p. 163）．コヘインによれば，合理性の概念とは，ある環境に最適に適応すると客観的に判断される行動のことを指し，そこでの協調行動が生じる条件や，なぜ国際制度が国家によって構築されるのかといったことを説明しようとすることが，ラショナリストの研究対象であるとされた（Keohane 1989）．

今ひとつの局面は，**実証主義**が事実と価値を2分し，前者を説明することに

重点をおいて後者を極小化する点，理論構築において主体（理論家，ひいては人間）と客体（観察対象）との峻別を行う点に対して，反実証主義者が異議申し立てをし，主体の価値判断の余地と理論がもつ自省的要素を重要視する視点である．国際関係理論構築における実証主義に対して，「**ポスト実証主義**（post-positivism)」と呼ばれる局面である．ポスト実証主義の国際関係理論構築における特徴は，自省ないし省察的要素である．これは，客体が主体の思考や認識から独立して存在しているのではなく，理論構築を行う主体がもつ価値判断，主体が立脚する思考の枠組みに政治的規範的側面が内在していることを認識し，競合する枠組みの間でどれが優れているのかを決定するのに理由づけられた判断を下せることを指すのである（Neufeld 1995, p. 40)．これが**リフレクティビズム**（reflectivism）と呼ばれる視点であり，国際関係理論における「ポスト実証主義」の認識論と方法論を提示してくれるのである．

　リフレクティビズムは，社会理論，政治理論からの知識をより高次の理論（メタ理論）として国際関係理論に導入することにより，国際政治の理論の再構築をうながすのである．ニューフェルドによれば，ポスト実証主義の方向における国際関係理論は，自省的であると自ずと認識していること，科学的認識・手法から離れて解釈的であること，既存の世界秩序に批判的である点で重要であり，解放への変容を導く批判的理論と位置づけられるのである（Neufeld 1995, pp. 123-124)．国際政治におけるポスト実証主義は，伝統的国際関係理論の認識の基礎，すなわち実証主義を基礎にとらえる合理主義的アプローチが政治的な探求において，もはや権威をもって判断を下す妥当性を擁護することができないと主張するのである（Scmidt 2002, p. 15)．

　リフレクティブな国際関係理論の登場は，様々なアプローチの導入を意味する．これらには規範理論，批判理論，ポストモダニズム，フェミニズム，歴史社会学，そしてコンストラクティビズムが該当する（Smith 2001, p. 228; Kubalkova, Onuf, and Kowert 1998, pp. 17-20)．しかし，このような「ポスト・ムーブメント」（Kubàlkovà, Onuf, and Kowert 1998）のなかで，これらをあたかも1つのまとまったアプローチ群と見なすことは妥当ではない．リクレクティビズムの理論は，スティーブ・スミスも説くように共通の視座を共有し供給することよりも，むしろネオネオ統合に代表されるような合理主義アプローチの中心的な仮定を否定することで結びつけられているのである（Smith 2001, p.

229).リフレクティビズムは,伝統的国際関係理論が内包している二項対立の構図,つまり「主体」(subject)と「客体(object)」,「事実(fact)」と「価値(value)」,さらに「理論(theory)」と「実践(practice)」に対する挑戦であり,この二項対立からの解放をわれわれに訴え,「思考の空間」を求めて知的な探求を行うのである(George 1989, pp. 274-276).

こうした理論は,「伝統的国際関係理論と比較してこれまで周辺に追いやられるか,無視されたか,捨て去られていた」ものであった(Der Derian 1988, p. 189).思考の空間に批判理論が導入されたのは,このように伝統に対する挑戦であり,伝統からの解放を求めてであった.批判的国際理論はラショナリスト,とりわけネオリアリズムに向け後者の存在論,認識論,方法論への異議申し立てをし,なかば傍流とされていた視座に力を与え,新たな可能性を伝統理論の代替として打ち立てようとするのである.

内在的批判と批判的国際理論の射程

批判的国際理論は,伝統的理論の限定された仮定(たとえば国際システムの不変性や無政府状態の恒常性)やその国際政治観から派生する枠組みを批判する.したがって,伝統的理論,とりわけネオリアリズムのなかにその克服すべき点が埋め込まれているので,それらを批判するということは,内在的批判ということになる.ネオリアリズムのなかにある矛盾を浮き彫りにし,それを克服していくことが批判的国際理論の内在的批判につながる.ここでは,この内在的批判をアシュリー(Richard Ashley),コックス(Robert Cox),リンクレーター(Andrew Lin-klater)の論考をとりあげて説明する.

これら批判的国際理論に共通した点は,表現の違いこそあれ次のように4つの項目にまとめることができよう.第1に伝統的理論のなかの実証主義に対する批判,第2に既存の国際関係における不変性への批判,第3に第2と密接に関連するが,構造主義批判と歴史性の必要性,そして第4に国際政治における国家中心主義に対する批判と基本ユニットとしての国家を前提とすることの見直しである.

第1に,われわれがどのように知識を認識するかという点で,**実証主義**は次のような特徴をもっている(富永 1993, pp. 100-102).

①研究対象である客体（外界の諸事象）の客観的な認識，すなわち認識者がだれであっても同一の結論に達するような普遍的認識が可能であると考える（認識における客観主義）．
②経験的に検証可能な仮説命題を定式化し，これを経験的な観察や測定などを通じて検証する科学的手続きから得られたものを知識と考える（普遍的経験主義）．
③一般的な命題の定立は単なる経験主義だけではできないと考え，一般化の道具としてのア・プリオリな推理規則を統計，データなどの活用によって演繹する（経験と論理の二元論）．
④したがって，測定と科学的データ処理の科学的手続きを重視する．
⑤事実判断と価値判断は社会事象に関しても原則的に分離可能であり，価値判断を社会科学的な言明のなかから排除する（科学的認識の価値・理念からの自由）．

批判的国際理論はこうした実証主義の主張に対して，先鋭的に異議を唱える．知識は，主体が客観的な現実に中立の立場で関与することによっては得られないと論じる．また，観察者（主体）が知識を得るのに客観性を保つことはできず，現に存在している社会的目的とか利益に対して主体が省察する余地があることを訴える（Linklater 1996, p. 279）．この過程において主体のもつ価値，判断基準といった主観的要素が介入するために（つまり社会的に構成しようとするために）客観性を保つことはできない．したがって，主体と客体との関係は中立的な関係ではいられないのである．コックスの有名な言葉，「理論とはいつも誰かのためにあり，何らかの目的のためにある（Theory is always for someone and for some purpose）」は，実証主義に内包される主体と客体とが分離できるとみなす認識や，価値・理念から自由になれるという客観主義や科学的認識に対して，警告を発しているのである．

これに関連して，コックスは現状の国際関係をあるがままに受けとめ，変化が不可能で起こりえないという理解のもと，現状の国際システムを首尾良く機能させるための知識を**問題解決型の知識**（problem-solving knowledge）とよんだ．ウォルツのネオリアリズムで説明された2極構造による国際システムの安定，無政府状態での熾烈な国家間の生存競争，そのための国家行動としてのバラン

ス・オブ・パワーなど，こうした国家行動を導く原理は個別の国家の外交政策ではなくて，国際システムの無政府性から生じると説くのは，米ソ冷戦の時代に米ソが共存，対立するための問題解決の知識の表れと考えた．

その一方で，問題解決型の知識の対概念に相当する「批判理論」と呼ばれる知識は，世界の現状をあるがままに受けとめることから離れて，どのようにその現状が生じたかを問うのである．コックスによれば，現状の国際政治における制度，社会的政治的関係がなぜ生じたか，それらがどのような変化の過程にあるのかどうかを探求することに関心をよせ，行動の枠組みの見直しを迫るのである（Cox 1986, pp. 207-208）．したがって，批判理論の視点で強調されるのは変化であり，世界政治の現状からの解放なのである．いうまでもなく，変化の触媒となるのは理論を構築する主体であり，国際政治の構造の変化にもはや中立的な態度でいることはできないのである．グラムシが着目した，歴史的ブロック構築において階級をまとめる知識人の役割を，コックスは重要視している．また，こうした主体が国際政治における変革の担い手として果たす役割にも着目している（Cox 1993, p. 57）．

さらに，実証主義の科学的手続きと科学的手続きから派生する知識を，社会科学の分野でも妥当なものと考えることに関して，アシュリーは先に述べたハーバーマスの批判理論に同調する．ハーバーマスは，このような自然科学の手続きが社会理論に介入し，社会理論構築で自然科学の手続きを踏襲すべきという主張を科学主義（scientism）とよんで批判した．そして彼は，合理性が目的と手段を合致させるためのさながら道具のように用いられることを危惧し，この誤った科学主義から合理性を回復しようとしたのである．アシュリーはネオリアリズムにおけるこの科学主義の信奉が，合理性を，手段を目的に合致させる便益主義（utilitarianism）に狭めてしまい，理論構築の過程で多くの重要なことを排除したと考える．

すなわち，科学主義の導入によりアクターの物質的なパワーや能力とは離れて，ルールや規範，相互期待，間主観的に可能になる相互理解といった国家行動に関係する要素は，科学手法とは相容れないものとして排除されてしまった．アシュリーはネオリアリズムを「技術的リアリズム（technical realism）」と称した．この意味するところは，国家は合理的な個々のアクターであり，その利益や計算された行動や共同行動が技術的に国際システムに姿や動きを与えると

いうことである．この過程においてネオリアリズムは，国際システムが安定するための理由を，自らが排除した要素に見つけることはできないのである（Ashley 1986, pp. 277-288）．

　第2に不変性（immutability）への批判である．ここでの批判はシステム（全体）とユニット（構成単位）との関係に向けられる．ネオリアリズムは構造的リアリズム（structural realism）とも称され，構造が構成単位の国家よりも優先される．国際政治の「規則性と繰り返し」は国際構造が国家の行動を深く抑制した結果であり，構成単位からの行動が国際構造に変化をおよぼすとは考えない．批判的国際理論は，このように構成単位がもつ能力を過小評価することに疑問を呈する．そして国際システム内の内在する対抗的な傾向を見出そうとする．

　リンクレーターによれば，ウォルツの理論は大国間の関係が中心にあり，無政府状態のなかでの行動を余儀なくされているとする．しかし，無政府状態を構成したのは国際構造そのものの属性ではなくて，大国間政治の行動の帰結なのであり，国際システムの無政府的な性質ではなくて大国の野心，大国の外交の理念，大国の行動に課せられた国際規範によるものである（Linkater 1996, p. 283）．したがって批判的国際理論の見方では，構成単位と全体の関係について，ネオリアリズムのように全体から構成単位へと抑制的効果が作用すると考えるだけでは不十分であり，構成単位から全体への変化をおよぼす能力の可能性を指摘する．構成単位としての国家の性質は，国際システムの変革をうながすのに，ネオリアリストが想定した以上の思考の空間を提供していると考える（Linklater 1995, pp. 251-254）．

　一例をあげる．冷戦終結の解釈は様々にあるが，ソ連の指導者の変革の意図と能力，つまりゴルバチョフの新思考外交の展開は，まさに構成単位から発せられた変化であった．また大国間関係だけではなくて，東欧諸国からの変革，抑圧されていた人々の解放という視点も重要視されるべきであるなど，批判的国際理論は不変性への異議申し立てを展開する．

　第3に第2の不変性への批判と関連して，構造主義批判があげられる．この批判は，構造がもっている恒常性の歴史性や，ある国際構造から次の国際構造へと移行する変化が説明できないことへの批判である．構造主義は，なかの個々の構成要素とは別個に，また構成要素より先に構造的な全体が存在し，自

律した存在であると指摘する．つまり国際システムの構造を与件としてはじめる．ウォルツの構造主義の組織原理は無政府状態であり，その構造特性はシステム内の国家の行動の規則性とその繰り返しである．アシュリーによれば，ネオリアリズムは歴史を恒常的なものとみており，この歴史性は現状の世界秩序の政治制度を固定化してしまい，過程としての歴史という考えを否定してしまうのである (Ashley 1986, pp. 289-290)．同様に，コックスもネオリアリズムの歴史的視点の欠如を指摘する．ネオリアリズムによれば，国家はパワーを求めている実体で，その相互作用はバランス・オブ・パワーであり，それらが歴史を超越したところで認識される (Cox 1986, postscript 243)．ネオリアリズムでは歴史における大きな転換点が見落とされてしまい，世界政治の構造が別の構造へと変化することを分析できない．

　たとえば，中世の国際システムから自律的な主権を制度的枠組みとする現代の国際システムへの移行は，どのように説明できるのか．変化したのは，自律した政治的アクターを構成し，アクター間の関係を規制する法的道義的権利や道義性である (Linklater 1995, p. 254)．

　国際システムの構造の変化に関して，アシュリーは国家というユニットを超えて，それを構成する個々人に焦点を当てる．ネオリアリズムに欠落しているのは，人間が程度の差はあっても歴史を創るという意識に覚醒し，実践するという歴史的な意義への関心である．批判理論で主張される理論としての実践，つまり理論と実践は分離することができないという主張の表れである．人間は自らの生活，環境，集団的行為の代理人，社会的存在のあらゆる範疇に対する理解を形成し，再定義するという絶え間ない闘争にあるということを批判理論は指摘する (Ashley 1986, p. 291)．構造は与件としてではなく，集団的な人間の行動によって構成され，変容も可能なのである．構造主義と批判理論との一線を画する主張は，まさにこの点なのである（この点についてコンストラクティビズムが批判理論としてみなされるのは，こうした構造主義を超えるアクターと構造との相互構成に着目するからである）．

　第4に，国際政治における国家中心主義に対する批判と，基本ユニットとしての国民国家を前提としていることの見直しがあげられる．これはネオリアリズムがアクターとしての国家を無批判に受け入れていることに対する批判である．ネオリアリストの誤った国家中心主義は，国家の性質に無批判であるとい

うことと，国家が政治共同体の一形態に過ぎず，国家という共同体は境界線で限定されていることを前提にしている．このような前提が解放されれば，国家を超えた新たな政治共同体の創出への可能性が開かれると批判理論家は考察し，伝統的国際関係理論におけるアクターとしての国家の存在論に異議を申し立てる．

　アシュリーはネオリアリズムが理論の目的のために（国家の性質を問題にせず，国際システムの構造のなかでは国家の行動に画一性があると主張するために），国家を問題のない実体としてとらえていると指摘する．問題のない実体とは，国家が自己本位の決定をするために，国家の存在，国家の境界線，国家の正統性，内部の人々の利益といった要素が最初から議論の余地のないものと考えられていることである（Ashley 1986, p. 268）．批判的国際理論は，ネオリアリズムに欠けているのは国家のアイデンティティ（state identity）であると指摘する（Ashley 1986, p. 272）．ネオリアリズムが洗練化を求めて理論を簡潔にした代償は大きい．国家を問題のない実体として出発した陥穽を批判的国際理論は指摘する．たとえばこのような事例はどのように考えたらよいのであろうか．無政府的な国際システムのなかでの国家行動の結果，平和のゾーンとみなされる西ヨーロッパの国家間関係はどのように説明できるのか．また，紛争の解決を武力に訴えることのない，いわば戦争を放棄した安全保障共同体の国家間関係はどのように説明できるのか．こうした事例の説明には国家のアイデンティティに関わる議論が不可欠であろう．

　さらにネオリアリズムの国家中心主義は，国家を超えたトランスナショナルな階級関係や人類の利益といったグローバルな集団的概念を認知しない（Ashley 1986, p. 270）．この理由は，ネオリアリズムでは国際政治が国家という境界が決まった問題のない実体間の関係であり，この限定された実体同士の相互関係に境界線を超えたグローバルな集団的概念を還元できないからである（Ashley 1986, p. 270）．批判的国際理論が批判を向け，自分たちの理論構築の意義を示そうとしているのは，まさにこの点である．リンクレーターによれば，これまでの国際関係論は，まず最初にどのようにしてこうした境界線が形成されたのか，それから再構成されたのか，これから再構成されるのかを分析することはなかった．ましてや共同体の形成，つまり，だれが共同体のメンバーに属するかを決定するのに，国家がどのような役割を果たしているか，どの程度

まで国家が共同体に属している人々の義務を果たすべきなのか，さらに政治共同体が存在し，時とともに変化するということには研究がなされてこなかった (Linklater and MacMillan 1995, pp. 12-13)．

したがって，批判的国際理論の重要な関心事項は，これまでに説明してきた第1から第4の批判の修正を射程に入れることになる．批判的国際理論の射程は，批判の主な対象としたネオリアリズムの実証主義を越え，変革の担い手としてのユニットの再検討をうながし，与件として考えてきた国際システムの構造は変革可能であり，ユニットとしての国家，それから国家以外の実体があるとすれば，それが何なのかを今一度問い直すのである．そして，この過程で国家の性質を再検討する．そこでは国家が1つの政治共同体に過ぎず，その変革後の新たな共同体の姿とはどのようなものか，その可能性を考察するのである．われわれが次に向かおうとしているのは，こうした点を踏まえたコックスやリンクレーターとの対話である．

3
批判的国際理論の展開

批判的国際理論が主流理論に対する異議申し立てとして，変革としての知識はどのように説明されているのだろうか．国際関係理論におけるコックスとリンクレーターはこうした批判的国際理論の先駆者である．コックスは，グラムシ流の覇権と対抗覇権の論理を展開する．生産関係からとらえた下部構造からの政治や社会の構造に関わる上部構造への変革に視点を当てる．一方，リンクレーターは，フランクフルト学派，特にハーバーマスのコミュニケーション行為や対話倫理を国際関係に適用し，国家こそが様々な阻害要因を人間の生活にもたらしたと指摘し，国家を超える新たな政治共同体の必要性を訴える．

ボトム・アップからの国際政治経済

批判理論家としてのコックスは長年の国際労働機関の勤務を経て，アカデミックな世界に入ってきた．このため，とりわけ彼の初期の論考には，労働とパワーの関係，生産と社会勢力の関係というテーマが見てとれる．コックスの目的は，生産過程によって生み出された社会諸勢力（social forces）が国家の形態や世界秩序をどのように形成，再形成するかということを探求することであ

る（George and Campbell 1990, p. 284）．したがって，コックスのアプローチはボトム・アップからの国際政治経済の分析ということになる（George 1994, p. 176）．

　この生産（生産関係），国家の形態，世界秩序から成る3つの構成要素が織りなす社会関係がコックスの理論の根幹を成す．コックスは，生産過程の変化によって生じた社会勢力が，現存の世界秩序を変容させるかもしれない新しい世界秩序形成の出発点であると考える（Cox 1986, pp. 236-237）．このため力点をマルクス主義でいうところの下部構造（経済的基盤）におく．この下部構造と上部構造との弁証法が，コックスの依拠するグラムシの考え方であり，最終的には世界秩序の変容の可能性という，グラムシの解釈では新しい歴史的ブロックが形成される．その過程で覇権を探ろうとする点で，生産関係における社会勢力から考察が始まる．だからといって，下部構造だけに帰結されるのではなく，上部構造との弁証法の関係も失われてはいない．

　コックスの歴史的ブロックは「歴史的構造（historical structure）」と呼ばれる行動の枠組みで示される（Cox 1986, pp. 217-225）．Box 11.3 左の図が示すように，この歴史的構造の理念型は3つの力の配置で示される．物質的能力（material capabilities）とは生産と破壊の双方の可能性を秘める．これは技術的組織的な能力，天然資源の蓄積，財という形態で現れる．理念（idea）とは2つの意味に分かれる．まず間主観的な意味で，習慣や行動の予測を永続化させる傾向にある社会関係を当然のものと共有できる考えのことである．この例として，国家が領土という限られた範囲内で権威をもって人々を統治すること，国家間関係が外交ルールに従っていることなどがあげられよう．もう1つは，ある社会で支配的な立場にある人々とは異なった人々の集団がもつ集団的な社会秩序のイメージである．間主観的意味が，ある特定の歴史的構造で広範囲に流布し，社会の言説を共有する基盤を築いている場合に，後者はいくつかの対抗する言説で表出する．競合する集団的イメージの衝突は，新たな物質的能力や制度的な基盤の可能性を見出し，次の歴史的構造の出現をうながすかもしれない．

　最後に制度（institutions）とは，現状の力の関係を反映し，少なくとも現状の力関係と一致した集団的なイメージを助長する．制度はそれ自体生命をもち，現状の力関係を反映している制度とそうではない制度との間に競合が生じる．

制度とは理念，物質的能力の特殊な融合体であり，それが今度は理念や物質的能力の発展に影響をおよぼすのである．この制度化とグラムシのいう覇権との間には，密接な関連性がある．ある制度内の力関係において強者が弱者に対して，必要とあらば物質的能力で強制することはできる．しかし，弱者が現状の力関係を正統的と考え，黙従する限りにおいては強制は必要ない．この場合，覇権が生じていると考えられ，力の強いほうは単に支配的，独裁的であるのではなくて，自分の利益だけを追求するというよりも，普遍的一般的利益を追求し，弱者の黙認を勝ちうるからこそリーダーシップを発揮できるのである．後述するパクス・ブリタニカ，パクス・アメリカーナという世界秩序は，制度化において多様な利益を表出し政策の普遍化に成功したからこそ，イギリス，アメリカが覇権的地位を築くことに成功したのである．

　肝要な点は Box 11.3 右の図が意味するように，この3つの力はいずれも固定された内容ではなく，3者の関係は流動的だということである．そのなかで3つの力の内容が相互に適合（fit）する場合には，覇権が生じる．イギリス，アメリカの覇権的秩序はこうした特徴を備えていた．一方，物質的能力，理念，制度はその内容が競合する可能性がある．この場合，これらの衝突がコックスの理論では新たな代替的な国際関係を生み出す触媒となる．これこそが新たな世界秩序を生み出す源泉ととらえられており，不変性を国際構造の特徴としたネオリアリズムとは決定的に異なる点である．理念型を出発点としてこれをある特定の時代，歴史的制度的文脈に適応させることによって，ある国際秩序か

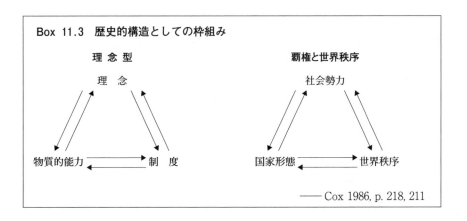

Box 11.3　歴史的構造としての枠組み

　　　　理 念 型　　　　　　　　覇権と世界秩序
　　　　　理　念　　　　　　　　　社会勢力

　　物質的能力　　制　度　　　　国家形態　　世界秩序

—— Cox 1986, p. 218, 211

ら新しい秩序への移行を弁証法でとらえることができると，コックスは考える．

　19世紀のイギリスの覇権による世界秩序，パクス・ブリタニカの興隆と衰退は次のように説明できる．イギリスは比類なき海軍力を保持し，ヨーロッパ大陸にバランス・オブ・パワーを維持し，大陸国家からの挑戦を阻止できた．自由経済の規範（自由貿易，金本位制，資本と人の自由な往来）がイギリスの威信とともに広範囲に受容され，普遍的なイデオロギーとなり，こうした規範が諸国の利益の調和をなす規範であると考えられた．パクス・ブリタニカはイギリスの覇権を黙従する他のヨーロッパ諸国によって支えられていたのである．ここでコックスの力点がおかれる政治経済ベースは社会勢力におかれる．この時代，国際的な交換経済の産業資本の台頭がイギリスをその中心地に押し上げた．製造業から富を得た階級の社会的イデオロギーの力が，イギリスや他の北西ヨーロッパ地域で働いてはいたが，新しいブルジョワジーという社会勢力は国家の自由貿易という運営に直接は関与してこなかったのである．こうした状況のもとでイギリスは自由貿易経済をその優越した物質的能力ゆえに国家の形態にでき，その自由貿易経済体制のもとで覇権を維持できたのである．

　では，なぜイギリスの覇権が衰退したのだろうか．コックスによれば，生産関係の変化から生じる社会勢力（政治経済ベース）が次の秩序への変動の出発点となった（Cox 1986, pp. 236-237）．資本主義の発達は最も高度に進んだ国で産業労働者を動員し，新しい社会勢力としての産業労働者の台頭を産んだ．これが国家の構造，さらには外交政策にも影響を与えるようになった．この社会勢力の介入は国内に福祉の要求という要素をもたらし，これが自由主義経済の規範と競合した．福祉の要求が支持を得るにつれて，保護主義（protectionism）という新しい帝国主義がこれまでの自由主義経済の規範を浸食し，国家形態を徐々に一国福祉主義へと変容していったのである．保護主義はイギリスに匹敵する経済力を建設する手段として，自由主義の比較優位の理論よりも新興産業国には説得的であった．新興産業国が保護主義の政策を世界に拡散していった結果，イギリスの物質的能力や覇権的イデオロギーは衰退していったのである．

　20世紀のパクス・アメリカーナは，前世紀のイギリスによる覇権構造と似た新しい覇権的世界秩序であった．しかし，イギリスのそれと異なるのは，いっそう複雑な戦後世界経済や，大恐慌に敏感な国家社会に適合した制度やドクト

リンで支えられていたことだ (Cox 1993, p. 60). フランクリン・ルーズベルトの時代には古い覇権を拒絶し，ニューディールの原則をイデオロギーの基盤にすえて，アメリカの主導権のもとに諸制度を構築していったのである．ブレトンウッズ体制の自由主義に従い，国際経済秩序のルールを維持することにより，アメリカ企業の強さだけで国家経済力を維持するには十分であった．それにくわえて，アメリカは正統的で必要かつ明白な役割として，自国経済の強さを背景に国際的な経済運営を行うために，国際経済の行政的な運営を多国間化し，政府間による運営という性格を付与する必要があった．このため国家の国際化，生産の国際化が社会諸勢力を生じさせることになったのだ．

　国家の国際化，生産の国際化が生んだ社会勢力は，アメリカの構築した国際通貨基金や世界銀行といった制度が，世界経済の運営のために，自由貿易主義というシステム全体の規範に適応するかどうか監視する仕組みであり，この規範に応えていれば経済的支援が供給される仕組みであった．このためアメリカの西側の同盟国，やがては先進資本主義国が必然的に政策協調を行うようになる．したがって，1国の経済政策調整はこうした自由主義の規範に合致するようになり，国家の国際化という事態が一層進行した．生産の国際化はこれに関連する．生産の国際化は1つの生産の過程が一層異なった局面をもち，脱国家的規模で展開されることを指す．直接投資を通じて先進国は生産の過程を支配するのである．直接投資の根本的な特徴は金ではなく知識の所有であり，新しい技術を生み出し続ける能力にあった．

　国際的な生産は社会勢力を動員した．この勢力は階級構造から生じ，この階級の相違がつぎの世界秩序を生む可能性があるとコックスは予想する．まず脱国家的管理者の階級が存在する．この階級は三極委員会，世界銀行，国際通貨基金，経済協力機構という組織に焦点にあて，思考の枠組みや政策の指針を発展させる人々である．次に民族資本家が存在する．彼らは独立した国家経済を防波堤として使いたい欲求と，国際的生産によって残された隙間を脱国家的管理者と共生的な関係で埋める機会との間で引き裂かれる．さらに産業労働者が存在する．産業労働者は既得権層化したものと，そうでないものとに二分される．後者である既得権圏外の人々が国際社会のなかで一番不安定な生活を余儀なくされている．では，こうした国際生産のなかから生じた階級構造は国際社会の矛盾にどのように作用するのだろうか．つまり，ここでの社会勢力がどの

ような世界秩序を次に生じさせるのだろうか．それは対抗覇権として現れるのだろうか，それとも他国の同意に基づかないため闘争的な秩序となって現れるのだろうかという問いかけを提示するのだ．

コックスは彼のボトム・アップからの国際政治経済の集大成ともいうべき『生産，パワー，そして世界秩序（*Production, Power and World Order*）』という著書のなかで，世界秩序の変化を生み出す条件を3つのレベルにおいて結論づけている．

① 世界的な覇権が弱体化していき寛容な世界秩序に向かっていく場合，そこでは支配的な国家や独占的な国家グループがもはや自分の規範に適合するように他者を強制することが困難になる．
② 異なった国家形態が存在しており，それらが世界秩序の安定に異なった効果をおよぼす場合．そして，
③ 社会の諸勢力が新しい対抗覇権的な歴史的ブロックを形成するために動員される場合であり，特にその社会勢力が力のある国家を含めた複数の国家間で国家の境界線を越えて相互理解が成立した場合である（Cox 1987, p. 394）．

コックスの最後の提示は，リンクレーターのテーマである新たな政治共同体構築の視座に重要な含意を与えているように思われる．

コスモポリタン的ガバナンスの可能性

コックスの批判的国際理論が伝統的理論に対する挑戦をはじめたころ，リンクレーターは彼の最初の著作『国際関係理論における人間と市民（*Men and Citizens in the Theory of International Relations*）』を著した．リンクレーターの関心は，人間としての義務と市民としての義務との道義的な乖離と衝突であった．全人類に対する道義と責任という義務を負っている人間と，市民として自分たちの政治的な結び付きのなかでしか共有されない国家に対する義務との相克である（Linklater 1990a）．彼はこの根元的な問題を浮き彫りにし，国際関係における政治理論の哲学的な問題を投げかける．国民国家という共同体メンバーである市民と，国家を超える人類のなかの人間としての間にはどのような道

義的な問題があるのか.国民国家の一市民とその国境外の市民との間には,包含（inclusion）と疎外（exclusion）の関係が存在し,さらに実際の外交政策のうえではこの認識を踏襲した政策が追求されていると批判する.この疎外を生じさせたものが,国家という形態にほかならない.

　主権国家の包含と疎外は少なくとも3つの点で説明できる.まず,国家はそれ自体が包含と排除のシステムであり,市民とよそ者,ある国家の主権と領土権はよそ者の国家の主権と領土権とは区別されるという点で,包含される市民とそうでない者とを隔てるのだ.第2に包括的な国際社会（society of states）は国際的な法規範と道義的な原則によって結び付けられているが,こうした原則に合致しないか,所属するにふさわしくないと見なされる国家に対しては排除の慣行が作用する.たとえば,国際社会はアパルトヘイト政策時の南アフリカを排除しておいたことがあげられよう.第3に,これがリンクレーターの批判的国際理論にとって重要なのだが,個人は個別の主権国家だけに帰属しているのではなくて,もっと包括的な全人類の共同体にも帰属しているという道義的な確信が存在している（Linklater 1992, pp. 83-84）.

　この問題に対して,リンクレーターはカント的な全人類的な国際関係（普遍的な倫理,共和政体の興隆による変化の期待,そして国際共同体を構築する倫理的な外交政策の概念化）を掲げる（Linklater 1990b, p. 139）.彼の認識で重要な点は,市民権という概念が国民国家のなかのみに限定されるべきではないという点である.リンクレーターによれば,市民は人間性に訴えることで,自分たちの国家の国際的道義的,法的責務に反して出された法律や命令を拒絶できると国家に訴えることができる.国際関係では国家中心の考えに挑戦し,普遍的な経済的政治的営みのシステムの構成を究極目的として,より人間中心の国際関係論の視座を提示する（Linklater 1990a, p. 203）.すべての組織的な疎外の形態から脱することの必要性,人類のすべてのメンバーの合意を確保できるグローバルな取り決めを発展させる責務が,この人間中心の国際政治における普遍主義であると説明されている（Linklater 1990b, p. 142）.くわえて,排除的な主権国家を超えて,国際社会のなかにコスモポリタン的（全地球的）価値を導入することを支える理論が彼の批判的国際理論である.

　リアリズムは国家間関係における国家を超える政治的権威の不在からパワーによる闘争を強調しているが,戦争は国家という政治共同体の境界線を形成す

る重要な決定要因となった（Linklater 1990b, p. 144）．リアリズムは政治共同体のなかに，万人の万人に対する闘争，すなわちリンクレーターの言う疎外を含むために共同体メンバーに人間中心の普遍的目標を実現させるような国際政治を想定しない．換言すれば，リアリストの国際政治観では人間が解放されないのである．マルクス主義は階級闘争以外に資本主義における矛盾から変革が生じると説明するが，国家間関係の競争からなぜ戦争が起きるのかについてほとんど説明しない．したがって，リンクレーターはリアリズムとマルクス主義を超えて，批判理論に解放の視座を求める．この解放の計画は国民国家を超えて共同体を延長する実践的な計画であり，今までに考えられてきた国際政治における共同体の概念や前提を再考すること，そして道義的な包含と疎外の原理の本質とこれが変容できることを訴えるのである（Griffiths 1999, p. 141）．

　リンクレーターの批判理論が進める3つの領域は，規範的，社会学的，人間行動学的見地から包含と疎外の関係を国内政治からはじめて国際関係で問い直すことである．そのために彼はカント的コスモポリタン的進歩主義とハーバーマスの対話倫理（discourse ethics）を援用して，共同体の意味を再考するのである．リンクレーターが目指すものは主権国家システムに取って代わる「グローバル・ガバナンスのコスモポリタニズム」なのである．このことを少し詳しくみてみよう．

　リンクレーターの批判理論は，国家を規範的な問いから再考することから始まる．彼にとって重要な示唆を与えてくれる理論家はハーバーマスである．人間は社会と政治の形態に関する開かれた対話に平等に参加する権利をもっているという，道義的な基準が出発点である．そこから，最初から対話から疎外させられる正当な根拠はないという重要な点が得られる（Linklater 1992, p. 92）．これを踏まえて国家の一員としての市民権と市民が，人類の一員としてもっている権利をどのように把握できるか．批判理論はより広い人類共同体の道義的立場から伝統的国家主権に疑問を投げかける．国家の外にある倫理的な基準に訴えるのではなく，批判理論は国家自身の疎外という慣行を普遍的な道義性から問い直す（Linklater 1992, p. 93）．リンクレーターのこの規範的目的は，国際関係にも道義的政治的共同体を広げることを目指す．

　批判的国際理論における社会学的領域は，国家を隔てる国境には市民と他者を道義的に隔つ以上の重要性があり，ウェストファリア・システムとは国家が

3 批判的国際理論の展開

> **Box 11.4　リンクレーターの批判理論の 3 つの領域**
> 批判理論の規範的領域（normative domain）は現状の社会的慣習を批判し，改善された生活様式を想像するのに用いることのできる恣意的でない原則に言及する．社会学的領域（sociological domain）は過去の社会間システムと現代の国際社会におけるこうした原則の史的展開の分析に言及する．人間行動学的領域（praxeological domain）は現代に蓄積している道義的資本を考慮し，政治共同体の新しい形態をつくりだすことに向けられる．
>
> ——Linklater 2001, p. 25

1 つの政治共同体にすぎないこと，ウェストファリア後の脱国家主権の国際関係の誕生の可能性に関心をもつ．国家という政治共同体が統治の支配的な形態となった理由は，国家による 5 つの力の独占に由来する．これらは，限定された領土内の暴力の正統的手段の独占，徴税権，不断の政治的忠誠を要求する権利，市民の間の紛争を裁定する唯一の権威，国際法の権利やそれを代表する唯一の主体である（Linklater 1992, pp. 95-96; Devetak 2001, p. 168）．リンクレーターはこの 5 つが**全体化の計画**（totalising project）として完成した結果，主権の境界線，領土，国籍，市民権が完全に重なり合わなければならないという仮定で統治される政治が誕生したと考察する．したがって，現代国家の「全体化の計画」を修正し，道義的政治的共同体の境界を変更することが，リンクレーターの次の人間行動学からの分析につながる．

人間行動学の領域は，直接に人間中心の国際政治につながる．ここでは「全体化の計画」の仮定のように政治共同体が国家という 1 つの統治形態に収斂することを認めない．人間中心の国際政治を実現するために，リンクレーターは対話倫理を援用する．対話倫理は誰もが同意に達するよう努める対話の様式をとおして，原則の妥当性が確立されると主張する（Linklater 1996, p. 286）．対話倫理には，影響を受けるすべての当事者が実際の対話のなかで，参加者として合意にいたる規範を妥当と考える原則がある．

したがって，国際政治で国家という共同体が行う恣意的な疎外，すなわち国家の一員としての市民と国家を結び付け，人類の一員としてのメンバーを考慮しないことを修正し，グローバル化する世界で存在する個人・市民の複数の帰属先，利益，アイデンティティを浮き彫りにするのである．対話倫理のロジッ

クでは，このように疎外から解放された道義的な行為主体はすべての境界線や縛られた共同体を問題視し，伝統的な国家主権と市民権の再考をうながすのである（Linklater 1996, p. 294）．それでは，国際政治で対話倫理に基づく批判理論が展開されると，どのような変容が期待できるであろうか．

　まず対話倫理をもつ誰もが同意に達するように努める同意的熟議的（consensual deliberative）な特徴から，民主的な意思決定過程の手続き的な指針が得られる．ここでの鍵は，すべてのレベルの社会的政治的営みにおける対話の理想を具体化する制度的取り決めを発展させることである．これによって，暴力的な紛争の規制と，すべての関係する人々に受け入れられる解決にいたる手続きを供給することができるかもしれない．第三者の調停に対話倫理を導入することで，紛争当事者に同意可能な決定をうながすことが可能となるかもしれない．さらに，われわれが国家による包含と疎外の関係から脱却して，新たな共同体形成の意識を高め，対話と熟議により包摂的な制度構築へと実践の道を見出すことを可能にするかもしれない（Devetak 2001, pp. 173-175）．欧州連合の展開は，こうした視点を対話倫理との関係から確認できる良い事例となるであろう．

4
批判的国際理論の展望

　最後に批判的国際理論は，主流理論に対して現実の国際政治を見るうえで有効な視点を供給し続けるために，今後どのように発展していけばよいのだろうか．コヘインのいうように，独自の研究プログラムを蓄積していかない限りは，社会理論を援用した，リフレクティビズムの単なる1つのアプローチとして自己完結し，細分化するおそれがある（Keohane 1988, pp. 392-393）．理論と実践とは結び付いているという批判的国際理論の主張を具体化するために，少なくともここでは理論を踏まえた政策の方向性を指摘する必要があろう．

　それは，主流理論の研究プログラムに対する代替プログラムの提示である．批判理論を踏まえた実証研究として，最近の**批判的安全保障研究**（critical security studies）があげられる．リアリズムが安全保障研究を高次元の政治に位置づけて，最重要な研究プログラムにしてきたことを考えると，異議申し立ての批判的安全保障研究は対照的な立場にある．

批判的安全保障研究は，安全保障の指示対象（referent）をリアリズムのように国家だけに狭めて考えない．安全保障の指示対象は個人であり，安全保障は個人の享受する権利である．脅威となるものは何か，誰の何の安全が確保されるべきかについて，個人は国家よりも優先されるべきであると考える（Krause and Williams 1997, pp. 43-45）．こうした指示対象の深化は，必然的に安全保障の視角の拡大をうながす．安全保障のテーマは，単に軍事的位相だけではなく，環境，経済，社会，政治的な面も密接に関係していると説く（Booth 2005, pp. 12-17）．

　批判的安全保障の視点は，国家の安全保障と衝突することもありうる．抑圧的な国家体制のなかで個人が享受すべき人権の保護，拷問や不当な投獄からの解放，暴力や日々の生活物資の欠乏からの解放は，**人間の安全保障**（human security）と考えられないだろうか．また，こうした事態に直面した国際社会が人道的介入を試みることは，無政府的な国際システムのなかで生存確保に向けて行動する原理とはおのずと異なっている．視点をさらに広げて，個人を世界的規模の関心を抱える超越的な人間の共同体のメンバーの一員と考えてみよう．国家の境界線を超えた問題群つまり環境汚染，テロリズムなどが個人の安全に重大な影響をおよぼしている．こうした場合，安全保障の対象は特定の国家であるとする視点は，希薄になる．

　今日では日本やカナダをはじめ，様々な国家が人間の安全保障を外交テーマに据えている．理論としての実践を主張する批判的国際理論は，この人間の安全保障にどう貢献できるのか．それは，解放としての安全保障（emancipatory security）として，われわれの存在を地球規模での共同体の一員として考え，個人間の差異を認め，リンクレーターの主張に見られたコスモポリタン的共同体の構築をうながすことであろう．安全保障と共同体について，われわれが普段受けとめている考え方は，国家間の安全保障共同体であろう．この見方は，共同体のメンバーは国家であり，紛争を解決するために暴力の不行使を共通の規範と相互に認め合い，浸透させることで不戦の共同体ができあがると考える．しかし，これには批判的安全保障論からは異論が提示される．国家間の安全保障共同体の内と外とでは共通の規範の浸透度は異なるのか，違った行動ルールがあるのか，またどこでメンバーが始まり，どこで終わるのか，メンバーと非メンバーの差異はどうとらえるのか．

リンクレーターの主張を敷衍するならば，批判的安全保障論における安全保障と共同体との関係は，いわば「安心共同体」であろう．この共同体のなかでは疎外するものと疎外されるものとの差異を認めたうえで，その違いが対話を通じて理解，共感を得られる制度の構築が必要とされる．それには政治共同体の1つの形態として主権国家以外に，国際政治の実践として，人間中心の安心共同体という視点で国際関係をみていくことが必要である．リンクレーターによれば，この理想的な安全保障共同体は，すべての人間が対話に参画する権利をもつ制限のないコミュニケーション共同体のかたちをとる（Linklater 2005, pp. 126-127）．批判的安全保障論は公共性，対話，同意の原則を展開する政治共同体の実現に向けて，現実世界との対話から，人間の安全保障という公共善を政策課題として追求すべきなのである．

要点の確認　Questions

① 批判的国際理論が依拠している批判的社会理論での重要な概念である「解放」は，どのように説明できるか．
② コックスの言葉「理論とはいつも誰かのためにあり，何らかの目的のためにある」が意味しているものは何か．
③ 批判的国際理論はネオリアリズムの欠点がどこにあると考え，どのように批判しているか．
④ コックスの生産関係を中心にした批判的国際理論は，世界秩序の形成とその変化の可能性をどのような構造でとらえようとしているのか．
⑤ リンクレーターの批判理論の3つの領域は，人間中心の国際関係構築に向けてどのように説明されているか．

批判的国際理論をもっと知るために

Guide to Further Reading

ハリディ，フレッド（1997〔原著1994〕）『国際関係論再考――新たなパラダイム構築をめざして』（菊井禮次訳）ミネルヴァ書房.
　▷本章でも紹介した主にアメリカ出自のネオリアリズムに対する批判だけでなく，西欧マルクス主義やイギリス学派などを説明，批判しつつ1990年代の事象を中心に論考し

ている.筆者は国際関係理論構築において理論的省察を欠いた単なる事実の記述,歴史そのものを分析せずに理論化を図る2つの危険性に対して警鐘を鳴らす.

土佐弘之(2006)『アナーキカル・ガヴァナンス――批判的国際関係論の新展開』御茶の水書房.
　▷本章で取り上げた批判的社会理論はフランクフルト学派が中心であったが,ミッシェル・フーコーなどのポスト構造派から「批判的に」国際関係を論じる見方もある.こうした批判理論を比較してみるうえで有益な1冊である.

ピュージー,マイケル(1993〔原著1987〕)『ユルゲン・ハーバーマス』岩波書店.
　▷国際関係論そのものの説明ではないが,批判的社会理論のなかでハーバーマスの占める役割は大きい.本書は初期ハーバーマスの論考を中心にコミュニケーション行為論までを知る上で良い概説書となる.

永井彰・日暮雅夫編著(2003)『批判的社会理論の現在』晃洋書房.
　▷前掲のピュージーの本がハーバーマスのコミュニケーション行為論までをカバーしたことに対して,本書はその後の『事実性と妥当性』や討議倫理までの展開をフォローした,社会理論家による専門書である.

Wyn, Jones, Richard (2001) *Critical Theory and World Politics* (Boulder: Lynne Rienner).
　▷コックスとリンクレーターの批判的国際理論の第1世代と彼らに続くいわば第2世代の論文を中心に編集され,今日の批判的国際理論の位置づけを概観できる.所収されているウェント論文で彼のコンストラクティビズムが果たして批判理論と考えられるかで議論が分かれるだろう.

あとがき

　本書は国際関係の主要理論をまとめたものである．本書の主な狙いは，国際関係分析における理論の重要性や有用性を学生や研究者，のみならずジャーナリストや一般の方々に理解していただき，国際関係理論を実際の国際関係の説明や理解に役立ててもらうことである．

　本書の執筆者は，それぞれの分野を専門とする研究者であり，与えられたテーマについて，なるべく包括的かつ網羅的に理論の内容を説明することを心がけている．もちろん，本書が国際関係理論のすべてのテーマを扱っているわけでもなく，また本書の理論の分類方法が最善のものであるとは思わない．これ以外にも，理論の紹介の仕方，整理方法は数多くあるだろう．

　また，われわれは国際関係分野における理論的アプローチの効用を妄信しているわけではない．マンハイム（Karl Mannheim）の有名な警句，すなわち，どのような理論であっても，その背景にある特定の集団の見方に拘束されるということは，十分に理解しているつもりである（マンハイム『イデオロギーとユートピア』未来社，1968年）．理論は特定の価値やイデオロギーから全く自由になることはできないため，完全に客観的なものにはなりえない．ましてや，無謬の真理や法則などを導くこともできない．とくに政治学や国際関係学の理論には，こうした問題が顕著に現れやすい．しかし，それでもなお理論は国際関係研究の重要な道具であると，われわれは確信している．本書は，必要不可欠と思われる国際関係の主要理論や方法論とその背景や課題を読者に紹介するという，1つの試みなのである．

　本書の最初の発案は，共編者の吉川直人によるものであった．吉川はアメリカで国際関係学を修め，長年，国際公務員として世界各地で働いた後，学究生活に入った経験をもつ．特にアメリカで国際関係研究を学んだ吉川は，日本の大学生が物事の客観的判断に必要不可欠な「批判的思考（critical thinking）」力を身につけるためには，もっと理論を勉強することが必須だと考えた．そこで吉川の考えに共感した野口和彦とともに，まずは日本の学部学生が読める日本語の国際関係理論のテキストを探したところ，確かに優れた教科書はたくさん

あるものの，方法論から主要な理論までを幅広くカバーするテキストがなかなか見つからなかった．そこで，自分たちで国際関係理論をまとめた本を作ろうということになった次第である．

はじめに，吉川と野口は，見本となりそうな国際関係理論テキストを世界中から収集して目を通した．そして，それらを参考にしながら本書の構成や内容を練り上げ，共同研究者を募(つの)って，本書を完成させるにいたった．本書が完成するまでには，検討会議やインターネットを通して，執筆者同士でお互いの原稿について，何度もコメントを交わした．時には厳しい批判が寄せられることもあったが，参加者はそれらを真摯(しんし)に受け止め，各自，自分たちの原稿に生かした．こうした批判に寛容な知的雰囲気は，われわれの財産であり，本書の完成には不可欠なものであった．

本書の評価は読者に任せるべきであるが，編者としては，執筆者は各理論や方法論を分かりやすく解説することに成功したと確信している．このような多岐(き)に富んだ理論を複数の執筆者が一冊の文献にまとめるには，お互いの協力が必要である．幸いなことに，本書に参加してくれた研究者は，編者たちに惜しまず協力してくれた．誠に有難(ありがた)く思っている．もちろん，執筆者，とりわけ編者の未熟さと力量不足のため，本書の内容には不十分な点が数多くあるだろう．読者の皆様には，ご叱正(しっせい)を賜(たまわ)りたくお願い申し上げる次第である．

本書を完成させるまでには，多くの先生方にご支援を頂戴した．はじめに，早稲田大学大学院の天児(あまこ) 慧(さとし)教授に心から感謝申し上げたい．天児先生は，本書の価値について理解を示してくださり，出版にあたって，惜しみない支援をくださった．また，本書の構想段階では，構成から内容まで，親身なアドバイスを頂戴した．おそらく，先生のお力添えがなければ，本書は陽の目を見なかったに違いない．心より感謝申し上げたい．また，「第1版まえがき」を寄せてくれた，シカゴ大学のジョン・ミアシャイマー教授にも，お礼を申し上げたい．ミアシャイマー先生は，われわれのプロジェクトに共感を寄せてくださり，本書の意義を「第1版まえがき」で力強く的確に説明して下さった．衷心(ちゅうしん)より感謝の意を表する次第である．

本書の編集の労をとってくださった，勁草書房の宮本詳三氏と上原正信氏にも感謝申し上げたい．出版事情が厳しいなか，こうして本書を世に問うことができたのも，両氏のご支援があってのことである．最後に，本書の第1版出版

にあたっては，東海大学の学部等研究補助金の助成を受けた．東海大学の関係者にもあらためてお礼を申し上げたい．

2015年8月　執筆者を代表して

吉川直人・野口和彦

用語解説

◆ア　行――

安全保障（security）
▶伝統的には，国家が外部の脅威から，自国の独立や自由などの中心的価値を主に軍事力（時には経済力，外交手段）によって守ること．近年では，非国家主体の脅威，環境保全や食糧確保，人権擁護，伝染病の予防なども安全保障の範疇（はんちゅう）に含められることもあり，より広い意味で使われる傾向にある（「人間の安全保障」と「批判的安全保障研究」の項も参照のこと）．

安全保障共同体（security communities）
▶ドイッチュは，国家同士が長期にわたり，量的・質的に社会的なコミュニケーションを拡大し，相互理解を深めることで，安全保障を共有するという価値観がはぐくまれ，戦争勃発の可能性が著しく低下し，主権国家の枠組みを維持しつつも，協調して安全保障を維持する共同体が形成されていくとした．近年のアドラー（Emmanuel Adler）やバーネット（Michael Barnett）による安全保障共同体の議論では，国家のエリートレベルでのアイデンティティ（同属意識）や規範の形成と共有という要因が，共同体形成にとって重要であるとされている．

安全保障のジレンマ（security dilemma）
▶ある国家が安全保障を確実にしようとしてとった措置は，相手国の対抗措置を招き，結果的に両国の安全性は高まらないことをいう．自国を守るために軍事力を高めたことにより，相手国もそれに警戒して軍事力を高めることになり，結果的に所期の目的を達成できないという軍備競争はその端的な例である．

インフレ（inflation）
▶インフレーションの略称．通貨の発行量が市場で必要とする量を上回るために，通貨の価値が下落してしまうこと．その下落度が激しい場合，貨幣に対する信用がなくなり，生産および流通に阻害が起こる．1990年代に起きたロシアのインフレでは，100ルーブルであった財・サービスが1年後には7000ルーブルになり，70倍に物価が上昇した．

ウィーン会議（Congress of Vienna）
▶1814年から1815年にかけて，オーストリア，イギリス，ロシア，プロシア，フランスが中心となり，ナポレオン戦争後のヨーロッパの秩序構築について協議した会議．この会議では，フランスの旧体制の復活とフランス革命以前の各国の主権と領土の維持という正統主義の原則が重視された．これらの国々は，大

国間のバランス・オブ・パワーを保つことに腐心するとともに，互いに自国のナショナリズムの高揚(こうよう)や革命勢力の台頭を危惧していたため，国家間の利害関係について，相互の意見交換，行動の監視，利害調整を行うことで平和的解決を目指した．それによってもたらされた秩序は「ヨーロッパの協調」と呼ばれた．

ウェストファリア・システム（Westphalia system）
▶ 三十年戦争を終結させた1648年のウェストファリア条約によって，公式に認められた国際システム．国外の権威者にコントロールされることなく，主権をもつ独立国家により構成されているシステム．したがって，このシステムにおいては国家が構成単位となる．

オイルショック（oil shock）
▶ 第一次オイルショック（石油危機）とは1973年の第四次中東戦争においてアメリカとオランダがイスラエルを支持したために，アラブ石油産出国が原油の減産や値上げを行い国際石油価格が急騰(きゅうとう)したこと．第二次オイルショックとは1978年のイラン革命により，イランからの原油の輸出が一時的に止まり，国際市場の供給量が減り，石油価格が暴騰(ぼうとう)したこと．

◆ カ　行──

回帰分析（regression analysis）
▶ 相関分析をさらに発展させたもので，1つ以上の独立変数のデータを用いて，従属変数の影響（関連）を予測すること（「相関分析」の項も参照のこと）．

解　放（emancipation）
▶ フランクフルト学派を貫く重要な概念の1つ．ある現実が矛盾に満ちている場合，それを受け入れる現状維持の考えは，自分たちが自らに課した抑制に由来していると同学派は説き，そこからの解放を訴える．解放とは社会変容に向けた規範的な根拠となり，ハーバーマスの批判理論は実証主義に立脚した社会理論からの解放を訴え，自由に発話し，討議する主体同士のコミュニケーションによる相互理解にいたることによって，この解放が達成されると考える．

間主観（intersubjectivity）
▶ 主観をもったそれぞれの主体（アクター）間で成り立つ社会的営みにおける物事の共通の認識や理解．コンストラクティビズムにとって，最も重要な分析概念．コンストラクティビズムによれば，たとえば国際関係における国益やパワーといったものは，物理的物質のように客観的に存在するものでもなく，また個々の主体が主観的に全く異なって認識しているものでもなく，共通の認識や理解によって，すなわち間主観的に構成されるとしている．

関税および貿易に関する一般協定（General Agreement on Taris and Trade: GATT）
▶ 自由貿易推進のために1947年に国家間で調印された国際協定．また，その協定

を履行するためにつくられた国際機関のことも指す．英語の略称でガットとも呼ばれる．基本的原則は，①貿易制限措置（関税や数量制限）の削減と，②関税の無差別待遇である．1995年にガットを発展解消させ，新たに世界貿易機関（WTO）が設立された．

帰結論（consequentialist theories）
▶何が正当化しうる行為かを判断するうえで，その行為が結果的に産み出す善の量が悪の量に比較して多いか否かを基準にするという議論（「義務論」の項も参照のこと）．

規範理論（normative theory）
▶人間や国家の行為を，正当化しうるものと正当化しえないものに区別する倫理的判断をするための理論．

帰無仮説（null hypothesis）
▶ある考えが正しいか否かを判断するために設定される仮説．「明らかにしたいことの反対の仮説」を設定して，それを否定することで逆説的に自らの仮説の正しさを証明する．この起点となる仮説を帰無仮説（null hypothesis）と呼ぶ．第3章では理解しやすさを優先して省略したが，正式には，帰無仮説はH_0，対立仮説はH_1と記述する（「対立仮説」の項も参照のこと）．

義務論（deontological theories）
▶何が正当化しうる行為かを判断するうえで，行為が結果的に産み出す善よりも行為の規則の内在的価値を基準にするという議論（「帰結論」の項も参照のこと）．

共産主義（communism）
▶マルクスとエンゲルスが確立した理論を集約した思想体系．資本主義社会においては生産手段をもつ資本家階級（ブルジョアジー）が労働者階級（プロレタリアート）の作った剰余価値（＝労働者が受け取った報酬以上につくりだした価値）を搾取しているため，労働者階級と資本家階級の貧富の差が広がってしまうとされる．労働者階級が階級闘争（＝プロレタリア革命）の末，生産手段を所有し，社会主義を打ち立て，その後に共有財産制により，労働者が能力に応じて労働し，必要に応じて分配をうけ，貧富の差のない社会体制（共産主義体制）を目指す思想（「社会主義」の項も参照のこと）．

グローバル企業（global enterprise/company）
▶世界中にほぼ同一の商品・サービスを提供して，世界に通用する商品・サービスを作り，利益を上げていく企業．現在の好例としては，マイクロソフト，グーグル，ジョンソン＆ジョンソンなど（「多国籍企業」の項も参照のこと）．

経済制裁（economic sanctions）
▶国際社会において不当な行為を行っている国に対して，経済的圧力を加え，その行為を是正させようとすること．経済制裁の手段は次の3つが一般的なもの

である．①対象国との貿易を制限，あるいは禁止すること，②対象国との通信，運輸等の交流サービスを制限，あるいは禁止すること，③対象国の海外資産などを凍結し，資産の移動を妨害すること．

経路依存（path-dependency）
▶法律や制度，組織，政策などが，後になって周りの諸条件や環境が変化したにもかかわらず，過去の遺産や慣性として，現在にいたるまで継続し，影響をもつ現象．

交易条件（terms of trade）
▶ある一定量の輸出品をどれくらいの輸入品と交換できるかを示す比率．たとえば，1単位の工業製品が100ドルで，1単位の農産物が50ドルであり，ここで貿易が行われると工業製品1単位と農産物2単位になるので，交易条件は1：2ということになる．この貿易において交易条件が1（工業製品）：3（農産物）になった場合，農産物の交易条件が悪化したという．

公共財（public goods）
▶各個人が共同で消費することができ，しかも，その費用を払わない個人を排除できない財・サービス．たとえば，国防，警察による治安維持，一般道路，公立学校の教育など．公共財は特定の個人で購入することができないため，市場で取引できず，一般的には政府により供給される．

合理主義（rationalism）
▶真の認識は見る，聞くという感覚的な経験に基づくのではなく，人間に備わっている特質である「理性」により判断されたものが真の認識であるという考え方．感覚では自分が観察する現象の仕組みを認識することはできず，理性により論理的に引き出されたその仕組みの理解が真の認識であると考える．国際関係理論においては，アクターの行動を感覚で観察するのではなく，論理的に導き出された行動学的規則やパターンを知ることで，事象を説明・理解できるとする考え方（「リフレクティビズム」の項も参照のこと）．

国際構造（international structure）
▶無政府状態といった国家を取り巻く目に見えない環境やパワーもしくは能力の分布（配分）状況といった物質的環境のこと．ここでいうパワー分布とは，どの国がどのくらいのパワーをもっているのか，ということを表す．たとえば，単極（1極）システム，2極システム，多極システムとは，国際構造のパワー分布をそれぞれ分類したものである．

国際システム（international system）
▶システムとは，相互に関連する単位から構成される体系のことを指す．国際システムといった場合，基本単位は国家ということになる．したがって，国際システムとは，相互に関連する国家により構成される体系のこと（「単極システム」と「2極システム」の項も参照のこと）．

国際政府機関（intergovernmental organization: IGO）
▶ 政府が組織した政府間機関のこと．国連機関，EU，ASEAN 等がある．

国際非政府組織（international nongovernmental organization: NGO）
▶ 個人また私的なグループにより組織された国際機関．「非政府組織」よりも，「NGO」という言い方が一般的．

国際分業（international division of labor）
▶ 各国が相対的に安い生産費で生産できる比較優位にある財（生産物・サービス）の生産に特化し，その財を輸出し，他国からはその国の比較優位のある財を輸入することにより，貿易当事国は双方とも利益が得られると比較優位説では説明している．この場合，すべての国が比較優位のある財だけを生産・輸出（＝特化）することにより，最も効率のよい世界経済生産構造ができると考えられる．この状態を国際分業とよんでいる（「比較優位説」の項も参照のこと）．

国際連盟（League of Nations）
▶ 第一次世界大戦後，アメリカのウィルソン大統領の提唱により，1919年のベルサイユ条約にその規約が盛り込まれた集団安全保障体制を実現するために創設された国際機構．1920年に45カ国で発足．提唱国のアメリカは上院の批准が得られず加盟しなかった．1930年代にはいると，国際連盟は，日本の満州事変やイタリアのエチオピア侵攻などに対して十分対応できず，さらに日本とドイツは脱退し，結局，集団安全保障体制を確立することはできなかった（「集団安全保障」の項も参照のこと）．

国　民（nation）
▶ 歴史の経験，同じ言語，同じ民族意識等の共通意識をもった人々の集まり．英単語の nation は「民族」や「国」という意味もある．

国民国家（nation state）
▶ 同じ国民意識をもった人々が法律を設定し，ある一定の領土を自ら統治する法的に独立している地域．「nation state」は「民族国家」と訳されることもある．

国　家（state）
▶ 主権を持つ組織，または個人によって統治された一定の領域．現代の主権国家ではその領域内，および領域外においても法的に独立が認められている．アメリカ合衆国はこのような独立統治地域だった「state」が一緒になったものであるので各州は「state」である．

国家中心的道義主義者（state moralists）
▶ 国内社会における個人がまず自由を認められるべきであるように，国際社会における国家もまず政治的独立を認められるべきだと考える論者．

◆サ 行

資源ナショナリズム（resource protectionism）
▶開発途上国が先進国や多国籍企業により乱獲されていた自国の天然資源を守るために，天然資源の採掘権を自国の権利として主張した政治的動き．この主張は1962年に国連総会において「天然資源に対する恒久主権の権利」の宣言として明文化された．

市　場（market）
▶財・サービスの売り手と買い手によって，量と価格が決められ取引が行われる場所．現在はコミュニケーション手段の発展により，取引のかたちが多様化しているため，特定の場所を指すのでなく，売り手と買い手の供給と需要の間にある交換関係を示す場合が多い．

実証主義（positivism）
▶社会科学における実証主義とは事実と価値を分離し，自然科学と同じ科学的手法によって，客観的，普遍的規則性を見つけ出すことによって現象を説明したり，理解したりできるという考え方．国際関係理論においては，基本的に3種類の使われ方が見られる．①認識論の1つとして経験主義と同じように使われる．②方法論として，科学を行うための一連の規則として使われる．③数量データ分析を行う行動主義と同じように使われる．国際関係理論の書物での実証主義という用語は文脈によってもつ意味が違うので留意する必要がある．

社会主義（socialism）
▶資本主義社会に自然発生する労働者と資本家との間の階級闘争の末，生産手段と分配手段を社会が所有し，労働者は能力に応じて労働し，その労働に応じて分配を受ける社会体制．資本主義から共産主義へ移る移行期の状態の社会体制．広義には共産主義と同等の意味で使われることもある（「共産主義」の項も参照のこと）．

重商主義（mercantilism）
▶15世紀後半から18世紀の半ばにヨーロッパ諸国がとった貿易政策．国家の保護（時には軍事力を使用）により，安く買って，高く売る貿易差額を得て，国の富を増大させるという考え方．

従属変数（dependent variable）　→　**変　数**

集団安全保障（collective security）
▶各国が共同で，相互に不侵略を誓約し，万が一，ある一国が他国を軍事的に侵略した場合，他のすべての国が侵略国に対して制裁を加え，侵略行為を排除し，集団で安全保障を確立，維持していこうとする体制．

主　権（sovereignty）

用語解説　369

　▶特定の領域や居住地の統治をその地域の代表が行う権利のこと．領域外の権威組織，または権威者の支配なく独立している状態．今日の国連総会で承認された国家はすべて主権をもっている．

小標本（small n）　→　**大標本**

新国際経済秩序（New International Economic Order: NIEO）
　▶開発途上国が自ら提案した，南北間の経済的格差是正および開発途上国の貧困問題を解決するための国際経済秩序のあり方．1974年の国連特別総会において，NIEO（ニエオ）は国連宣言として採択され，開発途上国はそのなかで先進国に対し，様々な特恵（とっけい）待遇を設置することを要求していた．しかし，この秩序は実現されなかった．

スエットショップ（sweatshop）
　▶極悪な労働条件かつ，低賃金で働かせる工場．一般的に基本的人権が確立されていない国に存在する．

政策決定のモデル（decision making models）
　▶アリソン（Graham Allison）は合理的選択モデル，組織過程モデル，政府内政治モデルという3つのモデルを用いて対外政策決定過程を説明している．第1の合理的選択モデルでは，政府を単一の合理的なアクター（行為主体）と仮定し，対外政策決定は合理的選択の結果であるとしている．第2の組織過程モデルでは，政府内の自律した官僚組織の標準作業手続き（のっと）に則り政策が遂行されるとしている．第3の政府内政治モデルでは，政府の政策決定は政府内の官僚組織や閣僚間の政治力学の結果であるとされている．

生産性（productivity）
　▶ある一定の期間に一定の量を生産するために必要とされる生産要素（資本，労働，土地＝資源）を投入する量の度合い．生産要素をあまり使わず，生産できれば「生産性」が高いと考える．

正統学派（orthodox school）
　▶アダム・スミスの自由経済思想を基に発展してきた経済学の主流学派．古典学派と同義．

世界市民主義者（cosmopolitans）
　▶諸国家の権利よりも諸個人の権利を優先すべきだと考える論者．たとえば富の分配についても，諸国家間の平等よりも諸個人間の平等を重視する．

絶対利得（absolute gain）　→　**相対利得**

戦争における正義（*jus in bello*）
　▶正当化しうる交戦中の行為だと見なされるために満たされなければならない基準．代表的なものに戦闘員に対する攻撃（非戦闘員に対する攻撃は可能な限り回避する）のルールなどがある（「戦争への正義」の項も参照のこと）．

戦争への正義（*jus ad bellum*）

▶正当化しうる戦争だと見なされるために満たされねばならない基準．代表的なものに侵略行為に対する自衛などがある（「戦争における正義」の項も参照のこと）．

全体化の計画（totalising project）
▶リンクレーター（Andrew Linklater）が，現在の主権国家体系が包含と排除のシステムであることを説明する前提となる議論のこと．主権国家体系があたかも絶対的な政治共同体であると考えられるようになったのは，全体化の計画が成功したからだと考える．この成功は，限定された領域内での暴力的手段の独占，徴税権（ちょうぜいけん），政治的忠誠心を要求する権利，市民間の紛争を裁く唯一の権威であること，国際法の権利の実行主体であることの5つによるとされる．

相関分析（coelation analysis）
▶2つの変数間の関係を調べる統計的手法．この分析により，変数間の影響の度合いや因果関係があるかどうかが判断できる．また，2変数間にどのような関係，たとえば，正の相関関係（＝正比例），負の相関関係（＝反比例）なども分析できる（「回帰分析」の項も参照のこと）．

操作化（operationalization）
▶観測不可能な概念を観測可能な変数に変換する作業のこと．定量的研究には数量データが必要だが，取り上げる変数が抽象的な概念である場合，そのままではデータとして使用することはできないので，その概念を的確に表している具体的な事象に置き換えることで分析可能な変数にする．たとえば貧困→1人あたりGDP，学歴→就学年数などがそれに当たる．

相対利得（relative gains）
▶アクターが獲得する利得（利益）について，他のアクターの利得と比較して，その差から利得の大小を示す場合，相対利得という用語が使われる．対語として，絶対利得という用語がある．これは他のアクターと利得の多寡（たか）を比較するのではなく，あるアクターがどの程度，自分の利得を増やしたかどうかを示すものである．たとえば，A国とB国が協力した結果，A国は5の利得を得て，B国は6の利得を得たとすると，A国は絶対利得を得たがB国に対する相対利得を失ったといえる．

存在論（ontology）
▶世界に存在する基本的な物事の本質について考察する学問．国際関係理論においては，たとえば「国家」の本質とは何かをさぐる哲学的思考方法．

◆タ　行──

大標本（large n）
▶標本とは，推測統計における母集団を構成する個々の要素．したがって，大標本とは，統計上の有意を確立できるのに十分な観察ができるだけの多くの標本

数のことである．他方，小標本とは，統計上の有意を確立することが難しい標本数のことである．また，大標本は20以上の観察をともなう研究，小標本は10より少ない観察をともなう研究を指す場合もある（「統計上の有意」の項も参照のこと）．

対立仮説（alternative hypothesis）
▶ 帰無仮説と対比して設定される仮説を対立仮説（alternative hypothesis）と呼び，こちらに「明らかにしたいこと」を設定する．帰無仮説は，それが否定されることで対立仮説が証明されるように設定する必要がある．正式に略記する場合は H_1 である（「帰無仮説」の項も参照のこと）．

多国籍企業（multinational corporation: MNC/ transnational corporation: TNC）
▶ 支店，自社工場をいくつかの国にもっている企業．今日のほとんどの主要企業は最大利益を求めるために多国籍化している（「グローバル企業」の項も参照のこと）．

単極システム（unipolar system）
▶ 卓越したパワーをもった1国によって支配されている国際システム．冷戦後のアメリカ単独優位の時代は単極の国際システムといえる（「国際システム」と「2極システム」の項も参照のこと）．

中産階級（middle class/ petit-bourgeois）
▶ ブルジョアジーとプロレタリアートの中間に存在する階級．マルクスには予測しえない階級であった．

帝国主義（imperialism）
▶ ある大国が他国，または他民族を軍事力により支配し，経済をコントロールする政治体制および，その体制を説明する理論．ローマ帝国，ナポレオン帝国がその代表例であるが，レーニンは19世紀のヨーロッパ諸国の資本主義に基づいた対外政策も「帝国主義」として批判した．

デタント（detente）
▶ 張り詰めた国家間の緊張関係が緩和すること．1960年の末期から1980年までのアメリカとソ連で起こったような2国間の緊張緩和の関係．

デモクラティック・ピース論（democratic peace theory）
▶ 民主主義国家間では危機に直面しても戦争が起こることは極めて稀であることを説明する理論．民主主義国家同士の戦争が起こりにくいのは，民主主義国家のもつリベラリズムの規範，民主主義国家の分権的政治制度，政府の有権者に対する説明責任の制度，武力行使警告の信憑性など民主主義国家の様々な要素が不戦構造を構成しているからだとしている．

転換点（tipping point）
▶ 2つの変数間の因果関係において非連続性が始まる点．独立変数が極端に高い値や低い値に達した場合，独立変数そのもの，もしくは従属変数が質的に変化

する点. 分水嶺(ぶんすいれい)ともいう.

統計上の有意（statistical significance）
▶統計上，事象が偶然によるものではなく，必然的に起こっている可能性があること（「大標本」も参照のこと）．

道徳的機会（moral opportunity）
▶ウォルファーズ（Arnold Wolfers）の用語．国家が道徳的行動をなしうる機会のこと．政策決定者がどれだけ道徳的関心をもっているか，国家がどれだけ他国から独立して行動できるか，どれくらい生き残りの脅威にさらされているか等によって，各国がもつ「道徳的機会」の大きさは変わってくるとしている．

同　盟（alliance）
▶広義では，複数の国家が安全保障を確立するための協力関係のことをいう．通常は，同盟を組む国家同士が，取り決めに従い，脅威に対して軍事面で共同に対処することになる．

独立変数（independent variable）　→　**変　数**

◆ナ　行──

内生性（endogeneity）
▶従属変数値の変化が独立変数値の変化につながるような状況．もしくは，同一理論において，独立変数値の変化が別の独立変数値を変えてしまう状況のこと．外生性（exogeneity）の対義語．

ナショナリズム（nationalism）
▶国家は国民のためにあるべきであり，各々の国民はそれぞれ自分たちの国家をもつ権利があるという感情や考え方．nationalism は「国民（民族）主義」，「国民（民族）意識」，「国粋主義」等，様々に訳されている（「国民」の項も参照のこと）．

2極システム（bipolar system）
▶傑出したパワーをもつ2国による支配的な国際システム．例としては，冷戦期にアメリカ・ソ連という2つの超大国が君臨していた国際システムがあげられる（「国際システム」と「単極システム」の項も参照のこと）．

人間の安全保障（human security）
▶どのような社会環境の違いがあっても同等に「個人を守る」ための社会開発を行うという概念．特にどのような個人であろうと「恐怖からの自由」と「欠乏からの自由」は最低限の権利であるとされている．1994年の国連開発計画の『人間開発報告書』ではじめて使われた言葉．

認識論（epistemology）
▶物事の本質をどのようにして知ることができるかを探る哲学の1つ．知識論と

同義．国際関係理論においての認識論は，実証主義であるか，ポスト実証主義であるかが議論の中心となる（「実証主義」と「ポスト実証主義」の項も参照のこと）．

ネオリベラル制度論（neoliberal institutionalism）
▶国際的なルールや制度を通して，国家間における情報交換をうながすことによって，意図や行動の不確実性を低下させ，信頼を醸成していくことで国家間の利害対立を調整し，協力関係への期待を収斂(しゅうれん)させ，国際協調を可能にしていくとの立場をとる学説．

◆ハ 行──

媒介変数（intervening variable）　→　変　数
覇　権（hegemony）
▶語源は古代ギリシャにおいて，ある1都市国家が他の都市国家に対して支配的な立場にある状態に由来する．国際関係論では以下のように，理論的立場によってその意味あいが異なってくる．
　リアリズムでは，ある1国が他の国が追随(ついずい)できないほどの政治力（＝軍事力）と経済力を持ち，この国が自由市場の概念を理解し，その概念を国際市場で実現させようとする意思がある場合，他の国も自由市場から得られる利益が多いので，その力をもった国（覇権国）に従うようになる．リアリズム（および経済的ナショナリズム）においてはそのような支配力を覇権としている．非覇権国はこのような状態が続けば利益を得られるため，その国際システムを変える必要が無く，国際社会の安定が保たれると覇権安定論では説明している．
　世界システム論における覇権は生産力，流通力，金融力により世界商業を支配できる圧倒的な経済力を核に，他をよせつけない地位や権力を獲得することとされる．この覇権は循環すると考えられ，ウォーラーステイン（Immanuel Wallerstein）は覇権国を17世紀中期のオランダ，19世紀中期のイギリス，第二次大戦後のベトナム戦争までのアメリカであるとしている．この覇権の循環をマクロ的に分析することにより世界の本質が理解できるとした理論が世界システム論の覇権循環論である．
　批判理論家のグラムシ（Antonio Gramsci）による覇権とは，物質的な力によって相手に対して直接的に強制する能力に加えて，相手からの合意によって力による支配が支えられている状態のことを指す．社会の支配的な階層の道義や政治的文化的価値が社会全体に浸透し，従属する階層によっても異議申し立てなく受容されることで支配構造が成り立っている状態である．グラムシは資本主義社会のなかで前衛的な政党としての共産党がリーダーシップを発揮し，労働者階級の合意を獲得すべきであると考えた．

バランス・オブ・パワー（balance of power）
▶勢力均衡のこと．ある国家のパワーの増大に対して，別の国家がそれに対抗しようとすることをいう．国際システムにおけるパワーの分布状態を指すこともある．2国以上の国家が同程度のパワーをもち，それぞれの国家が牽制しあった結果，国際システムが安定した状態を保っていることも示唆する．

パワー（power）
▶国家のもつ総力や能力のこと．主に軍事力・経済力・領土・人口などから構成される．他の国の意思決定，行動に影響を与えられる能力に特定されることもある．最近では，目に見えない文化力・宗教観なども，パワーの重要な源泉として考えられるようになっている．力や権力とも表記される．

反　証（falsification）
▶理論や仮説，また，その基になる主張に誤りがあることを証明すること．反証可能性とは理論や仮説が反証に対し常に開かれた性格をもっているということ．科学理論は反証可能性があり，宗教のような非科学（ドグマ）は反証可能性がないとされる．

比較優位説（theory of comparative advantage）
▶自由な国際市場において，自国内で生産性の高いものを生産，輸出し，その代価で，自国で生産性の低いものを他の国から輸入することで，貿易当事国は双方とも，自国だけですべてのものを生産し，消費するよりもより多くのものが消費できることを説明したリカードの理論．このような国際貿易を行うと当事国すべてに絶対利益があると説明している．比較生産費説ともいう（「国際分業」と「生産性」の項も参照のこと）．

非関税障壁（non-tariff barrier）
▶低価格，または高品質の輸入品から自国の産業を保護するために用いられる関税以外の輸入制限手段．たとえば，輸入量制限，輸出自主規制強要，輸入製品（農産物など）への特別条件をつけることなど．

批判的安全保障研究（critical security studies）
▶伝統的な国家の安全保障研究から解放され，国家という枠組みをいったん外して，個々の人間の安全確保のためにどうすべきかを考える研究．いわば，国家を構成する基盤は個々人からなると考える研究分野．これには，非国家的主体や声なき人々（たとえば，難民や移民）も含まれ，安全保障の位相を軍事的なものからだけでなく，政治的，社会的，経済的，環境的な側面からも考えるべきとしている（「人間の安全保障」の項も参照のこと）．

標準作業手続き（standard operating procedure）
▶政策や行政業務を行う際に用いられる前例や慣例，マニュアルに従った標準的な手続きや処理の仕方．あるいは，官僚組織のなかで慣習化している業務処理の手続きのこと．アリソン（Graham Allison）の第2モデルである組織過程モ

デルでは，キューバ・ミサイル危機のような切迫した状況においても，政策遂行の際に，官僚組織の標準作業手続きが政策に影響を与えるとしている（「政策決定のモデル」の項も参照のこと）．

標本（サンプル）（sample）
▶標本とは，分析対象全体すなわち母集団から抽出された個体の集合を意味する．たとえば日本人の国民性を分析するならば日本人全員が母集団となる．ある一定以上の数の標本を人口統計学などに基づいた手法で抽出することで，母集団の代わりに標本を分析することによって母集団に関する情報を得ることが可能となる．

フランクフルト学派（Frankfurt School）
▶フランクフルト大学附属社会研究所を中心に活躍してきた，またその影響を受けて活躍している哲学者，社会学者のグループのこと．マルクス主義的理論を批判的に継承しつつ，西欧マルクス主義の系統に連なる考え方．現代社会における様々な歪みや矛盾がどのようにして生じてきたか，その過程と解決に向けた思想に関心をよせる学派．ハーバーマスはフランクフルト学派第2世代の中心的な人物であり，コミュニケーション行為論，対話倫理など批判的国際理論家へ多大な影響を与えている．

プレビッシュ＝シンガー・テーゼ（Prebisch-Singer thesis）
▶アルゼンチンのプレビッシュ（Raúl Prebisch）がドイツのハンス・シンガー（Hans Singer）と同時期に唱えた経済理論．技術進歩は工業製品の製造を容易にするが，第一次産品の生産にはあまり益を与えない．そのため長期で見ると，一次産品を輸出し，工業製品を輸入する国の交易条件は悪化し，その国の経済は発展しない．第一次産品輸出国が発展するためには，「内向的発展」といわれる国内工業化への道を歩むしかないとしている．国連貿易開発会議（UNCTAD）の経済理論として自由貿易レジームへの理論的批判の中心となったテーゼ（命題）（「交易条件」の項も参照のこと）．

ブレトンウッズ協定（Bretton Woods Agreement）
▶第二次大戦末期の1944年7月に米国ニューハンプシャー州ブレトンウッズで開催された連合国通貨金融会議で締結された協定．国際協力による通貨安定，貿易振興，戦後に期待される国際経済復興および開発のための国際金融レジームをつくることが目的．米ドルを基軸通貨として，金為替本位制と固定相場制を定めた．この国際通貨レジームを維持するためにつくられた機関が国際通貨基金（IMF）と国際復興開発銀行（世界銀行）．アメリカ経済の不振によりドルの価格が低下し，1973年には変動相場制に移行し，ブレトンウッズ体制は崩壊した．

分析アプローチ（analytical approach）
▶政治や社会の現象を理解したり説明したりするための接近方法．近年，政治学

の方法論における分析アプローチの研究が進み，比較政治学や国際政治学においても，特定の前提に立ち，仮説を検証していくといった分析アプローチがとられている．主な分析アプローチとして，合理的選択アプローチ，制度的アプローチ，文化的アプローチがある．

分析レベル（level of analysis）
▶国際政治を理解する上での分析の射程．国際政治の何について分析し，どの程度の簡潔性と普遍性をもって説明するかにより，分析のレベルは異なる．ウォルツ（Kenneth Waltz）は『人間・国家・戦争』において，戦争の原因について，第1イメージである個人，第2イメージである国家の政治体制，第3イメージである国際システムの構造というレベルから分析した．ウォルツは，国際政治における国家の行動パターンは，無政府状態という国際システムにおける諸国間のパワー分布によるとし，国際政治における第3イメージの分析を重視している．これに対し，国際政治経済学では，第2逆イメージが中心に議論され，また近年では，デモクラティック・ピース論者が民主主義国家間の不戦状態について，第2イメージの立場から議論を展開している．

変　数（variable）
▶値の変化が認められる観察可能な現象のこと．たとえば，「軍事力」は兵員数や装備などの変化を見ることにより，その強弱の変化を観察できるので，変数である．他方，「神の御加護」といった不可知な要因は観察不可能であり，その強弱を客観的に知ることもできないため，変数として認めるのは難しい．通常，3種類の変数が使われる．1つめは独立変数である．これは仮説における原因のことである．説明変数とも呼ばれる．2つめは，従属変数である．これは仮説における結果のことである．被説明変数ともいわれる．3つめは，媒介変数である．これは原因と結果に介在するものである．さらに学術研究では，「条件」もしくは「前提」変数という用語がよく使われる．これらの変数は，ある原因がある結果を生み出すのに必要な条件を明らかにしたものである．

母集団（population）
▶事例領界ともいわれる．ある理論が適用する事例（観察）の範囲を意味する．この母集団の境界線を決めることは，研究の重要な作業の1つである．

ポスト実証主義（post-positivism）
▶リフレクティビズムのように，観察する主体の思考，認識，自己批判といった自省的要素を分析するためには，科学的な実証主義の手法を否定しなければできないという考え方．国際関係理論では批判的国際理論，ポストモダニズム，フェミニズム，一部のコンストラクティビズムなど多様なアプローチを含む（「実証主義」，「ポストモダニズム」，「リフレクティビズム」の項も参照のこと）．

ポストモダニズム（postmodernism）

▶客観的真実の存在を否定し，真実は言説とともにつくられると論ずる学説．国際関係論ではフーコー，デリダ等に影響を受け，1980年代から言説の解体，系図，ダブルリーディングといった分析法を用い，伝統的な合理主義に基づく客観理論の主観性を紐解く分析が注目を集めるようになった．国際関係論における代表的ポストモダニストにはシャピーロ（Michael Shapilo），アシュリー（Richard Ashley），キャンベル（David Campbell）がいる．

◆マ 行──

無政府状態（anarchy）
▶規定・法律を強制する権威者がいない，または権威機関がない状態．国際関係においては国家の上に立つ権力が存在しないことをいう．世界政府のような諸国家を統治する権力機関が存在しない現在の国際状態．アナーキーともいう．

モノカルチャア（monoculture）
▶植民地時代に，本国の需要にあわせ，つくられた単一または少数の一次産品しか生産しない旧植民地の経済構造．現在の開発途上国はこの経済構造を継承している国が多く，一次産品の価格と供給量（輸出量）は先進国の市場によって決められるため，独自に自国の経済を管理することが難しい．つまり，このような開発途上国は先進国経済への依存度が高い．

問題解決型の知識（problem-solving knowledge）
▶1981年にコックス（Robert Cox）により提示された伝統的理論と批判理論との違いを明確にするための考え方．現状の国際関係をそのまま受けとめ，現状の国際システムを首尾良く機能させるための知識のこと．バランス・オブ・パワー政策，覇権安定論などがこれに相当する．一方，現状の国際関係がどのようにして誕生したか，現状を変化させるのにどのような勢力があり，それによってどのような変化の過程にあるのかをとらえる視点が批判理論である．

◆ヤ 行──

有意確率（p value）
▶p値（p value）とも表記する．定めた帰無仮説に基づいて得られた統計量が出現する確率のこと．あまりに低い確率である場合，確率論的に偶然起こるものと考えることはできず，その統計量を有意である（意味がある値である）と考えられるため，帰無仮説を棄却することになる（「有意水準」の項も参照のこと）．

有意水準（significant level）
▶有意確率が仮説を棄却する値かどうかを判断する基準を有意水準という．一般に有意水準とする値は$p<0.05$であり，この判断基準を5％水準と呼ぶ．有意確

率が0.05未満（$p<0.05$）であれば帰無仮説を棄却し，0.05以上（$p \geq 0.05$）であれば帰無仮説を受け入れる．より厳格な有意水準として$p<0.01$（1％水準）が，より緩やかな有意水準として$p<0.1$（10％水準）が用いられることもある（「有意確率」の項も参照のこと）．

幼稚産業（infant industry）
▶将来は発展するであろうと期待される産業または将来発展させようとする産業であるが，その産業が始まったばかりのため，国際競争力に欠ける産業．このような産業は保護貿易の対象となることが多い．

◆ラ　行──

理想主義（idealism）
▶理想とする国際社会を国際協調により構築しようとする学説．国際政治における道議，倫理，規範，法秩序，国際組織などを重視する．第一次世界大戦後の欧米の国際政治学は理想主義の色彩が強かったが，1930年代後期になると，カー（E. H. Carr）によりユートピアニズムとして批判され，1950年代になると第二次世界大戦の勃発は理想主義の失敗としてとらえられ，リアリズムの考え方が台頭する．今日では，理想主義はリベラリズムの根幹にその思想を残し，また，理念や規範，法秩序などを考慮して，国際社会を安定させるコンストラクティビズムの議論などに発展してきている．

リフレクティビズム（reflectivism）
▶リフレクティビズムとは合理主義のようにアクターの選好を一定であるとするのではなく，アクターが学習や省察することにより，その選好が内発的に変化することに注目した考え方．アクターが様々な行為や出来事について，熟慮したり，内省したり，再考したりすることにより，そのアクターの選好が内発的に変化し，それに伴い行動も変わってくるので，国際関係を理解するためにはこのアクターの内的なダイナミズムを考察しなければならないという考え方．省察主義と訳されている（「合理主義」の項も参照のこと）．

理　論（theory）
▶一般的には，現象群の原因に関する説明や記述のこと．実証的／経験的理論は，その対象となる現象群あるいは事例の母集団に当てはまる事例における因果関係の経験的仮説を立てるために用いられる（「実証主義」と「母集団」の項も参照のこと）．

[引 用 文 献]

外国語文献

Adler, Emmanuel and Michael Barnet, eds. (2000) *Security Communities* (Cambridge: Cambridge University Press).
Allison, Graham and Philip Zelikow (1999) *Essence of Decision: Explaining the Cuban Missile Crisis*, 2nd ed. (New York: Addison-Wesley).
Aron, Raymond (1960 [1953]) "The Quest for a Philosophy of Foreign Afairs," in Stanley Hoffman, ed. *Contemporary Theory in International Relations* (Englewood Cliffs, N. J.: Prentice-Hall).
Aron, Raymond (1966 [1962]) *Peace and War: A Theory of International Relations* (New York: Doubleday).
Ashley,Richard (1986) "The Poverty of Neorealism," in Robert Keohane, ed. *Neorealism and Its Critics* (New York: Columbia University Press).
Babbie, Earl (2001) *The Practice of Social Research* (Belmont, Calif.: Wadsworth).
Baldwin, David, ed. (1993) *Neorealism and Neoliberatism: The Contemporary Debate* (New York: Columbia University Press).
Barber, Benjamin (1992) "Jihad vs. McWorld," *The Atlantic Monthly*, Vol. 269, No. 3, pp. 53-65.
Bates, Robert H. (1997) "Area Studiesand the Discipline: A Useful Controversy?" *PS: Political Science and Politics*, Vol. 30, No. 2, pp. 166-169.
Baylis, John and Steve Smith, eds. (2001) *The Globalization of World Politics*, 2nd ed. (New York: Oxford University Press).
Bennet, Andrew (2003) "Leter from the Transitional President," *Qualitative Methods*, Vol. 1, No. 1, pp. 1-3.
Bennet, Andrew, Aharon Barth, and Keneth R. Rutherford (2003) "Do We Preach What We Practice? A Survey of Methodsin Political Science Journals and Curicula," *PS: Political Science and Politics*, Vol. 36, No. 3, pp. 373-378.
Berger, Thomas U. (1998) *Cultures of Antimilitarism: National Security in Germany and Japan* (Baltmore: The Johns Hopkins University Press).
Booth, Ken (2005) "Critical Explorations," in Ken Booth, ed. *Critical Security Studies and World Politics* (Boulder: Lynne Rienner Publishers).
Brooks, Stephen G. (2005) *Producing Security: Multinational Corporations, Globalization and the Changing Calculus of Conflict* (Princeton: Princeton University Press).
Brown, Chris (1994) "Critical Theory and Postmodernism in International Relations" in A. J. R. Groom and Margot Light, eds. *Contemporary International Relations: A Guide to Theory* (London: Pinter Publishers).
Brown, Chris (2001) *Understanding Internatonal Relations*, 2nd ed. (Basingstoke: Palgrave).
Brown, Michael E., Owen R. Coté Jr., Sean M. Lynn-Jones, and Steven E. Miller, eds. (2009) *Primacy and Its Discontents: American Power and International Stability* (Cambridge: The MIT Press).
Brown, Michael E., Owen R. Coté Jr., Sean M. Lynn-Jones, and Steven E. Miller, eds. (2011) *Do Democracies Win Their Wars?* (Cambridge: The MIT Press).
Bull, Hedley and Adam Watson, eds. (1984) *The Expansion of International Society* (Oxford: Clarendon Press).

Burawoy, Michael, et al. (1991) *Ethnography Unbound: Power and Resistance in the Modern Metropolis* (Berkeley: University of California Press).
Burchill, Scott and Andrew Linklater, et al. (1995) *Theories of International Relations* (New York: St. Martin).
Cardoso, F. H. (1973) "Asociated Dependent Development," in Alfred Stephan, ed. *Authoritarian Brazil: Origins, Policies, and Future* (New Haven: Yale University Press).
Checkel, Jefrey T. (1997) *Ideas and International Political Change* (New Haven: Yale University Press).
Checkel, Jefrey T. (1998) "The Constructivist Turn in International Relations Theory," *World Politics*, Vol. 50, No. 2, pp. 324-348.
Christiansen, Thomas, Knud Erik Jørgensen, and Antje Wiener (1999) "The Social Construction of Europe," *Journal of European Public Policy*, Vol. 6, No. 4, pp. 528-544.
Collier, David (1995) "Translating Quantitative Methods for Qualitative Researchers: The Case of Selection Bias," *American Political Science Review*, Vol. 89, No. 2, pp. 461-466.
Collier, David, Jason Seawright, and Henry E. Brady (2003) "Qualitative versus Quantitative: What Might this Distinction Mean?" *Qualitative Methods*, Vol. 1, No. 1, pp. 4-8.
Cox, Robert (1986) "Social Forces, States and World Orders: Beyond International Relations Theory," in Robert O. Keohane, ed. *Neorealism and Its Critics* (New York: Columbia University Press).
Cox, Robert (1987) *Production, Power and World Order: Social Forces in the Making of History* (New York: Columbia University Press).
Cox, Robert (1993) "Gramsci, Hegemony and International Relations: An Essay in Method," in Stephen Gill, ed., *Gramsci, Historical Materialism and International Relations* (Cambridge: Cambridge University Press).
Davis, James P. (2004) *Writing with Sources*, 2nd ed. (New York: Rowman & Littlefield).
Delanty, Gerard (1997) *Social Science: Beyond Constructivism and Realism* (Buckingham: Open University Press).
Der Derian, James (1988) "Introducing Philosophical Traditions in International Relations," *Millennium: The Journal of International Studies*, Vol. 17, No. 2, pp. 189-193.
Deutsch, Karl, et al. (1957) *Political Community and the North Atlantic State* (Princeton: Princeton University Press).
Devetak, Richard (2001) "Critical Theory," in Scott Burchil, et al. *Theories of International Relations* 2nd ed. (Basingstoke: Palgrave).
Doppelt, Gerald (1978) "Walzer's Theory of Morality in International Relations," *Philosophy and Public Affairs*, Vol. 8, No. 1, pp. 3-26.
Dos Santos, Theotonio (1970) "The Structure of Dependence," *American Economic Review*, Vol. 60, No. 2, pp. 231-236.
Dos Santos, Theotonio (1973), "The Crisis of Development Theory and the Problem of Dependence in Latin America," in Henry Bermstein, ed., *Underdevelopment and Development: The Third World Today* (Harmondsworth: Penguin Books).
Doyle, Michael W. (1986) "Liberalism and World Politics," *American Political Science Review*, Vol. 80, No. 4, pp. 1151-1169.
Evans, Peter B., Harold K. Jacobson, and Robert Putnam, eds. (1993) *Double-Edged Diplomacy: International Bargaining and Domestic Politics* (Berkeley: University of California Press).
Fearon, James D. (1994) "Domestic Political Audiences and the Escalation of International Disputes," *American Political Science Review*, Vol. 88, No. 3, pp. 577-592.

Fee, Elizabeth and Mary E. Garofalo (2010) "Florence Nightingale and the Crimean War," *American Journal of Public Health*, Vol. 100, No. 9, p. 1591.
Ferejohn, John (1993) "Structure and Ideology," in Judith Goldstein and Robert O. Keohane, eds. *Ideas and Foreign Policy* (Ithaca: Cornell University Press).
Finnemore, Martha and Kathryn Sikkink (2001) "Taking Stock: The Constructivism Research Program in International Relations and Comparative Politics," *Annual Review of Politics Science*, Vol. 4, No. 1, pp. 391-416.
Frank, Andre Gunder (1967) *Capitalism and Underdevelopment: Historical Studies of Chile and Brazil* (New York: Monthly Review Press).
Frank, Andre Gunder (1970) "The Development of Underdevelopment," in Robert I. Rhodes, ed., *Imperialism and Underdevelopment: A Reader* (New York: Monthly Review Press).
Frieden, Jeffry A., David A. Lake, Kenneth A. Schultz (2012) *World Politics: Interests, Interactions, Institutions* (New York: W. W. Norton).
Friedrichs, Christopher R. (1987) "The War and German Society," in Geoffrey Parker, ed., *The Thirty Years' War* (London: Routledge & Kegan Paul).
Furtado, Celso (1970) *Economic Development of Latin American: A Survey from Colonia Times to the Cuban Revolution* (Berkeley: Cambridge University Press).
Gartzke, Erik, Quan Li, and Charles Boehmer (2001) "Investing in the Peace: Economic Interdependence and International Conflict," *International Organization*, Vol. 55, No. 2, pp. 391-438.
George, Alexander L. and Juliette L. George (1956) *Woodrow Wilson and Colonel House: A Personality Study* (New York: Dover).
George, Jim (1989) "International Relations and the Search for Thinking Space: Another View of the Third Debate," *International Studies Quarterly*, Vol. 33, No. 3, pp. 269-279.
George, Jim (1994) *Discourses of Global Politics: A Critical (Re) Introduction to International Relations* (Boulder: Lynne Rienner).
George, Jim and Campbell, David (1990) "Patterns of Dissent and the Celebration of Difference: Critical Social Theory and International Relations," *International Studies Quarterly*, Vol. 34, No. 3, pp. 269-293.
Geuss, Raymond (1981) *The Idea of A Critical Theory: Habermas and the Frankfurt School* (Cambridge: Cambridge University Press).
Giesey, Ralph E. (1968) *If Not, Not: The Oath of the Aragonese and the Legendary Laws of Sobrarbe* (Princeton: Princeton University Press).
Gill, Christopher J. and Gillian C. Gill (2005) Nightingale in Scutari: Her Legacy Reexamined, *Clinical Infectious Diseases*, Vol. 40, No. 12, pp. 1799-1805.
Gill, Stephen (1993) "Epistemology, Ontology, and the 'Italian School'" in Gill, ed., *Gramsci, Historical Materialism and International Relations* (Cambrdige: Cambridge University Press).
Glaser, Charles (1994/95) "Realists as Optimists," *International Security*, Vol. 19, No. 3, pp. 50-90.
Gong, Gerritt W. (1984) "China's Entry into International Society," in Hedley Bull and Adam Watson, eds. *The Expansion of International Society* (Oxford: Clarendon Press).
Gourevitch, Peter (1978) "The Second Image Reversed: The International Sources of Domestic Politics," *International Organization*, Vol. 32, No. 4, pp. 881-912.
Griffiths, Martin (1999) *Fifty Key Thinkers in International Relations* (London: Routledge).
Guzzini, Stefano (2000) "A Reconstruction of Constructivism in International Relations," *European Journal of International Relations*, Vol. 6, No. 2, pp. 147-182.
Habermas, Jürgen (1972) *Knowledge and Human Interests*, translated by Jeremy Shapiro (Boston:

Beacon Press).
Hamashita, Takeshi (2003) "Tribute and treaties: Marintime Asia and treaty port networks in the era of negotiation, 1800-1900," in Giovanni Arrighi, Takeshi Hamashita and Mark Seldon, eds. *The Resurgence of East Asia: 500, 150 and 50 Year Perspectives* (London: Routledge).
Held, David (1981) *Introduction to Critical Theory: Horkheimer to Habermas* (Berkeley: University of California Press).
Hobden, Stephen and Richard Wyn Jones (2001) "Marxist Theories of International Relations," in John Baylis and Steve Smith, eds. *The Globalization of World Politics: An Introduction to International Relations*, 2nd ed. (Oxford: Oxford University Press).
Hoffman, Mark (1987) "Critical Theory and the Inter-Paradigm Debate," *Millennium: Journal of International Studies*, Vol. 16, No. 2, pp. 231-249.
Hoffmann, Stanley (1968) *Gulliver's Troubles, Orthe Setting of American Foreign Policy* (New York: McGraw-Hill).
Hoffmann, Stanley (1978) *Primacy or World Order: American Foreign Policy since the Cold War* (New York: McGraw-Hill).
Hoffmann, Stanley (1991) "The Price of War," *The New York Review of Books*, January 17. Revised and reprinted in Hoffmann, *World Disorders: Troubled Peace in the Post-Cold War Era* (Lanham, MD: Rowman & Littlefield, 1998).
Hoffmann, Stanley (1998) *World Disorders: Troubled Peace in the Post-Cold War Era*, Updated Edition (Lanham, MD: Rowman & Littlefield).
Hopf, Ted (1998) "The Promise of Constructivism in International Relations Theory," *International Security*, Vol. 23, No. 1, pp. 171-200.
Hopf, Ted (2002) *Social Construction of Foreign Policy: Identities, Foreign Policies, Moscow, 1995 and 1999* (Ithaca: Cornell University Press).
International Security (1999) "Formal Methods, Formal Complaints: Debating the Role of Rational Choice in Security Studies," *International Security*, Vol. 24, No. 2, pp. 56-130.
Jackson, Robert and Georg Sørensen (1999) *Introduction to International Relations: Theories and Approaches* (Oxford: Oxford University Press).
Jackson, Robert and Georg Sørensen (2013) *Introduction to International Relations: Theories and Approaches*, 5th ed. (Oxford: Oxford University Press).
Jenkins, Brian M. (1985) *International Terrorism: The Other World War* (Santa Monica, CA: Rand).
Jervis, Robert (1976) *Perception and Misperception in International Politics* (Princeton: Princeton University Press).
Jervis, Robert (1978) "Cooperation under the Security Dilemma," *World Politics*, Vol. 30, No. 2, pp. 186-214.
Jervis, Robert (1983) "Security Regimes," in Stephen D. Krasner, ed. *International Regimes* (Ithaca: Cornell University Press).
Johnson, Chalmers (1997) "Preconception vs. Observation, or the Contributions of Rational Choice Theory and Area Studies to Comparative Politics," *PS: Political Science and Politics* Vol. 30, No. 2, pp. 170-174.
Johnson, Janet Buttolph, et al. (2001) *Political Science Research Methods* (Washington, DC: CQ Press).
Kant, Immanuel (1949 [1784]) "What is Enlightenment?" in Carl J. Friedrich, ed. *The Philosophy of Kant* (New York: The Modern Library).
Katzenstein, Peter (1985) *Small States in World Markets: Industrial Policy in Europe* (Ithaca:

Cornell University Press).
Kaufman, Joyce P. (2013) *Introduction to International Relations: Theory and Practice* (Lanham: Rowman & Littlefield Publishers).
Keohane, Robert O. (1988) "International Institutions: Two Approaches," *International Studies Quarterly*, Vol. 32, No. 4, pp. 379-396.
Keohane, Robert O. (1989) *International Institutions and State Power* (Boulder, Co: Westview Press).
King, Gary, Robert O. Keohane, and Sidney Verba (2004) "The Importance of Research Design," in Henry E. Brady and David Collier, eds. *Rethinking Social Inquiry: Diverse Tools, Shared Standards* (Boulder: Rowman & Littlefield).
Klotz, Audie (1995) "Norms Reconstituting Interests: Global Racial Equality and U. S. Sanctions against South Africa," *International Organization*, Vol. 49, No. 3, pp. 451-478.
Knorr, Klaus and James Rosenau, eds. (1969) *Contending Approaches to International Politics* (Princeton: Princeton University Press, 1969).
Knutzen, Torbjörn L. (1992) *A History of International Relations Theory* (Manchester: Manchester University Press).
Koslowski, Rey and Friedrich V. Kratochwil (1994) "Understanding Change in International Politics: the Soviet Empire's Demise and the International System," *International Organization*, Vol. 48, No. 2, pp. 215-247.
Krasner, Stephen D. ed. (1983a) *International Regimes* (Ithaca: Cornell University Press).
Krasner, Stephen D. (1983b) "Structural causes and regime consequences: regime as intervening variables," in Stephen D. Krasner, ed. *International Regimes* (Ithaca: Cornell University Press).
Krause, Keith and Williams, Michael (1997) "From Strategy to Security: Foundations of Critical Security Studies," in Keith Krause and Michael Williams, eds. *Critical Security Studies* (Minneapolis: University of Minnesota Press).
Kubálková, Vendulka, Nicholas Onuf, and Paul Kowert (1998) "Constructing Constructivism," in Kubálková et al, eds. *International Relations in a Constructed World* (Armonk: M. E. Sharpe).
Lake, David (2011) "Why 'Isms' are Evil: Theory, Epistemology, and Academic Sects as Impediments to Understanding and Progress," *International Studies Quarterly*, Vol. 55, pp. 465-480.
Lapid, Yosef (1989) "The Third Debate: On the Prospects of International Theory in a Post-Positivist Era," *International Studies Quarterly*, Vol. 33, No. 3, pp. 235-254.
Lebow, Richard N. and Thomas Rise-Kappen, eds. (1995) *International Relations Theory and the End of the Cold War* (New York: Columbia University Press).
Lewis, W. Arthur (1955) *The Theory of Economic Growth* (London: G. Alen & Unwin).
Lijphart, Arend (1971) "Comparative Politics and the Comparative Method," *American Political Science Review*, Vol. 65, No. 3, pp. 158-177.
Linklater, Andrew (1990a) *Men and Citizens in the Theory of International Relations*, 2nd ed. (Basingstoke: Macmillan).
Linklater, Andrew (1990b) "The Problem of Community in International Relations," *Alternative* Vol. 14, No. 2, pp. 135-153.
Linklater, Andrew (1992) "The Question of the Next Stagein International Relations Theory: A Critical-Theoretical Point of View," *Millennium: Journal of International Studies*, Vol. 21, No. 1, pp. 77-98.
Linklater, Andrew (1995) "Neo-realism in Theory and Practice," in Ken Booth and Steve Smith, eds. *International Relations Theory Today* (Cambridge: Polity Press).
Linklater, Andrew (1996) "The Achievements of Critical Theory," in Steve Smithetal, eds.

International Theory: Positivism and Beyond (Cambridge: Cambridge University Press).
Linklater, Andrew and John MacMilan (1995) "Introduction: Boundaries in Question," in Linklater and MacMilan, eds. *Boundaries in Question: New Directions in International Relations* (London: Pinter).
Linklater, Andrew (2001) "The Changing Contours of Critical International Relations Theory," in Richard Wyn Jones, ed. *Critical Theory and World Politics* (Boulder: Lynne Rienner).
Linklater, Andrew (2005) "Political Community and Human Security," in Ken Booth, ed. *Critical Security Studies and World Politics* (Boulder: Lynne Rienner, 2005).
Locke, John (1980 [1689]) *Second Treatise of Government*, edted by C. B. Macpherson (Indianapolis: Hackett Publishing Company).
Luban, David (1980) "Just War and Human Rights," *Philosophy and Public Affairs*, Vol. 9, No. 2, pp. 160-181.
Machiavelli, Niccolò (1950 [1513]) *The Prince and The Discourses*, Introduction by Max Lerner (New York: Random House).
Maliniak, Daniel, Susan Peterson, and Michael J. Tierney (2012) *TRIP around the WORLD: Teaching, Research, and Policy Views of International Relations Faculty in 20 Countries* (Williamsburg, Virginia: Institute for the Theory and Practice of International Relations, College of William and Mary).
Mansfield, Edward D. and Brian M. Polins, eds. (2003) *Economic Interdependence and International Conflict: New Perspectives on an Enduring Debate* (An Arbor: The University of Michigan Press).
Mayer, Jane (2002) "A Doctrine Passes: Jane Mayer on George Kenan and the Containment of Evils Past and Present," *The New Yorker*, October 14, p. 70.
Mearsheimer, John J., and Stephen M. Walt (2013) "Leaving Theory Behind: Why Simplistic Hypothesis Testing is Bad for International Relations," *European Journal of International Relations*, Vol. 19, No. 3, pp. 427-457.
Mercer, Jonathan (1995) "Anarchy and Identity," *International Organization*, Vol. 49, No. 2, pp. 229-252.
Monteiro, Nuno P. (2014) *Theory of Unipolar Politics* (Cambridge: Cambridge University Press).
Moravcsik, Andrew (2003) "Liberal International Relations Theory: A Scientific Assessment," in Colin Elam and Miriam Fendius Elman, eds. *Progress in International Relations Theory: Appraising the Field* (Cambridge: MIT Press).
Neufeld, Mark A. (1995) *The Restructuring of International Relations* (Cambridge: Cambridge University Press).
Neumann, Iver B. and Ole Wæver, eds. (1997) *The Future of International Relations* (New York: Routledge).
Onuf, Nicholas G. (1989) *World of Our Making: Rules and Rule in Social Theory and International Relations* (Columbia: University of South Carolina Press).
Onuf, Nicholas G. (1997) "A Constructivist Manifesto" in Kurt Burch and Robert A. Denemark, eds. *Constituting International Political Economy* (Boulder: Lynne Rienner).
Oye, Kenneth A. ed. (1986) *Cooperation under Anarchy* (Princeton: Princeton University Press).
Page, Benjamin I. (1994) "Democratic Responsiveness? Untangling the Links Between Public Opinion and Policy," *PS: Political Science and Politics*, Vol. 27, No. 1, pp. 25-29.
Pape, Robert A. (2003) "The Logic of Suicide Terrorism," *American Political Science Review*, Vol. 97, No. 3, pp. 343-361.

Parker, Geoffrey, ed. (1987) *The Thirty Years' War* (London: Routledge & Kegan Paul).
Poggi, Gianfranco (1978) *The Development of the Modern State* (Stanford: Stanford University Press).
Polanyi, Karl (1957) *The Great Transformation* (New York: Beacon Press).
Prebisch, Raúl (1959) "Commercial Policy in the Underdeveloped Countries," *American Economic Review*, Vol. 49, No. 2, pp. 251-273.
Prebisch, Raúl (1962) "The Economic Development of Latin America and Its Principal Problem," *Economic Bulletin for Latin America*, Vol. 7, No. 1, pp. 1-22.
Reiter, Dan and Allan C. Stam (2002) *Democracies at War* (Princeton: Princeton University Press).
Roberts, Micheal (1995) "The Military Revolution 1560-1660," in Clifford J. Rogers, ed. *Military Revolution Debate: Readings on the Military Transformation of Early Modern Europe* (Boulder, Co: Westview Press).
Rogers, Clifford J., ed. (1995) *Military Revolution Debate: Readings on the Military Transformation of Early Modern Europe* (Boulder, Co: Westview Press).
Rose, Gideon (1998) "Neoclassical Realism and Theories of Foreign Policy," *World Politics*, Vol. 51, No. 1, pp. 144-172.
Ruggie, John Gerald (1983) "International Regimes, Transactions, and Change: Embedded Liberalism in the Postwar Economic Order," in Stephen D. Krasner, eds. *International Regimes* (Ithaca: Cornell University Press).
Ruggie, John G. (1986) "Continuity and Transformation in the World Polity: Toward a Neorealist Synthesis," in Robert O. Keohane, ed. *Neorealism and Its Critics* (New York:Columbia University Press).
Ruggie, John G. (1998a) *Constructing the World Polity: Essays on International Institutionalization* (London and New York: Routledge).
Ruggie, John G. (1998b) "What Makes the World Hang Together? Neo-Utilitarianism and the Social Constructivist Challenge," *International Organization*, Vol. 52, No. 4, pp. 855-885.
Russett, Bruce M. and John Oneal (2001) *Triangulating Peace: Democracy, Interdependence and International Organizations* (New York: W. W. Norton).
Schultz, Kenneth A. (2001) *Democracy and Coercive Diplomacy* (Cambridge: Cambridge University Press).
Schweler, Randal L. (1996) "Neorealism's Status-quo Bias," *Security Studies*, Vol. 5, No. 3, pp. 90-121.
Scmidt, Brian (2002) "On the History and Historiography of International Relations," in Walter Carlsnae, et al., eds. *Handbook of International Relations* (London: Sage).
Shibai, Kiyohisa (2015) "Vietnamese Characteristics of Social Consciousness and Values: National Character, Differences between North and South, and Gaps between the Vietnam War Generation and the Post-war Generation," *Behaviormetrika*, Vol. 42, No. 2, pp. 167-189.
Shively, Phillips W. (1998) *The Craft of Political Research*, 4th ed. (Upper Saddle River, NJ: Prentice Hall).
Sikkink, Kathryn (2012) *The Justice Cascade: How Human Rights Prosecutions are Changing World Politics* (New York: W. W. Norton and Company).
Smith, Steve (1995) "The Self-Images of a Discipline: A Genealogy of International Relations Theory" in Ken Booth and Steve Smith, eds. *International Relations Theory Today* (University Park: Pennsylvania University Press).
Smith, Steve (2000) "The Discipline of International Relations: Still an American Social Science?" *British Journal of Politics and International Relations*, Vol. 2, No. 3, pp. 374-402.
Smith, Steve (2001) "Reflectivist and Constructivist Approaches to International Theory," in John

Baylis and Steve Smith, eds. *The Globalization of World Politics: An Introduction to International Relations*, 2nd ed. (Oxford: Oxford University Press).
Snidal, Duncan (1986) "The Game Theory of International Politics," in Kenneth A. Oye, ed. *Cooperation under Anarchy* (Princeton: Princeton University Press).
Snyder, Jack (1984) *The Ideology of the Offensive: Military Decision Making and the Disasters of 1914* (Ithaca: Cornell University Press).
Snyder, Jack (1991) *Myths of Empire: Domestic Politics and International Ambition* (Ithaca: Cornell University Press).
Snyder, Jack (2004) "One World, Rival Theories," *Foreign Policy*, No. 145, pp. 53-62.
Solingen, Etel (1998) *Regional Orders at Century's Dawn: Global and Domestic Influences on Grand Strategy* (Princeton: Princeton University Press).
Sternberg, David (1981) *How to Complete and Survive a Doctoral Dissertation* (New York: St. Martin's Press).
Suganami, Hidemi (1984) "Japan's Entry into International Society," in Hedley Bull and Adam Watson, eds. *The Expansion of International Society* (Oxford: Clarendon Press).
Tannewald, Nina (2008) *The Nuclear Taboo: The United States and the Non-Use of Nuclear Weapons Since 1945* (Cambridge: Cambridge University Press).
Teliaferro, Jeffrey W. (2004) *Balancing Risks: Great Power Intervention in the Periphery* (Ithaca: Cornell University Press).
Tetlock, Phillip E. and Aaron Belkin, eds. (1996) *Counterfactual Thought Experiments in World Politics: Logical, Methodological and Psychological Perspectives* (Princeton: Princeton University Press).
Tilly, Charles (1992) *Coercion, Capital, and European States, AD 990-1992* (Cambridge: Blackwell).
Van Evera, Stephen, (1984) "The Cult of the Ofensive and the Origins of the First World War," *International Security*, Vol. 9, No. 1, pp. 58-107.
Van Evera, Stephen (1999) *Causes of War: Power and the Roots of Conflict* (Ithaca: Cornell University Press).
Vasquez, John A. and Colin Elman, eds. (2003) *Realism and the Balance of Power: A New Debate* (New Jersey: Prentice-Hall).
Vincent, R. J. (1986) *Human Rights and International Relations* (New York: Cambridge University Press).
Viotti, Paul R. and Mark V. Kauppi (1999) *International Relations Theory: Realism, Pluralism, Globalism, and Beyond*, 3rd ed. (Boston: Allyn and Bacon).
Wæver, Ole (1996) "Rise and Fall of the Inter-Paradigm Debate," in Steve Smith et al, eds. *International Theory: Positivism and Beyond* (Cambridge: Cambridge University Press).
Walker, R. B. J. (1987) "Realism, Change, and International Political Theory," *International Studies Quarterly*, Vol. 31, No. 1, pp. 65-89.
Walt, Stephen M. (1987) *The Origins of Alliances* (Ithaca: Cornell University Press).
Walt, Stephen (1999) "Rigor or Rigor Mortis? Rational Choice and Security Studies," *International Security*, Vol. 23, No. 4, pp. 5-48.
Waltz, Kenneth N. (1997) "Evaluating Theories," *American Political Science Review*, Vol. 91, No. 4, pp. 913-917.
Waltz, Kenneth N. with Fred Haliday and Justin Rosenberg (1998) "Interview with Ken Waltz," *Review of International Studies*, Vol. 4, No. 3, pp. 371-386.
Walzer, Michael (1991) "Perplexed," *The New Republic*, January 28, pp. 13-15.

Walzer, Michael (2002) "Can There Be a Decent Left?" *Dissent*, Vol. 49, No. 2, pp. 19-23.
Weber, Max (1978) *Economy and Society*, trans. and ed. by Guenther Roth and Claus Wittch (Berkeley: University of California Press).
Wendt, Alexander E. (1992) "Anarchy is What States Make of It: The Social Construction of Power Politics," *International Organization*, Vol. 46, No. 2, pp. 391-425.
Wendt, Alexander E. (1994) "Collective Identity Formation and the International State," *American Political Science Review*, Vol. 88, No. 2, pp. 384-396.
Wendt, Alexander E. (1995) "Constructing International Politics," *International Security*, Vol. 20, No. 1, pp. 71-81.
Wendt, Alexander E. (1999) *Social Theory of International Politics* (Cambridge: Cambridge University Press).
Wohlforth, William C. (1999) "The Stability of a Unipolar World," *International Security*, Vol. 24, No. 1, pp. 5-41.
Wolfers, Arnold (1956) "Introduction: Political Theory and International Relations," in Wolfers and Laurence W. Martin, eds. *The Anglo-American Tradition in Foreign Affairs: Readings from Thomas More to Woodrow Wilson* (New Haven: Yale University Press).

日本語文献

アイケンベリー，G. ジョン（2012〔原著2006〕）『リベラルな秩序か帝国か——アメリカと世界政治の行方』上下巻（細谷雄一監訳）勁草書房．
アミン，サミール（1979〔原著1970〕）『周辺資本主義構成体論』（野口祐・原田金一郎訳）柘植書房．
アーモンド，ガブリエル・A.，&シドニー・ヴァーバ（1974〔原著1963〕）『現代市民の政治文化——五カ国における政治的態度と民主主義』（石川一雄・薄井秀二・中野実・岡沢憲芙・深谷満雄・木村修三・山崎隆志・神野勝弘・片岡寛光訳）勁草書房．
アリギ，G. T. K. ホプキンス & I. ウォーラーステイン（1998〔原著1989〕）『反システム運動』新装版（太田仁樹訳）大村書店．
アリソン，グラハム・T.（1977〔原著1971〕）『決定の本質——キューバ・ミサイル危機の分析』（宮里政玄訳）中央公論社．
イグナティエフ，マイケル（1999〔原著1998〕）『仁義なき戦場——民族紛争と現代人の倫理』（真野明裕訳）毎日新聞社．
猪口孝編（2004）『国際関係リーディングス』東洋書林．
ヴァン・エヴェラ，スティーヴン（2009〔原著1997〕）『政治学のリサーチ・メソッド』（野口和彦・渡辺紫乃訳）勁草書房．
ヴェーバー，マックス（1984〔原著1919〕）『職業としての政治』（脇圭平訳）岩波書店．
ウェーバー，マックス（1994〔原著1904-1905〕）『プロテスタンティズムの倫理と資本主義の精神』（梶山力訳，安藤英治編）未来社．
ウォーラーステイン，イマニュエル（1985〔原著1983〕）『史的システムとしての資本主義』（川北稔訳）岩波書店．
ウォーラーステイン，イマニュエル（1987〔原著1979〕）『資本主義世界経済』（藤瀬浩司・麻沼賢彦・金井雄一訳）名古屋大学出版会．
ウォーラーステイン，イマニュエル（1993〔原著1991〕）『脱＝社会科学——一九世紀パラダイムの限界』（本多健吉・高橋章監訳）藤原書店．
ウォーラーステイン，イマニュエル（2013a〔原著1974〕）『近代世界システムⅠ——農業資本主義と「ヨーロッパ世界経済」の成立』（川北稔訳）名古屋大学出版会．
ウォーラーステイン，イマニュエル（2013b〔原著1980〕）『近代世界システムⅡ——重商主義と「ヨー

ロッパ世界経済」の凝集 1600-1750』(川北稔訳) 名古屋大学出版会.
ウォーラーステイン, イマニュエル (2013c〔原著1989〕)『近代世界システムⅢ——大西洋革命時代 1730s-1840s』(川北稔訳) 名古屋大学出版会.
ウォーラーステイン, イマニュエル (2013d〔原著2011〕)『近代世界システムⅣ——中道自由主義の勝利 1789-1914』(川北稔訳) 名古屋大学出版会.
ウォルツ, ケネス (2013〔原著2001〕)『人間・国家・戦争——国際政治の3つのイメージ』(渡邉昭夫・岡垣知子訳) 勁草書房.
ウォルツ, ケネス (2010〔原著1979〕)『国際政治の理論』(河野勝・岡垣知子訳) 勁草書房.
ウォルツァー, マイケル (2004〔原著1994〕)『道徳の厚みと広がり——われわれはどこまで他者の声を聴き取ることができるか』(芦川晋・大川正彦訳) 風行社.
ウォルツァー, マイケル (2008a〔原著2004〕)「9・11以降——テロリズムに関する五つの問題」『戦争を論ずる——正戦のモラル・リアリティ』(駒村圭吾ほか訳) 風行社.
ウォルツァー, マイケル (2008b〔原著2004〕)「査察官には Yes, 戦争には No」『戦争を論ずる——正戦のモラル・リアリティ』(駒村圭吾ほか訳) 風行社.
ウォルツァー, マイケル (2008c〔原著2004〕)「戦争にできることはわずかである」『戦争を論ずる——正戦のモラル・リアリティ』(駒村圭吾ほか訳) 風行社.
ウォルツァー, マイケル (2008d〔原著2004〕)「正しい方法」『戦争を論ずる——正戦のモラル・リアリティ』(駒村圭吾ほか訳) 風行社.
ウォルツァー, マイケル (2008e〔原著2006〕)『正しい戦争と不正な戦争』(荻原能久監訳) 風行社.
エルマン, コリン&ミリアム・フェンディアス・エルマン編著 (2003〔原著2001〕)『国際関係研究へのアプローチ——歴史学と政治学の対話』(渡辺昭夫監訳, 宮下明聡・野口和彦・戸谷美苗・田中康友訳) 東京大学出版会.
遠藤乾編 (2010)『グローバル・ガバナンスの歴史と思想』有斐閣.
カー, E. H. (2011〔原著1939〕)『危機の二十年——理想と現実』(原彬久訳) 岩波書店.
カッセーゼ, アントニオ (1992〔原著1986〕)『戦争・テロ・拷問と国際法』(曽我英雄訳) 敬文堂.
カルドー, メアリー (2003〔原著1999〕)『新戦争論——グローバル時代の組織的暴力』(山本武彦・渡部正樹訳) 岩波書店.
川﨑剛 (2015)『社会科学としての日本外交研究——理論と歴史の統合をめざして』ミネルヴァ書房.
川田侃 (1996)『国際学Ⅰ——国際関係研究』東京書籍.
カント (1974〔原著1784-1795〕)『啓蒙とは何か』(篠田英雄訳) 岩波書店.
カント (1976〔原著1785〕)『道徳形而上学原論』(篠田英雄訳) 岩波書店.
カント (1985〔原著1796〕)『永遠平和のために』(宇都宮芳明訳) 岩波書店.
吉川元・首藤もと子・六鹿茂夫・望月康恵編 (2014)『グローバル・ガヴァナンス論』法律文化社.
キッシンジャー, ヘンリー・A. (2009〔原著1957〕)『キッシンジャー 回復された世界平和』(伊藤幸雄訳) 原書房.
ギルピン, ロバート (1977〔原著1975〕)『多国籍企業没落論』(山崎清訳) ダイヤモンド社.
ギルピン, ロバート (1990〔原著1987〕)『世界システムの政治経済学』(佐藤誠三郎・竹内透監修, 大蔵省世界システム研究会訳) 東洋経済新報社.
ギルピン, ロバート (2001〔原著2000〕)『グローバル資本主義——危機か繁栄か』(古城佳子訳) 東洋経済新報社.
キング, G., R. O. コヘイン&S. ヴァーバ (2004〔原著1994〕)『社会科学のリサーチ・デザイン——定性的研究における科学的推論』(真渕真監訳) 勁草書房.
キング, ゲアリー, ロバート・コヘイン&シドニー・ヴァーバ (2014〔原著2010〕)「研究デザインの重要性」H. ブレイディ&D. コリアー編『社会科学の方法論争——多様な分析道具と共通の基準〔原著第2版〕』(泉川泰博・宮下明聡訳) 勁草書房.

引用文献 ── 389

キンドルバーガー, C. P. (1982〔原著1973〕)『大不況下の世界1928-1937』(石崎昭彦・木村一朗訳) 東京大学出版会.
久米邦武編 (1979)『米欧回覧実記』岩波書店.
グレイ, コリン (2003〔原著2002〕)「9・11後も変わらぬ世界政治──リアリズムの復権」K. ブース & T. ダン編『衝突を超えて』(寺島隆吉監訳) 日本経済評論社.
ケナン, ジョージ・F. (2000〔原著1984〕)『アメリカ外交50年』(近藤晋一ほか訳) 岩波書店.
高坂正堯 (1971)「現実主義の国際政治観」関西外交史研究会編『現代外交の理論と歴史』有信堂. 高坂正堯著作集刊行会編『高坂正堯著作集』第 7 巻, 都市出版, 2000年にも収録.
高坂正堯 (1995)『平和と危機の構造──ポスト冷戦の国際政治』日本放送出版協会.
国分良成 (2009)「地域研究と国際政治学の間」日本国際政治学会編『地域から見た国際政治(日本の国際政治学 3)』有斐閣.
コヘイン, ロバート (1998〔原著1984〕)『覇権後の国際政治経済学』(石黒馨・小林誠訳) 晃洋書房.
コヘイン, ロバート・O. & ジョセフ・S. ナイ (2012〔原著2001〕)『パワーと相互依存』(滝田賢治監訳) ミネルヴァ書房.
小牧治・村上隆夫 (2001)『ハーバーマス』清水書院.
篠田英朗 (2003)『平和構築と法の支配──国際平和活動の理論的・機能的分析』創文社.
シュウェラー, R. (2003〔原書2001〕)「危機の二十年 1919-1939──なぜ国際協調は生まれなかったか」コリン・エルマン&ミリアム・フェンディアス・エルマン編著『国際関係研究へのアプローチ──歴史学と政治学の対話』(渡辺昭夫監訳, 宮下明聡・野口和彦・戸谷美苗・田中康友訳) 東京大学出版会.
ジョージ, アレキサンダー&アンドリュー・ベネット (2013〔原著2005〕)『社会科学のケース・スタディ──理論形成のための定性的手法』(泉川泰博訳) 勁草書房.
シンガー, ピーター (2005〔原著2005〕)『グローバリゼーションの倫理学』(山内友三郎・樫則章監訳) 昭和堂.
スコッチポル, シーダ (2001〔原著1994〕)『現代社会革命論──比較歴史学の理論と方法』(牟田和恵監訳, 中里英樹・大川清丈・田野大輔訳) 岩波書店.
ストレンジ, スーザン (1994〔原著1988〕)『国際経済学入門』(西川潤・佐藤元彦訳) 東洋経済新報社.
スミス, アダム (1978〔原著1776〕)『国富論』(大河内一男訳) 中央公論社.
スミス, マイケル (1997〔原著1987〕)『現実主義の国際政治思想── M・ウェーバーから H・キッシンジャーまで』(押村高ほか訳) 垣内出版.
スンケル, オスヴァド (1978〔原著1972〕)「ラテンアメリカにおける低開発性──2000年の展望」J. N. バグワッティ編『経済学と世界秩序』(石川滋編訳) 岩波書店.
セン, アマルティア (1999〔原著1987〕)『福祉の経済学──財と潜在能力』(鈴村興太郎訳) 岩波書店.
セン, アマルティア (2000a〔原著1997〕)『平等の経済学──ジェームズ・フォスター, アマルティア・センによる補論「四半世紀後の『不平等の経済学』」を含む拡大版』(鈴村興太郎訳) 東洋経済新報社.
セン, アマルティア (2000b〔原著1999〕)『自由と経済開発』(石塚雅彦訳) 日本経済新報社.
大門毅 (2007)『平和構築論──開発援助の新戦略』勁草書房.
タロウ, シドニー (2014〔原著2010〕)「定量的手法と定性的手法の架け橋」ヘンリー・ブレイディ&デヴィッド・コリアー編『社会科学の方法論争──多様な分析道具と共通の基準〔原著第 2 版〕』(泉川泰博・宮下明聡訳) 勁草書房.
ダワー, ジョン (1987〔原著1986〕)『人種偏見──太平洋戦争にみる日米摩擦の底流』(斎藤元一訳) TBS ブリタニカ.
チョムスキー, ノーム (2002〔原著2001〕)『9・11──アメリカに報復する資格はない!』(山崎淳訳) 文藝春秋社.

土山實男（1997）「日米同盟の国際政治理論」『国際政治』第115号，161-179頁．
トゥーキュディデース（1966〔原著 紀元前404〕）『戦史』（久保正彰訳）岩波書店．
東京大学教養学部統計学教室編（1994）『人文・社会科学の統計学』東京大学出版会．
富永健一（1993）『現代の社会科学者』講談社．
ナイ，ジョセフ・S（1988〔原著1986〕）『核戦略と倫理』（土山實男訳）同文館．
ナイ，ジョセフ・S＆デイヴィッド・A．ウェルチ（2013〔原著2012〕）『国際紛争――理論と歴史』原著第9版（田中明彦・村田晃嗣訳）有斐閣．
ナイ，ジョセフ・S．（2004〔原著2004〕）『ソフト・パワー――21世紀国際政治を制する見えざる力』（山岡洋一訳）日本経済新聞社．
永井陽之助編（1968）『政治的人間』平凡社．
永井陽之助（1973）『冷戦の起源――戦後アジアの国際環境』中央公論社．
永井陽之助（1985）「二十世紀と共に生きて」永井編『二十世紀の遺産』文藝春秋社．
中本義彦（2005a）「レイモン・アロンの『リアリズム』批判」『法政研究』第9巻4号，161-120頁．
中本義彦（2005b）「国際関係論における規範理論」『法政研究』第10巻2号，172-212頁．
西川潤（1976）『経済発展の理論』日本評論社．
西川潤（1977）『第三世界の構造と動態』中央公論社．
日本国際政治学会編（2009）『学としての国際政治（日本の国際政治学1）』有斐閣．
野口和彦（2010）『パワー・シフトと戦争――東アジアの安全保障』東海大学出版会．
野口和彦（2015）「国際関係理論は将来を予測できるのか」『群馬県立女子大学紀要』第36号，205-220頁．
ノース，D. C. ＆ R. P. トーマス（2014〔原著1973〕）『西欧世界の勃興――新しい経済史の試み』新装版（速水融・穐本洋哉訳）ミネルヴァ書房．
パイプス，リチャード（1995〔原著1995〕）「なぜソビエトの崩壊を予見できなかったのか」『中央公論』4月号，399-408頁．
パーカー，ジェフリー（1995〔原著1988〕）『長篠合戦の世界史――ヨーロッパ軍事革命の衝撃 1500-1800年』（大久保桂子訳）同文館出版．
パーソンズ，タルコット（1977〔原著1971〕）『近代社会の体系』（井門富二夫訳）至誠堂．
バーノン，レイモンド（1973〔原著1972〕）『多国籍企業の新展開――追いつめられる国家主権』（霍見芳浩訳）ダイヤモンド社．
ハリディ，フレッド（1997〔原著1994〕）『国際関係論再考――新たなパラダイム構築をめざして』（菊井禮次訳）ミネルヴァ書房．
ハワード，マイケル（2002〔原著2002〕）「軍事作戦後の文化対立を回避せよ」『論座』2002年3月号，248-255頁．
ビオティ，ポール・R．＆マーク・V．カピ（1993〔原著1993〕）『国際関係論（第2版）』（ウェッセルズ，D．＆石坂菜穂子訳）彩流社．
ピュージ，マイケル（1993〔原著1987〕）『ユルゲン・ハーバーマス』（山本啓訳）岩波書店．
ピンカー，スティーブン（2015）〔原著2011〕）『暴力の人類史』上下巻（幾島幸子・塩原通緒訳）青土社．
フクヤマ，フランシス（1992〔原著1992〕）『歴史の終わり（下）』（渡部昇一監訳）三笠書房．
フランク，アンドレ・グンナー（1976〔原著1969〕）『世界資本主義と低開発――収奪の《中枢―衛星》構造』（大崎正治他訳）柘植書房．
フランク，アンドレ・グンナー（2000〔原著1998〕）『リオリエント――アジア時代のグローバル・エコノミー』（山下範久訳）藤原書店．
フランケナ，W. K．（1975〔原著1973〕）『倫理学』（杖下隆英訳）培風館．
ブル，ヘドリー（2000〔原著1995〕）『国際社会論――アナーキカル・ソサイエティ』（臼杵英一訳）岩波書店，2000年．

引用文献

ブレイディ，ヘンリー＆デヴィッド・コリアー編（2014〔原著2010〕）『社会科学の方法論争——多様な分析道具と共通の基準［原著第2版］』（泉川泰博・宮下明聡訳）勁草書房．
プレビッシュ，ラウル（1964〔原著1964〕）『新しい貿易政策をもとめて——プレビッシュ報告』（国際連合貿易開発会議編，外務省訳）国際日本協会．
ベイツ，C.（1989〔原著1979〕）『国際秩序と正義』（進藤榮一訳）岩波書店．
ホッブズ，トーマス（1966〔原著1651〕）『リヴァイアサン』（水田洋・田中浩訳）河出書房．
ホフマン，スタンリー（1985〔原著1980〕）『国境を超える義務——節度ある国際政治を求めて』（最上敏樹訳）三省堂．
ホフマン，スタンリー（2002〔原著2001〕）「対テロ戦争について」（清水加奈子訳）藤原帰一編『テロ後——世界はどう変わったか』岩波書店．
ホフマン，スタンレー（2011a〔原著1961〕）「理論と国際関係」『スタンレー・ホフマン国際政治理論集』（中本義彦編・訳）勁草書房．
ホフマン，スタンレー（2011b〔原著1993〕）「世界政治をめぐる追想」『スタンレー・ホフマン国際政治理論集』（中本義彦編・訳）勁草書房．
ボールディング，ケネス・E.（1975〔原著1968〕）『経済学を超えて』（公文俊平訳）学習研究社．
マキアヴェッリ，ニッコロ（2004〔原著1513〕）『君主論』（佐々木毅訳）講談社．
マキアヴェリ，ニコロ（2002〔原著1513〕）『新訳 君主論』（池田廉訳）中央公論新社．
マルクス，カール＆フリードリッヒ・エンゲルス（1969〔原著1849〕）『資本論』（向坂逸郎訳）岩波書店．
マン，トーマス（1948〔原著1628〕）『重商主義論』（堀江英一，河野健二訳）改造社．
ミアシャイマー，ジョン・J.（2014〔原著2014〕）『大国政治の悲劇——米中は必ず衝突する！』改訂版（奥山真司訳）五月書房．
ミース，マリア，C. V. ヴェールホフ，V. B. ＆トムゼン（1995〔原著1983〕）『世界システムと女性』（古田睦美，善本裕子訳）藤原書店．
ミッドフォード，ポール（2001）「東アジアにおける多国間の安全保障——安心感を高める論理，中山提案と日本のリーダーシップ」『金沢法学』第43巻第1号，367-397頁．
モーゲンソー，ハンス・J.（1954〔原著1951〕）『世界政治と国家理性』（鈴木成高・湯川宏訳）創文社．
モーゲンソー，ハンス・J.（2013〔原著1948〕）『国際政治——権力と平和』上中下巻（原彬久監訳）岩波書店．
山本吉宣（2006）『「帝国」の国際政治学——冷戦後の国際システムとアメリカ』東信堂．
吉野諒三・服部浩昌・芝井清久・朴堯星編（2014）『アジア・太平洋価値観国際比較調査——文化多様体の統計科学的解析——ベトナム2013 調査報告書（統計数理研究所調査研究リポート No. 114）』統計数理研究所．
ラセット，ブルース（1996〔原著1993〕）『パクス・デモクラティア——冷戦後世界の原理』（鴨武彦訳）東京大学出版会．
ラセット，ブルース，ハーヴェイ・スター＆デヴィッド・キンセラ（2002〔原著2000〕）『世界政治の分析手法』（小野直樹・石川卓・高杉忠明訳）論創社．
リカードウ，デイビッド（1987〔原著1917〕）『経済学および課税の原理』（羽鳥卓也・吉沢芳樹訳）岩波書店．
ルイス，アーサー W.（2001〔原著1978〕）『国際経済秩序の発展』（水上健造訳）文化書房博文社．
レイガン，チャールズ（2008〔原著2004〕）「事例志向型研究からの5つの挑戦——変数志向型研究はどう応えるか」H. ブレイディ＆ D. コリアー編『社会科学の方法論争——多様な分析道具と共通の基準』（泉川泰博・宮下明聡訳）勁草書房．
レーニン，ウラジミール・イリイッチ（1956〔原著1917〕）『帝国主義』（宇高基輔訳）岩波書店．
ロガウスキー，ロナルド（2014〔原著2010〕）「社会科学の推論はいかに逸脱事例を見落としているか」

H. ブレイディ & D. コリアー編『社会科学の方法論争――多様な分析道具と共通の基準［原著第2版］』（泉川泰博・宮下明聡訳）勁草書房.

ロック，ジョン（2010〔原著1690〕）『完訳 統治二論』（加藤節訳）岩波書店.

ロストウ，W. W.（1974〔原著1960〕）『経済成長の諸段階――一つの非共産主義宣言』（酒井正三郎・北川和雄訳）東洋経済新報社.

ローズクランス，リチャード（1987〔原著1986〕）『新貿易国家論』（土屋政雄訳）中央公論社.

ロング，デーヴィッド & ピーター・ウィルソン編著（2002〔原著1995〕）『危機の20年と思想家たち――戦間期理想主義の再評価』（宮本盛太郎・関静雄監訳）ミネルヴァ書房.

渡辺昭夫・土山實男編（2001）『グローバル・ガヴァナンス――政府なき秩序の模索』東京大学出版会.

事項索引

◆ア 行――

アイディア → 理念
アイデンティティ　12, 18, 21, 24, 36, 145, 147, 149, 187, 195, 200, 203, 205, 207, 272-274, 278, 280, 282-285, 288, 289, 291, 292, 335, 344, 353, 363
アクター　19, 20, 25, 51, 128, 129, 136, 138, 139, 141-143, 156, 158, 161, 162, 173, 175, 176, 180, 185, 186, 194, 196-198, 200-202, 207, 208, 221, 222, 227, 235, 263, 267, 273, 275, 278, 281, 286-289, 297, 302, 303, 313, 326, 327, 341, 343, 344, 354, 364, 366, 369, 370, 378
アナーキー → 無政府状態
安全保障　18, 23, 50, 87, 89, 90, 92, 128, 134, 139, 145, 147, 150, 151, 155, 156, 158, 159, 161, 165, 167, 172-174, 177, 180, 181, 184, 195, 196, 198, 199, 202-204, 206, 216-218, 224, 227, 229, 232, 288, 291, 305, 306, 313, 314, 354-356, 363, 368, 372, 374
　――共同体　184, 195, 203, 344, 356
　――のジレンマ　154, 174, 176, 181, 190, 363
　集団――　18, 43, 50, 191, 318, 367, 368
　人間の――　150, 208, 218, 328, 356, 363, 372, 374
　批判的――　363, 374
イデオロギー　3, 10, 47, 202, 220, 225, 226, 228, 306, 330, 333-336, 348, 349, 359
イラク戦争　165, 179, 206, 318, 320, 322
インターネット　94, 96, 98, 128, 205, 219, 360
ウィーン会議　38, 46, 145, 191, 363
ウェストファリア・システム　27, 34, 35, 39, 40, 56, 60, 76, 352, 353, 364
オイルショック　19, 195, 215, 233, 234, 364
欧州連合　57, 58, 114, 223, 231, 354, 367

◆カ 行――

回帰分析　70, 75, 105, 110, 119-124, 364, 370
外交　2, 5, 9, 28, 48, 95, 134, 135, 137-140, 146, 147, 154, 168, 170, 171, 181, 182, 190-192, 200, 201, 203, 206, 213, 220, 229, 244, 286, 294, 296, 303-308, 322, 341, 342, 346, 348, 351, 355, 363
カイ二乗検定　105, 110, 114-117, 122, 124
開発途上国　6, 19, 23, 51, 215, 223, 240-250, 252-255, 257, 259-262, 268-270, 368, 369, 377
解放　10, 24, 39-41, 79, 230, 265, 308, 311, 320, 321, 331-333, 336, 338, 339, 341, 342, 344, 352, 354, 356, 374
火器　30-32
核　76, 159, 200, 216, 220, 316, 323, 373
　――兵器　46, 48, 66, 131, 145, 156, 179, 285
　――抑止　323
仮説　4, 6, 8, 9, 11, 13, 19, 20, 22, 23, 64, 69, 74, 79-81, 83-85, 87-89, 91, 92, 97, 98, 102, 104-110, 114-117, 119, 123, 124, 149, 155, 156, 161, 162, 171, 249, 340, 365, 371, 376
　帰無――　108-110, 114, 116, 117, 121, 122, 124
過程追跡　23, 71, 74, 76-78, 99
間主観　10, 12, 13, 18, 21, 144, 203, 207, 281, 286, 288, 341, 346
関税および貿易に関する一般協定　143, 230, 231, 235, 247, 254, 268, 364
官僚組織　129, 139, 140, 143, 154, 374, 375
規則　37, 109, 235, 247, 283, 288, 290, 298, 299, 323, 340, 342, 343, 365, 366, 368
貴族階級　30, 60
北大西洋条約機構　46, 206
規範　4, 10, 12, 13, 16, 18, 21, 23, 40, 134, 147, 187, 195, 208, 212, 219, 229, 235, 246, 272, 274, 275, 279, 282, 284, 286, 289-291, 293-297, 300, 304-307, 309-312, 314, 316, 318-

321, 329, 331, 338, 341, 342, 349-351, 353, 363,-365, 371
基本統計量　110, 112, 113
9・11テロ　→　同時多発テロ
キューバ・ミサイル危機　156, 375
脅威均衡の修正理論　93
共産主義　205, 222, 246, 263
緊張緩和　→　デタント
金本位制　19, 214, 228, 234, 348
クロス集計表　110, 114
グローバリゼーション　vii, 59, 205, 267
グローバル企業　57, 58, 128, 157, 158, 196, 205, 207, 221, 236, 269, 365, 371
軍事　31, 84, 111, 123, 136-138, 186, 196, 216, 217, 233, 296, 312, 334, 355, 368, 372, 374
――革命　390
――力　12, 13, 16, 18, 24, 79, 92, 135, 136, 142, 146, 154-157, 162, 172, 174, 191, 193, 195-197, 221, 227-229, 275, 306, 313, 314, 368, 371, 373, 374, 376
経済制裁　216, 317
経済的ナショナリズム　229, 231, 234, 238, 373
経済力　18, 24, 136, 195, 211, 219, 221, 223-226, 237, 264, 275, 303, 348, 349, 363, 373, 374
経路依存　143, 366
言説　280, 288, 290
権力　11, 15, 24, 30, 32, 34, 37, 39, 40, 48, 79, 107, 131, 143, 157, 159, 160, 163, 166, 168-170, 173, 175, 176, 178, 184, 185, 188-190, 202, 205, 208, 212, 244, 260, 263, 264, 266, 274, 292, 306, 316, 323, 334, 336, 373, 374
行為主体　→　アクター
交易条件　215, 223, 236, 249, 251, 261, 366, 375
公共財　228, 229
高次元の政治　185, 196, 214, 354
構成主義　→　コンストラクティビズム
行動主義　322, 368
合理主義　19, 272, 281, 288, 291, 337, 366, 377
合理的選択　65, 66, 68, 129, 149, 151, 199, 200, 207, 282, 376
国益　23, 33, 40, 79, 139, 142, 146, 147, 170, 171, 180-182, 197, 216, 240, 276, 280, 283,

303, 306, 309, 322, 364
国際機関　→　国際組織
国際機構　→　国際組織
国際協調　17, 20, 23, 43, 60, 137, 138, 144, 147, 155, 202, 230, 231, 234, 237, 252, 373, 378
国際金融体制　19, 229
国際構造　19, 172, 175, 290, 347
国際市場　211, 212, 220, 224, 227, 237, 252, 364, 373, 374
国際システム　28, 32-34, 36, 38, 40, 42-44, 46, 48-50, 52, 54, 56, 58, 59, 61, 130, 131, 138, 143, 145, 148, 149, 161, 163, 171, 173, 176, 181, 197, 206-208, 276, 279, 284, 289, 290, 308, 326, 339, 340, 345, 355, 364, 372, 373, 377
国際政治経済論　10, 18, 60, 161, 188, 211, 213, 214, 218-220, 222, 226-229, 231-236, 240, 254, 261
国際政府機関　57, 224, 367
国際組織　16, 18, 23, 28, 57, 108, 129, 156, 168, 181, 184, 185, 188, 190-192, 196, 197, 205, 207, 208, 301, 365, 367, 378
国際通貨基金　143, 198, 224, 235, 247, 375
国際分業　225, 248, 250, 252, 259, 260, 266, 267, 374
国際法　2, 18, 28, 50, 148, 167, 184, 188-190, 200, 208, 315, 353, 370
国際レジーム（論）　23, 148, 184, 185, 194, 199, 207, 221, 225, 229, 231, 234, 235, 240, 284
国際連合　18, 19, 49, 50, 52-55, 94, 157, 179, 186, 200, 208, 215, 223, 241, 242, 247-249, 256, 259, 301, 305, 314, 318, 321, 367, 368, 372, 375
国際連盟　43, 49-51, 132, 138, 169, 191, 193, 304
国内政治　129, 131, 133-135, 137-139, 149, 157, 176, 177, 203, 273, 287, 297, 322, 352
国民国家　27-29, 31, 33, 34, 37, 40, 43, 47, 51, 56, 57, 60, 263, 264, 343, 350, 352, 367
国連　→　国際連合
コンストラクティビズム　3, 5, 10, 12, 13, 20, 149, 151, 195, 209, 271, 272, 279, 287, 338, 343, 357, 376, 378

事項索引　395

◆サ 行──

再現　7, 82, 95, 165
三国協商　42
三国同盟　138
サンプル　→　標本
資源ナショナリズム　215, 261, 368
自然状態　188, 189, 307
実証主義　9, 19, 24, 330, 332, 337, 341, 345, 364, 378
資本家　214, 240, 266, 349, 368
資本主義　47, 184, 214, 241, 245, 253, 256, 258, 265, 267, 268, 270, 282, 329, 348, 349, 352, 365, 371, 373
──世界経済システム　264
社会主義　51, 52, 202, 221, 222, 224, 245, 256, 258, 260, 261, 263, 264, 267, 282, 304, 329, 368
社会的諸勢力　335
重回帰　123
自由主義　19, 40, 61, 225, 229, 230, 268, 270, 283
重商主義　188, 189, 230, 270, 368
従属変数　8, 70, 71, 76-79, 84, 93, 98, 105, 121, 171, 236, 364, 368, 371, 372, 376
従属論　10, 19, 24, 213, 220, 225, 236, 239, 246-248, 255, 257, 258, 263, 264, 266, 270
周辺　29, 205, 225, 242, 249, 251, 253, 256, 258, 261, 265, 321, 339
主権　29, 30, 37, 57, 130, 136, 157, 166, 170, 181, 192, 193, 196, 207, 208, 215, 217, 263, 266, 276, 284, 285, 290, 308-312, 317, 343, 354, 356, 364, 368, 369
準周辺　266, 270
商人層　37
植民地　39, 138, 188, 189, 191, 241, 245, 248, 249, 252, 255, 319
事例研究　14, 23, 65, 67, 68, 70, 75, 99, 102, 207, 259, 286
人権　17, 18, 37, 50, 106, 128, 129, 184, 185, 196, 205, 206, 218, 260, 261, 285, 301, 307, 309, 311, 313, 314, 316, 319, 355, 363, 369
新国際経済秩序　19, 215, 241, 254, 265, 369
人道的介入　314, 320, 355

枢軸同盟　45
スエットショップ　221, 223, 369
政策決定者　46, 81, 104, 129, 133, 135, 136, 177, 318, 321, 372
生産性　189, 213, 249
脆弱性　196
政治力　211, 215, 217, 223, 224, 226, 228, 233, 369, 373
正戦　4, 10, 317, 323
正統学派　213, 369
世界システム論　10, 24, 213, 223, 225, 236, 244, 246, 248-250, 252, 256, 258, 260
石油危機　→　オイルショック
先制攻撃　217, 321
戦争状態　167, 235
相関係数　105, 110, 118
相互依存（論）　7, 10, 18, 23, 59, 169, 184-186, 190, 194-197, 209, 225, 231, 233, 240, 313,
操作化　83, 84, 106, 124, 370
相対利得　172, 202, 369

◆タ 行──

第一次世界大戦　23, 42, 44, 46, 56, 132, 134, 137, 159, 168, 178, 182, 184, 190, 191, 193, 212, 214, 218, 228, 304, 337, 367, 378
第二次世界大戦　19, 23, 27, 43, 45, 46, 48, 56, 57, 90, 92, 136, 143, 178, 194, 212, 214, 218, 228-230, 235, 248, 294, 305, 310, 313, 337, 378
対立仮説　110, 116, 123, 124
対話倫理　345, 352, 375
多極安定論　162
多極システム　46, 135, 160, 181, 366
多国籍企業　57, 58, 128, 185, 196, 207, 215, 236, 252, 269, 365, 368, 371
単極安定論　227
単極システム　46, 83, 208, 366, 371, 372
力　→　パワー
知識　2-4, 9, 12, 72, 81, 82, 84, 86, 102, 228, 281, 288, 316, 327, 328, 337-339, 345, 349, 372
中央集権　29, 31, 33, 143
中核　2, 50, 249, 250, 254, 263, 306, 308, 309
中心国　225, 241, 250, 253

超大国　47-49, 135, 161, 194, 206, 208, 304, 326, 372
低開発　241, 261, 264-266
帝国　19, 34, 36, 40, 42, 48, 52, 60, 137, 139, 146, 151, 209, 246, 263, 318, 319
　——システム　29, 136, 151
　——主義　66, 137, 214, 284, 348
低次元の政治　185, 196, 214
定性的研究　8, 14, 63-67, 70, 72, 73, 75, 81-94, 96, 99, 102, 103, 296
定量的研究　22, 67, 71-73, 77, 101, 103, 111, 112, 114, 116-120, 122, 125, 296, 370
データ　4, 68, 71, 78, 94, 96, 106, 111, 113, 114, 116, 125, 364, 368
デタント　48, 307, 371
デモクラティック・ピース論　10, 149, 194, 197, 204, 371, 376
テロリズム　150, 200, 205, 320, 355
伝統主義　148, 337
同義反復　91
同時多発テロ事件　vi, 181, 206, 319, 320
同盟　3, 39, 44, 49, 137, 138, 155, 163, 178, 179, 206, 245, 288, 326, 349, 372
独立変数　8, 70, 71, 75, 76, 79, 83, 84, 98, 105, 107, 171, 236, 364, 376
都市国家　16, 30, 36, 163, 265
度数分布表　111

◆ナ 行——

ナショナリズム　3, 27, 37, 41, 44, 55, 57, 193, 215, 229, 234, 261, 364, 368, 372, 373
2極安定論　162, 173
2極システム　21, 47, 160, 181, 371, 372
ネオネオ統合　19, 328, 337, 338
ネオリアリズム　19, 151, 153, 172, 177, 180, 197, 199, 202, 207, 272, 278, 282, 328, 340, 345, 347
ネオリベラリズム　20, 198, 272, 278, 279, 326, 328, 337
ネオリベラル制度論　20, 23, 143, 184, 194, 202, 207, 326, 337, 373

◆ハ 行——

媒介変数　373, 376
配分的正義　313
覇権　18, 19, 162, 175, 179, 181, 182, 186, 214, 221, 236, 266, 269, 328, 333, 345-347, 349, 350
　——安定論　10, 23, 148, 161, 219, 221, 225, 234, 235, 238, 334, 373, 377
　——国　148, 176, 179, 197, 227
パワー　8, 12, 23, 28, 40, 45, 60, 61, 134, 139, 141, 145-147, 155, 157, 163, 164, 167, 179, 191, 197, 209, 228, 233, 263, 275, 280, 288, 291, 318, 326, 341, 343, 345, 350, 351, 364, 371, 372
　ソフト・——　216
　ハード・——　216
　バランス・オブ・——　3, 25, 30, 38, 40, 46, 155, 162, 168, 178, 190, 191, 194, 280, 306, 307, 326, 343, 348, 364, 374, 377
　——分布　92, 135, 160, 163, 171, 172, 186, 197, 376
　——・ポリティクス　160, 169, 182, 185, 202, 283, 292, 304
比較優位　189, 213, 223-225, 230, 236, 252, 348, 374
非関税障壁　223, 229, 234, 374
非政府組織　57, 58, 106, 128, 129, 156-158, 185, 186, 196, 207, 289
標準作業手続き　133, 369, 374, 375
標本　65, 76, 108, 115, 122, 123, 372, 375
便乗行動　84, 161
複数の因果関係　89, 91
フランクフルト学派　20, 328, 333, 345, 357, 364
ブレトンウッズ協定　228, 375
プロスペクト理論　132, 133, 139
分析アプローチ　46, 127, 128, 130, 132, 134, 136, 138, 140, 142, 144-147, 151, 288, 375
分析レベル　27, 47, 130, 132-134, 139, 140, 142, 144, 146, 290, 376
ベトナム戦争　19, 46, 102, 117, 214, 229, 234, 294, 310
ベルサイユ条約　304, 367

事項索引　397

ペレストロイカ　48, 66
ペロポネソス戦争　15, 164
変数　65, 90, 110, 113, 124, 203, 368, 373
封建制度　28
封臣　29, 30
方法論　1, 2, 11, 14, 18, 19, 68, 69, 72, 78, 80, 87, 90, 124, 142, 148, 155, 171, 203, 204, 289, 292, 296, 332, 337-339, 359, 360, 368, 376
ポスト実証主義　289, 376
ポストモダニズム　12, 13, 20, 278, 289, 332, 338

◆マ　行──

マルクス主義　11, 19, 214, 238, 241, 254, 256, 257, 334, 335, 346, 356
未開発　242, 254, 257, 258
民主主義　27, 38, 47, 61, 105, 184, 190, 194, 204, 282, 306, 312, 376
民族自決　56, 307, 309, 320
無政府状態　3, 11, 19, 20, 28, 93, 130, 131, 140, 142-145, 148, 149, 154-160, 163, 166, 167, 175, 176, 178, 180-182, 185, 186, 191, 200, 207, 217, 232, 283, 288, 290, 303, 306, 326, 337, 339, 340, 343, 366, 376, 377
無政府世界　→　無政府状態
モノカルチャ　248, 249, 260, 265, 377

◆ヤ　行──

有意確率　109, 115, 117, 121, 377, 378
有意水準　109, 110, 117
幼稚産業　224, 378
抑止　174, 323

◆ラ　行──

ラテンアメリカ経済委員会　241, 242, 248, 250-252, 255, 259, 260
リアリズム　3, 5, 9, 11, 15, 16, 33, 140, 153, 161, 162, 164, 181, 195, 196, 199, 202, 210, 216, 263, 275, 278, 281, 288, 291-293, 296, 298, 305, 307, 309, 311, 314, 315, 328, 340, 345, 347, 351, 354, 355, 378

　攻撃的──　140, 181, 182, 186
　防御的──　174, 181, 186
理想主義　148, 155, 182, 183, 190, 207-209, 212, 214, 337
理念　9, 10, 13, 18, 34, 47, 69, 71, 98, 136, 144, 145, 149, 154, 187, 191, 201-203, 221, 272, 273, 275-277, 288-291, 303, 308, 342, 378
リフレクティビズム　273, 280, 281, 288, 289, 291, 328, 339, 354, 366
リベラリズム　3, 5, 9, 11, 21, 60, 183, 190, 191, 196, 198-200, 202, 205, 206, 210, 216, 228, 229, 236, 272, 281, 288, 291-293, 296, 305, 308, 309, 313-315, 323, 326, 371, 378
冷戦　24, 27, 46, 49, 55, 131, 136, 145, 149, 150, 153, 156, 159, 162, 174, 181, 183, 194, 195, 201, 215, 217, 241, 283, 290, 293, 294, 302, 308, 321, 323, 326, 341, 342, 371, 372
歴史学者　13
列強国　50
連合国　45, 49, 50, 375
労働者　214, 219, 220, 223, 240, 330, 373

◆E ──

ECLA　→　ラテンアメリカ経済委員会
EU　→　欧州連合

◆G ──

GATT　→　関税および貿易に関する一般協定

◆I ──

IMF　→　国際通貨基金

◆N ──

NATO　→　北大西洋条約機構
NGO　→　非政府組織
NIEO　→　新国際経済秩序

◆P ──

p 値　→　有意確率

人名索引

◆ ア 行──

アシュリー（Ashley, Richard）　339, 341, 343, 344, 377
アミン（Amin, Samir）　242, 254, 259-261, 263, 270
アリソン（Allison, Graham T.）　74, 133, 134, 369, 374
ウィルソン（Wilson, Woodrow）　16, 42, 43, 56, 132, 192, 193, 209, 367
ウェーバー（Weber, Max）　61, 214, 246, 301, 304
ウェント（Wendt, Alexander）　272-275, 277, 280-285, 289-292, 357
ウォーラーステイン（Wallerstein, Immanuel）　262-266, 268-270, 373
ウォルツ（Waltz, Kenneth N.）　7, 28, 46, 61, 128-131, 135, 142, 148, 150, 151, 158, 162, 171, 172, 178, 182, 263, 279, 289, 326, 340, 342, 343, 376
ウォルツァー（Walzer, Michael）　298, 307-313, 317, 318, 320-322
ウォールフォース（Wohlforth, William C.）　161
エンゲルス（Engeles, Friedrich）　214, 240, 365
エンジェル（Angel, Norman）　193, 195
オヌフ（Onuf, Nicholas G.）　272, 284, 291

◆ カ 行──

カー（Carr, E. H.）　141, 168, 169, 181, 184, 192, 194, 209, 304, 378
カルドーゾ（Cardoso, F. H.）　255, 256, 269
カント（Kant, Immanuel）　16, 17, 184, 189, 190, 201, 209, 283, 293, 297-299, 315, 323, 331, 351, 352
キッシンジャー（Kissinger, Henry A.）　154, 298, 305
ギルピン（Gilpin, Robert）　212, 218, 219, 225-229, 238
キング（King, Gary）　8, 67, 70-77, 79, 85, 86, 95
キンドルバーガー（Kindleberger, Charles P.）　218, 227, 229, 238
クラズナー（Krasner, Stephen D.）　198, 235, 289
クラトチウィル（Kratochwil, Friedrich V.）　284, 285, 292
グラムシ（Gramsci, Antonio）　328, 333-336, 341, 345-347, 373
グレイザー（Glaser, Charles L.）　173, 174
クロッツ（Klotz, Audie）　286
ケナン（Kennan, George F.）　298, 305, 322
高坂正堯　314, 323
コスロウスキィ（Koslowski, Rey）　284, 285
コックス（Cox, Robert）　328, 335, 339-341, 343, 345-350, 356, 357, 377
コヘイン（Keohane, Robert O.）　8, 67, 70-77, 79, 85, 86, 95, 144, 196, 198-200, 209, 216, 220, 232-235, 238, 289, 336, 337, 354
コリアー（Collier, David）　69, 71-78, 80, 98
ゴルバチョフ（Gorbachev, Mikhail）　21, 48, 49, 56, 284, 342

◆ サ 行──

ジマーン（Zimmern, Alfred）　193
ジャービス（Jervis, Robert）　173
シュウェラー（Schweller, Randall L.）　175, 177
ジョージ（George, Alexander L.）　75, 99
シンガー（Singer, David J.）　162
シンガー（Singer, Hans）　249, 253, 375
シンガー（Singer, Peter）　298, 307, 311
ストレンジ（Strange, Susan）　237, 238
スミス（Smith, Adam）　184, 188, 194, 213, 214, 226, 230, 369
スミス（Smith, Michael J.）　304

人名索引

スミス（Smith, Steve） 338
スンケル（Sunkel, Osvaldo） 254-257

◆タ 行──

ディキンソン（Dickinson, Goldsworthy L.） 192
ドイッチュ（Deutsch, Karl W.） 162, 195, 363
ドイル（Doyle, Michael） 201
トゥキュディデス（Thucydidēs） 15, 17, 163, 164, 303, 304

◆ナ 行──

ナイ（Nye, Joseph S.） 9, 26, 28, 57, 196, 197, 209, 216, 232-234, 238, 297, 298, 302, 303, 323
永井陽之助 308, 315, 316, 323, 357
ナポレオン（Napoleon, Bonaparte） 16, 29, 37, 38, 40, 178, 191, 199, 228, 363, 371
ニューフェルド（Neufeld, Mark） 338
ノエル゠ベーカー（Noel-Baker, Philip J.） 192

◆ハ 行──

バァーバ（Verba, Sidney） 77
パーソンズ（Parsons, Talcott） 246
バーノン（Vernon, Raymond） 221
ハーバーマス（Habermas, Jürgen） 21, 328, 329, 332, 341, 345, 352, 357, 364, 375
バン・エベラ（Van Evera, Stephen） 7, 70, 71, 73, 78, 79
ヒトラー（Hitler, Adolf） 29, 44, 45, 47, 130, 138, 141, 156, 193, 310
フィアロン（Fearon, James D.） 203
フクヤマ（Fukuyama, Francis） 179
フランク（Frank, Andrew Gunder） 242, 243, 254-264, 268, 269
フルタード（Furtado, Celso） 254-257
ブレイディ（Brady, Henry E.） 69, 71-78

80, 98
プレビッシュ（Prebisch, Raúl） 223, 236, 242, 248-258, 269, 375
ベイツ（Beitz, Charles） 308, 311-313
ベイツ（Bates, Robert H.） 15
ホッブズ（Hobbes, Thomas） 163, 166, 167, 217, 282, 283, 306
ホフマン（Hoffman, Mark） 327
ホフマン（Hoffmann, Stanley） 297, 308, 313, 316-318, 321

◆マ 行──

マキャベリ（Machiavelli, Niccolò） 16, 17, 33, 34, 163, 165, 166, 216
マルクス（Marx, Karl） 11, 19, 47, 214, 225, 238, 240-242, 254, 256, 257, 259, 262, 263, 269, 328-331, 333-335, 346, 352, 356, 365, 371, 375
ミアシャイマー（Mearsheimer, John J.） 22, 135, 162, 175-178, 182, 360
ミース（Mies, Maria） 266
モーゲンソー（Morgenthau, Hans J.） 17, 131, 168-171, 176, 178, 182, 184, 194, 298, 304, 305

◆ラ 行──

ラギー（Ruggie, John G.） 136, 284
ラセット（Russett, Bruce） 5, 26, 106, 201
リカード（Ricardo, David） 184, 188, 189, 194, 213, 214, 230, 236, 374
リンクレーター（Linklater, Andrew） 328, 333, 339, 342, 344, 345, 350-353, 355-357, 370
ルイス（Lewis, Arthur W.） 246, 254, 260, 265
レーニン（Lenin, Vladimir） 47, 214, 244, 335, 371
ローズクランス（Rosecrance, Richard） 197
ロック（Locke, John） 16, 60, 61, 184, 187, 188, 282, 283, 306, 307

勁草テキスト・セレクション
国際関係理論［第2版］

2006年8月25日　第1版第1刷発行
2015年11月20日　第2版第1刷発行
2017年8月20日　第2版第2刷発行

編者　吉川　直人
　　　野口　和彦

発行者　井村　寿人

発行所　株式会社　勁草書房
112-0005 東京都文京区水道2-1-1　振替 00150-2-175253
（編集）電話 03-3815-5277／FAX 03-3814-6968
（営業）電話 03-3814-6861／FAX 03-3814-6854
平文社・中永製本

© YOSHIKAWA Naoto, NOGUCHI Kazuhiko　2015

ISBN978-4-326-30244-4　Printed in Japan

JCOPY ＜(社)出版者著作権管理機構　委託出版物＞
本書の無断複写は著作権法上での例外を除き禁じられています。
複写される場合は、そのつど事前に、(社)出版者著作権管理機構
（電話 03-3513-6969、FAX 03-3513-6979、e-mail: info@jcopy.or.jp）
の許諾を得てください。

＊落丁本・乱丁本はお取替いたします。

http://www.keisoshobo.co.jp

G. キング，R. O. コヘイン，& S. ヴァーバ　真渕勝 監訳
社会科学のリサーチ・デザイン——定性的研究における科学的推論
　どのように研究をすすめればよいか？　アメリカの政治学会で定性的手法復興のきっかけとなった，実践的方法論の教科書。　　　3800 円

スティーヴン・ヴァン・エヴェラ　野口和彦・渡辺紫乃 訳
政治学のリサーチ・メソッド
　すぐれた研究の進め方とは？　全米の大学で使われている定番テキストをついに完訳！　社会科学のエッセンスを伝授する。　　　1900 円

A. ジョージ & A. ベネット　泉川泰博 訳
社会科学のケース・スタディ——理論形成のための定性的手法
　すぐれた事例研究の進め方とは？　事例研究による理論の構築と検証，事例研究の3段階などを実践的にガイドする。　　　4500 円

H. ブレイディ & D. コリアー編　泉川泰博・宮下明聡 訳
社会科学の方法論争——多様な分析道具と共通の基準　原著第2版
　Rethinking Social Inquiry の全訳。どの研究手法をどう使えばいいのか？　KKV 論争がこれで理解できる。便利な用語解説つき。　　　4700 円

ケネス・ウォルツ　渡邉昭夫・岡垣知子 訳
人間・国家・戦争——国際政治の3つのイメージ
　古来，あらゆる思想家が論じてきた戦争原因論を，人間，国家，国際システムの3つに体系化し，深く，鋭く，描き出す。　　　3200 円

ケネス・ウォルツ　河野勝・岡垣知子 訳
国際政治の理論
　国際関係論におけるネオリアリズムの金字塔。政治家や国家体制ではなく無政府状態とパワー分布から戦争原因を明らかにする。　　　3800 円

――――――――――――――――――――――――――――　勁草書房刊

＊刊行状況と表示価格は 2017 年 8 月現在。消費税は含まれておりません。